| 台湾研究系列 |

台湾产业与金融研究

朱 磊 著

九州出版社
JIUZHOUPRESS | 全国百佳图书出版单位

图书在版编目（CIP）数据

台湾产业与金融研究 / 朱磊著. —北京:九州出版社，2011.11
ISBN 978-7-5108-1243-9

Ⅰ. ①台… Ⅱ. ①朱… Ⅲ. ①产业结构—研究—台湾省 ②金融结构—研究—台湾省 Ⅳ. ① F127.58②F832.758

中国版本图书馆CIP数据核字(2011)第237114号

台湾产业与金融研究

作　　者	朱　磊　著
出版发行	九州出版社
出 版 人	徐尚定
地　　址	北京市西城区阜外大街甲35号（100037）
发行电话	（010）68992190/2/3/5/6
网　　址	www.jiuzhoupress.com
电子信箱	jiuzhou@jiuzhoupress.com
印　　刷	三河市东方印刷有限公司
开　　本	720毫米×1020毫米　16开
印　　张	30.25
字　　数	480千字
版　　次	2012年4月第1版
印　　次	2012年4月第1次印刷
书　　号	ISBN 978-7-5108-1243-9
定　　价	78.00元

前 言

本书旨在从经济学视角研究台湾经济发展轨迹的深层次结构性因素，在剖析台湾产业结构与金融结构的基础上，对未来台湾经济发展趋势和方向做出分析和判断。

经济学研究的核心问题是如何有效配置资源，从个量分析、总量分析、产业分析的研究角度出发，形成微观经济学、宏观经济学和产业经济学三种理论框架。本书重点从产业经济学的角度对台湾产业结构的演变进行深入探讨。一般说来，经济增长主要有三个途径：增加要素投入以扩大产量、创新技术和制度以提高生产效率、升级产业结构以优化资源配置。在给定要素投入量、技术水平和现有制度框架内，通过将资源配置到效率更高的产业中去也可以获得经济增长，因此优化产业结构是促进经济增长的重要途径。研究台湾产业结构问题的文献主要沿两条思路展开。一条是从整体上研究台湾经济增长与产业结构的互动关系，台湾学者研究相对较多，另一条是从局部上研究台湾经济具体产业或部门经济发展，大陆学者的研究多属此类。本书较具特色之处是以比较优势分析方法为主线，全面分析台湾产业结构变动和产业政策调整，对台湾产业结构迅速变动的原因做出实证分析。

世界经济发展呈现雁行序列，有一个最发达的头雁经济带路，其它经济尾随追赶（K.Kojima, 1971）。由于世界各国家或地区的产业结构演进路径大体相同或相似，因此追赶型经济可以根据头雁的经济发展经验预测其未来的产业结构发展方向，并采取适当政策加速新兴产业成长，使之成为主导产业。由于产业结构的迅速优化带来经济增长效率，也使追赶型经济可以获得较高的经济增长率，不断缩小与领先型经济的发展水平差距。亚洲地区被普遍认为是这种雁行理论的成功实践，即在日本追赶美国之后，“四小龙”、“四小虎”、中国大陆、越南及南亚等地区相继崛起，其产业结构变动虽因经济规模和发展阶段不同而有所区别，但总体上主导产业的演进顺序依次是资源密集型产业、劳动密集型产业、资本密集型产业、技术密集型产业、知识密集型产业。事实上，由于产业结构的演进受到要素、技术和消费三方面的约束，这种产业升级的顺序是很难跳跃的（林毅夫，2003），也因此亚洲地区追赶型经济可以依照产业结构演进的规律性，采取相应的产业政策加速这一成长进程。在战后台湾的产业结构演进过程中，主导产业大体经历了农业、轻工业、重化工业、现代服务业、信息产业的转换顺序，基本以十年为周期先后经历资源、劳动、资本、技术密集型产业为主导的阶段，并于1990年代开始进入知识密集型产业为主导的阶段。有台湾学者认为台湾产业结构变动仍以雁行模式追随日本产业结构变动（朱云鹏，2002）。

然而，雁行模式最终会导致追赶型经济的产业结构与头雁经济趋同，因此经济发展到一定阶段后产业结构演进即不再有可以比照模仿的范本。随着追赶型经济向创新型经济转变，政府的产业政策需要进行重大调整，由产业导向转为创新导向，不再以政策优惠具体扶持某些特定产业，产业结构升级和发展的方向主要由市场决定。本书认为，无论从产业结构内容还是人均GDP水平等指标看，台湾经济1990年代开始进入由追赶型经济向创新型经济转型的阶段，然而台湾当局的经济政策却未能及时调整以适应新形势，造成台湾经济存在产业结构发展不均衡、产品结构过度集中于少数高科技产品、产值结构未能向高附加值环节延伸等三方面主要问题，导致近年来经济表现欠佳，迟迟不能突破瓶颈。

在产业结构变动的同时，金融结构也需相应调整才能达到最优金融结构，进而影响资金配置效率。金融是现代经济的核心，金融市场与金融中介在动员储蓄、配置资金和分散风险方面的机制非常不同，同时，不同规模的银行在信息生产方式和风险分散能力方面存在显著差异，银行业中不同规模的银行的分布会直接影响银行部门的经济绩效。本书在分析了台湾产业结构变动之后进一步探讨台湾金融结构的变化背景及对台湾经济的影响，即：金融市场与银行在金融体系中相对重要性的变化，以及银行业中不同规模的银行的分布，与台湾产业结构变动及经济发展的相互作用。

一般情况下，随着经济发展阶段的提高，金融结构会由银行主导向市场主导转变（Rybczynski，1984）。台湾在1990年代后经济形态发生巨大变化，金融结构也须随之进行根本性的调整。此前台湾产业结构有两个主要特征：一是以中小企业为主，二是以非知识密集型产业为主。相对应的，台湾金融结构的特征是：以中小银行为主的银行体系和以银行为主的间接金融结构。这是因为中小银行更适于服务台湾中小企业，而银行为中介的金融结构更有利于克服非知识密集型企业经常存在的企业家风险。非知识密集型产业中的企业一般产品市场和技术都比较成熟，企业风险主要来自企业家风险，而非技术创新与产品创新风险。因此，在金融服务领域，以银行为主的间接金融成为台湾金融结构中的主体部分。银行等金融中介可以通过收集融资企业的历史和现实信息，来识别企业家风险，筛选借款者，并对企业家进行监督，从而缓解中小企业融资中的信息不对称问题。在规模上形成以信用合作社、农渔会信用部等中小规模基层金融为主的金融体系。

1990年代后，台湾产业结构特征发生明显变化：一是大型企业日益居于主导地位；二是开始向以创新为特征的知识密集型产业为主转变。随着经济发展、资本积累和要素禀赋提升，台湾主导产业和技术越来越趋向知识密集型，在IT、IC等部门甚至越来越接近世界产业和技术的前沿，企业规模走向大型化，资金需求规模会越来越大，企业的技术创新风险和产品创新风险也越来越高。台湾产业结构的演进也对金融结构的变迁提出要求，即金融部门应逐渐从克服企业家风险为主，向有效分散来自企业技术创新和产品创新的风险转变，从为中小企业发展提供金融服务为主向为大型企业提供融资服务为主发展，从以中小银行为主体向以大银行、股票市场、公司债券市场为主体演进。因此，在企业大规模、高风险的发展趋势下，台湾金融结构的相应变化趋势是：一是银行大型化；二是逐步向以资本市场为主的直接金融结构转变。正是在这种背景下，台湾当局进行了一系列以扩大银行规模为主要目标的金融改革，但因政策制定和执行过程中存在政商勾结等诸多问题而收效甚微。台湾当局推动的银行合并未能达到预期效果，除存在政治因素的弊端外，还受制于众多银行竞争激烈、岛内市场规模狭小等因素的制约。

因此，未来台湾经济重现活力的关键在于台湾产业结构与金融结构的顺利转型，而这一点可以通过有效推进两岸经济交流与合作实现。始于2008年的国际金融危机为全球经济带来调整产业结构的机遇与动力。与台湾的后工业化阶段相比，中国大陆尚处于工业化进程中，产业结构与台湾具有互补性，同时大陆是后国际金融危机时代全球最重要的经济增长极，台湾企业借助大陆市场可以通过规模经济形成内生比较优势，有利于促进市场引导的岛内产业结构转型升级。因此，台湾应充分发挥自身优势，搭建和利用两岸产业合作平台，丰富和完善有规划指导、有政策支持、有产学研一起参与的两岸新型产业合作模式，加速推动产业结构升级与创新。台湾金融改革可充分利用大量的大陆台商及庞大的大陆市场实现金融结构的顺利转型。通过两岸金融开放与合作，让岛内银行到大陆市场经营业务，通过市场力量寻求解决银行合并的问题是较合理的可行途径。两岸资本市场的合作也可有效提升台湾资本市场在金融结构中的功能和比重，为台湾金融结构的演进提供助力。在生产要素投入量与技术创新总体规模有限的条件下，台湾产业结构与金融结构的转型通过优化资源配置提升经济增长效率，成为台湾未来经济发展主要的动力源泉。

本书研究方法采用以实证为主、实证与规范相结合的分析方法。台湾产业结构的演进及与金融结构的关系离不开实证分析。经济学方法论近300年来的发展经历了前实证主义、实证主义、证伪主义、历史主义四个阶段，近年来实验经济学和行为经济学的崛起，使正统经济学方法论大为拓展，但由于实证的经济学方法论始终保持不可替代的旺盛的生命力，且对社会经济现象的解释不能象自然科学那样完全避开价值判断，因此本书仍以实证方法为主，辅之以规范方法。在一些实证部分，本书分别建立了简单的理论模型，并以10余万个可信的台湾经济数据进行计量分析，以做到定性分析和定量分析相结合。

本书共分九章。前四章集中探讨台湾产业结构及产业政策演变的动因与影响，接下来四章重点分析台湾金融结构的现状与变动趋势，最后一章对两岸经济合作框架协议（ECFA）签署后的台湾产业与金融发展形势作出展望。具体结构是：第一章回顾与梳理比较优势分析方法和产业结构变动理论，进而解释台湾主导产业更迭的动因。第二章在综述对外直接投资理论和产业空洞化理论之后，分析台湾产业外移的动因及影响，并通过建立对外直接投资与产出的关系模型进行实证检验。第三章同样以比较优势的分析方法解释台湾产业内部如何实现不断升级。第四章从发展战略和产业政策角度分析政府行为对台湾产业结构变动的影响。第五章全面梳理和分析台湾金融体系，对岛内金融机构和金融市场进行详细介绍。第六章对台湾金融结构的发展演变与最优金融结构的内容进行分析。第七章对台湾金融改革进行总结，分析其经验与教训。第八章探讨两岸金融交流的发展、影响与趋势。第九章对两岸经济合作框架协议（ECFA）签署后的台湾产业与金融发展形势进行前瞻性分析。

本书在以下几个方面进行了有益的尝试和探索：一是打破了仅从绝对优势角度分析两岸经贸往来对台湾经济影响的传统方法，首次以比较优势方法全面分析台湾产业结构的变动，探讨两岸经贸对台湾产业结构演进的重要影响；二是构建了产业结构变动的比较优势分析框架，将产业结构变动分为产业交替、产业外移和产业升级三个主要方面，并建立了三个产业结构变动的比较优势模型，以及对外直接投资对产业结构变动的效应模型，并以大量数据进行计量分析；三是以台湾当局公布的最新统计和调查数据为基础，对主要模型进行实证分析时，数据截至2009年，资料新，准确度高，研究成果的时效性强，现实意义突出；四是提出“适度逆比较优势策略”，在全面分析国内外关于比较优势战略的争论的基础上，提出经济政策促进产业结构演进的有效策略，并以国际实践的历史经验予以证明；五是全面梳理和分析台湾当前金融体系与近年金融改革，这在大陆对台研究领域尚不多见；六是从机构往来、货币往来和资本往来的角度构建了两岸金融交流与合作的分析框架，将两岸通汇、货币兑换、货币清算、金融业市场准入、资本市场合作、企业融资等问题有机纳入统一的分析体系；七是论证了台湾产业结构与金融结构的关系，首次对二者的关系变动进行实证分析；八是全面分析了两岸签署ECFA对台湾经济及两岸经济关系的影响，以及后ECFA时期台湾产业与金融的发展方向。

当然，不可避免的，本书存在大量研究上的缺憾。首先是囿于资料限制，本书只能以简单模型粗线条地研究台湾产业结构变动中的比较优势变化；其次是缺乏横向的国际比较，在研究一些问题如产业结构与金融结构的关系时，未能选取多个经济体的案例进行比较分析，仅以台湾为例得出的结论能否具有普遍意义尚难确定；最后是对于系统庞大而复杂的经济结构，本书只就台湾产业结构与金融结构进行分析，在解释台湾经济发展轨迹时难免存在不全面之处，而在两岸经济关系发展对台湾经济的影响方面，也还有太多研究工作未能纳入。

目 录

第一章　台湾产业交替

产业是同类企业、事业的总和，通常指构成国民经济的一些大类部门，如农业、制造业、建筑业、商业、运输业、服务业等。产业下面的细项是行业，行业下面是各类产品。产业的形成是社会分工发展、商品经济发展和科技进步的产物，换句话说，产业作为一个多层次网状经济系统，是与社会生产力发展水平相适应的社会分工形式的表现。产业结构指产业构成及产业间相互联系和比例关系，反映一个国家或地区的资源在不同产业间的配置状态。具体包括：（1）产业结构组成，即社会经济资源在产业或地区间的配置状态；（2）产业发展水平，即各产业在国民经济中所占份额；（3）产业间的技术经济联系，即社会再生产过程中各产业间既相互依存又相互制约的关系。产业结构变动主要有三种形式：产业间变动，即产业交替；地区间变动，即产业外移；产业内变动，即产业升级。在接下来的三章中将分别对这三种变动形式进行剖析。

第一节　台湾产业交替发展脉络

一、台湾产业交替的发展过程

20世纪50年代以来，台湾产业结构的变动基本符合两个产业结构演进的一般规律。一是工业化发展规律，即农业、工业和服务业分别在经济发展不同时期的产业结构中占支配地位规律。台湾1963年工业生产净值首次超过农业，表明经济进入工业化中期阶段；80年代中后期台湾工业增长大大减慢，服务业急剧扩张，1988年服务业产值首次超过工、农业产值之和，形成在三次产业中的支配性地位，标志台湾经济进入工业化后期阶段。二是主导产业转换规律，即主导产业一般遵循“农业—轻工业—基础工业—重化工业—现代服务业—信息产业”的演进路径。台湾大约每10年左右出现一次较明显调整，每个阶段的主导产业依次更迭，大体经历了农业（以种植、养殖为主）、轻工业（以食品、纺织为主）、重化工业（以石化、金属为主）、现代服务业（以金融、保险为主）和科技产业（以电脑、半导体为主）等阶段。20世纪90年代中后期开始，台湾经济进入以信息产业为支柱产业和主导产业的阶段，也称后工业化阶段。

第一阶段，1953年到1960年，劳力密集型产业进口替代时期。进口替代工业主要是纺织、肥料、水泥、玻璃、人造纤维等。该阶段台湾产业结构以农业为主体，工业相对薄弱，服务业相对稳定。1960年台湾第一、二、三产业占GDP的比重分别为28.5%、26.9%、44.6%，就业比重分别为50.2%、20.5%、29.3%，农产品及农产加工品、工业产品出口值占总出口值比重分别为67.7%与32.3%，标志着台湾还属于工业化前期的资本积累阶段。

第二阶段，1961年到1970年，劳力密集型产业出口扩张时期。上阶段的进口替代效果显现，1963年工业生产净值首次超过农业，表明台湾工业逐渐取代农业在经济活动中的地位，进入工业化中期阶段。1970年台湾第一、二、三产业占GDP的比重分别为15.5%、36.8%、47.7%，就业比重分别为36.7%、28%、35.3%，农产品及农产加工品、工业产品出口值占总出口值比重分别为21.4%与78.6%。60年代日本重点发展重化工业为主的资本密集型产业，原有的轻纺工业、组装工业等劳动密集型产业纷纷向海外转移，台湾利用这一时机，开始发展日本梯度转移的劳动密集型产业。

第三阶段，1971年到1980年，重化工业进口替代时期。70年代在石油危机的冲击及新兴市场崛起的背景下，日本进行第二次产业结构调整，由资本密集型产业向技术密集型产业转变，把资源耗费量大、环境污染严重的资本密集型产业部分移至台湾，台湾进入重化工业进口替代阶段。1980年台湾第一、二、三产业占GDP的比重分别为7.7%、45.7%、46.6%，就业比重分别为19.5%、42.5%、38%，农产品及农产加工品、工业产品出口值占总出口值比重分别为9.2%与90.8%。

第四阶段，1981年到1990年，现代服务业迅猛扩张时期。80年代前半期，台湾产业结构相对平稳，中后期发生重大变化，工业增长大大减慢，服务业急剧扩张，取代工业在经济活动中的主导地位。资本和劳动力纷纷从第二产业流向第三产业，使服务业产值在1988年首次超过工、农业产值之和。到1990年，台湾第一、二、三产业占GDP的比重分别为4.2%、41.2%、54.6%，就业比重分别为12.8%、40.8%、46.3%，农产品及农产加工品、工业产品出口值占总出口值比重分别为4.5%与95.5%。80年代日本进行第三次产业结构调整，实现由技术密集型产业向知识密集型产业转变，台湾利用这一时机引进技术密集型产业，实现产业结构的又一次升级，逐渐发展起新兴支柱产业——信息电子产业（台湾称“资讯电子业”）。在第三产业中，商业和金融保险及不动产业，分别占服务业产值的1/4和1/3，占服务业就业人数的40%和7%。

第五阶段，1990年到2000年，高科技产业快速发展时期。该阶段第三产业继续发展，1995年服务业产值占GDP比重一度超过60%，成为台湾进入发达社会的标志之一。与此同时，技术密集型产业迅速崛起，占制造业产值比重从1986年的24%增加到1995年的36%。专门技术人员在就业人口中所占百分比也由5%增加到11.1%。2000年台湾第一、二、三产业占GDP的比重分别为2.1%、32.5%、65.4%，就业比重分别为36.7%、28%、35.3%，农产品及农产加工品、工业产品出口值占总出口值比重分别为1.4%与98.6%。上阶段发展起来的信息电子、半导体和通讯产业成长为台湾制造业中的支柱产业，其它如精密零组件、微处理机、通讯关键零组件、高画质视讯产品、生物科技产品、复合材料等也成为具有发展潜力的关键产业。

第六阶段，高科技产业发展间歇期。进入21世纪，在作为主导产业的资讯电子业发展势头出现下降之后，台湾新兴产业的重点开始转向半导体产业和液晶面板产业。这“两兆产业”[①]发展速度很快，但却有后劲不足的倾向。由于产业演进路径与方式的变化，台湾新兴产业外移加快，岛内新兴产业的知识技术含量未能同步得到大幅提高，国际分工角色仍处于价值链的中间环节，加之国际竞争加剧，利润空间压缩，造成岛内整体制造业无论是产值增长率还是产值占GDP比重在本世纪以来持续下滑。目前，服务业是台湾产业结构中的绝对主力，2005年服务业产值占GDP比重首次超过70%。其中以金融保险及不动产业比重最高，达21%。工业与农业在产业结构中的比例持续下降，分别跌至30%和不足2%。制造业仍为工业中最大项，比重稳

① 2000年台湾当局提出“绿色矽岛”的总体经济目标，重点发展以“两兆双星”为代表的核心产业。“两兆”是指发展并强化半导体、光电产业，使之具备在世界上关键影响力，维持全球前三地位，使这两项产业到2006年产值达2万亿元（兆元）新台币。

定在26%左右。2005年，台湾第一、二、三产业占GDP的比重分别为1.8%、24.6%、73.6%，其中制造业产值占GDP比重下降到21%[①]。

总之，台湾近半个世纪经历了快速交替的产业结构变动。20世纪50年代初年台湾产业结构还是以农业为主，农业产值占GDP比重高出工业10几个百分点，此后10年间却迅速由农业社会进入工业社会，1962年台湾工业产值占GDP比重历史上首次超过农业，并在1986年达到47%的历史最高。此后台湾迅速向后工业社会演进，工业比重下降，服务业比重骤升，到2002年，台湾服务业产值占GDP比重历史上首次超过70%，这一比重甚至高于许多发达经济的水平。

二、台湾产业交替的变动特点

从产值比重变化看（图 1.1），台湾第二产业的产值比重始终低于第三产业产值比重。台湾是海岛型开放经济，贸易和运输行业的产值一直在 GDP 中占很大比重，所以台湾服务业在经济起飞之前就占相当大比重。如图 1.1 所示，1973 年以前是台湾工业产值比重迅速上升时期，与台湾服务业产值比重的差距急剧缩小，1973 年台湾第二、三产业的产值比重相差仅 0.3 个百分点。此后 10 几年间，工业和服务业的产值比重保持非常相近的水平，其中 1978 年和 1986 年台湾第二、三产业的产值比重均只相差 0.2 个百分点。但自 1986 年之后，二者差距重新扩大，工业产值比重进入衰退期，而服务业产值比重却持续上升，至 2005 年，台湾第三产业的产值比重已领先第二产业 48 个百分点之多。

从就业比重变化看（图1.2），台湾三大产业的主导地位变化分三个阶段。20世纪70年代前，台湾第一产业吸收了最多的就业人口，在战后的十几年间台湾一直有一半以上的人口从事农业生产。70年代后，台湾第二产业逐渐成为就业人数最多的产业，第三产业紧随其后，第一产业的就业人口急剧减少。从1988年开始，台湾第三产业的就业人数超过第二产业，并且差距快速拉大，到2005年第三产业就业人数占总就业人口比重已经领先第二产业近23个百分点，第一产业则降至不到6%。

---

① 本部分数据引自台湾“行政院主计处”编台湾《统计月报》和台湾“经建会”编“Taiwan Statistical Data Book”。

台湾三大产业产值占GDP的比重变化如下图所示：

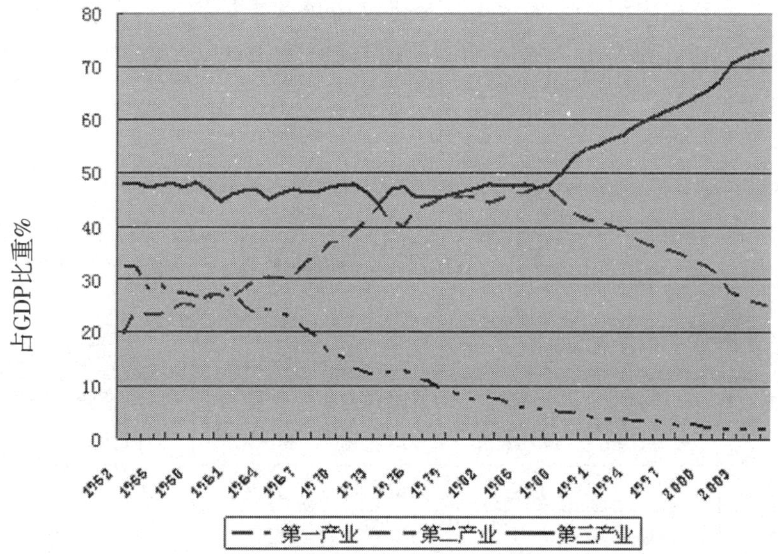

图1.1 台湾产业产值比重变化图

资料来源：1978-2001数据取自“Taiwan statistical data book”，2002以后取自台湾《统计月报》，部分缺省数据取自台“行政院主计处”编《统计年鉴》。

台湾三大产业的就业比重变化如下图所示：

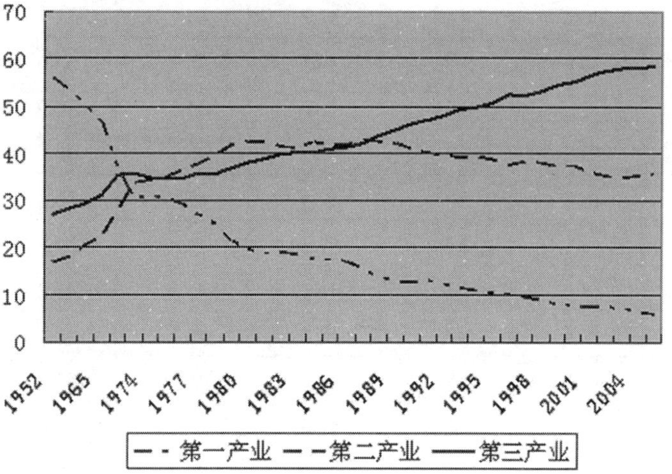

图1.2 台湾产业就业比重变化图

资料来源：1978-2001数据取自《Taiwan statistical data book》，2002以后取自台“行政院主计处”编《国民经济动向统计季报》。

可见，自80年代起，台湾产业结构开始发生明显变动，即无论是产值结构还是就业结构，第三产业比重都开始迅速上升，而第二产业比重则开始明显下降。

表1.1 台湾产业结构比重表

年份	第一产业		第二产业		第三产业	
	占总就业人口比重	产值占GDP比重	占总就业人口比重	产值占GDP比重	占总就业人口比重	产值占GDP比重
1952	56.1	32.2	16.9	19.7	27	48.1
1955	53.6	29.1	18	23.2	28.4	47.7
1960	50.2	28.5	20.5	26.9	29.3	44.6
1965	46.5	23.6	22.3	30.2	31.2	46.2
1970	36.7	15.5	28	36.8	35.3	47.7
1973	30.5	12.1	33.7	43.8	35.8	44.1
1974	30.9	12.4	34.3	40.7	34.8	46.9
1975	30.4	12.7	34.9	39.9	34.7	47.4
1976	29	11.4	36.4	43.2	34.6	45.5
1977	26.7	10.6	37.6	44	35.7	45.4
1978	24.9	9.4	39.5	45.2	35.6	45.4
1979	21.5	8.6	41.6	45.3	36.9	46.1
1980	19.5	7.7	42.5	45.7	38	46.6
1981	18.8	7.3	42.4	45.5	38.8	47.2
1982	18.9	7.7	41.3	44.3	39.8	47.9
1983	18.6	7.3	41.1	45	40.2	47.7
1984	17.6	6.3	42.3	46.2	40.1	47.5
1985	17.5	5.8	41.6	46.3	41	47.9
1986	17	5.6	41.6	47.1	41.4	47.3
1987	15.3	5.3	42.8	46.7	42	48

1988	13.7	5	42.5	44.8	43.8	50.1
1989	12.9	4.9	42.1	42.3	45	52.8
1990	12.8	4.2	40.8	41.2	46.3	54.6
1991	13	3.8	39.9	41.1	47.1	55.1
1992	12.3	3.6	39.6	40.1	48.1	56.3
1993	11.5	3.6	39.1	39.4	49.4	57
1994	10.9	3.5	39.2	37.7	49.8	58.8
1995	10.5	3.5	38.7	36.4	50.7	60.1
1996	10.1	3.2	37.5	35.7	52.4	61.1
1997	9.6	2.6	38.2	35.3	52.3	62.1
1998	8.8	2.5	37.9	34.6	53.2	63
1999	8.3	2.6	37.2	33.2	54.5	64.3
2000	7.8	2.1	37.2	32.4	55	65.5
2001	7.5	1.9	36	30.9	56.5	67.2
2002	7.5	1.75	35.2	27.58	57.3	70.66
2003	7.27	1.69	34.8	26.56	57.9	71.75
2004	6.56	1.68	35.2	25.58	58.2	72.73
2005	5.95	1.7	35.8	24.97	58.3	73.33

资料来源：就业数据1978-2001数据取自台“经建会”编“Taiwan statistical data book”，2002以后取自台“行政院主计处”编“国民经济动向统计季报”；产值数据1978-2001数据取自台“经建会”编“Taiwan statistical data book”，2002以后取自台“行政院主计处”编印《统计月报》，部分缺省数据取自台“行政院主计处”编《统计年鉴》。

第二节　产业交替的理论架构

一、产业结构分类方法

一是马克思（K.Marx）的两大部类划分法。即将社会总产品生产分成生产资料和消费资料两大生产部门。

二是费希尔（A.Fisher）和克拉克（C.Clark）的三次产业分类法。即产业发生时序将全部经济活动划分为三次产业。第一产业包括农、林、牧、渔业；第二产业包括矿业、制造业、建筑业；第三产业包括批发零售、金融保险、水电气热、运输通讯等服务业。目前有些国家或地区在此基础上又加上第四产业，包括信息生产、处理、分配及基础设施维护等部门。这种产业结构分类法是目前被广泛接受和采用的分类标准，其理论基础是产业结构的变化总趋势是分别经历农业化、工业化、服务化和信息化阶段。

三是霍夫曼（W.G.Hoffmann）分类法。即将产业结构分为消费资料产业、资本资料产业和其它产业三大类。

四是农轻重分类法。即除农业外，将制造业分为轻工业和重化工业，重化工业包括重工业及化学工业，具体有金属、机械、化学三个产业；食品、纺织等非重化工业均为轻工业。

五是生产要素密集度分类法。即依照生产要素密集程度不同分为劳动密集型（食品、纺织等）、资本密集型（钢铁、石化等）和技术密集型（精密仪器、通讯设备等）产业。

六是功能分类法。根据各产业在区域产业系统中的地位、作用和功能分为主导产业（在经济发展的某一阶段对产业结构和经济发展起较强的带动作用和广泛影响的产业）、关联产业（配合和围绕主导产业发展起来的前向、后向、侧向关联的产业）、潜导产业（潜在的未来的主导产业）、基础产业（农业、能源、交通运输、原材料、邮电通讯等）和高新技术产业（信息电子、生物工程、新材料、新能源、航天技术、海洋技术等）。

七是产业发展阶段分类法。按照产业发展所处的不同阶段分为幼小产业、新兴产业、朝阳产业、夕阳产业、衰退产业和淘汰产业。

八是标准产业分类法。联合国颁布的《全部经济国际标准产业分类索引》中，将全部经济为10个大项，分别是：种植业、狩猎业、林业和渔业；矿业和采石业；制造业；电力、煤气、供水业；建筑业；批发与零售业、餐馆与旅店业；运输业、仓储业和邮电业；金融业、房地产业、保险业及商业性服务业；社会团体、社会及个人的服务；不能分类的其它活动。

中国国家标准局编制和颁布的《国民经济行业分类与代码》中将国民经济划分为16个门类，92个大类，300多个中类和更多的小类。16个门类依次是：

农业、林业、渔业、畜牧业（含 5 个大类）；采掘业（含 7 个大类）；制造业（含 30 个大类）；电力、煤气及水的生产和供应业（含 3 个大类）；建筑业（含 3 个大类）；地质勘查业和水利管理业（含 2 个大类）；交通运输、仓储及邮电通信业（含 9 个大类）；批发和零售、贸易、餐饮业（含 6 个大类）；金融、保险业（含 2 个大类）；房地产业（含 3 个大类）；社会服务业（含 9 个大类）；卫生体育和社会福利业（含 3 个大类）；教育、文化、艺术和广播电影电视业（含 3 个大类）；科学研究和综合技术服务业（含 2 个大类）；国家机关、政党机关和社会团体（含 4 个大类）；其他行业（含 1 个大类）。

九是传统产业与高科技产业。这是台湾学者经常使用的产业划分方法，但并无学术上或法律上的明确定义。通常有绝对指标和相对指标两种判断方法。如果以绝对指标界定，传统产业是指产值占GDP比重较低（如10%以下）、研发经费与高级人才比例较低（如5%以下）、处于产品生命周期末端（如产品标准化阶段）的产业。如果以相对指标看，传统产业的特点是技术层次较低、竞争者进入门槛较低、劳动力成本占产品价值比重较高、产品替代性较高。以这些指标划分，发达经济中的传统产业在发展中地区可能会是高科技产业。具体而言，2000年台湾当局确定新的十大新兴工业为：通讯、资讯、半导体、消费电子、精密机械与自动化、航太、特用化学品制药与生技、医疗保健、环境保护及高级材料工业；除此以外的产业则均可归于传统产业范围，如食品、纺织、金属、塑胶、橡胶、石化产业等，在台湾制造业的22项分类中占18项。①

本书基本上采取三次产业分类法，按照台湾当局的统计口径，第一产业包括农、渔、林、牧、矿业，第二产业包括制造业、水电燃气业和营建业，第三产业包括批发零售、国际贸易、运输仓储、金融保险、不动产及租赁和政府服务。

二、产业交替规律理论

主流观点认为，产业结构变化的总趋势是向协调化和高度化方向演进。产业结构协调化是指在产业发展过程中要合理配置生产要素，协调各产业部门之

① （台）朱延智，《产业分析》，五南图书出版股份有限公司，2003，第 55-59 页。

间的比例关系，促进各种生产要素有效利用；产业结构高度化是指产业结构从较低水平状态向较高水平状态发展的动态过程，即产业结构向高技术化、高知识化、高资本密集化、高加工度化和高附加值化发展的动态过程。产业结构高度化以新兴产业比重提高为前提，其重要标志就是各产业的技术层次不断提高和新兴产业不断成长为主导产业。影响较大的产业结构演进理论主要包括：

一是配第—克拉克定理。英国经济学家配第（W.Petty）首次发现了世界各国的国民收入水平差异及其形成不同经济发展阶段的关键，在于产业结构的不同。配第在17世纪后期提出，劳动人口由农业向工业和服务业转移是一种自然和必然的选择过程，生产要素由低生产率产业向高生产率产业转移是发展趋势。20世纪40年代，英国经济学家克拉克（C.Clark）运用各国统计资料验证和丰富了配第法则。纵向来看，一个经济的产业结构随人均收入水平提高而改变，劳动力由第一产业依次向第二和第三产业转移。横向来看，人均收入水平越高的经济，农业劳动力所占比重越小，第二、三产业劳动力所占比重越大；反之，亦反之。配第—克拉克定理描述了在工业化过程中劳动力由生产率低的部门向生产率高的部门转移，反映了经济增长方式的转变过程，表明就业结构是一个国家或地区经济发展阶段的重要标志。克拉克根据劳动力在三次产业中的比重变化，将工业化划分成5个阶段（见表1.2）。

表1.2 克拉克的经济发展阶段

经济发展阶段	人均GDP（按1982年美元计算）	三大产业劳动力分布（%）		
		第一产业	第二产业	第三产业
1	357	80.5	9.6	9.9
2	746	63.3	17.0	19.7
3	1529	46.1	26.8	27.1
4	2548	31.4	36.0	32.6
5	5096	17.0	45.6	37.4

二是库兹涅茨理论。美国经济学家库兹涅茨（Simon.Smith.Kuznets）认为，工业化演进阶段通过产业结构的变动表现出来，按照农业、工业、服务业三大产业划分，工业化发展有8个阶段（见表1.3）。在工业化初期和中期

阶段，产业结构变化的核心是农业和工业之间“二元结构”的转化。在工业化起点，农业比重较高，工业比重较低；随着工业化的推进，农业比重持续下降，工业、服务业比重都相应有所提高，且工业比重上升幅度大于服务业，农业在产业结构中的优势地位逐步被工业取代，当农业比重降低到20%以下时，工业的比重上升到高于服务业，这时候进入了工业化中期阶段；当农业比重降低到10%左右时，工业比重上升到最高水平，工业化进入后期阶段，此后工业的比重转为相对稳定或有所下降，服务业的比重稳定或上升。

表1.3 库兹涅茨的经济发展阶段

经济发展阶段	人均GDP（按1982年美元计算）	三大产业分布（%）		
		农　业	工　业	服务业
1	264	53.6	18.5	27.9
2	421	44.6	22.4	33.0
3	703	37.9	24.6	37.5
4	1126	32.3	29.4	28.3
5	1835	22.5	35.2	42.3
6	2752	17.4	39.5	43.1
7	4407	11.8	52.9	35.3
8	7043	9.2	50.2	40.6

库兹涅茨于20世纪60年代实证了产业结构变化的一般轨迹，提出：在人均产值较低的经济中，非农业部门份额上升迅速，但内部结构转换平缓；在人均产值较高的经济中，非农业部门之间和内部的结构转换显著。该分析是对57个国家的原始统计资料进行处理，运用比较统计的研究方法，从总产值和劳动力两方面考察了产业结构变动的总趋势，更加全面而具体地揭示了产业结构变动与经济总量变化的内在关系。其结论主要是：大多数国家第一产业的比较劳动生产率①均低于1，而第二、三产业的比较劳动生产率则大于1；第二产业的国民收入相对比重上升是普遍现象；第三产业的比较劳动生

① 比较劳动生产率（相对国民收入）=（该产业国民收入的相对比重 / 该产业劳动力的相对比重）*100%

产率从时间序列分析，表现为下降趋势，说明第三产业具有很强的吸纳劳动力的特性，但其劳动生产率提高得并不快。

三是钱纳里模式。美国经济学家钱纳里（Hollis.Burley.Chenery）认为工业化是经济重心由初级产品生产阶段（即农业经济阶段）向制造业阶段转移的过程，伴随着经济的发展，人均GDP水平将不断提高，经济发展阶段相应由初级产品生产阶段向工业化阶段和发达经济阶段推进。钱纳里按照人均GDP水平把工业化分为3个阶段、6个时期（见表1.4）。

表1.4 钱纳里的经济发展阶段

时　期	人均GDP（按1982年美元计算）	经济发展阶段	
1	364—728	初级产品阶段	
2	728—1456	工业化阶段	初 期
3	1456—2912		中 期
4	2912—5460		后 期
5	5460—8736	发达经济阶段	
6	8736—13104		

钱纳里用27个变量规定了10个基本经济过程，将收入水平和人口数作为外生变量，并对这些过程进行统计分析，构造了经济“发展模式”理论，然后用向个基本回归发展模式进行复合，得出具有一般意义的“标准结构”。结论是：在经济发展的不同阶段有不同的产业结构。由于世界范围内存在产业体系趋同要素，可能存在一个经济增长的普遍模式。经济发展需要全要素的总体协调，需要全面的结构转换，包括收入水平、资源禀赋、人口规模、发展目标、国际环境等，而处于核心地位的是产业结构的调整、就业结构的转换和城市化进程的有效推进。

四是霍夫曼比例。德国经济学家霍夫曼（W.G.Hoffmann）研究了20个国家18世纪以来工业化历史的统计资料[①]，认为工业发展模式可用“霍夫曼比

① 霍夫曼，《工业化的阶段和类型》，1931。

例”来描述。霍夫曼比例=消费资料工业净产值/资本资料工业净产值。消费资料工业包括食品、纺织、皮革、家具等工业；资本资料工业包括冶金及金属材料、运输机械、一般机械、化学等工业。研究结论是：在工业化发展进程中，霍夫曼比例不断下降，揭示了工业结构演变的阶段性（优势产业更迭）和有序演变的方向性（资本品工业比例稳定上升）。

五是罗斯托理论。罗斯托（Walt Whitman Rostow）没有采用人均GDP作为标准进行划分，因其认为仅从价值量指标看无法解释增长的内在原因。因此，他提出，经济发展阶段应当以吸收当时存在的有关技术储量的效率大小来衡量。他同样将产业结构的转变视为经济发展的主要特征，认为各经济体在汲取现代技术和消化现有技术的能力不同，所处的阶段也就不尽相同。在此基础上，罗斯托将所有社会的经济发展阶段分为5种（见表1.5）。

表1.5 罗斯托的经济发展阶段

阶段	名称	主要特征
1	传统社会	经济技术生产率进步缓慢而有限
2	起飞前提	建立起反对传统地主利益集团和殖民政权的有效率的中央集权
3	起飞	新兴工业迅速扩张，农业生产率革命性变化，经济社会结构转变
4	走向成熟	经济持续增长，在广泛的资源范围吸收和采用现代技术最先进成果
5	大众高消费	主导部门转向耐用消费品和服务业，劳动力结构变化（白领增加）

六是弗农理论。美国跨国企业问题专家弗农（Vernon）以国际贸易理论为基础提出“产品生命周期理论”和“产品循环发展模式”，认为发达经济的产业结构演进模式与国际市场的发展变化紧密结合，并通过参与国际分工来实现本国产业结构升级。其产品循环顺序是“新产品开发—国内市场形成—出口—资本和技术出口—进口—更新的产品开发”，通过这一顺序的不断循环，带动工业结构由劳动、资源密集型向资金、进而向技术密集型演

进，实现产业结构的升级。

七是赤松要理论。日本经济学家赤松要（Kaname Akamatsu）1935年发表论文《我国羊毛工业品的贸易趋势》，提出日本某一产业的发展“通常依次经过进口、生产、和出口等各个时期，据此我们可将一产业的进口、生产和出口的雁行发展定式化”①，这被视为雁行理论的最初表述。此后该理论又被小岛清、山泽逸平、大来佐武郎等其他经济学家补充扩展。认为欠发达经济可以通过进口先进国家产品和引进技术，建立自己的工厂进行生产以满足内部需求，最终实现产业结构升级。雁行理论因能够在较长时间内成功解释和指导东亚地区的经济发展实践而受到广泛重视。

八是小岛清理论。日本学者小岛清（Kiyoshi Kojima）运用比较优势原理，把贸易与对外直接投资结合起来，以投资国和东道国的比较成本为基础，着重分析对外直接投资的贸易效果，提出了对外直接投资的国际产业转移理论。其基本思想是对外直接投资应该从本国（投资国）已经处于或即将陷于比较劣势的产业—边际产业（也是接受国具有显在或潜在比较优势的产业）依次进行。有关推论包括：1. 在投资与贸易的关系上，顺贸易型对外直接投资所带来的不是取代贸易（替代关系），而是互补贸易、创造和扩大贸易。也就是说这种投资不会替代投资国国内同类产品的出口，反而会带动相关产品的出口，是一种顺贸易导向型的对外直接投资。之所以会这样，是因为这种投资将投资国技术、管理等优势移植到东道国，使东道国生产效果得到改善，生产成本大大降低，创造出盈利更多的贸易机会。对比于投资发生之前，投资国能够以更低的成本从东道国进口产品，且扩大进口规模，给双方留下更多的利益；2. 在投资的目的和作用上，对外投资可以振兴并促进东道国的比较优势产业，特别是要适应发展中国家的需要，依次移植新工业、转让新技术，从而分阶段地促进其经济的发展。对外投资应起“教师的作用”，给当地企业带来积极的波及效果，使当地企业提高劳动生产率，教会并普及技术和经营技能，使当地企业家能够独立进行新的生产。在成功地完成了教师的作用

① [日]名古屋高等商业学校，《商业经济论丛》，1935-13。

之时，就应该分阶段地转让所有权；3. 在投资的国别选择上，向发展中国家工业投资，并要从差距小、容易转移的技术开始，按次序地进行。从比较成本的角度看，日本向发达国家（美国）的投资是不合理的。“几乎找不出有什么正当理由来解释日本要直接投资于美国小汽车等产业，如果说有，那也仅限于可以节省运费、关税及贸易障碍性费用以及其它交易费用等等。”与其这样，不如由美国企业向日本的小型汽车生产进行投资，日本企业向美国的大型汽车生产进行投资，即实行“协议性的产业内部交互投资”。

九是小泽辉智理论。小泽辉智（Ozawa）以亚洲新兴工业化国家为分析对象，把产业结构变动视为经济发展特征，将经济发展分为4个阶段（见表1.6）。具体而言：（1）要素驱动阶段吸引的一般都是属于资源导向型或劳动力导向型的外国投资；（2）当处于劳动驱动阶段向投资驱动阶段过渡时期，主要在资本品和中间产品业中吸收外资；同时在劳动密集的制造品产业中，会产生向低劳动成本地区的对外直接投资；（3）从投资驱动阶段向创新驱动阶段过渡时期，将会在技术密集产业吸引国外直接投资，同时在中间品产业中会发生对外直接投资。

表1.6　小泽辉智的经济发展阶段

阶段	经济发展特征	直接投资特征
1	劳动密集型制造业产品扩张	在有选择地进口资本品和购买技术许可证的同时，开始在周边地区劳动密集型产业中直接投资
2	以规模经济为基础的重化工业现代化	加速吸收采用先进国家技术；多数采许可证形式，但在石化、机械和化工采合资方式取得技术；开始进行资源导向型对外直接投资
3	耐用消费品生产与装配持续增长	在继续吸收、改进、进口技术的同时，对外进行直接投资，以发达国家为主要对象
4	以创新为特征的各种高新技术产业发展	在重化工业中吸引国外直接投资，并产生三角形成的对外直接投资，形成全球范围的经营网络

十是邓宁理论。邓宁（J.H.Dunning）以“折衷范式”为分析框架，1981年提出“投资发展周期模型”，其中心命题是：发展中国家或地区流入和流出的直接投资与其经济发展阶段密切相关，在经济发展的不同阶段，对外直接投资的流量有不同特征。阶段的变化取决于该地区企业所拥有的所有权优势、内部化优势及区域优势的变化，经济发展程度越高的地区流入和流出的直接投资也相对越多①。在这一变化过程中，伴随有第一、二、三次产业依次成为经济结构中主流产业的现象（见表1.7）：

表1.7 投资发展周期特征表

	阶段1	阶段2	阶段3	阶段4	阶段5
人均GNP	>=400美元	400–2000美元	2000–4750美元	>=4750美元	进一步提高
直接投资状况	无直接投资流出	直接投资进多出少	直接投资出快于进	直接投资出多于进	直接投资进出均衡
所有权优势	外多内无	外多内少	外降内增	外降内增	外足内足
内部化优势	外多内无	外多内少	外降内增	外降内足	外足内足
区位优势	内少外无	内增外少	内降外增	内降外增	外足内足
直接投资水平	有限L优势，极少O优势；极少外来直接投资，没有对外直接投资	一般L优势，成长O优势；外来直接投资增长，少许对外直接投资出现	创造性资产型L优势，境内产业强劲；外来和对外直接投资均增长	创造性资产方面有强L优势和O优势；对外直接投资大于外来直接投资	高水平的直接投资均衡，流入基本等于流出
经济结构	第一产业为主	一产比重下降	二产、三产比重上升	第二产业为主	二产下降，三产上升为主体

① Narula & Dunning, *The investment development path revisited, forthcoming in “Foreign direct investment and governments”*, 1996, Routledge inc.,p. 1–41.

流入直接投资动机	资源寻求型；L优势限于自然资源禀赋	资源寻求型、市场寻求型；L优势增长，尤其是非技术型劳工和基础设施	市场寻求型、效率寻求型；L优势日益以创造型资产为主	市场寻求型、效率寻求型直接投资和战略资产寻求型直接投资
流出（对外）直接投资动机	无	自然资源寻求型和市场寻求型	市场寻求和贸易导向型（低阶段地区）；效率寻求型（高阶段地区）	效率寻求型和资产增值型

注："外"指外来投资的境外企业；"内"指对外投资的境内企业。

资料来源：根据R.Narula and John.H.Dunning，*Globlisation and new realities for multinational enterprise-developing host country interaction*, 1998, http://www-edocs.unimaas.nl/files/mer98015.pdf. 相关图表整理。

三、产业交替的影响因素

推动产业结构演进的因素众多，但基本上可归结为供给和需求两方面。

供给方面包括：第一，自然条件和资源禀赋。自然资源丰富的地区易发展起资源开发型产业，受资源约束的地区就只能利用科学技术和对外贸易来弥补资源不足的劣势。由于技术进步和知识型产业结构的兴起，自然资源禀赋条件对产业结构的影响日益式微。

第二，人力资源供给。人力资源的数量、质量及其流向，直接影响产业结构的变动方式和方向。劳动力素质结构也对产业结构演进有重要影响。

第三，资金供应状况。资金在不同产业部门的投资偏好从投资结构方面对产业结构演进产生影响，这主要受政府的投资倾斜政策、投资者的投资偏好、利率水平、行业的投资回收期、进出口贸易的增长等因素影响。在正常情况下，资金投入规模与产业结构高度化的发展进程成正方向变动。资金投入结构决定着固定资产存量结构，现有固定资产存量结构决定产业结构演变的方向和速度，是制约产业结构演进的重要因素。

第四，商品供应情况。影响产业结构变动的商品供应因素有原材料、中间投入品、零部件、进口品等商品的质量和数量。从更广的范围看，商品供应还包括电力及其他能源、水资源、公共设施及公共服务、技术供应状况等。这些商品的供应往往受基础产业、上游产业、后向关联产业的制约。

第五，技术供给情况，这也是最重要的产业结构升级因素。科技进步和技术创新通过提高生产力，改善资源配置，导致产业结构演化。首先是技术水平的不同决定了部门之间比较劳动生产率的不同，拥有先进生产技术的主导产业大量吸收创新成果，促使生产率上升，吸引生产要素转移，当该主导产业进入成熟期后，因生产率发展速度减缓而促使新的技术创新产生和新一轮主导产业出现。其次是新技术的出现也会诞生新兴产业，改造和淘汰落后产业，导致产业结构发生变化。当生产力和技术水平很低，手工还占统治地位时，产业部门数目不多，部门间联系不紧密。随着生产力和技术水平的提高，社会分工越来越细，产业部门的数目日益增多，它们之间的联系也日益复杂和紧密。如农业机械化和采矿工业的发展，将分别使农业机械和矿山机械从机械制造业中分离出来；生产化学业，使橡胶工业、塑胶工业、化纤工业等新的原料生产部门逐步形成；金属加工工艺和机器构造的改进，将促进优质钢、各种合金和非金属的发展。生产中广泛采用新技术、新工艺和不断涌现的新产品及新材料，都对工业部门结构变化发生深刻影响。再次是技术结构变化会对产业部门中的生产技术结构、生产工艺过程、生产率、生产方式、生产规模、市场竞争状况、市场需求状况等产生影响，从而提供新的、有效触发产业扩张的机制，对产业结构的变动产生深刻的影响。新技术的产生和发展，促进新兴企业和新兴部门的产生和发展；加快对原有企业和部门的改造和重组；促进原有产业部门分离，各部门间生产要素和产品的转移和增减等。正是因为技术进步在各个产业部门中渗透的深度、广度不同，才导致产业部门结构相应变化。最后，任何一个产业都有与之相适应的技术状况，这一产业的技术突破和高新技术的广泛应用，会造成本产业和相关产业的结构变动，并通过前向、后向和旁侧关联，带动一系列其他相关产业的发展。

需求方面包括：第一，投资需求。投资结构决定了资源向不同产业部门的分配量与再分配量，因而对产业结构的形成和变化产生影响。

第二，消费需求。消费者在支付能力以内对各种商品的不同需求形成一定的需求结构，产业结构则是以与需求结构相对应的产品供给结构体现的。从一般演进顺序来看，低收入阶段人们消费需求集中在温饱问题上，恩格尔系数较大，与之相适应，产业结构中农业占较大份额，工业中纺织业占较大比重，整个产业结构中以资本有机构成低的产业占主导地位；中收入阶段，温饱问题大体解决，需求结构重点转向非必需品，特别是耐用消费品，产业结构也相应转向以资本品、耐用消费品制造为中心的基础工业和重加工业；高收入阶段，人们对精神享受和环境质量的要求明显提高，进入追求时尚个性的需求阶段。产业结构迅速走向服务业化。从整体趋势上看，生产高收入弹性产品的产业在产业结构中占有越来越大的份额，生产低收入弹性产品的产业在产业结构中占有越来越小的份额。随着经济发展，需求结构发生相应的阶段性变动，并呈现出层次性和演变的有序性，成为产业结构演进的基本依据。

第三，外部需求。对外贸易和对外投资也会推动本地区产业结构的演进。对外贸易通过比较优势机制对产业结构施加影响。发达经济大多根据“产品生命周期”，先是在内部开发新产品，并以内部市场促进该产业发展；当内部市场趋于饱和时，实施出口外销，并进一步出口有关技术和输出资本；当外部生产能力形成后，再将产品以更低价格转销内部市场，促进内部同一产业收缩，转向其他新产品开发和新的产业扩张，推动产业结构升级。对于欠发达经济，主要是通过“雁行模式”，产品通过对外贸易，由进口转为自行生产，再转向出口，通过不断增长的比较优势促进某产业发展，在较短时间内实现产业结构升级。对外投资会导致本地产业的转移，而外来资金会使外部产业向本地转移，这两个方面都会使本地的产业结构发生变动。

本书着重从外部需求角度研究台湾产业结构变动的原因，即对外贸易和对外投资如何促使台湾产业结构发生急剧变化。为此，本书引入比较优势分析方法。

四、比较优势分析方法

对于一个开放的经济体，进口与出口的产品结构变化会直接影响产业结构变化，进出口产品结构变化则最主要缘于该经济体比较优势的变化。比较优势理论是国际贸易理论体系的基石，并被西方主流经济学家视为最有生命力的理论。从比较优势理论的发展可以得出比较优势的分析方法，用于本书研究产业结构变动的原因。

李嘉图（David Ricardo）开创的比较优势论[①]与斯密（Adam Smith）的绝对优势论[②]之间有密切联系。二者的共同点是均认为两国两种产品的贸易由两国成本之比较来决定。但是成本比较有两种思维模式：同种产品两国之间的成本比较（纵向比较），或一国之内两种产品的成本比较（横向比较）。比较优势说与绝对优势说的思维框架不同之处在于：后者只是单一的纵向之比较，前者则是双向的纵横之比较[③]。人们把这种双向的纵横之比称为“相对比较”。这种“相对性”就是李嘉图比较优势理论的思维逻辑的精髓所在。它突破了单一纵向比较的思维禁锢，它在绝对成本理论对事实的描述和说明无能为力的情况下，可进一步揭示其本质，帮助人们做出合乎逻辑的判断和决策。尽管李嘉图的比较优势说是建立在一系列简单假定的基础上，但其对比较优势分析方法的贡献是毋庸置疑的。比较优势由“相对”比较来确定，它解决了在基数不同、计量单位不同情况下绝对数比较无意义的问题。

用相对价格比较描述比较优势，李嘉图的比较优势说可以表示为以下命题[④]：假设没有国际贸易发生，A国两种产品X和Y的价格分别为P_x和P_y，B国这两种产品的价格分别为P_x^*和P_y^*。“相对”的概念可以有两种描述，第一种是一国内两种产品价格的相对比较：一国X对Y的相对价格等于$\frac{P_x}{P_y}$或等于$\frac{P_x^*}{P_y^*}$；第二种是同种产品两国价格的相对比较：X的A国对B国的相对价格等于$\frac{P_x}{P_x^*}$，Y的相对价格等于$\frac{P_y}{P_y^*}$。

命题：当且仅当$\frac{P_x}{P_y}<\frac{P_x^*}{P_y^*}$或$\frac{P_x}{P_x^*}<\frac{P_y}{P_y^*}$，A国X产品有比较优势。

---

① 比较优势理论（comparative advantage theory）也称“比较优势说”或“比较成本说”（comparative cost theory）。学术界普遍认为该理论由李嘉图开创，但也有学者提出最早阐述比较优势思想的是斯密（吴易风，1996）、穆勒（Thweatt,1976）或托伦斯（Chipman,1965）。

② 绝对优势理论的基本思想是贸易的产生基于各国之间生产技术的绝对差别。

③ 梁琦，《比较成本理论的数学描述与统一》，《学术研究》，No.3，1998。

④ 此处为单一生产要素的模型。

这里，$\frac{P_x}{P_y}<\frac{P_x^*}{P_y^*}$与$\frac{P_x}{P_x^*}<\frac{P_y}{P_y^*}$是等价的。正因为如此，A国X产品有比较优势，等价于A国Y产品有比较劣势，也等价于B国Y产品有比较优势。亦即不论是哪种“相对”比较的描述，X产品所具有的比较优势都是存在的。按照李嘉图的比较优势理论，A国应出口X，进口Y；B国应进口X，出口Y。

如果仅仅是$P_x<P_x$，并不能说明A国X有比较优势。如果$P_x<P_x^*$且$P_y>P_y^*$，那就是斯密的绝对优势说，即A国的X和B国的Y分别具有绝对优势。如果$P_x<P_x^*$且$P_y<P_y^*$，则A国在两种产品上都有优势，B国在两种产品上都无绝对优势，只能通过相对比较$\frac{P_x}{P_y}$与$\frac{P_x^*}{P_y^*}$（或$\frac{P_x}{P_x^*}$与$\frac{P_y}{P_y^*}$）进一步判别其比较优势。

也可以将李嘉图的2 × 2模型“一般化”推广至$m\times n$模型。譬如在m种产品2个国家的情况下，不失一般性，可将比较成本按递增方式排列，即$\frac{a_1}{a_2}\prec\frac{b_1}{b_2}\prec\frac{c_1}{c_2}\prec\ldots\prec\frac{m_1}{m_2}$，引入两国的工资率之比w，当$\frac{a_1}{a_2}\prec\frac{b_1}{b_2}\prec\frac{c_1}{c_2}\prec\ldots\prec\frac{m_1}{m_2}$时，国家1将专业生产并出口相对比较成本低于w的所有商品，国家2则专业生产并出口相对比较成本高于w的全部商品，相对比较成本等于w的那种商品由各国自己生产，不参加国际贸易。

由李嘉图模型可以归纳出比较优势分析方法，应用于产业结构变动的原因分析。借鉴克鲁格曼（Paul.R.Krugman）和奥伯斯法尔德（Maurice.Obstfeld）的相关模型①，本书形成三个基本命题，后面三章的分析均在此基础上展开。

（1）假设世界上只有两个经济体，本地区和外部地区；两地区只生产两种产品，第二产业产品和第三产业产品，两地区间自由贸易，则有命题：

当且仅当$\frac{w_i}{w^*_i}>\frac{a_i^*}{a_i}$，外部地区生产i产品的成本比较低，本地区内生产要素的流向是：流出不具有比较优势的i产业，集中生产另一产品。

其中，w是本地区单位时间工资率，a是本地区单位产品的劳动投入；w^*是外部地区单位时间工资率，a*是外部地区单位产品的劳动投入；下标i代表第i产业，i=2,3。当第三产业具有比较优势时，生产要素会流向第三产业，使其在社会总产值和就业水平的比重上升，产业结构因此出现“软化”趋势。

（2）假设世界上只有两个经济体，本地区和外部地区；两地区只生产两种产品，第二产业产品和第三产业产品，生产要素可以在两个经济体间自由流动，则有命题：

---

① 克鲁格曼（Paul R Krugman）和奥伯斯法尔德（Maurice Obstfeld），《国际经济学（第五版）》，中国人民大学出版社，2002年版，第26–31页。

当且仅当$\frac{w_i}{w^*_i}>\frac{a^*_i}{a_i}$，外部地区生产i产品的成本比较低，两地区间生产要素的流向是：生产要素流向i产业具有比较优势的外部地区。

其中，w^*是本地区单位时间工资率，$a*$是本地区单位产品的劳动投入；w^*是外部地区单位时间工资率，$a*$是外部地区单位产品的劳动投入；下标i代表第i产业，i=2,3。当本地区的第三产业具有比较优势而外部地区的第二产业具有比较优势时，本国第二产业的资本会流向外部地区的第二产业，产业结构因此出现产业外移的现象。

（3）假设世界上只有两个经济体，本地区和外部地区；两地区只生产两种产品，高技术产品和低技术产品，则有命题：

当且仅当$\frac{w_i}{w^*_i}>\frac{a^*_i}{a_i}$，外部地区生产i产品的成本比较低，本地区内生产要素的流向是：流出不具有比较优势的i产品，集中生产另一产品。

其中，w^*是本地区单位时间工资率，a^*是本地区单位产品的劳动投入；w^*是外部地区单位时间工资率，$a*$是外部地区单位产品的劳动投入；下标i代表第i产业，i=高技术产品，低技术产品。本地区对高技术产品具有比较优势，则生产要素会向该产品生产集中，实现产业升级。

第三节　台湾产业交替的比较优势分析

一、产业交替模型

假设世界上只有两个经济体，本地区和外部地区；两地区只生产两种产品，第二产业产品和第三产业产品，两地区间自由贸易，则有命题（1）：

当且仅当$\frac{w_i}{w^*_i}>\frac{a^*_i}{a_i}$，外部地区生产i产品的成本比较低，本地区内生产要素的流向是：流出不具有比较优势的i产业，集中生产另一产品。

其中，w是本地区单位时间工资率，a是本地区单位产品的劳动投入；w^*是外部地区单位时间工资率，a^*是外部地区单位产品的劳动投入；下标i代表第i产业，i=2,3。当第三产业具有比较优势时，生产要素会流向第三产业，使其在社会总产值和就业水平的比重上升，产业结构因此出现“软化”趋势。

这一命题较易证明。如果我们将本地区生产单位产品所需要的成本定义为$\overline{C}_i$，外地区生产单位产品所需要的成本定义为$\overline{C}^{*}_i$，则有：

若 $\overline{C}_i>\overline{C}^{*}_i$，表示本地区生产 i 产品的成本比较高，将会集中生产另一种产品。

而$\overline{C}_i=\frac{K_i}{Q_i}=\frac{w_iL_i}{Q_i}=w_ia_i$　　　　同理 $\overline{C}^{*}_i=w^{*}_ia^{*}_i$

其中，K为总资本投入，L为总劳动投入，Q为产量，w为单位劳动工资。

当$w_ia_i>w^{*}_ia^{*}_i$时，即$\frac{w_i}{w^{*}_i}>\frac{a^{*}_i}{a_i}$时，表示本地区生产i产品的成本比较高，将会集中生产另一种产品。如果$\frac{w_i}{w^{*}_i}=\frac{a^{*}_i}{a_i}$，则两种产业间不存在生产要素流动。

二、台湾比较优势变动的经验检验

将产业交替模型应用于台湾案例，可发现台湾第二、三产业的比较优势发生变化是两大产业产值比重和就业比重发生交替的直接原因。由于台湾比较优势的重大变动发生在 20 世纪 80 年代，这让人很自然地将台湾产业结构变动与两岸经贸往来联系起来。自 1979 年起，两岸贸易从无到有，从小到大，两岸贸易占台湾对外贸易的比重迅速增加，这使台湾对外贸易的格局和形势发生重大变化。从图 1.3 可以看出，台湾第三产业的产值和就业占 GDP 和总就业人口的比重与两岸贸易占台外贸总额的比重呈高度正相关。因此，我们将台湾作为“本地区”，将大陆作为“外部地区”，对台湾产业结构变化是否符合命题（1）进行验证。

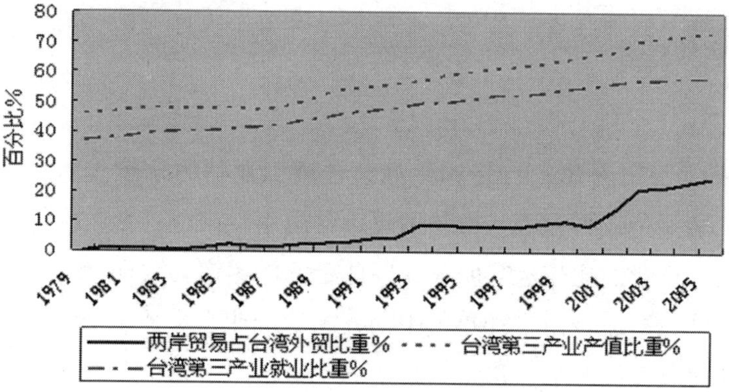

图1.3 台湾产业结构变动与两岸贸易相关图

资料来源：中国大陆及台湾海关公布数据。

经验检验：假设只有两个地区，台湾地区和大陆地区，和分别代表台湾和大陆地区第二产业人均年工资率，和是台湾和大陆地区第二产业单位产品劳动投入，可用第二产业总劳动人数比第二产业总产值求得。根据命题（1），当且仅当$\frac{w_i}{w^*_i}>\frac{a^*_i}{a_i}$或$w_i a_i>w^*_i a^*_i$时，大陆生产第二产业产品的成本比较低，台湾生产第二产业产品成本比较高，则台湾资本将流向具有比较优势的第三产业。

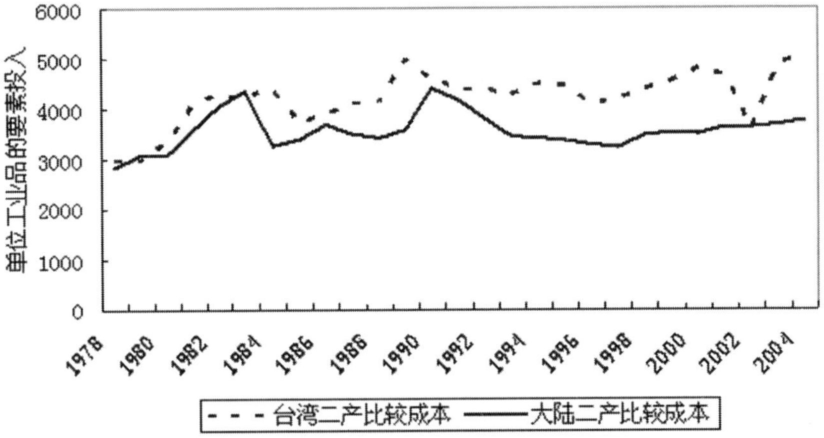

图1.4 两岸第二产业比较成本差异图

资料来源：台湾部分2002年前均为“Taiwan Statistical Data Book”资料；之后采台湾《统计月报》数据；大陆部分采国家统计局编《统计年鉴》和历年《中国经济年鉴》。

从图1.4可以看出，自1984年后，台湾工业品的比较成本迅速与大陆拉大，且长期保持较大差距，换句话说，台湾第二产业的比较优势迅速丧失，而大陆第二产业的比较优势明显，因此台湾的生产要素向具有比较优势的第三产业流动，造成台湾自80年代中期开始的产业主导地位交替变化，即工业比重下降而服务业比重上升。

表1.8 台湾第二、三产业比较表

年份	总产值（亿元新台币）		人均年产值（新台币）		就业人数（万人）		人均年工资（新台币）	
	二产	三产	二产	三产	二产	三产	二产	三产
1978	8726.3	9945.7	35.47276	44.80045	246	222	104715.6	119348.4
1979	9375.9	10890.4	34.9847	45.75798	268	238	103338	113865
1980	10240.4	11695.8	36.83597	46.97108	278	249	122884.8	140349.6
1981	10874.3	12546.7	38.42509	48.44286	283	259	156528	156021
1982	11024.8	13255.8	39.23416	48.91439	281	271	167076	165822
1983	12087.8	14367.1	41.53883	50.58838	291	284	174951	172887
1984	13658.1	15780.2	44.20097	53.85734	309	293	194709	189699
1985	14158.6	16795	45.82071	55.24671	309	304	169903.2	201540
1986	16148.6	18662	50.15093	58.31875	322	320	193783.2	223944
1987	18115.5	21272.5	52.81487	63.12315	343	337	217386	255270
1988	19022.6	23612.8	55.29826	66.51493	344	355	228271.2	283353.6
1989	19864.6	26487.8	57.08218	71.20376	348	372	238375.2	317853.6
1990	20025.3	28901	59.24645	75.26302	338	384	240303.6	346812
1991	21399.1	31361.2	63.49881	78.79698	337	398	256789.2	376334.4
1992	22682.9	34264.4	66.32427	82.56482	342	415	272194.8	411172.8
1993	23744.4	37243.2	69.42807	86.21111	342	432	284932.8	446918.4
1994	25221	40384.2	71.8547	90.54753	351	446	302652	484610.4
1995	26515.2	43390	75.75771	94.53159	350	459	318182.4	520680
1996	27420.6	46908.8	80.64882	98.75537	340	475	329047.2	562905.6
1997	29093.4	50398.8	83.124	104.9975	350	480	349120.8	604785.6
1998	29890.5	53504.5	84.91619	108.3087	352	494	358686	642054
1999	31282.5	56696.7	89.63467	110.7357	349	512	375390	680360.4

2000	33068.8	60173.6	93.67932	115.2751	353	522	396825.6	722083.2
2001	31076	60354.9	91.94083	113.8772	338	530	372912	724258.8
2002	30527.1	65019.8	111.4128	227.342	274	286	366325.2	780237.6
2003	30097.8	66572.1	108.6563	229.559	277	290	479196	534408
2004	30144.2	70138.6	106.1415	234.5773	284	299	490416	540768

资料来源：1978-2001数据取自台“经建会”编“Taiwan statistical data book”，2002以后取自台“行政院主计处”编印《统计月报》。

表1.9 两岸第二产业比较成本表

年份	就业人数（万人）		总产值（亿元）		单位产品劳动投入（人/亿元）		人均年工资（元）		比较成本	
	台湾	大陆	台湾（新台币）	大陆（人民币）	台湾（新台币）	大陆（人民币）	台湾（新台币）	大陆（人民币）	台湾	大陆
1978	246	6945	8726.3	1745.2	281.9	39794.8	104715.6	709.2	2952	2822
1979	268	7214	9375.9	1913.5	285.8	37700.5	103338	815.6	2953	3074
1980	278	7707	10240.4	2192.0	271.4	35159.6	122884.8	874	3336	3072
1981	283	8003	10874.3	2255.5	260.2	35482.1	156528	1005.1	4073	3566
1982	281	8346	11024.8	2383.0	254.8	35023.0	167076	1155.8	4258	4048
1983	291	8679	12087.8	2646.2	240.7	32797.9	174951	1329.2	4211	4359
1984	309	9590	13658.1	3105.7	226.2	30878.7	194709	1052.0	4405	3248
1985	309	10384	14158.6	3866.6	218.2	26855.6	169903.2	1259.2	3708	3381
1986	322	11216	16148.6	4492.7	199.3	24964.9	193783.2	1469.2	3863	3667
1987	343	11726	18115.5	5251.6	189.3	22328.4	217386	1559.5	4116	3482
1988	344	12152	19022.6	6587.2	180.8	18447.8	228271.2	1846.7	4128	3406
1989	348	11976	16666	7278.0	208.8	16455.0	238375.2	2171.2	4977	3572

1990	338	13856	17756	7717.4	190.3	17954.2	240303.6	2457.7	4574	4412
1991	337	14015	19756	9102.2	170.5	15397.3	256789.2	2700.5	4380	4158
1992	342	14355	21283	11699.5	160.6	12269.7	272194.8	3075.5	4373	3773
1993	342	14965	22908	16428.5	149.2	9109.1	284932.8	3789.2	4253	3451
1994	351	15312	23773	22372.2	147.6	6844.2	302652	5002.75	4468	3423
1995	350	15655	24981	28537.9	140.1	5485.6	318182.4	6138.5	4457	3367
1996	340	16203	27421	33612.9	123.9	4820.4	329047.2	6797.2	4079	3276
1997	350	16547	29339	37222.7	119.2	4445.40	349120.8	7267.5	4164	3230
1998	352	16600	28846	38619.3	122.0	4298.3	358686	8060	4376	3464
1999	349	16421	28831	40557.8	121.0	4048.7	375390	8702.5	4544	3523
2000	353	16219	29178	44935.3	120.9	3609.4	396825.6	9663.7	4800	3488
2001	338	16284	27240	48750.0	124.0	3340.3	372912	10858.5	4627	3627
2002	274	15780	28121	52980.2	97.4	2978.4	366325.2	12184.2	3569	3629
2003	277	16077	27407	61274.1	101.0	2623.7	479196	14011.8	4843	3676
2004	284	16920	27555	72387.2	103.0	2337.4	490416	16113.6	5054	3766

资料来源：台湾数据1978-2001取自台“经建会”编“Taiwan statistical data book”，2002以后取自台“行政院主计处”编印《统计月报》；大陆数据取自中国国家统计局网站：http://www.stats.gov.cn/，部分年份人均年工资数据根据年增率估算。

既然两岸比较优势的差异是台湾产业交替的重要原因，那么，20世纪80年代两岸比较优势的差异是如何形成的？这需要先追溯一下比较优势理论对该问题的解答。

三、比较优势理论的发展

李嘉图（David Ricardo）在斯密（Adam Smith）的绝对优势论的基础上首先提出比较优势论，其核心思想是：即使一国在两种产品的生产上都处于绝对劣势，选择劳动生产率相对较高的产品进行专业化生产并出口仍可获得贸易利益。李嘉图在其《政治经济学及赋税原理》第七章中这样表述比较优势：“在商业完全自由的制度下，各国都必然把它的资本和劳动用在最有利于本国的用途上。这种个体利益的追求很好地和整体的普遍幸福结合在一起。由于鼓励勤勉、奖励智巧并最有效地利用自然所赋予的各种特殊力量，它使劳动得到最有效和最经济的分配；同时，由于增加生产总额，它使人们都得到好处，并以利害关系和互相交往的共同纽带把文明世界各民族结合成一个统一的社会。正是这一原理，决定葡萄酒应在法国和葡萄牙酿制，谷物应在美国和波兰种植，金属制品及其他商品则应在英国制造。”①

李嘉图之后，詹姆斯·穆勒（J.Mill）、马歇尔（Alfred Marshall）和埃奇沃思（F.Y.Edgeworth）等人都对这一模型的完善作出了重要贡献，但没有改变李嘉图所说的比较优势来源于技术水平的相对差异。20世纪，瑞典经济学家赫克歇尔（Heckscher）和俄林（Ohlin）对李嘉图模型做进一步拓展，提出各国之间生产要素相对稀缺性的差异是产生比较成本差异的必要条件。在此前后，哈伯勒（G.Haberler）引入了生产可能性边界，并且用机会成本重新解释了比较成本的涵义，从而使得比较优势理论和劳动价值论脱离了关系。加上这一时期勒纳（A.P.Lerner）、里昂惕夫（M.M.Leontief）、萨缪尔森等人的努力，比较优势理论在以偏好、技术和要素禀赋为边界约束的一般均衡分析框架中得到了系统表达。在此后约半个世纪中，这一取得现代形式的比较优势理论一直在国际贸易理论中占有统治地位，并且成为一般均衡理论的一个分支。

现代比较优势理论的基本结构被归纳为四个基本的定理：赫克歇尔—俄林（H-O）定理、斯托尔珀—萨缪尔森（Stolper-Samuelson, S-S）定理、要素价格均等化（factor-price equalization, FPT或称H-O-S）定理和雷布津斯基（Rybczynski）定理，它们均经过了严格的数理证明。H-O定理指出，在自由贸易条件下，各国应出口在其生产过程中相对密集地使用本国相对丰裕的要素的产品，进口在其生产过程中相对密集地使用本国相对稀缺的要素的产品。这个定理试图说明的是要素禀赋和贸易模式之间的关系以及贸易的利

① 李嘉图，《政治经济学及赋税原理》第七章，引自《资产阶级古典政治经济学选辑》，第531-532页，商务印书馆，1979年。

益。S–S定理涉及的是商品价格的变动对要素价格的影响。某一商品国内相对价格的上升，会提高在生产该商品的过程中密集使用的生产要素的价格。H–O–S定理揭示，即使生产要素只能在国内各部门之间自由流动而不能跨国流动，只要允许自由贸易，则在一定的条件下各国之间相同要素的价格也会趋于一致。也就是说，商品流动替代了要素跨国流动对要素价格产生影响。雷布津斯基定理阐述的是，如果商品价格保持不变，则一种要素存量的增加不仅会导致生产中密集地使用该要素，而且会导致这种产品产出的绝对量增加，另一种产品的产出则绝对的减少。该定理表明，要素禀赋的变化决定着资源配置的变化，也就是产业结构的调整①。

20 世纪 80 年代以来，以克鲁格曼、赫尔普曼和格罗斯曼为代表，在引入规模经济、产品差异等概念体系批评传统比较优势理论的基础上形成了所谓的新主流（Helpman and Krugman，1985；Grossman and Helpman，1989，1990），而其他学者们又在批评这一新主流的基础上，从专业化、技术差异、制度、博弈以及演化等不同的角度对比较优势理论进行了拓展。赫尔普曼和克鲁格曼引入规模经济来分析比较优势（Helpman and Krugman，1985）。他们发展了一个垄断竞争模型，该模型基于自由进入和平均成本定价，将产品多样性的数目视为由规模报酬和市场规模之间的相互作用内生决定。实际上，克鲁格曼更早时候（Krugman，1980）就提出国内市场规模会影响一国在国际上的比较优势。他论述了在几种背景下具有大的本国市场的厂商更能有效利用规模经济从而在国际上更有竞争力。许多实证研究也表明出口商通常比内销的厂商规模更大，厂商和产业的规模与出口量之间具有正相关关系。沿着赫尔普曼和克鲁格曼的思路，梯伯特（James R.Tybout，1993）进一步总结并集中论述了递增性内部规模收益（increasing internal returns to scale）作为比较优势的源泉。他认为具有递增性内部规模收益的模型在三方面优于传统的比较优势学说：一是该模型建立了一个从专业化中获取收益的新基础，即使贸易伙伴们具有相同的技术和要素比例这种专业化也存在。第二，该模型认为具有大的国内市场的厂商在世界市场中有竞争优势。第三，该模型有

① 李辉文，《现代比较优势理论的动态性质——兼评“比较优势陷阱”》，《经济评论》，2004 年第 1 期。

助于理解贸易、生产率和增长之间可能的联系。

但也有的学者认为规模经济并不是对比较优势的充分解释。多勒尔（Dollar and Wolff，1993）等提醒我们，用规模经济来解释比较优势主要是针对近年来具有相似要素禀赋的发达国家之间日益增加的产业内贸易。这些国家的贸易模式体现了很高的专业化程度。但是，他们认为，生产过程中的规模经济可以部分解释这种专业化，但不是全部。在大多数产业中，一些不同的公司共同贡献了一个国家的出口成绩，并且每个公司又有很多工厂，因此公司或工厂的规模经济不能解释全部的国家专业化。他认为技术差异是对发达国家专业化程度日益深化的合理解释（Dollar，1993）。日本、德国和美国的许多出口品之所以被看做是高技术产品，是因为在这些产品的生产中研发所占的比例很高，以及员工中科学家和工程师占很大比例。但是，多勒尔也认为，尽管技术差异能很好地解释比较优势，但这种解释只是针对短期有效，对长期比较优势的解释并不能令人满意。因为任何一门专有技术最终会变成国际性的公共产品。那么，什么才能成为高技术产业长期比较优势的源泉呢?多勒尔认为是在现有基础上产生新技术和训练补充性技术劳动力的制度。

对于赫尔普曼和克鲁格曼的研究思路，有的学者从另外的角度提出了质疑（Hummels and Levinsohn，1993）。质疑从赫尔普曼（Helpman，1987）的论文《不完全竞争与国际贸易》入手。赫尔普曼在该文中发展了一个简单的产业内贸易模型，用以说明国家规模与产业内贸易的关系。该文最重要的理论洞见是指出了，当每一种产品仅仅在一国内生产时，国家的规模是世界GDP构成的唯一决定因素。并且赫尔普曼在OECD的资料基础上分析并得出，当国家的规模越来越相似时，贸易群体之间的贸易量也不断增加。该文中模型的假设是：每一种产品只在一国生产；所有的贸易是产业内贸易；所有国家的偏好一致。对此，哈迈斯和莱文森认为这一假设过于苛刻，该模型不适用于每年的每对贸易国。他们认为，距离会增加差别化产品贸易的摩擦成本。距离相近的国家从事产业内贸易是因为喜好多样化。远距离国家中的消费者愿意消费国外的多样化产品，但高运输成本将限制这种贸易。此外像边界贸易、季节性贸易、贸易限制以及语言文化因素都会影响产业内贸易。而且他们还进一步用OECD和非OECD（14个国家）的资料作对比，通过回归分析得出产业内贸易占总贸易量的比例在OECD国家为25.3%，而在非OECD国家仅为0.5%。他们认为这一实证结果也说明产品差别、规模经济对产业内贸易的影响进而对比较优势的影响并不充分，可能有别的更重要的因素。格罗斯曼和赫而普曼从研究与开发（R&D）的角度推进了比较优势理论（Grossman and Helpman，1989，1990）。他们工作的重要性在于将原来盛行的对比较优势的静态分析扩展到动态分析。他们发展了一个产品创新与国际贸易的多国动态一般均衡模型来研究通过R&D产生的比较优势和世界贸易的跨期演进。在他们的模型中，公司引进新产品会发生资源成本。前瞻性的生产者引导R&D进入具有获利机会的市场。新产品不完全代替老产品，并且当更多的商品可买到时，价格、利率和贸易模式会跨期演进。贸易有产业内的和产业之间的，前者受制于R&D支出，后者受制于资源禀赋。国际资本流动用来为R&D融资，在一些情况下跨国公司会出现。格罗斯曼和赫而普曼的动态分析尽管是建立在许多原有的静态分析的基础上，如克鲁格曼（Krugman，1979a）与狄克西特和诺曼（Dixit and Norman，1980），但同先前的文献相比较又有很大不同。他们不仅推进了比较优势的动态分析，而且就动态分析而言，他们的方法也在很大程度上不同于早些时候对具有产品创新的贸易的动态研究。这些研究（Krugman，1979b；Dollar，1986等）对贸易均衡的稳态性质提供了有用的洞见，但由于没有考虑到所有一般均衡的相互影响和驱动产品创新的经济因素，从而使分析不够完全。而格罗斯曼和赫而普曼的框架很明确地处理了对私人投资R&D的激励和R&D活动的资源要求。资源通过分配到R&D部门，会导致差异化产品和同质产品的生产，然后就会形成沿着贸易均衡动态路径的赫克歇尔—俄林贸易模式。这种贸易模式，会导致比较优势的发展。

克莱里达和芬德莱（Clarida and Findlay，1992）分析了政府对比较优势和贸易的贡献。他们的观点同传统的经济理论以及以诺思为代表的新制度经济学的观点都不相同。他们认为，政府介入教育和科研、交通和通讯以及其他经常性社会部门将会显著提高私人公司的生产率，一些经济部门无疑会从中受益。这是因为众所周知的“搭便车”问题和公共产品具有的非竞争性和非排他性，使私人公司没有动力提供公共产品和服务，这样的公共产品必须由政府来供给。格罗斯曼和麦吉（Grossman and Maggi，2000）则从人力资本配置的角度分析了国际间的比较优势。他们发展了一个具有相似要素禀赋的国家间贸易竞争模型，分析了人力资本的分配对比较优势和贸易的影响。他们发现，具有相对同质人力资本的国家，出口产品所使用的生产技术以人力资本之间的互补性为特征。在这种情况下，当所有的任务被相当好地完成时，要比一部分任务被极好地完成而另一部分任务完成得很差时的有效产出更大。高效率的生产组织要求具有相似才能的人力资本匹配，这在有同质人力资本的国家更容易实现。另一方面，对于具有异质人力资本的国家，其出口产品所使用的生产技术以人力资本之间的替代性为特征。在这种情况下，具有相对杰出人物的公司完成一些任务，而另一些任务由才能相对较低的人组成的公司来完成。那么，对于具有异质人力资本特征的国家，如果杰出人物有更大的比例，将会在对杰出人物敏感的产业中占有比较优势。还有的学者从演化的角度探讨了比较优势理论。费希尔和卡卡尔（Fisherand Kakkar，2002）认为比较优势是开放经济长期演进过程的结果。在李嘉图理论和阿尔钦框架的基础上，他们系统化了对国际贸易的理论认识，提出了自然选择会淘汰无效企业，并且能促进产生稳定的甚至是高效的世界贸易模式。他们没有假定存在瓦尔拉斯拍卖者，而是探讨了协调贸易与企业的匹配过程。他们分析的主要结论是，伴随比较优势的专业化（更大的国家可能不完全专业化）是世界经济演化的唯一稳态。

杨小凯和博兰（Yang and Borland，1991）在批评新古典主流理论的基础上，从专业化和分工的角度拓展了对内生比较优势的分析。他们认为，内生比较优势会随着分工水平的提高而提高。由于分工提高了每个人的专业化水平，从而加速了个人人力资本的积累。这样，对于一个即使没有先天的或者说外生比较优势的个人，通过参与分工，提高自己的专业化水平，也能获得内生比较优势。他们关于内生比较优势的分析被置于一个将交易成本和分工演进相互作用的理论框架之中。按照这一框架，经济增长并不单是一个资源配置问题，而是经济组织演进的问题，市场发育、技术进步只是组织演进的后果。该框架分析了经济由自给自足向高水平分工演进的动态均衡过程，并阐释了斯密和扬格的思想：经济增长源于劳动分工的演进。在经济发展初期，由于专业化带来的收益流的贴现值低于由专业化引起交易成本增加所导致的现期效用的损失，因此专业化水平将很低；随着时间的推移，生产的熟能生巧效应将使专业化带来的收益逐渐增加，因此将会出现一个较高的专业化水平，内生比较优势随之不断增强。杨小凯和张永生（2001）的《新贸易理论及内生与外生比较优势理论的新发展：文献综述》一文中评述了推翻外生比较禀赋优势说的文献并介绍否定HO定理的经验证据，认为贸易理论的发展有两条线索：一条是以斯密（Smith，1776）为代表的绝对优势说，当代经济学称其为内生比较优势说；另一种是以李嘉图（Ricardo, 1817）外生技术比较优势和赫克歇尔—俄林（Heckscher, 1919; Ohlin, 1933，简称HO）为代表的禀赋比较优势说，而外生比较优势说中的HO定理严格意义上已经被推翻，李嘉图外生技术比较优势说也并不象过去认为的那样具有一般性。但这种观点遭到梁琦（2004）的有力反驳。梁琦认为杨小凯和张永生不能将迪克特-诺曼（1980）的例子一般化，作为国际贸易四大基本定理均不成立的重要依据，因为该例本身有误，它混淆了比较优势与绝对优势，不能说是比较优势说之反例。并且，另一个例子与赫克歇尔-俄林定理的假设前提不符，也不能称其为“反例”，因此不能据此全盘否定四大传统贸易定理。

四、两岸比较优势差异的成因与效应

通过梳理比较优势理论的发展可以发现，经济学家们对比较优势产生的原因实际上存在多种解释，例如，李嘉图认为造成比较优势的原因是劳动生产率的高低；哈勃勒认为是机会成本的差别造成了比较优势；要素禀赋理论则认为比较优势是劳动力、资本、自然资源等生产要素共同作用的结果；哈罗德的技术创新理论则把科学技术因素作为造成比较优势的重要原因；产业内贸易理论则强调在生产要素、技术水平都相同的情况下，生产规模的大小及其有效性也会导致比较优势。

因此，两岸比较优势的差异至少有以下几个主要原因：一是两岸之间要素禀赋差异。两岸要素禀赋差异是外生因素，这包括大陆在生产要素方面的诸多绝对优势，如大陆面积是台湾的267倍，自然资源远比台湾丰富；大陆人口是台湾的近60倍，劳动力资源非常充沛；80年代大陆第二产业人均工资水平不到台湾人均工资的10%，劳动力成本远低于台湾。二是台湾内部第二、三产业劳动生产率的变化，这是导致两岸比较优势差异的内生因素。从图1.5可出看出，台湾自20世纪80年代以来，第三产业劳动生产率与第二产业逐渐拉大，因此台湾第三产业在对外贸易中具有比较优势。第三产业劳动生产率的提高与台湾当局在80年代放松服务业管制、推行“自由化、国际化”等政策措施密切相关，另外人均收入水平的迅速提高也引发岛内需求结构的变化，刺激第三产业的成长。三是经济规模不同。大陆庞大的经济规模对众多工业产品形成巨大的需求和供给，第二产业易形成规模经济，并由此发展出比较优势。

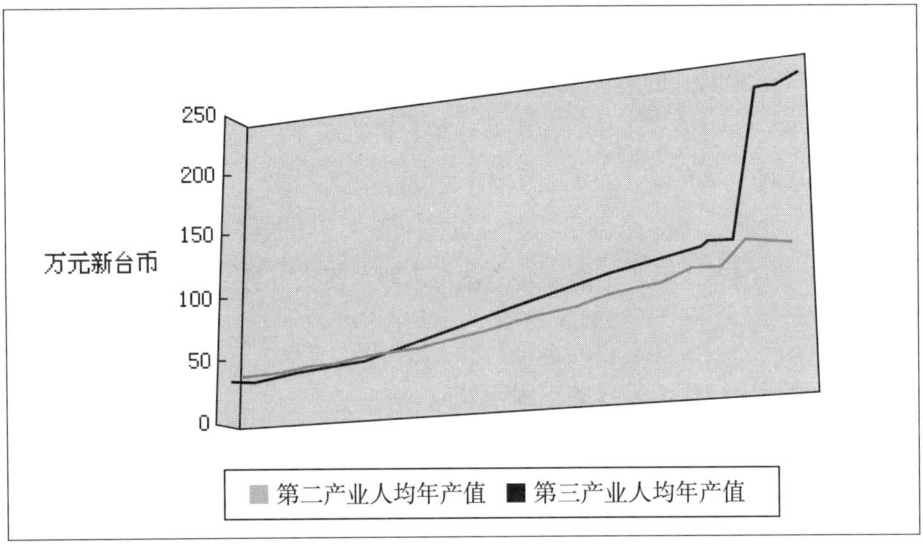

图1.5 台湾1978–2004第二、三产业劳动生产率变化图

资料来源：1988年前均为“Taiwan Statistical Data Book”资料；之后采台湾《统计月报》数据。

两岸比较优势的差异和变化直接导致台湾产业交替。20世纪80年代中期是台湾经济发展和产业结构变动的重要分水岭。1986年之后，第二、三产业的产值比重差距重新扩大，工业产值比重进入衰退期，而服务业产值比重却持续上升，至2005年，台湾第三产业的产值比重已领先第二产业48个百分点之多。这段时期台湾第三产业的就业人数也超过第二产业（从1988年开始），并且差距快速拉大，到2005年第三产业就业人数占总就业人口比重已经领先第二产业近23个百分点。对此，传统的解释基本局限于岛内经济环境的变化，认为当时第二产业的升级受到限制导致工业发展速度降低。“由于台湾的劳动力价格大幅度上升，再加上国际贸易保护主义的盛行，使台湾劳动密集型工业失去了原有优势，出现生产急剧衰退的局面。虽然在台湾当局工业升级政策的推动下，台湾技术密集型工业有了较快的发展，但是由于技术条件的制约，以及无法在短期内改变中小企业的落后状况，使工业的升级受到了限制。在现代科技发展突飞猛进的情况下，即使台湾的技术密集型工业，无论在技术上和产品层次上，与工业发达国家相比仍有相当的差距，在高科技领域台湾更是望尘莫及。在这种情况下，一方面劳动密集型工业急剧衰退，而另一方面技术密集型工业的发展因受到种种限制，无法迅速地取代传统的劳动密集型工业，从而使台湾的工业发展进入了一个苦涩的转型期。”①

但从比较优势的视角看，如果两个经济体之间存在贸易，即使某经济体在两种产品（第二、三产业）的生产上都处于绝对劣势（或优势），选择劳动生产率相对较高的产品进行专业化生产仍可获得贸易利益。对于台湾这样一个小规模开放型经济体来说，外部经济环境的变化对其经济发展方向的影响是非常巨大的。20世纪80年代中期台湾外部经济环境发生的最大变化，莫过于两岸经贸的开放。1979年大陆发表《告台湾同胞书》后两岸经贸关系由基本隔绝转向复苏。1985年台湾当局改变过去对大陆经贸交往“消极默许”的态度，转而采取“有条件的不干预”政策，激发了台湾商品输往大陆的转口活动，两岸贸易的大门开始打开。1987年台湾当局开放民众赴大陆探亲，台湾厂商趁机纷纷到大陆考察和了解市场与资源情况，两岸商务接触活动日益频繁。1987年7月，台湾当局一改过去对某些商品默许进口的办法，宣布开放部分农工原料自大陆间接进口，大陆商品入台也取得合法地位，同时大陆对台经贸政策也作了相应调整，两岸贸易日渐活跃。当台湾经济开始面临如此庞大的贸易伙伴时，比较优势机制开始发挥巨大的作用。20世纪80年代中期，台湾工业与服务业生产与大陆相比，都处于绝对优势，但服务业的优势更大，即台湾服务业比工业具有比较优势。换句话说，大陆第二产业的比较成本低于台湾第二产业。对这一点，本书在第二章中以经验数据给予了证明。在两岸可以进行间接贸易之后，台湾资源向具有比较优势的第三产业集

① 茅家琦主编，《80年代的台湾》，河南人民出版社，1991，第400页。

中更符合经济利益。因此，在比较优势这只“无形之手”的推动下，台湾第三产业蓬勃发展，无论是产值比重还是就业比重均迅速超过第二产业，完成划时代的产业交替。

第二章　台湾产业外移

第一节　台湾产业外移发展概况

台湾产业外移主要是以对外直接投资的方式进行的。台商自20世纪80年代出现大量对外投资，最初以“两头在外”的“三来一补”加工贸易型投资为主。“三来一补”指来料加工、来件装配、来样生产及补偿贸易。由于进出口本身也可以是投资行为，因此这些方式既属国际贸易方式又是对外投资方式。台商对外投资方式多种多样，总的趋势是由非股权经营方式（对外直接投资前期准备）向股权经营方式转变（对外直接投资）。

一、对外投资发展阶段

台商对外投资发展大体可分三个阶段：第一个快速增长期是80年代中后期（1987年到1991年），随着台湾私人资本力量壮大及台湾当局放宽外汇管制，开始出现成批对外直接投资。同时由于外贸巨额顺差，台币迅速升值，工资大幅上涨，企业成本增加，大量劳动密集型产业纷纷外移。第二个快速增长期是90年代中后期（1995年到1997年），在国际低价电脑流行的背景下，台湾新兴的信息电子产业也加入对外直接投资行列，充分利用国际资源和市场，扩大经营规模。第三个快速增长期是21世纪初（1999年到2000年），民进党上台，台湾社会意识形态对立激化，朝野矛盾加剧，岛内投资环境受1998年“本土性金融风暴”的冲击趋于恶化，众多台商在政治和经济的双重影响下采取对外直接投资的形式谋求自身未来发展。台湾学者张弘远（2004）认为，三个阶段的最大不同在于投资的产业结构：第一阶段是传统制造业对外投资，主要是一些劳动密集且技术层次较低的产业部门；第二阶段是制造业中技术、资本较为密集且仍具有比较优势的部门，如石化、机械与家电等；第三阶段为资讯产业中的资本密集型部门与服务性产业。台湾学者王信贤（2004）以IT产业为例提出台商对外投资几个阶段的不同：第一阶段以中小企业和未上市企业为主，属劳力密集型企业，采取个别设厂投资形态，代表性产品包括家电、消费性电子产品等；第二阶段以中大型企业为主，多为电脑周边产业和技术层次较低的资讯产业，兼有个别设厂和企业联盟形态，代表性产品包括主机板、桌上电脑组装等；第三阶段以大型企业为主，多为可以带动相关厂商投资的领导厂商，属技术、资本密集型产业，代表性产品包括笔记本电脑、液晶显示器组装等。前两个阶段主要是台商制造能力外移，第三阶段则以通路布局和供应链整合为主要特征①。

表2.1 台湾当局统计FDI金额表　（单位：百万美元）

年度	外来FDI	对外FDI	对大陆FDI	台“中央银行”统计
1952	1	–	–	–
1955	5	–	–	–
1960	15	–	–	–
1965	42	1	–	–
1970	139	1	–	–
1973	249	3	–	–
1974	189	7	–	–
1975	118	2	–	–
1976	142	4	–	–
1977	164	14	–	–
1978	213	5	–	–
1979	329	9	–	–
1980	466	42	–	–

① 王信贤，《物以类聚：台湾 IT 产业大陆投资群聚现象与理论分析》，《经济全球化与台商大陆投资》，晶典文化事业出版社，2005，第 76 页。

1981	396	11	–	–
1982	380	12	–	–
1983	404	11	–	–
1984	559	39	–	–
1985	702	41	–	–
1986	770	57	–	–
1987	1419	103	–	700
1988	1183	219	–	4121
1989	2418	931	–	6951
1990	2302	1552	–	5243
1991	1778	1656	174	2055
1992	1461	887	247	1967
1993	1213	1661	1140（+2028）	2611
1994	1631	1617	962	2640
1995	2925	1357	1093	2983
1996	2461	2165	1229	3843
1997	4267	2894	1615（+2720）	5243
1998	3739	3296	1519（+515）	3836
1999	4231	3269	1253	4420
2000	7608	5077	2607	6700
2001	5129	4392	2784	5480
2002	3272	3370	3859（+2864）	4886
2003	3576	3969	4595（+3104）	5682
2004	3952	3382	6940	7145
2005	4228	2447	6007	6028

资料来源：台“经济部投资审议委员会”投资《统计月报》；台“行政院主计处”《统计月报》。

注：台湾当局1991年公布《对大陆地区从事间接投资或技术合作管理办法》起，始有对台商投资大陆FDI的统计；个别年份对大陆FDI带括号，括号中数字为当年补报数。

表2.2 台商对外直接投资地区关联表

国家与地区	面积（平方公里）	总人口（百万）	距离（公里）	人均GDP（美元）	贸易集中度（%）	生产力增长率%	经济增长率（%）	通膨率%	GDP（亿美元）	台对外FDI（百万美元）
中国大陆	9,598,077	1284.53	1,722	911	20.8	5.2	9.1	0.16	11,641	3080.4
美国	9,363,520	281.42	12,666	35367	18.5	1.6	2.8	2.44	101,004	715.2
新加坡	618	4.02	3,248	20953	3.3	3.7	6.7	0.7	890	221.3
日本	377,829	126.87	2,097	32766	16.1	1.7	1.4	–0.68	43,328	131.3
巴拿马	75,517	2.86	15,604	3440	0.1	1.8	4.1	0.92		110.4
香港	1,101	6.78	878	24190	13.4	3.3	3.8	–2.56	1,640	95.7
泰国	513,115	62.32	2,538	1824	1.8	3.9	4.7	1.24	1,226	63.2
越南	329,560	81.62	1,676	392	1.1	1.5	6.7	2.08	316	57
加拿大	9,970,610	30.75	12,102	22730	1	1.2	2.6	2.18	7,137	54.1
菲律宾	300,000	76.32	1,155	915	2.3	–0.6	3.1	5.22	766	42
韩国	99,268	47.27	1,483	8855	4.8	4.9	6.2	2.64	4,580	38.6
马来西亚	329,758	23.26	3,231	3701	3	2.8	6.4	2.02	901	26.1
英国	242,900	59.5	9,807	23736	1.8	1.8	2.2	2.1	15,017	24.7
墨西哥	1,958,201	97.36	13,404	6031	0.5	0.1	3.3	8.2	5,974	19
荷兰	40,844	15.86	9,478	23957	2.1	0.6	2.6	3.12	4,059	18.4
印尼	1,904,569	210.49	3,803	683	1.7	1.8	4.6	11.32	1,677	15.2
德国	357,022	82.02	8,983	22530	3.4	2	2	1.54	19,946	11.8
澳大利亚	7,741,220	19.16	7,239	18459	1.8	1.5	3.3	3.14	3,941	8.4
法国	551,500	58.89	9,855	21535	1.1	1.4	1.9	1.48	14,033	2.1
新西兰	270,534	3.83	9,157	12708	0.2	0.3	2.6	2.2	548	0.9
瑞士	41,285	7.26	11,253	33951	0.4	0.3	1.1	8.24	2,593	0.5
南非	1,219,090	44.56	12,674	2542	0.5	–0.8	1.8	6.04	1,158	0.2
挪威	385,155	4.5	8,715	37233	0.1	2	3.1	2.48	1,723	–
丹麦	43,096	5.37	8,858	30148	0.2	1.5	2.1	2.38	1,726	–
芬兰	338,145	5.2	7,985	23719	0.2	2.3	1.9	2.22	1,272	–

瑞典	449,964	8.94	8,377	23547	0.3	1.8	1.8	1.72	2,306	–
奥地利	83,871	8.03	9,023	23218	0.2	1.3	2.3	1.64	2,016	–
比利时	30,528	10.25	9,605	22797	0.5	1.5	2.1	1.8	2,446	–
阿联酋	82,880	2.48	6,599	19393	0.5	–2.4	5.3	1.76		–
意大利	301,268	57.53	9,627	18910	1	1.3	1.6	2.24	11,609	–
以色列	25,000	6.59	8,295	17542	0.2	1	4.2	3.32	1,082	–
科威特	17,818	2.19	7,199	15047	0.6		2.7	2.44	331	–
西班牙	505,925	41.8	10,822	14979	0.4	1.2	2.7	2.82	6,212	–
希腊	131,957	10.9	8,984	10679	0.1	1.7	2.5	3.18	1,268	–
葡萄牙	92,142	10.32	11,289	10588	0.1	1.6	2.5	3.16	1,165	–
沙特阿拉伯	2,149,690	20.35	8,247	8750	1.1	–2.9	2.8	–0.32	1,824	–
阿根廷	2,780,400	37.03	18,973	7245	0.1	–0.2	1.6	14.76	2,098	–
委内瑞拉	912,050	24.17	15,965	5166	0.025	–1.3	1.9	20.04	1,069	–
智利	756,950	15.66	18,506	4312	0.3	1.9	5.5	3.12	698	–
巴西	8,511,965	182.03	18,829	2984	0.4	–0.2	2	5.9	5,180	–
多米尼加	48,511	8.52	15,043	2468	0.025	–0.8	4.6	1.72	208	–
土耳其	780,600	67.31	8,437	2284	0.3	2.6	3.4	49.98	1,815	–
萨尔瓦多	21,041	6.28	14,584	2146	0.025	–0.3	4.2	0.1	–	–
俄国	17,075,200	145.5	7,377	2135	0.5	–1.6	–2.6	30.8	2,990	–
伊朗	1,648,195	63.66	6,705	1753	0.4	0.9	5.4	14.82	1,072	–
危地马拉	108,889	11.39	14,413	1512	0.025	–0.1	3.7	5.52	187	–
埃及	1,001,450	74.71	8,696	1490	0.1	1.7	3.7	2.98	898	–
洪都拉斯	112,088	6.42	14,675	959	0.025	1	3	9.46	–	–
印度	3,287,263	1002.14	4,405	465	0.5	3.2	5.5	4.42	4,841	–

资料来源:《世界知识年鉴》2003/2004，世界知识出版社;国际统计年鉴，中国统计出版社；《2004 世界年鉴》，（台）中央通讯社；“Taiwan Statistical Data Book2002”；2003 投资《统计月报》，（台）“经济部投资审议委员会”；网上数据。

注：1. 贸易集中度数据采用台湾版《2004 世界年鉴》中 2002 年进出口贸易名次表，小于 0.05% 的地区取 0.025 值；2. 经济增长率数据为 1990-2003

年的 14 年平均经济增长率；3. 人均 GDP 数据为 2001 年数据；4. 通货膨胀率数据为 1999-2003 年的 5 年平均通货膨胀率；5. 生产力增长率为 1980-2001 年的 21 年全行业人均生产力增长水平，国际劳工组织网站资料；6. GDP 数据为 1999-2003 年的 5 年平均 GDP；7. 对外投资数据采用年台湾“经济部投资审议委员会”核准 1998-2002 年的 5 年平均金额；8. 台商投资大陆金额包括补办申请金额。

二、投资动因与方式

台湾对外投资的动因，大陆学者的研究主要有以下成果：张冠华（1997）认为台商投资大陆动机主要是节约成本，但与台商投资东南亚地区相比，祖国大陆具有的优势包括市场进入障碍小、股权比例限制低以及企业所得税、进口关税、劳工工资、同文同种等方面优势①。吴能远（2000）提出台商投资大陆是世界、大陆及台湾三方面因素综合作用的结果，具体包括：企业管理、降低成本、科技创新、资源、市场、产业升级②。朱磊（2000）考察造成祖国大陆与美国在台商对外投资地区结构中地位消长的原因包括：新台币升值、大陆及美国对台经贸政策的改变、及台湾边际产业扩张③。郑竹园（2001）认为台资大量进入大陆的主要因素是两岸投资环境的变化，大陆涉外法规、基础设施及整体经济都不断改善，台湾土地、工资、能源均日趋恶化④。朱少颜（2003）在分析台湾高科技产业投资大陆时提出大陆高素质科技人才在吸引台商中的重要作用⑤。另外，张传国（2003）从企业形象、市场、成本和文化四方面分析台资企业在大陆经营本土化的内部动因⑥。单玉丽（2003）总结台商在大陆区域分布的影响因素主要是：经济

① 张冠华，《亚太经济整合过程中台湾角色的转变》，《台湾研究》，1997 年第 3 期，50–52 页。
② 吴能远，《台商投资祖国大陆与两岸关系》，《台湾研究集刊》，2000 年第 1 期，1–3 页。
③ 朱磊，《台湾对外经贸地区结构的动态分析》，《台湾研究》，2000 年第 3 期，65 页。
④ 郑竹园，《两岸经济关系现势及前景》，《台湾研究》，2001 年第 3 期，18–19 页。
⑤ 朱少颜，《对台湾高科技产业“西移”的思考》，《台湾研究集刊》，2003 年第 3 期，86–87 页。
⑥ 张传国，《大陆台资企业本土化经营的动因、方式与影响》，《台湾研究》，2003 年第 4 期，61–62 页。

地理位置、生产力发展水平、大陆经济发展战略、台湾当局大陆经贸政策及台商投资策略[①]。张冠华（2003b）发现台商投资大陆的大规模行为是从下游劳力密集型产业转移开始的，是产业结构调整过程中的被动性选择[②]。他还以台湾IT产业为例（2003a），提出台湾高科技产业投资大陆的动因已由过去的成本导向型，转为市场导向型和企业全球布局策略[③]。孙祖培（2004）认为台商投资大陆的动因主要在大陆的吸引力：大陆是跨国公司全球战略的重点、大陆是未来世界最大的市场及大陆是东亚整合的关键区域[④]。朱磊（2004）以OLI范式为理论框架，通过计量检验得出台商对外投资动因进入以效率寻求型为主的阶段[⑤]。

台湾学者高长、杨景闵（2004）提出，70年代台商对外投资的目的是为确保原料供应和躲避歧视性贸易，80年代台商对外投资的考虑主要是寻求低成本的生产据点，规避国际歧视性贸易的考虑依然重要，90年代的最主要动机则是追求企业国际化，发展多元化经营[⑥]。张弘远（2004）认为，台商对外投资的三个阶段动因各有不同：第一阶段由于整体生产环境改变，中小型企业面临外贸环境改变，与生产要素价格上升所造成的产品成本优势流失，对外投资以维持外贸出口的成本控制，此为“生产要素考虑的资本外移模式”；第二阶段是“比较优势考虑的资本外移模式”，台湾石化、钢铁、电子等资本、技术密集型产业在政府进口替代政策的协助下陆续出现规模经济效应，进而形成产业竞争优势，在政府优惠政策逐渐停止后，加上后起厂商的威胁，为维持本身生产的比较优势进行对外投资；第三阶段是“垄断优势考虑的资本外移模式”，在资讯产业的全球分工中，台湾在制造与组装环节具有高度优势，即使部分下游组装厂商外移后，岛内资讯产业仍具有中间

① 单玉丽，《台商在大陆投资的区域分布及未来走势》，《台湾研究》，2003年第4期，57–58页。

② 张冠华，《台商大陆投资对两岸贸易影响探析》，《台湾研究》，2003年第4期，52页。

③ 张冠华，《台湾IT产业祖国大陆投资格局与两岸产业分工》，《台湾研究》，2003年第1期，43页。

④ 孙祖培，《经济全球化与区域集团化—台商投资大陆背景解读》，《经济全球化与台商大陆投资》，晶典文化事业出版社，2005，199–201页。

⑤ 朱磊，《台商对外直接投资动因实证分析》，《台湾研究》，2004年第5期。

⑥ 高长、杨景闵，《制造业台商全球布局对台湾产业发展之意涵》，《经济全球化与台商大陆投资》，晶典文化事业出版社，2005，285页。

产品生产的优势，并在设计上领先全球，但为扩大获利来源，该产业仍采取对外投资策略以降低成本、接近市场和提高生产效能①。陈添枝、顾莹华（2004）认为，台商第一阶段的投资以“防御性”为主，第二阶段以后的投资以“扩张性”为主。陈德升（2004）提出台商投资大陆的动因是岛内产业结构调整、投资环境恶化形成的“推力”和大陆投资环境和对台经贸政策的相对优势形成的“拉力”。台商的主要考虑是成本、利润、便利性和产业的群聚效应因素②。

台湾对外投资方式由最初的“三来一补”向独资方式转变。“三来一补”指来料加工、来件装配、来样生产及补偿贸易。早期台商采取“三来一补”方式为其技术和过剩设备寻找出路，通过返销可取得原材料、半成品和急需商品的稳定供应来源，因产品成本较低而提高返销产品的市场竞争力，获取更高利润。但随着这种投资方式的充分发展，其弊端也日渐显现。比如：业务范围狭窄、规模效益不大、加工方总处于被动地位、补偿期限过长增大风险等。因此，本世纪初以来，台湾对外投资方式迅速向“三资企业”方式集中，且以独资方式为主。2003年11月 “台湾工业总会”所做的调查显示：大陆台商中，独资企业占72.8%，合资企业占19.5%，合作经营企业占7.7%，台商独资者大幅增加。朱磊（2004）将台商倾向选择独资方式的原因归纳为：企业文化不同造成台商对合资方式的不信任；法律制度与外资政策基本满足独资经营需要；独资有利于企业发展战略的实施及调整；两岸经营的同质性高可以免去以合资方式积累经验的过程；台商投资的集群特征起到扩大企业规模的作用；台商技术品牌的提升使其倾向以独资方式维护核心利益③。台湾学者徐进钰（2004）认为，早期台商对外投资选择与所在地的乡镇企业合资，并让乡镇企业处理一些管理上的麻烦事务，是因为当地法制

① 张弘远,《两岸经贸关系中国家角色的转变》,《经济全球化与台商大陆投资》，晶典文化事业出版社，2005，63-65 页。

② 陈德升,《经济全球化与台商大陆投资：策略与布局,《经济全球化与台商大陆投资》，晶典文化事业出版社，2005，155-173 页。

③ 朱磊,《解析台商在大陆投资方式的转变——一个跨境直接投资方式的选择模型》,《亚太经济》，2004 年第 6 期，45-49 页。

环境不健全，但随着投资条件的改善，台商选择合资的投资方式由1993年的75%降至1998年的48%[①]。

三、投资结构与分布

台湾对外投资的产业结构不断升级，其内容与经济发展背景密切相关。60年代，岛内纺织、食品等劳动密集型产业迅速发展，台湾对外投资产业也主要是食品和饮料制造业、纺织业以及橡胶塑胶制造业；70年代台湾大力推行重化工业，台湾对外投资产业主要是化学制品、非金属矿产物品制造业等；80年代台湾对外投资迅速发展，最主要产业虽仍为化学品制造业，但电子及电器制品制造业则由第5位升至第2位，金融保险业和服务业则从无到有，并一举跃至第3、4大对外投资业；90年代台湾产业结构升级，金融保险和电子及电器业成为前两大对外投资业。90年代初和21世纪初是台湾对外投资产业结构的两个重要的转型期。1991年，电力电子机械器材业占台商投资大陆总额比重达18%，首次超过纺织业的16%，名列榜首。当年，台商对外投资（含对大陆投资）为18.3亿美元，首次超过岛内外来投资的17.8亿美元。整个90年代，台湾以电力电子机械器材业为代表的高科技、高附加值产业取得快速发展。 2001年，电力电子机械器材业占台商来大陆投资总额的45%，将近一半，远远领先于其他各产业，已经成为台湾地区对外投资的绝对支柱产业。台湾对外投资的另一大支柱产业是金融保险业。在台对外投资结构中，不算大陆地区，金融保险业高居第一位，比重为42%，占其对外投资的近一半。1952年到2002年台商对大陆以外地区的对外直接投资，前2名分别是：金融保险业42%、电子及电器产品制造业18%。与这个惊人的比重形成强烈反差的是：金融保险业在大陆地区的直接投资排名却为接近台商投资大陆行业榜尾的24名，比重不足1%。因此，该行业的对外投资仍有很大潜力。投资结构变动的根本原因，是台湾经济结构的变化[②]。

---

① 徐进钰，《从移植到混血：台商大陆投资电子业的区域网络化》，《经济全球化与台商大陆投资》，晶典文化事业出版社，2005，33页。

② 李非，《论台湾经济投入与产出的变化》，《台湾研究》，2004年第4期。

台湾对外投资的区位分布目前主要集中在亚洲，尤其是祖国大陆。从二战后到1988年的40年间，台湾对外投资主要集中在美国，比重高达60%，而对亚洲投资仅占总投资的30%，约为对美投资的一半。这主要是为接近消费市场和易于获取技术专利，但投资额相当有限。台湾真正开始大规模对外投资始于1988年前后，随着传统产业纷纷外移，大量资本流向亚洲地区，区位分布迅速实现“脱美入亚”。到1991年，台商对祖国大陆以外的亚洲地区投资超过总投资额的一半，而对美投资仅剩16%。此后台商对大陆的投资异军突起，对亚洲其他地区投资比重有所降低。1991年起，台湾当局正式将台商赴大陆投资合法化，次年适值大陆在邓小平“南方讲话”后深化改革开放，台商对祖国大陆的投资额迅猛增加。截至2004年底，台商对大陆投资实际金额达398亿美元，占到台湾对外投资总额的一半左右。台商对外投资之所以高度集中在大陆，除大陆具备资源、人力、市场、技术等优势外，本质上讲，两岸间的投资属一国内部经济行为，这有其他地区所无法比拟的地理优势和文化优势。

从近年来台商对外投资的全球布局来看，约8%制造业台商投资美国，主要产业是化学制造、电子电器及运输工具业，其特征是以大型企业为主力，其中超过40%的投资厂商在岛内从事的行业为电子资讯业。台商在东南亚的投资主要集中在纺织成衣业、基本金属业及电子电器业，且各国投资产业分布极为不同，如在新加坡以电子电器业及金融保险业为主，在越南及印尼以纺织成衣业为主，在菲律宾及泰国以化学制造业及电子电器业为主，在马来西亚则以基本金属业及电子电器业为最多。制造业台商约70%投资大陆，主导产业由食品、纺织、塑胶制品等传统产业转化为电子资讯、精密器械等资本密集型产业。台商的投资布局受全球化影响极为明显。在经济全球化的趋势下不仅市场界线渐失，制造生产能力及技术创新也开始分散化，结果国际分工格局已由线性架构下的水平分工与垂直分工概念，转向网络化发展。这一趋势具体反映在跨国企业的资源布局多元化，以及以制造活动为基础的厂商，经由专业价值与价值整合能力，创造有利竞争优势的演变①。

---

① 高长、杨景闵，《制造业台商全球布局对台湾产业发展之意涵》，《经济全球化与台商大陆投资》，晶典文化事业出版社，2005，287-288页。

台商在大陆的投资分布有由南向北的发展趋势，依次由珠江三角洲向长江三角洲和环渤海地区延伸。台湾学者陈添枝、顾莹华（2004）认为，台商的国际竞争力主要是基于台湾的生产网络，对外投资时必须和岛内网络保持连锁关系才能维持其竞争力，因此台商早期到大陆投资集中在深圳、东莞等珠江三角洲地带就是为了方便连接岛内生产网络和出口便利。台商在大陆投资的集群特征非常明显，中国商务部统计资料显示，2004年台商投资地区主要集中在江苏、广东、浙江及福建省，合计约占台当局核准在大陆投资总额的85%。在江苏，台商投资集中在苏州、南京、镇江、无锡和常州5个城市；在广东，台商投资集中在深圳、东莞和广州3个城市；在福建，台资集中在福州、厦门、漳州、泉州、莆田5个城市，占全省台资总额的90%以上。台湾学者王信贤（2004）将台商在大陆的投资区域分为“深圳—东莞—广州产业带”和“上海—苏州—杭州产业带”，前者以传统产业、桌上电脑及手机零组件为主，后者以半导体、笔记本电脑为核心，而其他电脑周边产品与零组件如主机板、印刷电路板、被动元件与显示器等零组件则在两大区域都有产业聚落。他将台商集群现象归为五大原因：“生产协力网络”易地重构；地方政府提供诱因；自然分工与重新组合；同业模仿；集团资源整合[①]。

四、企业形态与变化特征

台湾学者陈添枝、顾莹华（2004）将进行对外投资的台商分为三类[②]：大型代工厂、零组件供应厂和品牌厂。台湾大型代工厂的优势主要是生产成本低且弹性大，为保持此优势，其对外投资有两大特点：一是岛外生产和岛内生产网络保持密切联系；二是扩大生产规模以降低生产成本。因此，大型

① 王信贤，《物以类聚：台湾 IT 产业大陆投资群聚现象与理论分析》，《经济全球化与台商大陆投资》，晶典文化事业出版社，2005，89–97 页。

① 陈添枝、顾莹华，《全球化下台商对大陆投资策略》，《经济全球化与台商大陆投资》，晶典文化事业出版社，2005，9–13 页。

代工厂对外投资的生产形态，一般采取比台湾整合程度更高的生产方式，即将生产过程中资本最密集的部分纳入生产体系中，以建立市场进入的障碍。这样一方面可凭借掌握资本密集部分排除小型企业竞争，另一方面可以劳力密集部分利用当地廉价劳动力。零组件供应商在台湾的生产网络上居弱势地位，当代工厂进行对外投资后，如果要求这些零组件供应商跟进，以降低成本或提供即时供货的运作模式，他们很难拒绝。台湾少有国际知名的品牌厂，拥有自有品牌的台商也多兼营代工业务。对外投资可提供两个机会：一是降低生产成本，另一个是利用当地市场建立品牌地位。就策略而言，代工厂重视全球化生产及供货能力，品牌厂重视以大量生产培养高价位商品的营销能力，零件及材料厂重视接近客户，提供一次购足的服务。

台湾区电机电子同业公会于2005年8月所作的一份调查显示，台商在大陆投资正在发生各种变化，包括：1．投资规模趋向大型化，件数和金额均增高；2．投资产业类型趋向多元化，服务业比重增加；3．投资产业结构由劳力密集型向技术与资本密集型转化；4．投资进入方式由间接投资转向直接投资；5．投资地区由沿海转向内陆；6．投资策略由单打独斗转向产业整合；7．产业竞争形态由个别竞争转向产业集群；8．使用资源由成本导向转为人才导向；9．投资据点形式由单一据点转向加盟连锁；10. 投资心态由两头在外转向当地化；11. 对大陆定位由单纯投资转变为落地生根；12. 台商对外投资由两岸投资扩大到全球布局。2002年，台湾《高科技台商赴大陆投资调查》显示，竞争厂商进入、有业务往来的国际大厂进入、岛内上下游厂商进入成为决定台商FDI的最显著因素。发生这种转变的深层次原因在于：经济全球化正向纵深发展，台湾经济与全球经济联系日益紧密，并成为全球生产分工链中不可或缺的一部分。台湾对外投资的内容和重点也在向生产分工链中附加值较高的方向移动。

台商对外投资在地化趋势明显。台湾学者张家铭（2004）认为，台商选择落户投产的原因，最重要的是政府职能良好、产业集群效应、市场有前瞻性。当然，厂商的选择会因产业类别与企业规模有所差异。电子业厂商属资本及技术密集型产业，格外重视产业的集群效应，企求维持资源的创新性结合，而纺织业者属于劳动密集型产业，其择点布局比较重视人力资源及大而多元的市场。就资讯电子业看，企业规模也会影响投资策略和布局，大型公司着重当地产业链的完整，要求有良好的供料与生产配套系统，小型公司则相对注重土地与人力的资源及其成本。不论小型或大型厂商都重视政府的效能和服务，但前者较在乎政策优惠或政府行为的弹性，后者则强调政府政策的可预测性、政府承诺的兑现及行为的连贯①。除此而外，台商在大陆投资还呈现加速向市场占领型转变、朝加强研发方向调整、更加注重企业联盟、提高“整合优势”等变化特征②。

高长、杨景闵（2004）提出，电子资讯业台商的竞争力，除了源自于岛内分工结构与产业群聚效应外，近年来利用大陆的低成本制造资源，进一步延伸现有优势，建构两岸的资源分工网络，也是成长与竞争力维持的主因。制鞋、纺织和机械设备等传统产业厂商通过岛内外分工，使生产更具弹性，强化对接单能力，对外投资不只是促使母公司更快地迈向国际化，同时更是母公司再次成长的契机。部分厂商在海外投资之后自创品牌，并加强在台湾从事创新研发等方向的投资，以及从事多元化经营。台商对外投资对提高效率极有价值。一方面，对外投资可以提升投资者本身产品设计、制造能力，在国际市场上争取较高的竞争地位；另一方面，投资者积累丰富的投资经验及对当地市场的了解，能够协助其他厂商快速进入岛外市场，降低对外投资的不确定性，提高后进厂商赴岛外投资的成功率。台商为保持对外投资竞争优势需做到：开发新产品或提高制造水平，强化现有优势如新产品开发、设计、高阶制造、整合管理效率，进一步利用现有产业网络，联结国际市场与先进技术，及大陆量产效率与产品当地化调整，使资源的全球布局真正做到网络化；政府则要鼓励岛内厂商投资生产新材料及关键零组件，引导岛外台商回台参与投资，从事研发或生产③。香港及新加坡学者梁若冰与陈晓芬（2004）认为，台商在大陆的投资活动是伴随产业升级过程进行的，既包含东亚地区传统的雁行模式，也包含经济全球化下新型产业分工模式。传统雁

① 张家铭，《全球在地化——苏南吴江台商的投资策略与布局》，《经济全球化与台商大陆投资》，晶典文化事业出版社，229–230 页。

② 邓利娟，《WTO 框架下两岸经贸关系走势分析》，《台湾研究》，2001 年第 1 期。

③ 高长、杨景闵，《制造业台商全球布局对台湾产业发展之意涵》，《经济全球化与台商大陆投资》，晶典文化事业出版社，2005，300–305 页。

行模式决定的垂直分工结构仍然存在，但传统的雁行模式由于日本经济的逐渐衰落又不足以主导台湾产业升级，恰好经济全球化提供又一舞台，即在全球范围内配置生产资源并建构销售网络，从而保持竞争优势，这表现为台商近期对大陆高新产业的大规模投资[①]。

第二节 对外直接投资的理论架构

一、对外直接投资的相关概念界定

对外直接投资（Foreign Direct Investment ，FDI）既可指外向的对外直接投资（outward FDI，OFDI），也可指内向的外国直接投资（inward FDI，IFDI）。站在资本输出方的角度，FDI译作对外直接投资，站在资本输入方的角度，FDI译作外国直接投资或外商直接投资。如果没有特别说明，FDI在本书中的含义均为outward FDI。

对FDI的理解有两个角度：一是微观角度，即从投资者角度分析企业跨境经营现象，主要分析对外直接投资的动因，也研究FDI对投资者、投资方经济体和受资方经济体的影响；二是宏观角度，更多地把FDI视作国际资本流动，尤其是证券资本的流动，而非实物资本的流动（Robert.E.Lipesey，2001）[②]。前者的传统内涵是：投资者在境外开办企业，投入设备、劳力、技术等要素的行为。具体而言，FDI是指某国或地区的境内投资主体在境外以现金、实物、无形资产等方式投资，并以控制境外企业的经营管理权为核心的经济活动。对外直接投资业务包括在境外的生产性投资（如投资办厂、加工装配、资源开发等）、贸易性投资（如设立贸易公司、办事处等）、金融性投资（如境外设立分行、财务公司等）。后者是指：投资者通过资

① 梁若冰、陈晓芬，《台湾、新加坡大陆投资政经分析与比较》，《经济全球化与台商大陆投资》，晶典文化事业出版社，2005，387–388 页。

② Robert.E.Lipesey, *Foreign Direct Investment And The Operations of Multinational Firms: Concepts, History, and Data*, 2001,NBER Working Paper Series, http://www.nber.org/papers/w8665.

本市场购买境外企业股票或债券的行为，也被称作对外间接投资（Foreign Portfolio Investment，简称FPI）①。

然而，这二者的区别正日益模糊化，直接投资行为可以避开物化生产要素的转移，通过拥有一定比例的股票或债券实现对区域外企业长期控制。国际货币基金组织（IMF）1985在《对外收支手册》中，将FDI定义为“在投资人以外的国家（经济区域）所经营的企业中拥有持续利益的一种投资，其目的在于对该企业的经营管理拥有有效的发言权。”② 这里的“有效的发言权”实际上是指管理控制权，这种控制权是直接投资区别于间接投资的根本所在。联合国贸易与发展会议（UNCTAD）多年来发表的年度《世界投资报告》中，国际直接投资被定义为：一国（地区）的居民实体在其本国（地区）以外的另一国的企业中建立长期关系，享有持久利益，并对之进行控制的投资。③ 国际货币基金组织（IMF）和经济合作与发展组织（OECD）建议，在具体确认一项投资是否是直接投资还是其他形式的投资时，以10%为划分标准，即直接投资者应拥有直接投资企业10%或以上的股权或投票权。各国在统计实践中多数依据上述定义和标准。世界银行（WB）认为：FDI是向东道国企业提供一定数量的融资，从而能够直接参与企业管理过程的外国投资。可见，衡量一种跨区域投资行为是直接投资还是间接投资，关键在于控制权。拥有控制权的控股比例一般认为是20%，但各国对此有不同规定，如美国和日本法定直接投资的控股比例是10%以上。

从事 FDI 的台湾企业，因规模及技术水平有限，大多不具备运用全球资源的能力，且其 FDI 总体上以转移生产据点为主，在进行 FDI 以后逐渐中止原来在台湾岛内的生产经营，多数学者并不将其视为“跨国公司”（殷存毅，1996）。

---

① 对外间接投资（Foreign Portfolio Investment，简称 FPI）指证券投资和国际借贷。这类投资仅存于资本市场，一般不流向具体的生产和服务部门，其关心的是资本收益而非企业的日常经营。对外间接投资的收益可能是固定的（如债券和优先股的收益），也可能是变动的（如普通股的收益）。

② 本文认为，“有效控制权”与享有“持久利益”是密不可分的。“持久利益”是目的，而“有效控制”则是实现这一目的的手段。因而，对外直接投资既涉及初始的投资，更包含形成海外公司以后的经营行为。

③ FDI 的这个一般定义基于 OECD《外国直接投资定义的详细标准》第三版（巴黎，OECD，1996 年）和 IMF《国际收支手册》第五版（华盛顿特区，IMF，1993 年）。资料来源：UNCTAD《2002 年世界投资报告》，中国财政经济出版社，2003 年，第 253，264 页。

跨国公司（Transnational Corporation，简称TNCs）又被称多国公司（Multinational Corporation）、国际企业（International Business）等，人们从经济、法律、管理等不同的角度，用不同的标准来定义它。

（一）法律标准。联合国最新做出了更加具体的表述：“跨国公司是股份制的或非股份制的企业，包括母公司和它们的子公司。母公司定义为一家在母国以外的国家控制着其他实体的资产的企业，通常拥有一定的股本。股份制企业拥有10%或者更多的普通股或投票股权者，或者非股份制企业拥有等同的数量（资产）者，通常被认为是资产控制权的门槛。子公司是一家股份制的或非股份制的企业，在那里一个其他国家的居民的投资者对该企业管理拥有可获得持久利益的利害关系。”①母公司（Parent Company）在国外的附属企业有子公司（Subsidiary Company）、关联企业（Associate; Affiliates）和分支机构（Branch Office）这几种形式。子公司通常界定为要有50%以上的投票权；关联企业则至少要拥有10%以上的投票权；分支机构指在国外的独资或合资公司，也适用于未组成法人的跨国公司及其国外附属机构。母公司所在国被称为母国（Home Country）或本国，使按本国法律注册的法人团体母公司直接投资所产生的子公司所在国被称为东道国（Host Country），子公司是东道国的法人。

（二）结构性标准。对跨国公司的一种定义是联合国秘书长指定的“知名人士小组”在1974年提出的，即“跨国公司是指在它们基地之外拥有或者控制着生产和服务设施的企业”。② 这个定义强调以对外直接投资为基础的跨国经营管理，即国际直接投资是跨国公司产生与发展的前提。这一定义强调跨国公司“跨国”的特质。

（三）企业行为标准。从企业行为标准界定跨国公司，强调其“企业”的特征。从19世纪60年代以来跨国公司初期发展特征来看，跨国公司是发达资本主义国家的大企业。弗农（Vernon）在其主持的“跨国公司与国家”的

① UNCTAD，*World Investment Report 1997 : Transnational Corporations, Market Structure and Competition Policy*:295.

② Dunning J.H，*The Eclectic Paradigm of International Production: A Restatement and Some Possible extension. Journal of International Business Studies*. Spring 1988,19（1）:1–31.

专题研究中，将《财富》杂志所列举的美国最大的500家制造业公司（年销售额在1亿美元以上）中，在海外有6个以上子公司并且股权在25%以上的187家公司才列入跨国公司的范畴。因此，弗农所界定的跨国公司特指西方发达国家中那些规模巨大、分布广泛、实力雄厚的巨型公司，学术界一般称之为狭义的跨国公司或传统的跨国公司。这种定义排除了某些重要的跨国经营现象，如它不包括发达国家的中小跨国公司和发展中国家的跨国公司。

人们认为权威的是联合国《跨国公司行为守则》（1986）所做的定义，它认为跨国公司必须具备如下三个要素：第一，公司必须是包括设在两个或两个以上国家的公营、私营或混合所有制企业，不论这些实体的法律形式和领域如何；第二，公司必须在一个决策体系下进行运营，通过一个或一个以上的决策中心制定协调的政策和共同战略；第三，该实体通过所有权或其他方式结合在一起，实体中的一个或多个能够对其他实体的活动施加重大影响，并与其他实体分享知识、资源，共担责任。由于世界经济环境引起跨国公司行为的改变，对跨国公司的涵义也发生变化。邓宁（Dunning）指出，1980年代和1990年代对外直接投资的特征与对跨国公司系统性的理解有关，现在约90%的新增对外直接投资是由已经做出了对外直接投资的跨国公司进行的。跨国公司的系统性概念意味着跨国公司的行为模式不同于传统的对外直接投资者。传统的对外投资者在国外投资建厂，每一国外企业都拥有相对自主权或互不干涉，每一企业都经过精心设计，以保证投资资源获得最大可能的收益；而当代跨国公司从全公司整体利益出发，对外直接投资为投资公司带来了整体效益。跨国企业的早期定义是"决策执行的协调单位"。但是，今天应当更准确地将跨国企业定义为"相互关联的增值行为网络的协调者"。[①]

然而台湾的FDI与一般意义上的跨国公司存在着以下区别：一是其直接动机是转移生产据点以调整成本结构。台湾大部分FDI企业的动机着重于利用当地廉价生产要素，继续维持企业原有的市场份额，较少考虑新市场开发的积极因素，这就是台湾FDI企业大多在投资地从事外销第三地产品生产的重要原因。二是与跨国公司以品牌和技术作为投资优势不同，台湾企业则利

① 邓宁，《重估外国直接投资的利益》，《管理世界》，1994年第1期。

用外销网络和低成本作为投资优势。由于出口导向型经济的成熟发展，已有的出口订单是台湾企业FDI的主要优势。三是采取跳跃式的投资步骤。由于台湾企业尤其是中小企业对外投资的主要动机是利用当地低廉的经济资源，生产销往第三地的产品，因此它很少依循跨国公司惯用的渐进模式，即先在投资地外销，外销有一定成绩后再设行销据点，而后再演进为投资设生产据点。台湾大多数企业对外投资经常省略了外销和行销据点的前置步骤，而直接进入生产据点的丌设。若确有必要或机会在生产地拓展行销，它往往大多利用当地或海外华商行销网络来弥补自己的弱点。四是资源调度仅限于投资地与岛内的取长补短。台湾大多数企业的规模都不大，缺乏进行大规模跨国资源调度的资金和管理能力。所以他们一般赴海外投资时，都和岛内生产网络保持密切联系，确保在投资地只进行劳动力或土地取得的投入，而不需进行其他资源开发或生产的投放，如机器设备、原料及零部件大多向岛内采购。这与国际跨国公司不同点在于，跨国公司是在多国间完成生产资源的组合，如劳动力、机器设备、管理人才、原材料和零部件这些要素的整合不限于投资者国与被投资国两者之间，其中往往包括第三者甚至更多的参与者，而台湾FDI却大多限于投资地与岛内取长补短式的简单资源调度。五是与母公司相对独立的管理方式。跨国公司的FDI多雇佣当地的管理人才和技术人员管理企业的运作；台湾企业进行FDI时，企业主多随投资外移进行管理，若不是随企业“移民”，就是长期滞留海外亲自对投资企业进行管理。即使岛内母公司仍在运作，岛外子公司与岛内母公司之间也没有跨国公司那种明显的或绝对的等级关系。因此，早期从事FDI的台湾企业并不属于跨国企业，这与本文所研究的台湾FDI的技术欠缺特征密切相关。

二、对外直接投资理论发展

对外直接投资现象虽早在殖民地时代就已出现，宗主国企业向殖民地子公司派遣人员、输送资金，以确保国内市场的原材料及商品供应，但现代意义上的对外直接投资主要出现在20世纪60年代，并随数量和形式的迅猛发展日益引起经济学家们的关注和重视，众多理论应运而生。美国学者海默（Stephen.H.Hymer,1960）提出的“垄断优势理论”被普遍视为对外直接投资理论之滥觞。此后FDI理论的研究重点集中在四个问题上：对外直接投资为什么会发生？怎样进行产业和区位选择及博弈策略？对投资方经济体和受资方经济体各有什么影响？应该如何对待对外直接投资？对外直接投资领域的研究文献大体可分以下四类：一是从投资主体（企业）角度出发，研究跨国企业的形成动因、模式特点、筹资方式、进入方式、发展趋势、博弈策略等内容。欧美国家文献以该类型研究居多。二是从投资方经济体（国家或地区）角度出发，研究对外直接投资与母国经济体经济规模、产业结构、外贸战略、区位优势、发展模式、汇率波动等内容之间的关系。这类研究以日本书献居多。三是从受资方经济体（国家或地区）角度出发，研究对外直接投资与东道国经济体的经济安全、制度安排、发展格局、垄断形成、应对政策等内容之间的关系。国内研究绝大多数为此类型。四是从交叉角度出发，研究投资方企业与受资方经济体之间、投资方经济体与受资方经济体之间的谈判策略与价值分配，以及不同类型、不同地区对外直接投资之间的比较。迄今对外直接投资的理论研究有以下特点：

首先，从理论发展上讲，对外直接投资理论的发展，大体遵循了一个由简入繁、涉及领域不断扩大的过程。研究内容：why（垄断优势理论、金融市场理论）— when（产品周期理论）— where （经济地理理论）—why + how（内部化理论）—why + when（寡占博弈理论）—when + where（国际化进程理论）—why + how +where（边际产业扩张理论、OLI理论）。各种理论解释问题不同，使该领域研究不断丰富，逐步深入。

其次，从理论基础上讲，各种对外直接投资的理论研究大体沿四个方向发展：微观经济层次（厂商角度）、中观经济层次（产业角度）、宏观经济层次（区位角度）及虚拟经济层次（金融角度）。微观经济层次理论包括：垄断优势理论、内部化理论、国际化进程理论等。该角度强调企业内部资源配置，对FDI的性质、起源有较好地解释，但无法解释投资区位分布和中小企业对外投资的动机。另外逻辑上也存在一些问题。该理论一再强调市场不完全，主张自由贸易可消除企业为克服市场不完全所进行的FDI，但在自由贸易所促成的市场竞争中，企业必然努力通过FDI以保持自身优势，这样逻辑上就存在自相矛盾的地方。国际化进程模型缺点有三：一是理论界限描述不清，模型假设和范围不明确；二是解释力偏弱；三是理论与现实操作不够一致。中观经济层次理论包括：动态发展理论、现代国际贸易理论、寡占博弈理论等。该理论以产品或产业的兴衰解释FDI在该过程中的作用，其核心的比较优势方法有较为明显的优缺点。优点是可以较好地解释新兴工业地区对发展中地区的直接投资，缺点是难以解释厂商向发展中地区并不具有比较优势的产业进行直接投资。70年代后期开始，日本对外FDI发生很大变化，由集中于发展中国家的比较优势产业转向对美欧资本技术密集型产业，这与边际产业扩张理论不符。且该理论将FDI界定为贸易替代型和贸易创造型两种，忽视了跨国公司的内部贸易，影响其准确性。宏观经济层次理论包括：生产区位理论、经济地理理论、制度机构理论等。该理论修正了传统国际贸易前提，再融合要素禀赋比较优势的差异因素，既较好地解释了水平分工式和垂直分工式直接投资，又可解释跨国企业采用不同方式参与国际经济的现象，其中尤以折衷范式为典型，但认为企业必须同时具备OLI三种优势才能进行FDI的观点与后来的发展事实不符。而且，80年代以来，越来越多的厂商选择了非内部化直接投资方式，如合资、合作、特许生产等方式，这对重视内部化优势的OLI理论造成冲击，于是才有人提出内部化优势和区位优势存在替代关系，如果区位优势较强，非内部化投资也可为次优选择。虚拟经济层次理论包括：金融市场理论、汇率变动理论、宏观计量理论等。该理论多以国际金融学理论为基础，有独到的视角，但分析FDI有两大缺陷：一是表现形式不同。金融理论中的资本多以货币形式表现，资本流动多通过现代化通讯手段完成，流量大，少有时滞；FDI资本则以设备、技术、专利、商标、劳力等生产要素为主，货币资本处于次要地位；二是以证券投资来解释FDI缺乏有力的经验支持（Agarwal,1980），考虑到多数FDI都在发达地区间进行，且国际金融市场日益自由化，该理论的解释力不断降低。

再次，从理论框架上讲，各种对外直接投资理论基本上是沿着收益、成本和外部因素三个方向（或合并成供给和需求两个方向）构建的分析框架。例如：被普遍认为是集大成者的折衷范式（OLI理论），将企业进行FDI的动因分作三个基本要素：所有权优势是企业具备的技术、管理等各种可以获利的优势，投资者必然要利用其实现收益最大化，所以这些优势是FDI的前提条件；但很多所有权优势是不易定价出售的，如技术、品牌、专利、知识等，于是企业采取以内部市场取代外部市场的办法降低交易成本，这就是作为FDI必要条件的内部化优势；这时投资者已经决定要向境外拓展了，但选取地点需要考虑运输成本、投资环境等外部条件，这便是作为FDI充分条件的区位优势。可见，该范式是从收益、成本及外因三个角度确立的。再如近来形成的投资诱发要素组合理论，将FDI的发生归结为直接诱发要素和间接诱发要素的共同作用。前者指境内外的各类生产要素，包括技术、资本、劳动力、管理和信息等；后者指投资方鼓励性投资政策、受资方投资环境及优惠政策等。可以看出，直接诱发要素即如何使企业实现收益最大化和成本最小化的内部因素，间接诱发要素即强化上述功能的外部因素。又如，曾道先提出“优势互补理论”，认为对外直接投资涉及两个主体的双向行为，即投资方的对外投资行为与受资方的吸收投资行为。吸收国际直接投资的基础是国家宏观优势和企业微观优势。国际直接投资有效发生的条件是宏观优势与微观优势互补。该理论也是从FDI的供给面和需求面来进行分析的。

研究重点上，微观经济层次理论强调个体利益，多以市场不完全为前提，以企业各种优势为基础，重在从成本角度解释FDI的动机。宏观经济层次理论强调总体利益，多以完全竞争理论为前提，以宏观比较优势为基础，重在从收益角度解释FDI的动机。中观经济层次理论从产品或产业角度解释FDI的发生原因、时机和形式，理论基础和侧重比较综合和模糊。虚拟经济层次理论则以汇率理论等现代金融理论解释FDI的发生。

研究方法上，早期理论多静态分析，后期研究多动态分析。静态研究包括：垄断优势理论、内部化理论、生产区位理论、制度机构理论、金融市场理论、宏观因素理论；动态研究有：国际化进程理论、汇率理论、动态发展理论、现代国际贸易理论、寡占博弈理论、经济地理理论、OLI理论。

最后，从理论功能上讲，每种理论都只能解释部分直接投资现象，而不能作为有一般解释功能的“通论”。例如，海默（H.Hymer,1960）的“厂商垄断优势理论”难以解释发展中国家的对外直接投资成因，维农（Vernon,1966）的“产品生命周期理论”和资源导向型FDI关系甚少，阿利伯（Aliber, 1970）的“资本化率差别假说”局限于解释不同货币区之间的投资行为，小岛清（K.Kojima,1971）的“边际产业扩张理论”无法包含产业内投资，尼克博克（Knickerbocker,1973）的“寡占反应论”有赖于特定市场结构类型的存在，巴克莱和卡森（Burkley and M.C.Casson,1976）提出的“内部化理论” 在解释FDI的区域分布方面显得乏力，拉格曼（A.M.Rugman,1981）的“风险分散理论”不易解释资产追求型战略投资。为形成跨区域直接投资理论研究的基本框架，邓宁（J.H.Dunning）提出并不断完善“折衷范式”（Eclectic Paradigm, 1977,1981,1988,1993），认为由于跨区域直接投资现象的复杂性，不可能存在一种国际贸易理论可解释所有现象。

各种对外直接投资理论简介如下表，不再赘述。

表2.3 对外直接投资理论综述表

名称	代表人物与提出时间	内容	点评
利润差异论	20世纪60年代以前	假设国际间产品和生产要素市场完全竞争，认为对外直接投资反映了不同地区间收益的差异。当某地区收益率升高时，对外直接投资会随之增加，反之则减少。	缺点是忽视了对外直接投资的实质是投资者经营控制权的延伸，因此不能解释投资者为什么选择直接投资而非间接投资。
垄断优势论	海默（H.Hymer, 1960）	否定了传统国际贸易理论中市场完全竞争的假设，认为垄断造成市场不完全，进而引致厂商进行国际直接投资。市场不完全产生于四个方面：产品差异、生产要素差异、规模经济及政府干预。对外直接投资企业有五个方面的垄断优势：	该理论突破了长期流行的以国际资本套利来解释直接投资的观点，揭示了垄断和寡占厂商对外直接投资的动机，但对发展中国家和地区的进行的FDI缺乏有效解释。
		技术、管理、资金、信息、声誉、销售和规模经济。正是这些垄断和优势的存在，企业才能克服境外投资的附加成本，抵消受资方当地企业的优势，确保境外投资收益最大化。	

产品生命周期论	维农（Vernon，1966）	认为对外直接投资是企业为使产品收益最大化而采取的必要步骤。当企业在有较高技术知识、高收入、高需求的发达地区发生创新时，倾向于维持垄断地位，使定价高于边际成本；产品成熟后，境内市场竞争者出现，创新企业将产品移至人力有比较优势的发展中地区，进行大批量、标准化生产。FDI 是在产品生命周期中创新企业为维持比较优势而采取的战略。	该假说可解释美国五、六十年代的对外 FDI，日本、韩国以及台湾、香港的情况，但无法解释 80 年代后美日欧为展开技术竞争而发生的 FDI。
资本化率差别说	阿利伯（Aliber，1970）	将对外直接投资看作一种可以降低筹资成本的货币现象。认为跨国公司在硬通货区筹资，在软通货区投资，利用中间的利率差赚取货币溢价，之所以存在利率差是因为贷款者不知软通货区有货币贬值风险。该模型后被扩展为国际资产定价模型，综合考虑产业与风险并存的情况，将 FDI 的产生原因归结为：公司为使产值最大、风险最小而采取的国际间分散投资。	该理论缺陷是以金融市场的短期变化来解释对外直接投资的长期现象，且难以解释相同货币区内不同国家或地区间的对外直接投资现象。
区位论		认为生产要素并非如传统贸易理论假设的不可移动，物质资本和知识产权都是可移动的，只要两个地区在可移动要素价	
	约翰逊（H.G.Johnson，1970）、格雷（H.P.Gray，1982）	格上存在差异，就存在潜在的利润机会，FDI 就会产生。生产区位优势包括不同地区间生产要素禀赋、经济地理分布、制度机构法规、经济发展阶段等因素。	该理论虽较好地解释了FDI的结构和分布，但却不能说明厂商在贸易和投资中的选择行为。

边际产业扩张论	小岛清（K.Kojima, 1971）、小泽辉智（T.Ozawa, 1975）	将直接投资理论与国际贸易理论相结合，认为二者都是建立在“比较优势原理”基础上的。国际贸易按既定的比较成本进行，而对外直接投资则可以创造新的比较成本，通过向经济较落后地区转移边际产业（本地区处于比较劣势的产业，如劳动密集型产业）可以降低生产成本。该理论将企业进行 FDI 的动机划分为四类：市场导向型、自然资源导向型、生产要素导向型、生产与销售国际化型。将 FDI 过程分作四阶段：第一阶段，吸引外来 FDI；第二阶段，由输入 FDI 向输出 FDI 转型；第三阶段，从劳动力导向 FDI 向技术导向、贸易支持型 FDI 转型；第四阶段，资本密集型输入 FDI 和资源导向型输出 FDI 交叉发生。	与垄断优势理论相比，海默强调垄断优势对FDI的重要性，而小岛清强调比较优势原则在解释对外贸易与FDI中的重要性；海默以发达国家间水平分工为基础的FDI为研究对象，而小岛清以发达国家对发展中国家以垂直分工为基础的FDI为分析对象。边际产业扩张理论较好地解释了当时日本对外直接投资的实践，但对80年代后的FDI行为缺乏足够的解释力。
联合体模型	赫斯特（T.O.Horst, 1971）、科比松（L.W. Copithorne, 1971）	假设一个拥有垄断性知识资产的企业同时在两个市场出售某产品，该企业会对母子公司间的内部贸易采用转移定价的方法来减少整个公司的税收支出，以达到全球性利润最大化。根据边际成本增加或减少的不同情况，企业选择直接投资的地点和内部贸易方向也不同。	在赫斯特建立的平行联合体模型基础上，科比松建立了垂直联合体模型，其核心也是利用内部转让价格将利润转移到税率最低的国家或地区，以求收益最大化。

寡占博弈论	尼克博克（F.T. Knickerbocker，1973）、格来姆（Graham,1975, 1978）、迪克西特（Dixit,1980）	将 FDI 分为两类：进攻性投资和防御性投资，前者可由产品周期理论解释，后者可由寡占反应行为解释。在寡占的市场结构条件下，一旦某家企业对某地区进行 FDI，其他垄断企业也会随之在该地区进行防御性投资，以抵消第一家企业行动可能产生的负面影响。“跟随领导者”假说分析了 FDI 与产业集中度的关系，一般是 FDI 随产业集中度增强而增加，但到一定程度后，因在狭小市场中发生冲突而减少。众厂商跟随领导者的战略行动实际提高了进入难度。“威胁互换”假说认为，两公司各自垄断本地区市场，当一方发现己方市场被对手挤占时，也会进攻对方市场。“威胁互换”以低于“割喉战”的程度维持竞争，保持各自的大生产能力和低边际成本。	该理论不断得到发展，迪克西特（Dixit,1980）提出解释跨国企业与潜在竞争者互动的博弈论模型，认为企业选择 FDI 可阻止当地潜在竞争对手进入市场，后期投入则主要是为降低当地生产的边际成本。扩展模型（Smith,1987；Jacquemin,1989）显示，即使没有关税壁垒，FDI 仍能替代出口，因为可以同时减少交易成本和增加市场份额。
内部化理论	巴克莱和卡森（P.J.Burkley and M.Casson, 1976）	该理论仍以市场不完全为假设前提，认为市场机制存在内在缺陷，为避免某些产品市场（特别是知识产品）的不完全，企业进行对外直接投资将市场内部化，即将不同的经营活动置于统一的所有权之下，以内部市场取代外部市场，将交易改在公司所属各子公司间进行，降低交易成本。外部市场不完全影响企业交易成本的因素大体有四：行业、企业、国家和地区因素。其中以行业因素最为重要，知识产品在各种行业中进行市场内部化的动机最强。	该理论从交易成本理论出发，不但较好地解释了跨国公司在FDI、出口贸易和许可证交易这三种参与国际经济方式选择的依据，还有助于解释战后跨国公司增长速度、发展阶段和盈利变动等现实，缺陷是未能有力解释跨国公司进行FDI的区域分布以及中小企业对外投资动机。

技术变动论（小规模技术理论、局部技术变动论、技术创新产业升级理论）	威尔斯（L.T.Wells, 1977）、拉尔（S.Lall, 1983）、坎特韦尔（J.A.Cantwell）和托兰锡诺（P.E. Tollaention）	威尔斯（L.T.Wells, 1977）结合“产品生命周期论”和“技术差距说”提出“小规模技术理论”，分析发展中国家和地区的企业对外直接投资。认为发展中国家和地区的企业优势主要体现在管理者经验和技术适应性，前者主要通过管理者“干中学”和“学中用”形成经验，后者是为使产品更适应当地需要而做的技术调整，因不够复杂且容易扩散而不能准确定价进行转让，只能通过对外直接投资获取利益。 拉尔（S.Lall, 1983）提出“局部技术变动论”（技术地方化理论），从技术角度说明对外直接投资的动机。认为发达经济体企业的竞争优势来源于前沿性技术创新及先进的市场营销技能，而发展中国家或地区的企业优势在于利用广泛扩散的标准化技术，或对营销能力、管理技术、生产工艺的部分改进。发展中国家或地区利用其独有优势进行FDI以实现收益最大化。能够创新出独有优势的原因，在于技术变动的本质及发展中国家或地区比较优势的动态变化。 坎特韦尔（J.A.Cantwell）和托兰锡诺（P.E.Tollaention）提出“技术创新产业升级理论”，认为发展中国家或地区对外直接投资的产业结构和地区分布随时间而变化的。产业分布上，先以自然资源开发为主的纵向一体化生产活动，然后是进口替代和出口导向为主的横向一体化生产活动。区位	该理论缺陷是不能很好解释发展中国家或地区向发达国家的“逆向投资”问题，且投资顺序不完全符合现实情况。

		分布上，很大程度上受“心理距离”影响，对外直接投资遵循以下顺序：先利用各族联系对周边地区进行投资；再向其他发展中国家或地区扩展投资；最后产业结构发生明显变化，开始从事高科技领域的开发和生产活动。	
折衷论	邓宁（J.H.Dunning，1977）	后被称为“折衷范式”，其理论基础是要素禀赋理论和市场缺陷理论。要素禀赋理论认为国际间要素资源分布不均且不流动，跨国公司进行FDI的目的是将本地拥有相对禀赋优势的产品与东道国拥有相对禀赋优势的资源相结合。市场缺陷理论则说明，如果市场是完全的，拥有要素优势的企业只要参与市场交易就可实现比较优势，而无需发展对外投资。但现实中市场存在两类缺陷：结构性市场缺陷（即垄断优势论的四类市场不完全）和交易实施性市场缺陷（交易中存在的各种风险）。跨国公司通过FDI可运用内部交换机制替代外部市场，避开市场缺陷。该理论的内容主要是三个优势的概括和运用。所有权优势（ownership advantages），指企业拥有或能够获得、而境外企业没有或无法获得的资产及所区位优势（locational advantages），包括直接区位优势和间接区位优势两种。前者指东道国的有利因素形成的区位优势，如优惠政策、广阔市场、低廉成本、丰富原料等；后者指企业所在地不利因素形成的FDI区位优势，包括运费过高、要素成本过高、贸易保护限制等。区位优势不仅决定企业是否	不能否认，该理论具有极强的解释力和实用性。但很多人认为该理论并非新理论，仅是几乎囊括其他各种FDI理论的一个框架。该理论还存在至少三个方面的局限：一是仅仅解释微观的FDI待业，不能从一国角度解释FDI发展水平；二是将所有权（O）优势看成外生变量，不能很好解释发展中国家或地区厂商O优势的形成及其FDI行为；三是理论分析过于侧重O优势和I优势（内部化优势），忽略L优势，以致在解释厂商FDI与出口行为选择时缺乏逻辑的严密性。

		进行 FDI，还决定 FDI 的类型和部门结构。邓宁以三种优势的具备程度解释企业参与国际经济方式的选择。即：如果仅有所有权优势 O，厂商会选择许可合同式经营；仅有所有权优势 O 和内部化优势 I，厂商会选择出口销售；只有在 O、I 和区位优势 L 都具备的情况下，厂商才会选择直接投资。	
投资发展路径论	邓宁（Dunning, 1981）	发展中国家或地区对外直接投资倾向取决于经济发展阶段和其所拥有的所有权优势、内部化优势及区域优势，经济发展程度越高的地区流入和流出的FDI也相对越多。对于流入FDI，早期是资源导向型，先流向原材料丰富地区，再寻找廉价劳动力地区，而后变为市场导向型，流向竞争环境有利地区。换句话说，早期FDI着眼于成本最小化，后期FDI更重视收益最大化。	该理论动态地描述了对外直接投资与经济发展阶段的辩证关系，且沿用了折衷范式的分析框架。
竞争优势论	迈克·波特（Michael E.Porter,1990）	将FDI行为视作企业保持竞争优势的手段。企业为实现收益最大化，必保持其竞争优势，竞争优势的动态发展有四个阶段：要素驱动、投资驱动、创新驱动和财富驱动。境内激烈的市场竞争促使企业进行对外直接投资，同时为企业在国际竞争中获胜创造条件。	该理论常常被人视为管理学理论，而非经济学理论，但其影响力与被引用的频率似乎强于任何其他对外直接投资理论。

规模经济论	克鲁格曼（Krugman, 1991,1992）	强调规模经济可降低成本。产业固定成本、市场区域分布、和运输成本决定经济集中化进程，一旦资本和基础产业设施积累到一定程度，投资就会移向新中心。克鲁格曼以规模方面的“向心力”与市场方面的“离心力”来解释区域分布决策，并以同样方法分析FDI，认为FDI的分布是由于存在工人不流动和各种复杂的贸易壁垒。另外，现存产业结构是决定流入FDI的重要因素，中间产品和专业技术工人都是吸引FDI的当地优势，例如服务业、中间产品供应商都要跟随客户移动。	是克鲁格曼以规模经济解释国际贸易的方法延伸。
一般均衡模型	赫尔普曼（E.Helpman）、克鲁格曼（P.Krugman）和马库生（J.Markusen）	用一般均衡模型方法推导出跨国公司的存在。结论是对外直接投资发生只需满足下列三个条件中的任何一个：企业层级的活动或无形资产较重要；工厂层级的规模经济不重要；关税和运输成本很高，但直接投资壁垒较低。对外直接投资一般会发生在技术偏好和资源禀赋相似的国家或地区间，从具有垄断优势企业所在国流向贸易壁垒较高、运输成本较高的国家或地区。	该理论使对外直接投资的研究回归了传统的微观经济学方法。
非内部化理论	袁钢明	认为内部化利益对于凭借厂商特定资产优势进行直接投资的各类厂商并不都同等重要。对于那些不具备垄断利润的投资厂商，可能采用弱控制或无控制的直接投资，而非内部化控制，目的是：较顺利进入当地市场；尽可能多地获取技术扩散利益；利用当地厂商的某些优势。这样做的收益增加远大于成本增加。	针对内部化理论而试图为新现象作出的解释。

资料来源：笔者根据所掌握各种资料整理。

三、统一的比较优势分析框架

长期以来国际贸易理论与对外直接投资理论是两个不同领域的理论体系。传统的国际贸易理论假设市场是完全竞争的、规模报酬不变。国际贸易产生的直接原因在于各国生产同种商品的价格差异，而价格差异则是由成本差异造成的，成本的不同是因各国生产要素的价格不同所致，生产要素的价格则是由各国生产要素的丰裕程度决定的。正是由于各国生产要素丰裕程度的不同，决定了各国在生产不同产品时所具有的比较优势或价格优势。所以，一国将出口较密集地使用其丰裕的生产要素制造的商品，进口较密集地使用稀缺的生产要素制造的商品，国际贸易的格局也就由各国的资源优势所决定。由此可见，在传统的国际贸易理论分析框架中，没有给国际直接投资理论留下任何生长的空间。现代跨国企业对外直接投资的产生和发展，恰好否定了传统国际贸易理论的假设——完全的自由竞争导致完全的市场结构。传统的国际直接投资理论认为，市场的不完全性，尤其是技术和知识市场的不完美，才是导致企业对外直接投资的主要原因。正是由于市场的非完美性，跨国企业才有可能运用组织的效率，发挥它在获得资本、劳动、技术和知识等要素方面的有利条件，在世界市场上与当地企业竞争。跨国企业在市场、生产、规模经济以及诸多方面的垄断优势是确保跨国生产有利可图的必要条件，也是国际直接投资理论研究的基础。可见，这一分析框架与传统的国际贸易理论分析框架是完全不相容的。

纵观对外直接投资理论发展，很多经济学家为将对外贸易与对外投资纳入同一分析框架作出贡献。美国学者弗农（R.Vernon 1966）较早地把国际贸易和国际直接投资纳入同一分析框架的。他用“产品周期理论”来系统解释企业在出口、许可证形式和对外直接投资之间的选择，并将产品周期的不同阶段与企业生产的区位选择联系起来。弗农把产品的生命周期分成新产品期、产品成熟期和产品标准化期，他认为，在新产品期，企业选择在国内生产，对国外市场的需求主要采取出口贸易的形式；在产品成熟期，企业想保持最佳经济效益必须考虑对外直接投资；当产品进入标准化期后，价格竞争的结果是使产品的生产或装配业务逐渐转移到劳动力成本低的发展中国家，原来发明产品的国家则转为从国外进口该产品。澳大利亚学者科登（W.Corden,1974）在传统的国际贸易理论基础上，放弃了瑞典学者赫克歇尔（E.F.Hecksher,1919）和俄林（B.Ohlin,1933）提出的要素禀赋理论（H-0理论）中的要素在两国之间不可流动的假定，同时引进了第三个要素——知识，并允许资本、劳动和知识三要素进行国际流动，这使得扩展后的国际贸易理论在一定程度上可以解释国际直接投资现象。英国学者邓宁（J.H.Dunning,1976）提出的国际生产折衷理论，可以用一个简单的公式表示："所有权优势＋区位优势＋内部化优势＝对外直接投资"。如果三者都具备，国际直接投资是最佳的选择；如果具有所有权优势，同时取得内部化优势，则可以选择对外贸易；如果仅仅具有所有权优势，他国区位优势又不明显，那么许可证贸易是一种最佳的选择。日本学者小岛清（K.Kojima,1978）也提供了将国际贸易和国际直接投资同时置于国际分工框架下进行研究的方法，其基本思路是：从传统的国际贸易和国际分工理论出发，在H-0理论的基本分析框架内，先确定国际直接投资与国际贸易的关系，再根据国际分工原则选择合适的投资产业。以克鲁格曼（P.R.Krugman,1980）和赫尔普曼（A.Helpman,1983）为代表的"新贸易理论"提出的基本观点是：要素禀赋差异较大的国家间主要进行产业间贸易；要素禀赋相似的国家间主要进行产业内贸易；如果当要素禀赋差异太大且公平的市场交易无法使要素价格均等化时，国际直接投资则是最佳选择，这样就产生了跨国公司。美国哈佛大学商学院教授波特（M.E.Porter,1985）提出了全新的"竞争优势理论"，该理论从企业参与国际竞争这一微观角度来解释国际贸易和国际直接投资现象。波特研究的逻辑线索是：国家竞争优势取决于产业竞争优势，而产业竞争优势又决定了企业竞争战略。他是站在产业（中观）层次，从下而上，即从企业（微观）层面向上扩展到国家（宏观）层面上。这是对国际贸易和国际直接投资理论研究方法的一种拓展。

国际贸易投资一体化理论出现于20世纪80年代，它将跨国公司行为融入到国际贸易一般均衡理论中，研究一国如何内生地决定厂商国际直接投资和国际贸易行为方式，其特征包括经济规模、要素禀赋差异、贸易和投资成本。该理论开创的标志是克鲁格曼（P.R.Krugman）等人将产业组织理论引入国际贸易理论，建立垄断竞争条件下国际贸易的一般均衡模型。由于FDI理论的主要假设不完全竞争和垄断优势，对外投资与对外投资两种理论的核心假设条件就相互重合了，在同一理论框架下研究贸易与投资成为可能。赫尔普曼（E.Helpman）率先在克鲁格曼（P.Krugman）的新贸易理论模型中引入跨国公司的分析，在该模型中厂商由两种活动组成，总部和工厂生产活动，两种活动的投入要素比例不同，且可以在空间地理上无成本地分开，只要两国的要素比例存在足够大的差异，就存在产生“垂直型”跨国公司的可能。此后，国际贸易投资一体化理论迅速由“垂直型”向“水平型”发展。最早建立“水平型”跨国投资理论模型的是马库生（J.Markusen，1984），随后郝斯特曼（Horstmann）和马库生（J.Markusen，1987，1992）及布林纳德（Brainard,1992a）对该模型进行扩展，形成了H-M-B模型。该模型采用了两个国家、两个部门、两种要素的模型方法，在两国要素禀赋对称的条件下，假定两国间存在贸易成本，则“水平型”跨国投资的出现取决于出口的贸易成本与在国外设厂的固定成本的比较。赫尔普曼（E.Helpman）、格罗斯曼（Grossman）和斯都（Szeidl）2003年进一步将理论分析扩展到“三国”模型，以解释对外直接投资更为复杂的一体化战略行为。

至此，对外直接投资已经有足够的理论基础与国际贸易统一到比较优势分析框架之下。简言之，当两国的企业A和B拥有各自特定优势时，结合这两种优势生产某种产品的方式有多种——国际贸易（如市场交换、特许贸易等）和国际投资（合资和兼并等）。具体形式的选择决定于双方面临的交易成本的比较。当A 的特定优势交易成本低，而B较高时，A与B的贸易方式被选择。当双方都面临高额交易成本时，投资方式被选择。由此，可以把国际直接投资与国际贸易从理论上统一到比较成本理论上来。唯一区别在于，国际贸易是按既定的比较成本进行的，而国际直接投资是按照比较成本原则进行的结果，又可以创造出新的比较成本，从而为扩大国际贸易创造了条件。

值得一提的是，对于这一包容了国际贸易与投资的比较优势分析框架，可能会有人质疑比较优势理论中要素不能跨国流动的假设前提。但比较优势理论的这个假设只是一个工具性假设，做出这个假设的研究者并不认为现实世界是要素完全不能跨国流动的，只是为了推理和表述的方便，对现实世界进行了必要的简化。即使考虑国际直接投资因素，比较优势理论的结论也只可能会被削弱，而不被推翻[①]。事实上，国际直接投资将影响不同经济体的要素禀赋丰裕程度，加大比较优势机制的效应。

第三节　台湾产业外移的比较优势分析

一、产业外移模型及台湾经验检验

假设世界上只有两个经济体，本地区和外部地区；两地区只生产两种产品，第二产业产品和第三产业产品，生产要素可以在两个经济体间自由流动，则有命题（2）：

当且仅当$\frac{w_i}{w^*_i}>\frac{a^*_i}{a_i}$，外部地区生产i产品的成本比较低，两地区间生产要素的流向是：生产要素流向i产业具有比较优势的外部地区。

其中，w是本地区单位时间工资率，a是本地区单位产品的劳动投入；w^*是外部地区单位时间工资率，a^*是外部地区单位产品的劳动投入；下标i代表第i产业，i=2,3。当本地区的第三产业具有比较优势而外部地区的第二产业具有比较优势时，本国第二产业的资本会流向外部地区的第二产业，产业结构因此出现产业外移的现象。

根据该模型，如果台湾与大陆第二产业的工资率之比大于单位产品劳动投入之比，则大陆在第二产业具有比较优势，两岸分工则应该是大陆集中发展第二产业，台湾集中发展第三产业。在资本可以自由流动的条件下，台湾第二产业资本将流向大陆，继续投资第二产业。

经验检验：从图2.1可以看出，自1984年后，台湾工业品的比较成本迅速与大陆拉大，且长期保持较大差距，换句话说，台湾第二产业的比较优势迅速丧失，而大陆第二产业的比较优势明显，在两岸生产要素流动逐步放开的条件下，第二产业台商开始向具有比较优势的大陆进行投资，掀起台湾第二产业的外移潮。

---

① 李辉文，《现代比较优势理论研究》，中国人民大学出版社，2006，第246–247页。

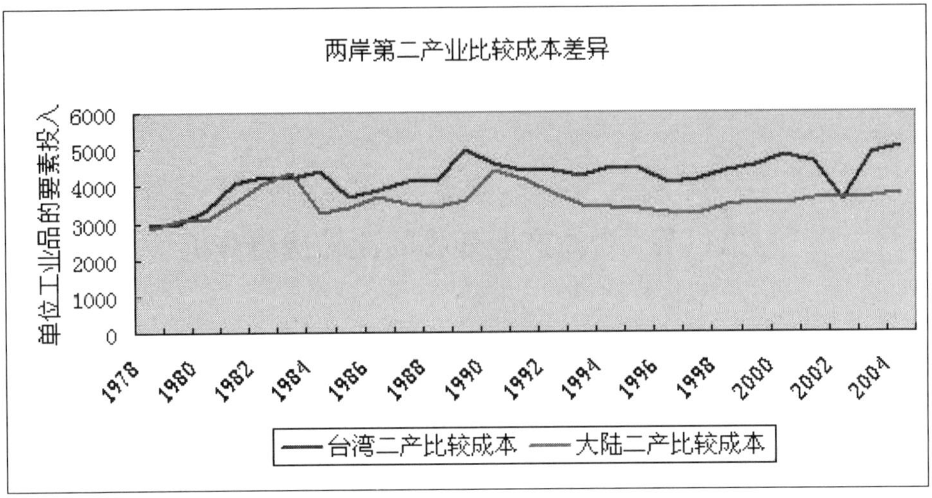

图2.1 两岸第二产业比较成本差异图

资料来源：台湾部分2002年前均为“Taiwan Statistical Data Book”资料；之后采台湾《统计月报》数据；大陆部分采国家统计局编《统计年鉴》和历年《中国经济年鉴》。

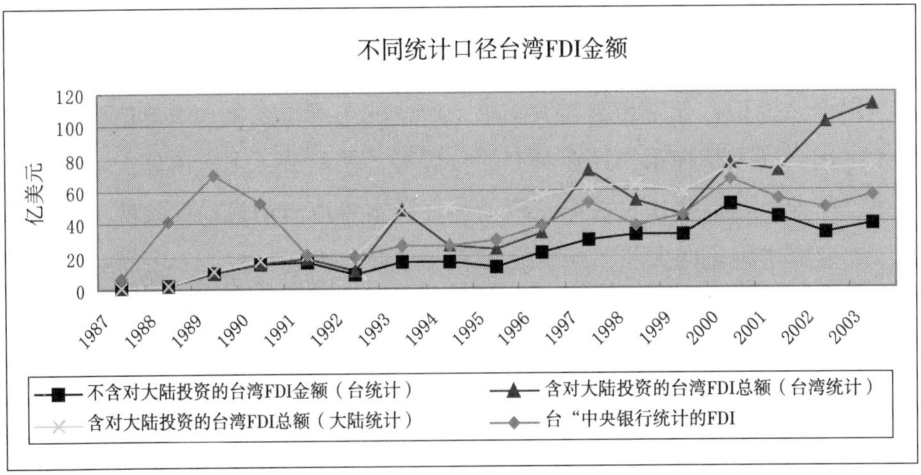

图2.2 台湾对外直接投资金额各种统计图

数据来源：台“经济部投审会”、“中央银行”统计数据；中国商务部统计数据。

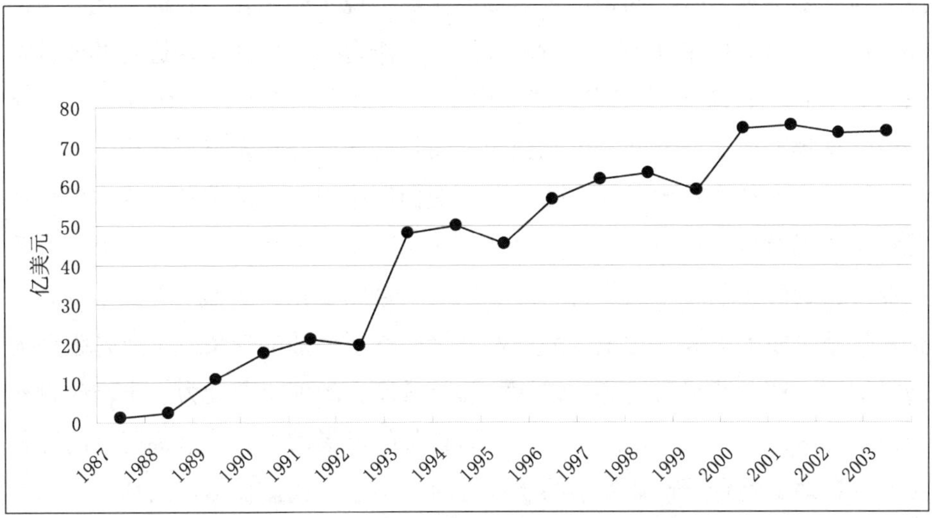

图2.3 台湾对外直接投资金额单一统计图

数据来源：台“经济部投审会”统计数据；中国商务部统计数据。

从图2.2、2.3可以看出台湾自20世纪80年代以来的对外投资的快速增长。台湾对外投资总体上以第二产业为主，其中劳动密集型产业所占比重很大。据台湾《侨外投资统计月报》的统计数据，从80年代中期到90年代中期的对外投资累计总额中，第一产业所占比重仅有0.27%，第二产业占49.89%，第三产业占46.39%，其他占3.43%。在制造业中，电子及电器产品制造业及精密器械业所占比重为33.95%。从80年代以来，向外转移生产据点最多的也是劳动密集型的中小企业。劳动密集型企业大量出走后，虽然台湾制造业每年新增工厂家数目逐渐减少，从1987年的10721家减至1994年的7115家，下降了33.64%，但工厂规模却不断扩大，1994年的工厂规模是1987年的3.5倍，是1991年的1.7倍。①

台湾对外投资迅猛增加使传统产业大量外移。对于台湾产业外移现象，以往研究的解释是，岛内外因素共同造成台湾资本输出，具体包括：岛内存

① 殷存毅，《台湾对外投资现状及特点》，《台湾研究》，1996 年第 2 期。

在大量剩余资金、外汇储备迅速增加、投资环境不断恶化、台湾当局政策引导、国际贸易保护主义与技术封锁等。“台湾自八十年代中期进行产业升级以来，大量的传统劳动密集型产业由于丧失竞争优势而被淘汰出局，但这些劳动密集型产业厂商并未因此倒闭，而是转向海外投资以寻找企业“第二春”，其中大量地转向祖国大陆投资，他们利用祖国大陆劳动力成本较低的优势得以继续发展，并且多数还获得了较高的投资回报。”[①]传统上对台湾产业外移的解释基本着重于台湾产业绝对利益的变化，诸如工资成本升高、企业用地价格上涨等。对于台湾产业大量外移至大陆的现象，主要是强调大陆发展第二产业的绝对优势，包括大陆数量庞大的廉价劳动力、丰富的自然资源、低廉的土地成本、因人口众多而具备的市场潜力等。这些因素的确直接或间接地影响台湾产业外移的规模流向，不过，我们仍然可以从比较优势的分析框架中找到对台湾产业外移现象的合理解释。

尽管比较优势理论的基本框架中不存在要素的跨国流动，但随着对外直接投资现象的兴起，现代比较优势理论也开始把要素流动纳入考察对象，毕竟国际贸易中的实物资源流动不仅包括最终产品和中间产品，同时也包括生产要素。在不考虑要素流动的现代比较优势理论中，要素禀赋、科技水平、需求结构等方面的国际差异成为贸易的起因，或是比较优势的起因，而在考虑要素流动的情形下，这些因素成为产业外移的原因和推动力量。蒙代尔（Mundell,1957）的研究有两点结论：其一，地区间资本流动可以替代商品流动；其二，当存在资本流动时，资本在要素价格杠杆下由资本相对丰裕地区流向资本相对稀缺地区，从而使地区之间要素丰裕度改变，比较优势趋于消失。就台湾而言，20世纪80年代转移到大陆的产业主要是第二产业，当时大陆第二产业的绝对成本和比较成本均低于台湾，台湾资本丰裕程度高于大陆，制造业资本流入大陆，台商在大陆进行从加工贸易到FDI的投资活动，同样是比较优势机制在牵引台湾产业外移。

① 李家泉主编，《台湾经济总览》，中国财政经济出版社，1955，第241-242页。

二、产业外移是否造成台湾产业空洞化

“产业空洞化”（hollowing out of industry）也被称为“反工业化”（de-industrialization），主要是制造业大规模外移现象，很多学者也将由此造成的投资方国家或地区制造业部门的生产减少、竞争力下降、失业增加等负面影响也作为产业空洞化的特征。

这种经济现象最早出现在20世纪60年代的美国，其背景是欧洲经济共同体形成后，欧洲统一市场展现出巨大的发展空间，美国的汽车和机械制造等重要的制造业企业纷纷将生产据点移向欧洲，而这种产业的大规模外移和对外投资造成了美国国内的投资不足，导致生产规模缩减、竞争力下降、失业人口增加等经济问题。

20世纪80年代日本也出现类似现象。日本制造业产值在80年代初期占GDP比重约30%，但自1985年“广场协议”日圆升值后，大量日本企业将生产线外移，日本制造业产值比重在其后的15年间下滑约10个百分点，日本企业的海外生产比率由1990年的16%升至2000年的33%，日本经济也在整个90年代陷入停滞。

20世纪90年代后期，台湾也掀起对“产业空洞化”的恐慌，由于岛内生产经营成本上涨和投资环境恶化，传统劳动力密集型产业纷纷外移，台湾企业的岛外生产比率由1999年的12%升至2004年的30%，台湾制造业产值占GDP的比重由80年代中期的40%迅速滑落至2004年的25%，制造业就业人口比重也由35%降至27%。

（一）产业空洞化的界定

产业空洞化的理论探讨起源于英美学者，此后日本、台湾学者也根据本地区经济发展状况对此进行深入讨论。Singh（1977）以英国制造业为例，将“产业空洞化”现象定义为“反工业化”。认为在开放体系下，制造业是一国赚取外汇的主要来源，并在等比例进口需求下达到最高的产出水平、就业量和汇率。英国制造业部门无效率的主要原因，是对外贸易结构长期失衡导致净出口值下降，国际收支余额转为赤字，并造成政府需求下降、投资金额

减少和资本账余额下降等现象，导致制造业产出水平降低。另一方面，随着制造业产出水平下降，又将造成净出口值下降而恶化其国际收支，产生不利于制造业产出的恶性循环。Thirlwall（1982）也以英国制造业为研究对象，他认为制造业本身具有带动其他产业发展的特性，如果制造业产生衰退现象，则其他部门将连带受到影响。制造部门衰退使工作机会大量流失，且无法将这些失业人口完全移转至其他部门，导致失业率上升，该现象即为“反工业化”。Bluestone（1984）以美国制造业为研究对象，定义“反工业化”是一种工业基础呈现系统性衰退的现象。他认为当产业间或地区间存在着劳动流动性不完全的情况时，若以整体制造业的产值、就业和投资等指标来检验，并不足以说明反工业化是否发生。20世纪80年代前虽然美国制造业整体就业人数稳定，但在某些产业和地区中，就业失衡现象存在已久，而非短期过渡现象，也属“反工业化”。G.Jackson（2004）认为产业空洞化根源于货币制度的变化。在金本位制度下，大量FDI会使本国国际收支出现赤字，黄金流出使货币升值，劳动成本下降，直接投资回流，经济可自动达到平衡。但在信用货币制度下，如果没有人为干预，就会出现投资方经济体过度依赖服务业，受资方经济体过度依赖出口导向型制造业，当这种扭曲被迫矫正时，失业成本将会极大。

虽然多数学者看重反工业化或产业空洞化的负面影响，但也有学者对反工业化持较正面的看法。英国学者Rowthorn and Wells（1987）对于“反工业化”是一种经济发展失衡的结果提出质疑，他们认为“反工业化”可分为三种形态：（1）“正面的反工业化”，即制造业就业人数比重下降，但生产力与产值却持续上升，失业率下降或接近充分就业和国民所得等现象；（2）“负面的反工业化”，即制造业就业人数比重下降，但生产力和产值也持续减少，失业上升和国民所得下降等现象；（3）“对外贸易结构发生改变所引起的反工业化”，则是指人力资源从制造业部门转入其他部门，而造成制造业就业人数比重下降的现象。因此，由上述三种形态可知，“反工业化”不完全是负面的经济现象，也可能是经济体系迈向成熟健全的过程。

Rowthorn and Ramaswamy（1997）针对OECD的23个国家1970年至1994年的劳动就业比重进行实证研究，发现这些国家制造业的平均就业比重由27.6%降至18%，降幅高达9.6%，其中最早发生此现象的是美国，比重由28.4%下降至16%，降幅更达12.4%，高于整体OECD国家的平均值。日本在此期间由27%降至23.2%，仅小幅下降3.8%，降幅远小于其他国家，是制造业就业比重缩小幅度较小的国家。

台湾学者对产业空洞化问题也非常重视。其定义多采用陈添枝与苏显扬（1988）的定义，即产业空洞化需满足两要件：（1）制造业在GDP中的比重必须下降；（2）制造业的生产力必须出现相对降低，从而弱化其国际竞争力。吴惠林与周添城（1990）对上述两点进行补充说明：认为第一个要件清楚且易于直接衡量，但第二个要件前半段"生产力相对降低"的指标与含义很多，易形成众说纷纭的情形，因此引述Singh（1988）对于反工业化的检验指标，将第二要件转化为"制造业绝对产值的减少与萎缩"。因为如果一国相对于其他国家的竞争力下降，则出口减少而进口增加，进而导致制造业绝对产值的萎缩。于国钦（2004）主张，产业空洞化是一种动态的概念，当一国境内产业"只出不进"时，才会出现产业空洞化，若产业"有进有出"，使进出达到均衡并且能创造出足够的就业机会维持经济成长，便没有产业空洞化的问题。

其他关于产业空洞化的定义与检验指标参见表2.4，不再赘述。

表2.4 产业空洞化的定义与指标

作者	研究对象	产业空洞化与反工业化的定义	检验指标
Singh（1977）	英国制造业	一国制造业对外贸易无法获平衡时，该制造业呈现无效率现象。	1. 制造业就业人数 2. 制造业产值占GDP比重 3. 制造业净出口

今井贤一（1976）	日本企业	从上游的研究发展与商品开发策略活动，至中下游的原料调配、制造、行销等活制造业部门呈现衰退动，其中间制造部门移往海外，造成国内企业经济活动中间部分凹陷的现象。	
Thirlwall（1982）	英国制造业	制造业部门就业人数萎缩、成长衰退以致降低对经济成长的贡献。	1. 制造业产出 2. 制造业生产力 3. 制造业就业人数及比重 4. 制造业净出口 5. 制造业产值占GDP比重 6. 制造业投资
Lawrence（1982）	美国制造业	制造业部门呈现衰退而无法带动其他部门成长。	1. 制造业就业人数 2. 制造业产出 3. 制造业资本投入 4. 制造业生产力
Bluesone（1983）	美国制造业	一国工业基础呈现系统性衰退的现象。	
Rowthorn & Wells（1984）	英国制造业	1. 正面反工业化：制造业就业人数比重下降、产出增加、生产力上升、失业率下降或接近充分就业。 2. 负面产业空洞化：制造业就业人数比重下降、产出持续减少、生产力下降、失业率上升使得国民收入增长缓慢。	1. 制造业就业人数及比重 2. 制造业产出 3. 制造业劳动生产力 4. 失业率 5. 平均国民所得

Abe （1988）	日本产业	制造活动的基础上，通过对外直接投资使国家经济成长与健全受到危害。	
陈添枝 苏显扬 （1988）	台湾制造业	1. 国内制造业在国民生产中的比重下降。 2. 制造业生产力必须相对降低，因而弱化其国际竞争力。	
Drache （1989）	加拿大制造业	工业部门就业机会流失的过程，或是工业生产能量因投资降低而呈现系统性萎缩。	
吴惠林 周添城 （1990）	台湾制造业	1. 制造业产值与就业比重须下降。 2. 制造业绝对产值的下降与萎缩。	1. 制造业产值占GDP比重 2. 制造 业绝对产值
何玉丽 （1990）	台湾制造业	1.制造业产值与就业人口在全部产业中所占的比重下降，其减少的部分等于第三产业增加的部分，同时进口也呈现迅增的现象。 2.制造业生产基地由国内移往国外，且资本、技术及Know-how也外移的现象。	1. 制造业产值占GDP比重 2. 服务业产值占GDP比重 3. 进出口年成长率 4. 制造业投资增加率 5. 民间对外直接投资占国内民间投资比重
Matsumoto （1993）	美国制造业	制造业部门呈现萎缩一种现象	1. 制造业就业人数 2. 制造业就业人口比重 3. 制造业产值占GDP比重

谢宽裕（1999）	台湾制造业	一国因货币升值、成本或海外市场诱因等因素，使得国内企业失去国际竞争力，而将生产据点外移	1. 对外直接投资净值为负值 2. 失业率必须上升 3. 制造业产值占GDP比例下降
林武郎（2003）	台湾制造业	1. 制造业占 GDP 比例下降（必要条件） 2. 失业率提高（充分条件） 3. 净 FDI 为负值（必要条件） 4. 劳动生产率下降而弱化其国际竞争力（必要条件）	

资料来源：林照雄（2001）《台湾企业对外直接投资与产业空洞化之探讨》，（台）《铭传学刊》第 11 卷，p.81-106。

（二）对外直接投资与产业空洞化

日本学者在讨论对外直接投资与产业空洞化的关系问题时，正反两种结论都有。关下稔（1990）和丰田章一郎（1994）等人认为美国和日本的对外直接投资导致了产业空洞化现象，并存在相当多的负面影响。但Yoshihide Ishiyama（1996）通过实证分析，认为日本制造业的大量对外直接投资是因为自身过度成长，而国内第三产业成长不足，日本对外直接投资并未导致产业空洞化问题。Nakamura Yoshiaki （2002）认为日本大量对外直接投资是基于市场导向的，符合比较优势原则，不应因担心产业空洞化而进行干预。在产业外移的过程中，企业的个体利益与本地区的整体利益有时是不一致的，如企业基于利润最大化原则将制造部门外移，造成本地区失业增加；但更多时候企业为追求利润而进行的对外直接投资行为与本地区经济利益是一致的，比如，有人担心企业将研发部门外移会导致本地区产品竞争力下降，但多数外移的研发中心是针对当地市场进行开发的，与本地市场的研发还是有区隔，而且，很多日本企业都在本国保留“母厂”作为生产基地，一旦国内市场发生变化可以迅速重新进入。因此，对产业空洞化现象无须担心，政府也不必一定要“开药方”，因为目前政府对特定产业或产品的了解比不过企业，政府的职责仅在于创造良好的经济环境和健全的最低社会保障制度。2004年的日本通商白皮书也对产业空洞化现象持乐观态度，该书以个案研究的方式，说明在中国的日资企业已经发展出“日本国内母公司创新、研发高附加价值产品，中国的子公司进行生产及中国境内行销”的分工方式，对日本经济是促进作用。

中国大陆学者多认为对外直接投资不会造成产业空洞化。李东阳（2000）着重从产业结构演进角度否定了对外直接投资会导致母经济体产业“空心化”，认为对外直接投资会为母经济体带来巨大利益。张明之与邱英汉（2004）、杜鹏与韩福荣（2003）等人认为对外直接投资只会使受资方经济体产业空洞化，对投资方经济体产业升级则是促进作用。茹玉骢（2004）研究发现技术寻求型对外直接投资对优化母经济体产业结构作用明显。肖卫国（1999）认为产业空洞化主要出现在某些传统工业部门和较特殊的高技术部门，且规模极为有限，总的说有利于母经济体产业结构升级。付建、樊倩（2003）认为对外直接投资对母经济体产业结构升级的作用要受内在技术创新能力的影响。汪琦（2003）从正、负面效应角度出发，总结对外直接投资对投资方经济体的产业结构有资源补缺、传统产业转移、新兴产业促长、产业关联、投资效益等5大正面效应，并不会造成产业空洞化。就台湾产业外移情况而言，大陆学者李仁桂（1997）、鲍晓华（2002）、黄如良及黄家骅（2003）等认为，台湾新兴高科技产业迅速发展及时填补传统产业外移所释出的空间，台湾产业外移不会造成产业空洞化。

台湾学者对此问题看法两极。吴惠林与周添城（1990）以“制造业在GDP中的比重下降”和“制造业绝对产值减少”两项标准检验台湾当时的经济状况，认为台湾尚未出现产业空洞化。谢宽裕（1999）和林武郎（2003）等学者的研究则证明台湾制造业近年存在产业空洞化迹象。还有学者将对外直接投资区分为“扩张型”和“防御型”，认为后者会造成产业空洞化，而前者则不会。但Chen and Ku（2000）与童振源（2001）则认为对外直接投资不论形态如何，都不会造成母经济体的产业空洞化。

（三）台湾产业外移并未造成产业空洞化

对台湾产业外移是否造成产业空洞化的分歧主要来自对“产业空洞化”

的定义和理解不同。就其实质而言，是探讨制造业外移[①]是否造成本地区制造业在产值方面和就业方面的能力萎缩，其衡量标准应该有绝对值和相对值两种，即制造业的实际产值和就业人数是否下降，以及制造业占GDP的产值比重和就业比重是否下降。然而台湾的这两种数值是不一致的，即制造业相对值下降的同时伴随有绝对值上升的现象。

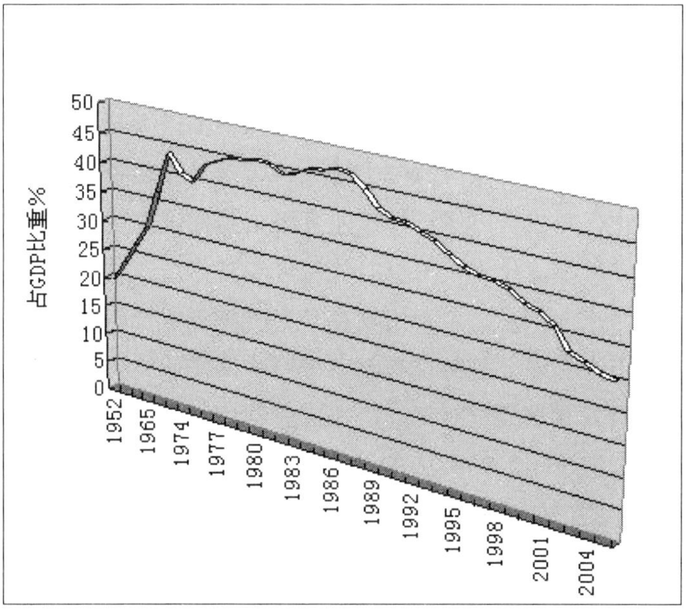

图2.4 台湾工业产值占GDP比重变化图

资料来源：1978-2001数据取自“Taiwan statistical data book”， 2002以后取自台湾《统计月报》。

① 台湾制造业占工业生产比重约80%，故本章节对制造业与工业不加区别。

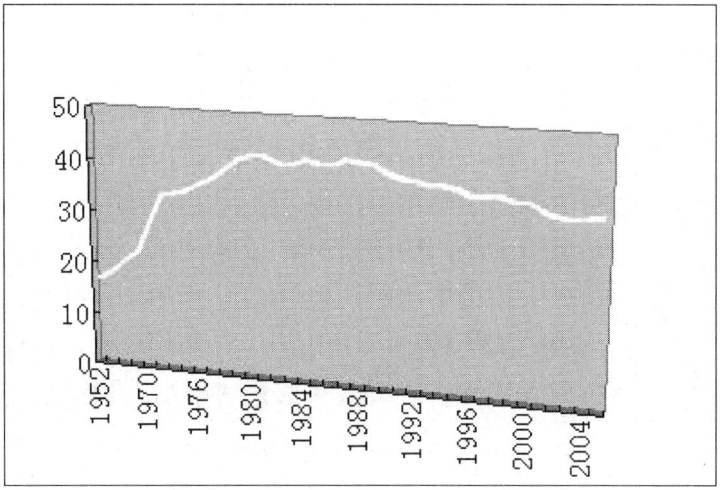

图2.5 台湾工业就业比重变化图

资料来源：1978-2001数据取自“Taiwan statistical data book”，2002以后取自台“行政院主计处”编《国民经济动向统计季报》。

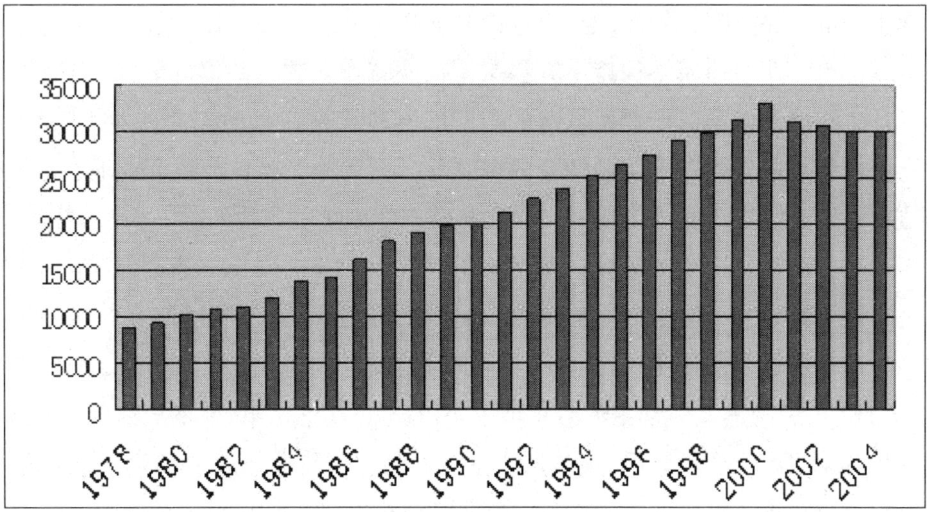

图2.6 台湾工业产值变化图

资料来源：1978-2001数据取自“Taiwan statistical data book”，2002以后取自台湾《统计月报》。

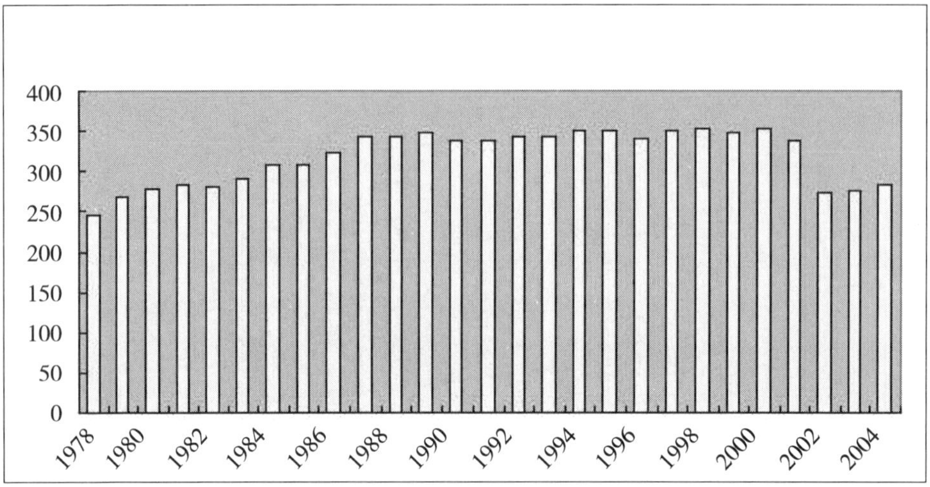

图2.7 台湾工业就业人数变化图

资料来源：1978-2001数据取自“Taiwan statistical data book”， 2002以后取自台湾《统计月报》。

从以上数据图可以看出，虽然在相对值上，台湾第二产业的产值比重与就业比重都在下降，但在绝对值方面，如果不考虑2002年以后的统计口径误差，台湾工业产值始终保持上升势头，工业就业人数也基本持平，甚至稳中有升。既然台湾第二产业所创造的生产价值和就业机会并未减少，我们就不能说台湾产业外移造成了制造业的空洞化，因为第二产业产值和就业在产业结构中相对值的降低可能是第三产业发展速度更快所导致的。

还可以从更深入的角度证明台湾工业并无产业空洞化。笔者为产业空洞化选取了4个更具体的产值衡量指标，分别是制造业产值年增率（YG）、重工业占制造业产值比重（HYP）、资本与技术密集型产业出口占总出口比重（CTEP）、制造业劳动生产力年增率（PG）。其中，第1项是从数量方面测量制造业的产值变动，后3项是从质量方面测量制造业的效率变动。如果这4项指标全部或多数出现下降趋势，则可以判断出现产业空洞化现象。

以上指标考察期间涵盖1996年到2005年的10年间，相关变量的定义和资料来源如下：制造业产值年增率（YG）：采用以2001年价格计算的实质制造业产值年增率，数据取自台湾“经济部统计局”网上公布资料。重工业占制造业产值比重（HYP）：由于产业结构升级的基本趋势是自然资源密集型—劳力密集型—资本密集型—技术密集型—知识密集型的顺序，因此从重工业占制造业产值比重的变化可以衡量台湾制造业的产业结构由劳力密集型轻工业向资本密集型重工业演进的进程。数据取自台湾“经济部统计局”网上公布资料。资本与技术密集型产业出口占总出口比重（CTEP）：资本及技术密集产业包括化学材料业、化学制品业、橡胶及塑料制品业、基本金属业、金属制品业、机械业、电机及电器业、运输工具业、精密仪器设备业。资本及技术密集产业出口值自1995年起按国际贸易标准分类。该变量也用于衡量对外直接投资对制造业产业结构升级的影响程度。数据取自台湾“经济部统计局”网上公布资料。制造业劳动生产力年增率（PG）：制造业劳动生产力为实质制造业产值与制造业就业人数之比。制造业劳动生产力年增率用以衡量制造业的竞争力变化。采用2001年美元价格计算。数据取自台湾“经济部统计局”网上公布资料。数据如下表：

表2.5 对外直接投资与产业空洞化指标表

年度	制造业产值年增率（%）	重工业占制造业产值比重（%）	资本与技术密集型产业出口占总出口比重（%）	制造业劳动生产力年增率（%）
1996	4.53	66.02	71.37	3.55
1997	6.14	68.66	73.44	–0.74
1998	3.15	70.28	74.08	–10.92
1999	7.36	71.78	76.08	10.69
2000	7.33	75.05	79.01	8.13
2001	–7.44	74.83	78.66	–10.28
2002	7.38	76.83	80.62	7.12
2003	5.15	78.35	81.93	3.91
2004	9.45	80.77	83.78	9.45
2005	5.76	81.93	84.88	8.89

从以下（图2.8）数据可以看出，台湾制造业的竞争力和生产率还在提升，最明显的是制造业产值年增率和重工业占制造业产值比重的持续明显上升。后两个指标，即资本与技术密集型产业出口占总出口比重与制造业劳动生产力年增率，虽无明显上升趋势，但至少也没有下降，因此同样得不出制造业产业空洞化的结论。

近10年来，台湾制造业外移步伐加快，到2006年，制造业海外生产比重已升至45%，其中比重最高的信息通讯、电机产品和精密仪器产业分别为77%、52%和47%。台湾电子产品的海外生产比重平均为36%，其中很多世界市场占有率数一数二的产品海外生产比重更高。例如，显像管显示器100%、光盘驱动器100%、数码相机99%、笔记本电脑95%、主机板92%、液晶显示器92%，等等。大陆是台湾制造业生产外移的重心，台IT产业硬件生产80%以上集中在大陆。因此，有人提出，这一波新兴产业外移与前一波传统产业外移不同，会造成台湾制造业的青黄不接，导致“新的产业空洞化”。对于这种新兴产业外移现象，本书认为与传统产业外移没有实质区别，对台湾产业竞争力并无伤害，由于比较优势的变化，台湾的比较优势向新兴产业中的更高级产品或更复杂环节过渡，而较低级产品和较简单生产环节逐渐失去比较优势，因此外移到大陆等更具有比较优势地区，台湾制造业的核心竞争力在这种生产模式下可以得到进一步增强，制造业在产值和就业方面的绝对影响力不会减弱。有关详细情况本书还将在产业升级部分有所论述。

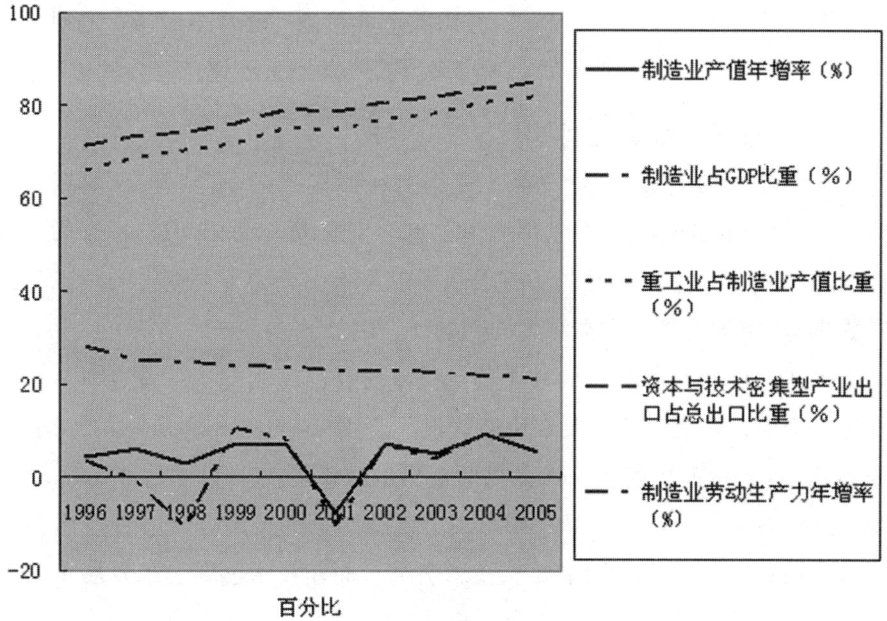

图2.8 产业空洞化指标

资料来源：“台湾主计处”编《统计月报》。

三、台湾企业的“技术升级替代型 FDI”

与常见的对外直接投资（FDI）不同，台湾企业 FDI 在技术能力相对较低的条件下就开始大量出现，被西方学者称为“早熟的对外投资”或“跳跃式的国际化”。现有 FDI 理论无法圆满地解释这种较为独特的现象。台湾中华经济研究院院长陈添枝认为：“台商的海外投资是国际投资现象中的异数。台商以相对甚小于西方企业的规模，以相对不太起眼的技术能力，完全欠缺知名品牌，甚少拥有行销通路，却在全球各地建立生产的据点。”[①]本书提出“技术升级替代型FDI假说”，即台湾企业的FDI始于对技术升级[②]的替代，因此很多台湾FDI的技术含量不高[③]，并由此形成台商“逐水草而居”的对外投资特性，这也是要素成本升高后，大陆台商投资开始出现递减趋势的主要原因。

（一）技术升级替代型FDI

台湾企业FDI技术含量不高，是因为在要素结构变动后，台商在“特殊主义”（Particularism）文化环境下，出于交易成本[④]的考虑，不愿通过合并或合作方式扩大企业规模，从而限制了以技术引进为主要途径的技术升级，转而选择FDI解决要素成本升高的问题。

20世纪60年代以来有两种主要的技术变迁内生化理论：希克斯—速水—拉坦—宾斯旺格提出的“要素价格假说”（Hicks–Hayami–Ruttan–Binswanger Hypothesis）和施莫克勒—格里克斯提出的“市场需求假说”（Schmookler–Griliches Hypothesis），很好的总结了发达国家的技术变迁过程。但在发展中国家或地区，技术变迁主要靠技术引进，而非技术创新。当发展中国家或地区企业向更高技术的产品与服务升级时，这种技术在世界范围内已经属于

① 台湾“经济部投资业务处”编著，《台商海外投资经验汇编》，2004年，序三。

② 技术升级，狭义上指由劳动密集型生产技术向资本（或技术/知识）密集型生产技术转化。广义上还可以将技术升级从流程层次引申到产品层次、功能层次和部门层次（Gereffi,1999b; Lee and Chen,2000; Humphrey and Schmitz,2002）。流程层次的技术升级，是企业引入更为复杂的生产系统生产同类型产品；产品层次的技术升级，是企业通过不断提升的设计、生产和营销能力从事更多类型产品的生产；功能层次的技术升级，是企业由产品价值链中的低附加值环节向高附加值环节升级，即通常所说的从OEA、OEM向ODM和OBM升级的过程；部门层次的技术升级，是企业由低附加值产业向高附加值产业升级，即由原价值链的生产转向新的价值链，也称“链升级”。

③ 技术含量是个相对概念，台商FDI技术含量低，是指其所用技术多为世界范围内已经成熟的技术，不但落后于发达国家企业的FDI，即使与其他新兴经济体（如韩国）的FDI相比，技术上也毫无领先可言。但这不代表其技术能力与东道国企业相比没有优势。其表现特征是以追求“低成本竞争优势”为目标，以代工为主，不追求品牌。竞争优势有两种：“差异型竞争优势”和“低成本竞争优势”，低成本竞争优势的来源多通过价格较低的劳动力、原材料、生产技术、生产方法和规模经济（Michael E.Porter,1990）。

④ 交易成本（即交易费用）广义上指谈判、履行合同和获得信息运用的全部资源，狭义上指单纯履行契约所付出的时间和努力。科斯在1937年提出交易费用理论以后，威廉姆森、杨小凯、库特等人又对交易费用理论进行发展和完善。

“成熟技术”。发展中国家或地区企业引进这种技术进行量产，则需要企业具备一定的规模，一是为聚集充足的资本与技术人才配合机械设备的购入，二是形成规模经济以应对成熟技术产品利润率大幅滑落的趋势。

企业应该将规模扩张到何种程度？马歇尔（Alfred.Marshall，1890）从生产角度提出，企业最优规模经济应该是单位产品的平均成本达到最小时的产量水平。科斯（Coase.R.H，1937）则从交易角度提出，“企业的扩大必须达到这一点，即在企业内部组织一笔额外交易的成本等于在公开市场上完成这笔交易所需的成本，或者等于由另一个企业家来组织这笔交易的成本”。如何向这一点扩充呢？科斯提出两种方式：“当先前由两个或更多个企业家组织的交易变成由一个企业家组织时，便出现了联合。当所涉及的先前由企业家之间在市场上完成的交易被组织起来时，这便是一体化。企业能以这两种方式中的一种或同时以这两种方式进行扩张。”尽管最优企业规模为何迄今仍无定论，但创造出“生存检验法”[①]的斯蒂格勒（George.J.Stigler）认为：“一个企业通过并购其竞争对手成为巨型企业，是现代经济史上的一个突出现象。没有一个美国大公司不是通过某种程度、某种方式的并购而成长起来的，几乎没有一家大公司主要是靠内部扩张成长起来的。”总之，企业客观上存在最优规模，而合并与联合则是企业走向最优规模的必由之路。

但是，企业进行合并与联合必然发生交易费用，其多寡因社会文化不同而异。一般说来，在更为注重人际关系的社会中，企业规模扩大时交易成本更高。帕森斯和希尔斯（T.Parsons & E.W.Shils, 1951）区分了“特殊主义”（Particularism）与“普遍主义”（Universalism）两种不同的价值取

① 斯蒂格勒（George.J. Stigler，1998）从经验出发，给出一个生存检验法，用以测定现实世界中企业的规模或效率问题：先将某一产业的厂商按规模分类，然后计算各时期各规模等级的厂商在产业产出中所占的比重。如果某一等级的厂商所占的生产份额下降了，说明该规模效率较低，一般说，效率越低，则份额下降越快。他认为，所有关于规模经济的判断，通常都要立足在检验其生存能力的基础上，或者至少要以其生存能力来证实之。斯蒂格勒用生存检验技术测定了美国一些行业中各企业的规模和效率，事实显示，生存检验技术不仅比其他方法更直接、更简便，也更具权威。但是他没有从技术上给出企业的最适生产规模界限，也没有指出为什么厂商会使用种类不同、质量不同的资源。

向、行为准则和人际关系模式。“特殊主义”是指“根据行为者与对象的特殊关系而认定对象及其行为的价值高低”；“普遍主义”则是指“对对象及其行为的价值认定独立于行为者与对象在身份上的特殊关系”[①]。简言之，“特殊主义”比“普遍主义”更注重人际关系，在企业文化中常常表现为家族性。

在“特殊主义”文化环境中，小规模组织的效率较高，而大规模组织的效率相对较低；“普遍主义”文化中的组织则正好相反。这是因为，“特殊主义”文化环境中的小规模企业容易产生信任，而大规模企业则难度较大。信任是在价格和权威之外的另一种组织控制机制，是组织运转的要因。信任由于具有有限理性及专用性特点，是一种具备价值的无形资产（Mark. Lorenzen，1998）。信任的出现在于降低组织内部及组织之间的交易成本，减少违约等机会主义行为的可能性，信任的出现往往是人们理性选择的结果（Kreps，1986；Williamson，2001）。信任分为三种：一是基于过程的信任模式（此模式依赖于过去的交易经验，如信誉等），二是基于特征的信任模式（依赖于家庭背景或种族），三是基于制度的信任模式（依赖于社会规章制度）（Zucker，1986）。总体上看，家族（或泛家族）信任是家族企业[②]分工与合作的基础，也是家族企业形成的前提和基础。家族企业首先从靠近自己的“圈内人”中寻找合作伙伴，由最亲密、信任度最高的家族、宗族成员或同乡结成小型企业；随着经济活动的扩大，其选择范围也不断扩大，成员更加复杂，可能超越语系和地缘的界限，形成较大规模的企业；家族企业甚至可能跨越种族的外在界限，建立与“圈外人”的网络关系（王苍柏，1998），但这取决于家族企业所处社会信任水平的普遍提高，在

① T.Parsons & E.W.Shils, *Toward a General Theory of Action*, Harvard University Press,1951,P. 82.

② 唐纳礼（Robert.G.Donneley）认为家族企业有 7 个指标来判定：1. 家族关系是决定管理继承的主要因素；2. 现任企业主持人的妻子儿女或前任企业主持人为现任董事会的主要成员；3. 企业目前的价值观念与家族成员的价值观念相同；4. 尽管家族参与经营，但其属员行动，都反映了企业的信誉和荣誉；5. 家族成员认为他有义务持有公司的股份，其理由并非财务关系，而是为使公司延续下去；6. 家族成员在公司的地位，影响到他在家族中的地位；7. 家族企业的成员与公司的关系，决定其一生的荣誉。

“特殊主义”气氛仍然浓厚的环境中就会很难。

企业规模扩大的过程中，两种人际关系模式下组织交易费用都会增加，但在“特殊主义”文化环境中，组织的交易费用增加的速度较快。因此，在这种文化环境中，企业进行规模扩张时存在更大的障碍，也就难为技术升级提供必需条件。于是在要素成本升高的压力下，企业选择FDI而回避技术升级。

企业发展“瓶颈”的产生可能是由于内部问题的积累，也可能是外部环境变化所致，例如要素禀赋结构发生剧烈变动会使企业普遍面临经营困难。20世纪80年代台湾劳动成本迅速上升所导致的要素禀赋结构变化使大多数台湾企业面临技术升级还是FDI的选择。20世纪80年代中期，台湾经济出现刘易斯拐点，从农业部门移出的劳动力大幅减少，同时由于多年贸易顺差以及新台币升值，致使劳动力成本大幅上扬，劳动密集型企业的经营遇到“瓶颈”。台湾企业以中小规模为主，企业主多对自己从事的生产技术较为熟悉，当“瓶颈”出现时首先考虑能否以技术升级摆脱困境。但企业规模小常常成为抑制企业进行技术升级的障碍，而扩大规模则会遇到信任约束，导致交易费用骤增①。

（二）信任与企业规模

信任分两类：一类是公共产品，靠社会制度如信用体系来保证，称为“社会信任”；另一类是私人产品，靠个人关系来保证，称为“私人信任”。基于经济人假设，代理人天生具有机会主义倾向，如果监督机制效率不够，就会产生败德行为。当社会信用体系尚未建立或完善时，社会信任的监督成本很高，委托人就会选择监督成本相对较低的私人信任，但私人信任会限制企业的用人范围，因此制约组织规模的扩张。无论是社会信任还是私人信任，均主要取决于对方的信用，获取和保证对方的信用需要付出信息成本②。社会信任与私人信任的信息成本均随企业的组织规模增长而增大，但二者相交于一点，在此之前，私人信任成本较低，此后则社会信任成本较低。

---

① 朱磊，《台商对外直接投资的特点、成因与趋势——技术升级替代型FDI假说》，《台湾研究》，2008年第1期。

② 李新春，《信任、忠诚与家族主义困境》，《管理世界》，2002年第6期。

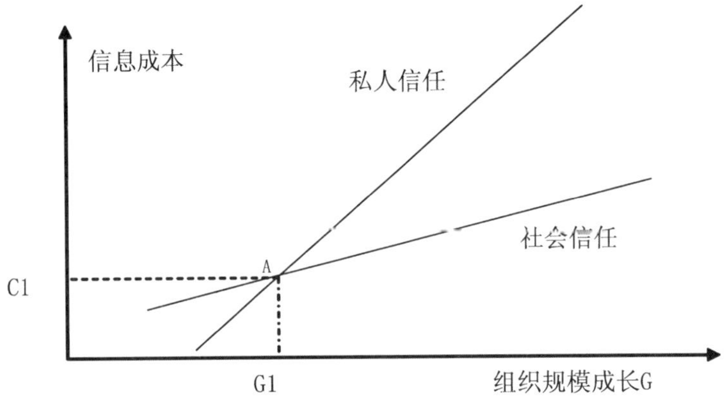

图2.9 家族主义困境与企业规模

在一定企业规模下，私人信任的信息成本低于社会信任。如图 2.9。社会信任与私人信任的信息成本均随企业的组织规模增长而增大，但二者相交于点 A，在此之前，私人信任成本较低，此后则社会信任成本较低。如果企业在 A 点前习惯于以私人信任扩大组织规模，在 A 点后将面临信息成本过高的问题。

为什么在A点以前私人信任的信息成本会较低呢？人们为建立新企业或扩张旧企业而交往的过程中需要付出信息成本，由于一个人与不同的其他人具有不同的关系，因而，人们在与不同的人结合在一起组成一个组织所需要的信息成本是不同的。参加者间原来所具有的良好的人际关系及相互间的了解，有助于解决各种冲突，减少达成一致赞同和资源聚集过程中的信息成本。进一步说，在组织的组建过程中，人们不仅可以利用一般的人际关系，而且可以直接地利用原有的各种组织[①]。

私人信任所特有的交易者间的相互了解、良好人际关系等特点可以节约信息成本。例如，事前对交易对手的了解可以节约信息搜寻成本；交易者

① （台）陈介玄，《班底与老板——台湾企业组织能力之发展》，联经出版事业股份有限公司，2001。

之间具有良好的情感关系和合作习惯就容易达成契约，甚至在契约达成过程中根本不需专门地进行谈判；同样，这些人际关系和合作习惯也有助于契约的执行；此外，交易者之间的相互了解和良好人际关系还可以降低交易风险，增加交易过程中的可预期性，而从某种意义上说，风险也可以视为一种成本，降低了交易风险也就意味着减少了信息成本。即使在客观上可信任程度相同的情况下，相互熟悉也至少可以能够更准确地判断对方在何种情况下、何种程度上是可信赖或不可信赖的，因此可以较为准确地估计“道德风险”，减少“不确定性”。而且，亲密的感情关系本身也构成了一种约束力量，使人们更倾向于守信，减少欺骗行为。

（三）信任约束下的台湾企业 FDI

台湾企业的早期发展正是充分利用这种私人信任，在交易成本很低的条件下迅速发展。通过劳动密集型产业的扩张，台湾经济通过发挥劳动力相对丰裕的比较优势实现剩余最大化，人均可支配资本量增加，逐渐摆脱了资本对企业规模的制约，此时管理资源，即人力资本成为企业规模扩张的主要制约因素。企业组织规模的扩张需要两个前提，一是社会存在可供给的管理资源，二是社会的管理资源可以为企业所用。在信任的约束下，企业如果不能充分利用社会管理资源，就会遇到规模扩张的瓶颈，进而阻碍企业技术升级，当要素成本升高时，只有通过FDI去寻找生产要素更为低廉的投资地。

中小企业[①]一直是台湾经济组织结构中的重要组成部分，尤其是 20 世纪 80 年代中期以前，中小企业无论是在数量上还是在雇用人数和出口比例方面，都在台湾经济中占有举足轻重的地位（王健全，2003；于宗先、王金利，2000）。要素禀赋结构决定台湾形成以中小企业为主的经济组织结构。台湾经济发展初期是典型的农业社会，20 世纪 50 年代农产品及农产制造品占出口比重 90% 以上，工业可从农业部门取得充裕的劳动力，而资本却相对不足。

---

① 关于中小企业的定义，台湾当局 1967 年公布《中小企业辅导准则》曾作具体规定，后多次予以修订。1995 年最近一次修订后的定义是：1. 制造业、矿业、加工业及手工业，实收资本额 6000 万元新台币以下的企业；2. 农林渔牧业、水电燃气业、进出口贸易业、商业、运输业、金融保险不动产业、工商社会及个人服务业，前 1 年营业额在 8000 万元新台币以下的企业；或经常雇用人员不满 50 人的企业。

这种要素禀赋结构使台湾企业发展的主要制约因素是资本。资本制约规模，是以多数台湾企业以中小企业的面貌出现（周添城、林志诚，1999）。台湾经济发展早期的金融压抑状况也制约了中小企业难以取得足够的资本迅速扩大企业规模，以致中小规模企业在较长时期内一直是台湾经济中的普遍现象。

企业规模小和家族性往往互为因果。规模小则企业数量多，从而市场交易频繁。为降低交易成本，企业需要依靠某种特殊的信任建立长期合作关系。在传统文化的影响下，台湾企业很自然地发展出带有浓厚家族色彩的企业网络形式。但家族性往往又因为人才和资本的限制反过来制约企业规模的成长。“从世界的产业组织看，有以下这样几种类型：‘英美型’的倒金字塔型（大型企业居多）；‘西欧型’的正金字塔型（中小型企业比大型企业多）；‘日本型’（也是正金字塔，但底边比较宽大）；台湾的产业组织模式接近于日本型，但其底边又要比日本型宽大得多”（渡边利夫、栗林纯夫，1992）。“小型化趋势是所有华人企业都具有的属性”，而“当个人之间的相互信任是主要的联结纽带时，企业规模的扩展总是有一定限度的”（Redding，1993）。东亚的“特殊主义”文化传统是形成众多中小企业的重要原因，这种“特殊主义”在华人社会更多地表现为家族主义。基于家族（或泛家族）信任的社会关系网络是台湾地区及东南亚华人中小企业网络形成的重要原因（李新春，1998，2005）。家族企业的特点是企业活动以家族（或泛家族）社会关系为基础，而建立在血缘、亲缘、姻缘基础之上的家族信任以及建立在地缘、业缘、学缘、朋友缘等私人关系基础之上的泛家族信任，则是家族企业基本的运行机制。

在台湾，不仅70%以上中小企业具有较明显的家族特征，大型企业中60%的上市公司和几乎全部的上柜公司都有相当浓厚的家族色彩（高孔廉，1980；林建山，1991）。台湾家族企业大致有四种类型：基于血亲关系、基于宗亲关系、基于同乡关系、基于共同创业的伙伴关系。其中，以前三种数量居多。台湾绝大多数中小企业的家族性，是建立在广义的“同”与“缘”的基础上的人脉关系。同姓、同乡、同学、同事，加上血缘、姻缘、地缘、学缘的关系，再配之以利益，使台湾企业的原料采购、加工、装配、销售等都很容易看到这种广义的家族关系（陈明璋，1990）。家族关系的延伸就是感情关系。台湾企业中，感情原则与利益原则是同等重要的两个基本条件

（陈介玄，1991）。

家族色彩带来长期合作与信任，这使台湾中小企业可以有效降低交易成本，提高其运营效率。在台湾，交易成本往往只是一通电话、一场应酬、一纸订单。台湾中小企业间的合作如同一家大型企业，但又避免了大型企业层级官僚组织的僵化。因为中小企业决策过程比大企业迅速，更容易掌握商机，且由于必须自负盈亏，决策也都是利润导向，经营弹性较强，较之日、韩等经济体更接近完全竞争市场。也因此，当国际大型公司有任何新的产品需要寻找生产制造商，台湾中小企业可以最快的速度通过企业网络分工提供出来。国际转包制度和岛内企业网络的结合，使其克服了规模的限制，在生产流程易于分割且劳动密集的产业上，充分发挥网络经济的效益。利用和发达国家厂商间的国际转包，台湾出口导向中小制造业避开了国际行销的资金和管理问题；由家族和情感关系为基础建立的家庭代工、内包、外包、平行产销及加工的企业网络，使中小企业在创新及发展时，可以得到技术、机器设备、原料、市场、人力、资金等的流通，促进生产的专业化及交易成本的降低，有效运用各种资源。台湾中小企业各自均选择自己所熟悉的局部流程进入市场，专业化分工的效益极易转化为低成本的竞争优势。总之，“特殊主义”文化环境可以通过家族信任有效降低台湾企业间的交易成本，从而提供可以支持频繁交易的基础，进而发展出台湾企业细密而高效的专业化分工。

细密而高效的专业化分工为台湾企业带来生产剩余的最大化，人均可支配资本迅速增长，推动要素禀赋结构的变化。

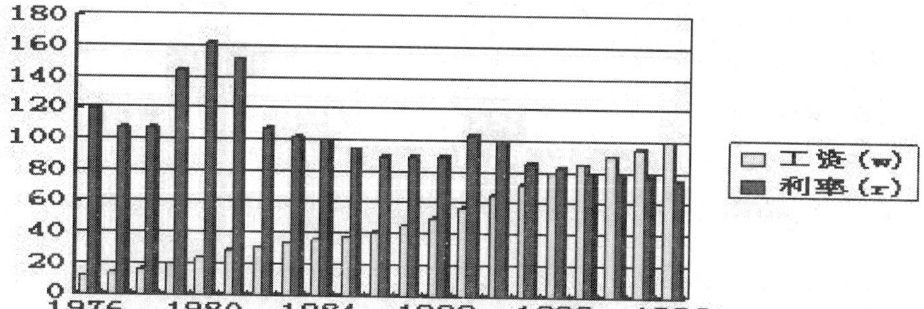

图2.10 台湾要素禀赋结构变化图

资料来源：“Taiwan statistical data book”，台“经建会”编印。

从上图可以看到，20 世纪 70 年代中后期以来，台湾要素禀赋结构急剧变化，代表劳动力成本的工资不断上升，而代表资本成本的利率却在不断下降，这也意味着台湾劳动力相对价格升高，而资本相对价格下降。台湾企业面临转型，需要用相对价格较便宜的要素替代价格相对较高的要素，即由劳动密集型生产方式向资本密集型生产方式转变。这种转型常常表现为引进自动化生产设备的技术升级。然而，据台湾当局 90 年代所做的调查，很多台湾厂商拒绝推行自动化升级，最主要困难来自于“企业规模太小，自动化无效益”[①]。

企业规模扩张的障碍主要在于以家族性为特征的“特殊主义文化环境”。在较小规模的水平上，以家族企业为基础的经济组织结构可以通过特定的关系网络，在一定范围内克服市场的某些不确定性因素，表现出较低的交易成本和较高的经营效率；但在较大规模的水平上，由于受到可利用的人际关系的规模限制，需要更多地依赖正式规则取代原有的非正式规则作为约束机制，交易成本骤然升高，很多企业因此对规模扩张望而却步。

台湾当局的调查还表明，台湾厂商在以合并或合作推进规模扩大化的过程中，最主要的阻碍因素是“合并对象的选择”[②]。这意味着由于寻找合适的合并或合作对象存在相当大的不确定性，企业为降低经营风险，宁可放弃规模扩张和技术升级。家族企业对规模扩张的制约除不确定因素外，还有资本和人才方面的约束。家族企业为保持控制权常常摒弃股票筹资方式，而多采取借款等方式筹资，使企业负债率较高，并难以进入以大量资本注入为先导的产业；家族企业排斥从外部市场上公开招募经理或关键技术人才，也限制了用人范围，并在企业内增加了“圈内人”和“圈外人”之间的交易费用。

因此，当要素成本变化时，企业宁愿选择FDI回避成本压力，也不愿通过规模扩张进行技术升级。据台湾官方资料记载，第一例台湾企业对外投资案是1959年一家水泥厂商到马来西亚投资了10万美元[③]。暂停两年后，一家台湾麻袋生产商于1962年在泰国投资建厂。整个60年代，台湾每年的FDI

① 台“经济部中小企业处”委托，《产业结构调整与中小企业转型之研究》，台湾经济研究院，1992，第 89 页。

② 台“经济部中小企业处”委托，《产业结构调整与中小企业转型之研究》，台湾经济研究院，第 56 页。

③ Chi.Schive, *The Foreign Factor* , Hoover Institution Press, 1990, p.83–84。

大约在8万美元左右。但自70年代起，台湾企业FDI开始以每年24%的速度增长。真正的蓬勃发展始于20世纪80年代，并分别于80年代末到90年代初、90年代中期、90年代末到21世纪初掀起三次投资热潮。从1980年到2005年，台商FDI的年均增长率高达56%（按台湾当局公布数据计算，包括对大陆投资，不含补报金额）。

就动因和技术而言，台商对外投资的三个阶段是有所差别的：第一阶段由于整体生产环境改变，中小型企业面临外贸环境改变，与生产要素价格上升所造成的产品成本优势流失，对外投资以维持外贸出口的成本控制，此为"生产要素考虑的资本外移模式"；第二阶段是"比较优势考虑的资本外移模式"，台湾石化、钢铁、电子等资本、技术密集型产业在政府进口替代政策的协助下陆续出现规模经济效应，进而形成产业竞争优势，在政府优惠政策逐渐停止后，加上后起厂商的威胁，为维持本身生产的比较优势进行对外投资;第三阶段是"垄断优势考虑的资本外移模式"，在资讯产业的全球分工中，台湾在制造与组装环节具有高度优势，即使部分下游组装厂商外移后，岛内资讯产业仍具有中间产品生产的优势，并在设计上领先全球，但为扩大获利来源，该产业仍采取对外投资策略以降低成本、接近市场和提高生产效能（张弘远，2004）①。虽然纵向来看，台商 FDI 的技术含量不断在增加，但就每一阶段的横向比较而言，台商 FDI 的技术含量在世界范围内仍是相对较低的。而且，越早进行对外投资的台湾企业，其"技术升级替代型 FDI"的特点就越明显。这些 FDI 动因主要是寻求廉价劳动力和原材料，结合自身细密分工的企业网络优势，获取低成本利润。一旦东道国或地区的要素成本出现大幅上升，这些企业又会转移到要素成本更低廉的新开发地区进行 FDI。

以台商在大陆投资为例，早期进行FDI的台商多为中小企业，90年代中期以后大型企业逐渐增多，但多为代工厂和零配件供应商，技术含量都不高，主要看中大陆的低廉要素成本，尤其是在第一次台商FDI热潮中，大量劳动密集型企业外移，大陆以其低廉的土地和劳动力成本成为台商们的首选投资地。21世纪以来，随着大陆经济持续快速发展，劳动力和土地成本都出

---

① 张弘远，《两岸经贸关系中国家角色的转变》，《经济全球化与台商大陆投资》，晶典文化事业出版社，2005，63-65页。

现大幅上升，台商到大陆实际投资也出现减少趋势，自2002年的39.7亿美元下降到2009年的18.8亿美元，降幅达53%。同时，大陆台商因当地要素成本升高而转移FDI的案例也不断增多，其特点有二：一是以中小企业、传统制造业为主，二是转移方向以越南、印度为主。前者是因为这类台商技术含量相对更低，后者是因为越南、印度的要素成本更加便宜。

总之，由于台商FDI始于对技术升级的替代，所以缺乏发达地区企业进行FDI时通常具备的先进技术，其最初动机就是追求更低廉的要素成本，并由此形成“逐水草而居”的对外投资特性，在当地要素成本升高之后，又会转移到其他地区投资。在大陆经济出现“刘易斯转折点”[①]后，当地劳动力成本明显上升，大量未及时升级或转型的台商不得不移至南亚、东南亚等劳动力成本更低的地区，这种现象和趋势正是台商FDI的特性使然。

---

① 刘易斯转折点（刘易斯拐点），是指工业化过程中，随着农村富余劳动力向非农产业的逐步转移，农村富余劳动力逐渐减少，最后再也没有富余劳动力了。该点之前不论有多少新增就业，工资都不会涨，这是一个典型的二元经济发展；在这一点之后劳动供给不再是无限的，工资开始上涨，人均收入开始实质性地增长，这是一个典型的现代经济增长。蔡昉（2007）提出存在两个“刘易斯转折点”：第一个转折点是结束了劳动力无限供给，需要提高工资才能够继续转移；第二个转折点就是城乡边际劳动生产率基本相等。只有在第二个转折点到来的时候，城市和农村的边际劳动力生产率基本相等，农村人口才不再向城市转移，但在这样的情况下，城市和农村的生活水平也差不多，城乡基本上一体化了。

第三章　台湾产业升级

产业升级的概念在各种文献中有多种不同理解。第一种是将产业升级等同于产业交替，其内涵既包括第一产业向第二、三产业转换，也包括劳力密集型产业向资本密集型和知识技术密集型产业转换，还包括传统产业向高科技产业转换，及第二产业内的轻工业向重工业转换；第二种是将产业升级大致等同于产业创新，如联合国的有关报告中即从产品创新、工艺创新和功能性创新角度分析产业升级[①]；第三种产业升级是指产业技术升级，多从产品结构、企业层次或集群内部进行定义，这包括产品层级提高，企业经营内容从制造部门向市场和研发两端拓展，或通过加强与相关行业企业的联系促进集群创新。本书对产业升级的定义与第三种理解相近，即产业升级（industrial upgrading）是产业在厂商层次（firm level）晋升至更高技术层次的行为，有时也涉及产业交替，因为边际部门比较优势的提高可能会造成主导产业的改变。

第一节　台湾产业升级基本情况

一、代工角色的形成和转变

20世纪80年代中期以前，台湾第二产业的主要经营形态是简单加工制造。利用岛内廉价和素质较高的劳动力，从日、美等发达国家进口原料及中间产品，经过加工装配后，再销往最大的美国市场，形成日—台—美三角贸易体系。在过去的亚太国际产业分工体系中，台湾扮演着劳力密集型产品加

① *Industrial Development Report 2002/2003: Competing through Innovation and Learning*, *UNIDO report*.

工出口基地的角色，处于雁行序列的尾部。在贸易形态上，台湾表现为典型的“加工型贸易”，其主要特征就是台湾生产厂商只是从事产品的委托加工制造，靠接受外国贸易商的订单进行生产，本身缺乏行销能力，台湾生产的许多产品只是以外国品牌的面貌出现。据台湾“经济部国贸局”的调查，80年代初台湾产品外销值的75%是操纵在日本商社等外国人手中。在当时的亚太分工体系中，台湾扮演的角色很简单，就是一个劳力密集产品的生产加工基地，进口依附日本、出口依附美国，因此也有人将台湾称作“日本的海外大型加工厂”。台湾生产所获得的利益，其生产利润相当一部分被中、上游产品的供应商抽走，行销利润则被外国贸易商获得，台湾所获得的只是微薄的“打工费”。台湾在这种三角分工体系中的角色显然是被动的。

这种传统角色在80年代中期以后开始发生转变，随着台湾对东南亚及中国大陆直接投资的激增，台湾与亚太地区的经贸关系达到了前所未有的紧密程度，其在亚太地区扮演的角色也相应发生了转变，这种转变主要表现在台湾企业的技术含量不断提升，在产品全球价值链中的地位有所提高。在亚太地区国际分工体系中，台湾正逐渐脱离过去的劳力密集型加工出口基地角色，转而开始扮演技术密集型产品加工基地角色，这也使得台湾在亚太地区产业分工体系中的地位逐步提高，形成与日美等发达国家，以及与东南亚和中国大陆之间的不同层次的产业分工体系。在技术密集型产品方面，台湾大致仍然维持传统的三角分工形态，亦即从日本引进技术、设备与关键零部件，然后由台湾加工组装成成品或半成品，再出口到美、欧市场。而在传统劳力密集产品方面，台湾则将大部分生产工厂移向东南亚及祖国大陆，移往海外工厂的机器、原材料、零部件仍由岛内提供，利用当地的廉价劳动力进行装配加工，最终产品主要销往美、日等发达国家。大陆因素在提升台湾企业的国际分工地位方面作用明显。

90年代台湾产业升级进一步发展。台湾制造业循环大体可分为“买入—生产—卖出”三个环节，其模式基本由80年代的“日本进口—台湾生产—出口美国”演变为90年代以后的“美、日进口—台、陆生产—出口陆、美”，亦即，台湾制造业生产设备和技术主要从美国和日本进口，但生产和销售则有相当大的比重发生在大陆。从结构演变和调整角度看，两岸间产业梯度正逐步缩小，大陆对台湾制造业影响日渐扩大，正形成“台湾接单—大陆出货”、“台湾管理—大陆组装”、“台湾研发—大陆生产”等多运作模式并存。另外，台湾对外贸易形态正在力图摆脱被动式的“加工贸易形态”，逐渐向“技术导向”和“海外投资”型的贸易形态发展。随着传统产业的大量外移，台湾逐渐失去其劳力密集型加工基地的角色，由于不再具有加工装配的传统优势，台湾厂商面临被国际贸易网络摒弃的危险。面对形势变化，岛内的企业走向产业升级之路，发展较高技术的产品，以创造新的比较优势空间，这样可以摆脱加工型贸易面临的困境，提高技术能力，继续与国际贸易网络相连接，向“技术导向”贸易形态发展。一些有能力的台湾企业开始凭借自己的技术力图创出自己的品牌和行销网络，如宏碁集团生产的个人电脑在国际已有一定的知名度。但总体上看，像宏碁这样的企业在台湾仍是凤毛麟角，而且一旦失去技术优势其品牌地位将岌岌可危，它无法像那些掌握全球贸易网络的大厂商或大商社那样，既控制消费市场又同时支配生产，不一定从事生产却可以利用最好的生产技术。因此总的来看这种“技术导向”的应对方式虽不至于被淘汰出于国际贸易网络之外，却不能改变原先处于被控制下的被动地位。于是，在提高生产技术的同时，台湾企业也通过大量的海外直接投资来提高自己的贸易地位，台湾接单、海外生产，向“海外投资”贸易形态发展。大量海外投资和传统加工基地的外移，一是扩大了台湾贸易的范围，使其在国际贸易网络中的自由度加大，增加了出口地的选择；二是由于海外投资厂商在当地进行的进一步延伸投资，以及在当地拓展自己的贸易网络，使得台湾在国际贸易网络中的地位相对提高，逐渐向贸易中介角色发展。

台湾产业升级的成功代表是IT产业。台湾企业凭借委托加工生产形态成功发展起IT产业，并以IT产业为主导产业为其在产品全球价值链中的重要地位奠定坚实基础。台湾IT产业为几乎所有的世界IT品牌代工。20世纪末，全球销售的电脑显示器中，每两台中就有一台是台湾企业制造的；世界上三分之一的笔记本电脑和三分之二的电脑主机板来自台湾企业；台湾企业生产的鼠标、键盘占全世界市场的五分之三以上。台湾企业每年在信息技术工业的投资，比整个欧洲在这个领域的投资还要多。台湾的核心竞争力在于它的成本工程不是狭隘的、单个企业的逻辑，而是整个岛内的代工制造产业捆绑在一起共同推进“降价”工程。台湾的IT代工制造业的整个产业结构在发展的过程中分工越来越细，精细的分工一方面降低了IT制造业的进入门槛，另一方面有助于单个企业的生产效率提高。例如台湾代工制造业的龙头企业鸿海精密，成立之初生产的仅仅是电脑外接电源的插头。台湾IT产业将分工推向极致，可以将一台技术含量高、制造技艺精巧的电脑整机分拆为一个螺丝钉或者是一个集成电路，一个按照统一模具压制的外壳甚至只是一片需要镀膜的玻璃。属于高科技制造业的电脑整机制造在台湾企业的分工下变成了和传统制造业差不多的生产过程。分工合作的企业由于分工提高了各自的生产率，降低了自己的生产成本。当他们形成合作关系时，企业的整体竞争力要比其他企业高。于是，在全球电脑制造市场上获得的份额变大，他们可以从自己的生产链之外获取更多的利润。随着分工的进一步深入，台湾代工企业的整体竞争力也会继续提高，而且这种提高往往不是等距离的，而是递进式的。也就是说分工越细，整个台湾代工制造也从国际市场上获取的份额将跳跃式的增长。通过挤占其他国家和地区的市场份额，整个台湾代工制造业壮大了自己的实力，整个行业的利润持续上升，产业组合内的各个企业共同获利。在微观层面上，上游的企业在寻找合作伙伴时会选择质优价廉的下游企业。所以各个企业必须做到同行之中的最好，才能够进入到整个代工生产的产业链中。而一旦这个企业达到同行中的最好后，它就会走向产业升级，进入上一分工层次的竞争体系中，如此循环，以至带动整个产业链的滚动升级和全行业世界竞争力的增强。例如，鸿海精密从生产插座升级到生产主机板等电脑核心部件，代工范围也从最初的单一产品拓展到电脑的各个组件以致整机。台湾IT制造业的新秀明碁集团最初只是宏碁集团中为宏碁电脑生产个人电脑以及一些零组件的子公司，1991年明碁转型为面对全行业的电脑零部件供应商，1995年开始进入通讯制造业并发展为台湾第一大手机制造厂，1998年明碁在宏碁集团内升级为集团内一级子集团，2000年底在宏碁的第三次再造工程中干脆脱离母体独立，并且走上品牌经营的发展道路。

尽管台湾产业升级的研发力量不断增强，但直到21世纪初，委托加工生产仍是台湾企业的主要经营形态。台湾产业结构中，制造业是工业的绝对主力，而制造业企业绝大部分以委托加工形态为主。2004年台湾制造业前10大龙头企业依次为：鸿海精密工业、台塑石化、广达电脑、台湾积体电路制造、仁宝电脑工业、中国钢铁、南亚塑胶工业、友达光电、光宝科技、明碁电通。其中一半以上是以委托加工为主。2004年台湾电脑制造业的前10大龙头企业依次为：鸿海精密工业、广达电脑、仁宝电脑工业、明碁电通、英业达、纬创资通、大同、英华达、神达电脑、华硕电脑。其中除明碁电通主打自有品牌外，均以委托加工为主。半导体业的前10大龙头企业依次为：台湾积体电路制造、联华电子、德州仪器工业、台湾菲利浦建元电子、力晶半导体、台湾应用材料、日月光半导体制造、茂德科技、南亚科技、矽品精密工业。全部以委托加工为主，其中，前两名台积电与联电占有世界市场80%的晶圆代工生产订单；日月光与矽品两大企业集团主要从事集成电路的封装与测试，分别为全球第一及第三大封测厂，也基本以委托加工为主。光电产业的前10大龙头企业依次为：友达光电、奇美电子、光宝科技、中华映管、广辉电子、建兴电子科技、鸿海精密工业、中强光电、潮宇彩晶、胜华科技。也是大部分以委托加工为主。从台湾大企业的产业分布来看，近年来信息电子产业在台湾产业结构中一直占绝对主导地位，2004年台湾前500大企业中以资讯电子及通信器材业最多（153家），其次是资讯服务业（48家），接下来依次是百货批发零售业（44家）、化学材料及制品业（40家）、金融及辅助业（39家）、保险及辅助业（32家）、金属基本工业及其制品业（32家），而信息电子产业中的绝大多数企业采取以委托加工为主的经营方式决定了台湾企业在产品全球价值链中的地位基本上集中在生产环节。

二、电子业产品升级过程

近十几年来，台湾电子产业一直是制造业中的主导产业，无论是产值还是出口值都占台湾制造业的一半以上，产品更新换代迅速，因此，台湾电子业的成长过程是研究产业升级的典型案例。

（一）电视机时代

电视机是台湾第一个成熟的中级技术出口产品。1971年台湾电视机年产量高达180万台，其产值大于收音机、录音机、电唱机、电话等当时其他主要电子产品的产值，也大于所有“其他电子元件”的产值。当时主要有两种生产模式：一种是美商完全持股的直接投资，产品主要外销；另一种是日商以合资方式生产，产品以内需市场为主，且使用当地元件。第一个在台湾投资生产电视机的美国公司是1965年到台湾的飞歌（Philco），其后的美国投资者是在台湾推出第四个五年经济建设计划，将彩色电视机列为重点扶植项目后才赴台的。最早的日台合资企业是松下（Matsushita）、三洋（Sanyo）、夏普（Sharp）和东芝（Toshiba）。随着工资不断升高，外商将电视机组装作业设在台湾的诱因减弱，，于是开始撤资。台湾本地厂商开始崛起，他们通过合资或技术合同的方式，从外商尤其是日本企业取得技术，开始自行生产。例如，声宝公司原是夏普电视机的台湾代理商，当声宝决定自己生产电视机时，便向夏普购买技术。更典型的例子是大同公司。该公司成立于日本占领时期的1918年，最初是一家营造公司，二战后从事修理火车。20世纪40年代末赶上消费电器产品需求激增，如收音机、电冰箱、电风扇等，大同一举成为台湾第一个兴建现代量产设施的厂商。1964年开始与日本东芝公司成立合资企业，开始制造电视机，其大规模生产所需资金主要通过公开招募优先股及公司债获得。1969年大同进入彩色电视机生产。1976年开始在美国设厂制造彩色电视机，1981年在英国设厂生产电视机。1980年大同建立台湾第一座显像管工厂，即中华映管公司，最初是大同和另外5家当地公司的合资企业，后大同取得百分之百股权。到2000年，大同已占有彩色显像管全球市场的1/4。台湾本地厂商在70年代末达到电视机产量顶峰，也孕育着下一个产品升级的来临。

（二）计算机时代

计算机成为台湾制造业的主流产品是台湾电子业产品升级的一大飞跃。台湾电子业厂商生产最初计算机几乎完全依赖进口元件而后进行组装，因此其制造技术比电视机还简单，是电子产品中最量产化的一个。70年代初开始组装计算机的台商有20来家，但到80年代初只有5家厂商形成了规模经济，其他厂商则被淘汰出局。从资金来源看，计算机厂商的资金主要由传统产业的再投资而来。仁宝、广达、英业达这三家大公司的创办人，早年均在一家木材兼旅馆集团的出资下，参与创办三爱电子，后来各自出来创业。宏碁创办人开始服务于环宇电子和荣泰电子，两家公司均由一家纺织公司出资。东元原是专门做马达的电子公司。80年代初，日本放弃长达近15年的自己国内生产计算机的做法，改采OEM方式在台湾生产计算机，台湾计算机产量随之猛增，以近乎每年翻番的速度从1980年的1000万台左右，扩充到1989年的近7000万台的高峰。台湾计算机制造商能够立足世界市场，并非凭借自有品牌或设计平台，也不完全是低工资，最关键的是整合能力。他们非常擅长将大量零组件用最低的价格从世界各地买回来，再整合在一小块空间里，即使成本不是最低，也能第一个推出市场，从跨国公司手中拿下获利能力最好的“原始设计合同”。全球范围内个人电脑（PC）产业的兴起通常追溯到1977年，当年有三种互不相容的新机器上市；到1982年IBM推出PC机使产业典范得以确立，随之而来的是PC产业的竞争白热化。台湾生产PC机可追溯到1976年宏碁公司的成立和台湾工业技术研究院电子工业研究所的研发工作。在IBM确立PC典范之后4年，宏碁成功开发出32进制的PC系统，声名大噪。但更多台湾PC厂商是通过与国际大厂签定OEM合同迅速达到规模经济，在新产品的制造领域得以立足。如英业达在1988年开始从掌上计算器转入笔记本电脑领域的过程中，一波三折，直到最后和康柏（COMPAQ）形成稳定长期合作关系后，产能才得以大幅提升，迅速成为台湾第三大笔记本电脑制造商。利用原有经济和外资企业撤离后留下的厂房也是迅速扩充产能的办法。如华宇电脑为在最短时间内扩大产能以赢得订单，直接买下一座现成工厂，使其电脑月产量在短短几个月内从9千台跃升到8万台。英业达在进入笔记本电脑领域时，也向消费电器业和纺织业厂商购买或租赁厂房。到1995年，台湾在电脑及周边设备的硬件生产产值上已经仅次于美日而位居世界第三，产品在世界市场上的平均占有率高达50%，即世界每两台个人电脑就有一台是台湾生产，或使用台湾生产的资讯周边设备。

（三）集成电路时代

集成电路（IC）是半导体产业（IC产业）的主要产品，其制造流程大体是：晶圆—设计—光罩—晶片—封装—测试—出货。1958年美国企业德州仪器开始出第一个集成电路原型，使电晶体、电阻器、电容器等半导体制品可以重新组合成单一元件，减少电路之间的连接，这种技术很快被推广应用到各种电子产品中，也是台湾电子业在90年代的产品升级方向。台湾半导体产业的起源可追溯到1964年，当年美国通用器材公司在台湾新成立的加工出口区[①]兴建一座集成电路组装厂，产品主要用于出口。台湾IC产业是从组装作业做起，最初附属在电视机制造作业下，因为当时在台湾，电视机的组装和显像管的制造是比IC组装更复杂的运作。1976年台湾以美国技术建成自己的第一座集成电路工厂，此后民间集成电路工厂纷纷设立，规模迅速扩大。从80年代中期到90年代中期是台湾半导体业的爆发期，集成电路产品产值占半导体产业产值的比重从30%上升到70%。从生产环节看，80年代中期主要以资金需求较少、技术与劳力密集的封装业为主，产值占近90%；90年代中期台湾半导体业已经以资本与技术密集的晶圆加工业为主，产值比重上升至56%。台湾半导体业根据制造流程的不同环节，形成严密而完整的分工，其中作为半导体原料的晶圆的生产被视为该产业的核心技术，台湾的“晶圆双雄”已在该领域取得较领先地位。21世纪初，台湾已拥有全球第一大的晶圆代工和封测业，以及全球第二大的IC设计业。从生产情况看，2004年台湾半导体业产值达11159亿元新台币，占全球半导体业产值比重近1/5。从投资情况看，2004年台湾半导体业资本支出增加88亿美元，投资规模约占全球的1/4，显示未来台湾在全球半导体业中的地位可能会继续上升。在上游的IC设计领域，台湾专利数目和创新能力名列世界第二，仅次于美国， IC设计业厂商约225家，产值近60亿美元，占全球28%，产品应用以资讯产品及消费性产品为主。在中上游的IC制造领域，台湾IC制造业产值约150亿美元，居全球第四。其中晶圆代工占全球营业收入比例71%，居世界第一，记忆体营业收入占18%左右。在下游的封装、测试领域，台湾封测业产值近50亿美元，居全球第一。台湾半导体业的龙头企业主要有四家，即所谓“晶圆双雄”台积电和联华电子（简称“联电”）以及“封测双雄”日月光与矽品。台积电与联电是世界知名半导体企业，2004年全球半导体企业排行榜中分列第8名与第19名，主要从事晶圆代工生产。在全球半导体生产中，英特尔、IBM等国际龙头企业自行生产制造的晶片约占80%，其余均由世界各

① 1962年，台湾当局提出将自由贸易区与工业区合并经营的方式，称作“加工出口区”，这在世界上也是首创。高雄港区、高雄楠梓和台中潭子三个加工出口区，总面积为192公顷，建区总经费4.76亿元新台币。

晶圆代工工厂生产，台积电与联电占有80%的晶圆代工生产订单。日月光与矽品两大企业集团主要从事集成电路的封装与测试，分别为全球第一及第三大封测厂。

（四）液晶面板时代

液晶显示器（LCD）是笔记本电脑最重要的零部件，也是平面电视、移动电话等新型消费电器的重要部分，因此是台湾电子业升级不可逾越的阶段。台湾液晶面板（TFT-LCD）产业是21世纪初才在岛内崭露头角的新兴产业，但发展迅猛，投资规模和产品市场占有率在世界上已首屈一指，成为国际产业分工链条中重要一环。台湾是全球笔记本电脑和显示器的生产重镇，必须要保证主要零组件TFT-LCD的货源供应，因此台湾工业研究院早在1990年即开始自行开发TFT-LCD，此后联友光电与元太科技两家企业分别完成建厂，生产小尺寸TFT-LCD。台湾TFT-LCD产业的高速发展主要得益于亚洲金融危机后日本TFT-LCD生产技术的大规模转移。1997年亚洲金融危机是台湾TFT-LCD产业的高速发展的机遇期，当时日本、韩国经营环境恶化，台湾几大厂商抓住时机与日本各大TFT-LCD制造商进行策略联盟，引进技术，合作生产，使台湾TFT-LCD产业在激烈的国际竞争中迎头赶上，产量及世界市场占有率迅速提升。由于日本TFT-LCD产业除夏普公司外均已放弃大尺寸面板生产，台湾企业得以在日本的专利技术的支持下，集中资源扩充TFT-LCD产能，迅速与韩国比肩，但也由此造成台湾TFT-LCD产业以代工为主的生产方式，岛内企业多从日本厂商取得技术专利。与日商的策略联盟方式大体有两种：一是技术合作方式，以台湾奇美电子与统宝光电为代表，拥有自有技术，但在某些先进制程，如广视角及低温多晶硅制程方面与日本厂商技术合作，进行共同开发或代工生产，其代工生产占产能比例高达50%；二是技术转移方式，台湾TFT-LCD厂商除奇美电子与统宝光电外均属此类，其合作日商分别是：华映与三菱、广辉与夏普、彩晶与东芝及日立、联友与松下、达基与IDT等（联友与达基合并成友达后仍与日商保持合作），这种方式多与日商签订30%左右的回销比例合同以保证销售，但不具约束力，日本厂商可视市场状况决定是否要买回其产品，台商处于被动不利地位。台湾TFT-LCD产业兴起之初，岛内不少传统大型企业有心涉足该领域，台塑、中钢、东元、台盐等厂商，都有过具体投资规划，但在技术、资金压力与同业激烈竞争下，纷纷撤出投资计划。目前台湾TFT-LCD领域主力企业仅剩5家，被称作“面板五虎”，即友达光电（友达）、奇美电子（奇美电）、中华映管（华映）、瀚宇彩晶（彩晶）与广辉电子（广辉），其中友达和奇美电规模最大，全球品牌面板市场占有率分别为第3位和第5位。“面板五虎”的母公司均为台湾知名企业集团，其中，友达光电母公司为宏碁集团和联华电子，奇美电子母公司为奇美实业，中华映管母公司为大同电器，瀚宇彩晶母公司为华新丽华和华邦电子，广辉电子母公司为广达电脑，统宝光电母公司为仁宝电脑和统一企业。近来岛内的统宝与群创两家企业也加入积极扩厂投产TFT-LCD的行列，有成为“新虎”的趋势。

第二节　产业升级的理论架构

产业升级是如何进行的？理论发展有两条主要思路：一是从企业规模角度探讨产业升级的原因；另一种是从对外贸易角度总结产业升级规律。

一、规模经济思路

按照第一种思路，追赶型经济的产业升级的关键是扩大规模。在领先型经济中，小厂商可能是技术先驱者，但追赶型经济的小厂商却很难掌握世界尖端技术，其管理技能通常相当落后。追赶型经济制造的产品以全球标准来衡量已经成熟，成熟产品的特点是毛利不断下降，为了生存，追赶型经济的厂商必须利用特殊形态的规模经济，进行大量制造。

经济学家对企业以何种规模最有利于产业升级给出了截然不同的答案。马歇尔（Alfred.Marshall，1949）认为，规模小、高度专业化的厂商是产业升级的媒介，这些厂商共同创造出“外部经济”，克服内部不足，减少官僚体制的成本，结成网络以获得技术进步或进入新产业所需的速度与弹性。熊彼特（Joseph.Schumpeter，1942）却将现代大企业的成功归结为大企业和内部经济，他认为产业升级主要发生在那些最小有效规模的工厂上，其在管理层级制度、专利知识资产及全球营销系统上的投资，可使其获得进一步更新的管理技能与资本。

即使对于同样的实践经验，人们给出的解释也是不同的。以台湾为例，不少人认为小规模企业是台湾得以成功进行产业升级的关键（Borrus,1997；Chou and Kirby, 1998；Hamilton, 1991；Namazaki, 1997；Saxenian and Hsu, 2001）。“很少台湾公司能够像韩国公司一样，发动一场对全球业者的全面攻击，但它每一年冒出几千家新的私人企业，其中许多抱着分裂市场的策略而来。”（Christensen etc, 2001）另一些人则认为小企业成长为大规模企业才是台湾进行产业升级的成功之道。瞿宛文和安士敦（2003）提出，台湾小厂商并不特别创新，实际上1986年到1996年新厂商加入率是减少了；在具有代表性的电子业和服务业两种产业中，小企业在很短时间内成长为相当大企业，进而成为最进步和发展的力量[①]。

持规模经济推动产业升级观点的学者认为，规模经济可分三类：第一类是增加生产效率，主要是以干中学（learning-by-doing）方法在生产中积累经验，更充分利用产能和大批采购原材料以节省成本；第二类是降低单位设计成本，由于设计和开发模型的成本是固定的，产量越大，单位设计成本越低；第三类是降低信息、通讯和交易成本，只适用于追赶型经济。追赶型经济的企业如果要成为外国大厂商的代工厂，本身规模必须足够大。合同越大，平均成本越低，因此，规模个潜在代工厂争取OEM或ODM合同的资格。

20世纪30年代以来，在发达经济中出现了福特主义（（Fordism）、丰田生产方式（Toyotaism）、温特尔主义（Wintelism）[②]三种不同的生产组织方式。格雷菲等人（Gereffietal, 1994）根据香港等地服装产业在价值链上的升级过程，提出了委托组装（OEA，Original Equipment Assembling）、委托加工（OEM ，Original Equipment Manufacturing）、设计加工（ODM，Own Designing and Manufacturing）、全球运筹（Global logistics）和自主品牌生产（OBM，Own Brand Manufacturing）的产业升级路线。由于全球价值链是构

① （台）瞿宛文、安士敦，《超越后进发展：台湾的产业升级策略》，联经出版社，2003，第 8 页。

② Wintelism 是由英文 Windows（美国微软公司的视窗操作系统）和 Intel（美国英特尔公司的中央处理器）合成而来，温特尔主义也代表美国的这两家公司在个人电脑产业的垄断地位，如今全球大约 90% 的个人电脑都使用英特尔的中央处理器，安装微软的视窗操作系统。

建在全球产业链基础上的，因而全球价值链理论中关于动力的研究，也基本延续了格雷菲等人在全球商品链研究中给出的全球商品链运行的生产者驱动和购买者驱动两种模式，即全球价值链各个环节在空间上的分离、重组和正常运行等是在生产者或者购买者的推动下完成的。

追赶型经济中的企业进行产业升级，可以初始投资很大，直接实现规模经济；也可以从小投资做起，以极快速度向规模经济爬升，这除了必须具备计划执行技能之外，还要看资金、人力资源和技术获得的难易程度。一般来讲，领先型经济的跨国企业通过国际代工或FDI来瘦身，而追赶型经济的代工企业却要靠整合或并购来增肥。

二、雁行理论思路

产业升级第二种思路的代表是雁行理论（Flying Geese Model），其在解释和指导东亚地区经济发展实践中备受关注①。雁行理论中的基本模型、派生模型1和小岛模型1从对外贸易角度对产业升级做了很好的描述。

日本经济学家赤松要（Kaname.Akamatsu）1935年发表论文《我国羊毛工业品的贸易趋势》，提出日本某一产业的发展“通常依次经过进口、生产、和出口等各个时期，据此我们可将一产业的进口、生产和出口的雁行发展定式化”②，这被视为雁行理论的最初表述。此后该理论又被小岛清、山泽逸平、大来佐武郎等其他经济学家补充扩展。雁行理论的主要内容，是描述同一经济中不同产业的兴衰替代过程，以及同一产业在不同经济之间依次兴盛与衰退的过程。该理论主要由三个模型构成，分别是：基本模型（产业内发展模型）、派生模型1（产业间发展模型）和派生模型2（国际间发展模型）。赤松要学生小岛清（Kiyoshi.Kojima）后来发展了这一理论，其提出的

① 1985年，日本经济学家、前外相大来佐武郎（Okita.Saburo）在第四届太平洋经济合作理事会（PECC）上用该理论解释太平洋地区经济发展模式，即美国、日本、亚洲新兴市场（ANIEs）和东盟（ASEAN）依次进行产业升级的过程，引起国际广泛关注，以致很多人只注意到雁行理论解释在不同经济之间（尤其是东亚地区）依次兴盛与衰退的过程的功能，而忽略了其解释同一经济中不同产业的兴衰替代过程的部分。

② ［日］名古屋高等商业学校，《商业经济论丛》，1935-13。

小岛模型1（产业合理化模型）、小岛模型2（顺贸易型对外直接投资理论）和小岛模型3（区域协议分工模型）成为雁行理论的另外三个支柱。

雁行理论的基本模型也被称为“产业内发展模型”。理论假设：（1）追赶型经济；（2）开放式经济。基本内容：在欠发达国家或地区的某个行业中，一般会依次出现这样三个阶段：阶段1，欠发达经济进入国际经济，出口初级产品，进口工业消费品（如棉纺织品）。阶段2，在某项进口消费品利润的吸引下，经济内部资本流向该产业，以自行生产代替进口，此时政府经济政策多鼓励自行生产。阶段3，消费品生产达到相当大规模，并开始大量出口，同时展开资本品（如纺织机器）的进口替代。消费品和资本品都存在这种情况。

产业内发展模型的几何描述：

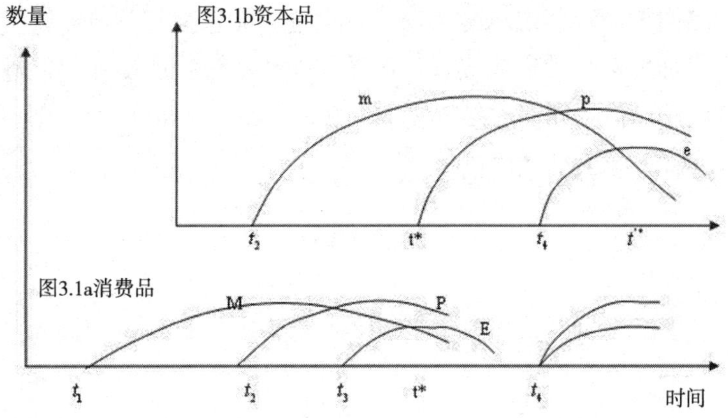

图3.1 产业内发展模型

资料来源：Kiyoshi.Kojima, *the "flying geese"model of Asian economic development: origin, theoretical extensions, and reginal policy implications, Journal of Asian Economics*,2000, 11.

在图3.1a中，时间段t_1到t_2是第一阶段，消费品主要依赖进口（M）。但在t_2点，内部市场需求已经足够大，替代性生产变得有利可图，于是开始自行生产（P）。这时对进口资本品产生需求。如图3.1b中，从t_2点资本品进口（m）开始上升。到第二阶段，消费品的生产曲线（P）迅速上升，并在t_3点开始出现消费品出口（E）。以后是第三阶段，消费品产业发展为出口产业，多数内部市场已被自行生产产品占领，出口比例越来越大。同时，图3.1b中的资本品进口开始减少，由自行生产（p）取而代之。在图3.1a中，t*是消费品进口和出口的交叉点，在这一点上进口额等于出口额，实现该消费品产业内贸易平衡。因为D=P-E+M，这时候内部产量等于内部需求。这种情况反映出赶超过程的成功实施，这时产业模式由进口替代型（阶段2）转为出口导向型。t_4后则是新一轮产业的进口替代过程。

派生模型1也被称作“产业多样化模型”。基本内容：由于消费品和资本品的种类和数量也存在多样性，不同产业间存在由简单初级产品向复杂高级产品的过渡。因此，产品多样性可分两类。一是新产品出现带来的产业内循环，比如由棉毛制品转向合成制品，由粗加工转向精加工；二是新产业出现带来的产业间循环，比如由纺织业到钢铁业，到造船业，到汽车业，到电脑业等。这两种循环都遵从基本模式，促进产业效率与竞争力，产业内循环通过提高附加价值带动产业成长，产业间循环通过生产多样化促进产业结构升级。这两种循环共同促进整体经济发展。

产业多样化模型的几何描述：

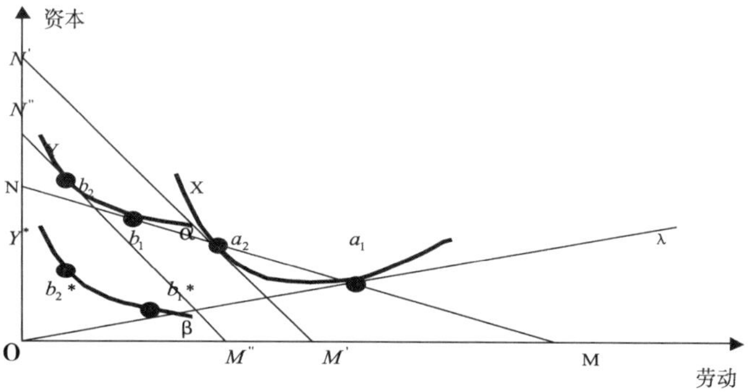

图3.2 产业多样化模型

资料来源：Kiyoshi.Kojima, *the "flying geese" model of Asian economic development: origin, theoretical extensions, and reginal policy implications*, *Journal of Asian Economics*，2000, 11.

如图3.2，根据赫克歇尔—俄林模型，假设只存在两种商品和两种生产要素。两种商品的生产函数由等产量线X和Y表示，代表不同生产方式下，生产每单位产品所需的不同劳动与资本组合。要素密集度以生产扩张路径的斜率表示，在图中，oa_1的斜率小于ob_1的斜率，表示相对而言，商品X是劳动密集型产品，商品Y是资本密集型产品。商品X和Y的切线MN的斜率，表示要素价格比率，即工资/租金。a_1和b_1是两种商品的最佳要素组合，此时二者成本（等于价格）相同，因为二者的斜率相同，也就是要素价格比率相同。

如果劳动力价格相对上升，即要素价格比率提高，则斜率增大，商品X与Y的最佳要素组合由a_1和b_1变为a_2和b_2，即由切线MN变为切线$M'N'$和$M''N''$。这表示生产方式向更加节省劳动力而多用资本的方向转变，资本密集型商品Y的成本（等于价格）低于劳动密集型产品X。要素禀赋率由λ表示，λ=K/L，即总资本与总劳力的比率。λ线距某产业的最佳要素组合越近，该产业的要素配置与产出量越大。反之，亦反之。在图3.2中，λ线通过a_1，则该经济完全专业化于商品X的生产，因为此时成本最低，比较优势最明显。如果生产其他商品，如Y，则因劳力价格高而提升成本。

产业升级的过程如下：该经济开始专业化生产劳动密集型产品X。随着经济发展，该劳动密集型产业需要投入越来越多的劳力，劳动力需求上升，工资相对上涨。由于资本密集型商品Y相对节省劳力，此时资源配置会向Y产业倾斜。在图3.2中，X产业和Y产业最佳要素组合分别由a_1移至a_2和由b_1移至b_2，λ线将变得更加陡峭，接近于b_2。此时即完成产业结构的转变。

小岛模型1也称“产业合理化模型”。基本内容：产业合理化模型是与产业多样化模型不同的产业结构演进方式，产业多样化模型是由劳动密集型产业向资本密集型产业转移，产业合理化模型是在同一产业内由较低效率生产模式向较高效率生产模式演进，其结果都会促进整体经济效率，使工资和人均收入水平提高，实现经济发展。但因两种路径都需要资本和人力的积累，必须交替使用。

产业合理化模型的几何描述：仍以图3.2解释。假设存在等产量线Y和Y^*，前者以α生产模式生产，后者以β生产模式生产。Y^*线在Y线的内侧，表示β生产模式成本低于α生产模式。在要素价格比率和要素密集度不变的情况下，由α生产模式过渡到更高级的β生产模式，单位产品成本降低，最佳生产点由b_1移至b_1^*，这就是希克斯中性技术进步（Hicks-neutral technological progress）。产业合理化经常由技术进步、规模经济、干中学，加速产业内部产品循环导致。其演进路径，不是沿等产量线移动（由b_1移至b_2^*），而是使等产量线从α生产模式移到更高级的β生产模式（由b_1移至b_1^*）。

雁行理论中的小岛模型3也称“协议分工理论”，其分析角度延续了雁行理论以上模型的思路，但落脚点却是以规模经济促进产业升级。根据雁行理论工业化扩张路径，不同经济的产业结构和出口结构均有趋同倾向。为避免贸易冲突，该理论主张促进产业内贸易，加速区域整合。协议分工理论假设有以下公式：

$AC=c(x)/x=a/x+b$ if $x < x^*$ （$a,b,x^*=$ constant）

$AC=c(x)/x=a/x^*+b$ if if $x > x^*$

AC是平均成本，x*是给定生产模式下最低最佳生产规模（minimum optimal scale of output）。在产量达到x*之前，平均成本AC随产量x的增加而降低；在x*之后，规模经济作用结束，单位产品固定成本成为常数。

存在两种生产模式i = α，β。最低平均成本AC（= 边际成本MC）如下：

$$b_a^* = a_a / x_a^* + b_a$$

$$b_\beta^* = a_\beta / x_\beta^* + b_\beta$$

协议分工理论的几何描述是：

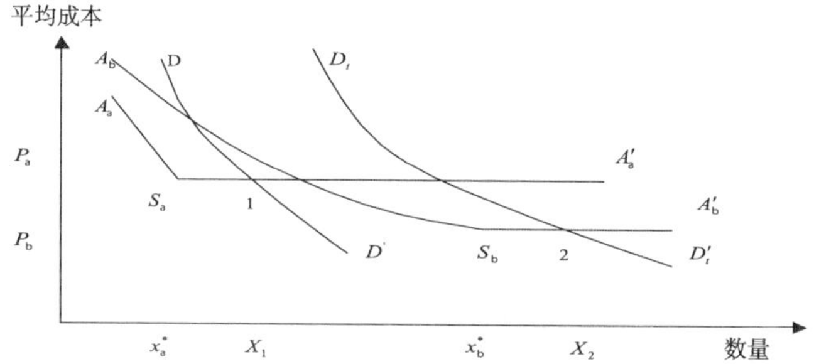

图3.3 协议分工理论模型

资料来源：Kiyoshi.Kojima, *the "flying geese" model of Asian economic development: origin, theoretical extensions, and reginal policy implications, Journal of Asian Economics*，2000, 11.

如图3.3，在α生产模式下，平均成本一直降至最低最佳生产规模的产量x_a^*，即图中曲线A_aS_a，此后平均成本为常数，即图中曲线$S_aA'_a$。同理，图中曲线$A_\beta S_\beta A'_\beta$描述了β生产模式下平均成本的变化。

DD′代表经济1或2的需求曲线，在α生产模式下，供给曲线$A_\alpha S_\alpha A'_\alpha$与需求曲线DD′交于点1，产量为$X_1$，价格为$P_\alpha$。显然，β生产模式将使供给曲线$A_\beta S_\beta A'_\beta$与需求曲线DD′交于更高的价格水平而不被采用。现在，DD′代表经济1和2的总和需求曲线。β生产模式将使供给曲线$A_\beta S_\beta A'_\beta$与D_tD_t'需求曲线交于点2，产量为X_2，价格为P_β。由于$X_2>X_i$，$P_\beta< P_\alpha$，即与点1相比，点2的产量更多，价格更低，因此，生产模式β将因优于生产模式α而被采纳。

可见，能否采用更有效率的生产模式β的前提，是能否将经济1和2的需求合二为一，交由一方的企业生产，因此，可以通过协议方式，在不同经济间进行产业分工，比如委托经济1的企业生产商品X，满足两个经济对商品X的需求，同时经济2的企业生产商品Y，也面对两个经济对商品Y的需求。这样生产者和消费者都将获得更大利益，同时因采用更有效率的生产模式β而实现产业升级。

三、两种思路的交叉点

雁行理论中的协议分工理论已经将对外贸易与规模经济两种产业升级的思路结合起来，提出以协议分工方式促进产业内贸易，加速区域整合和产业升级。但是小岛清的这个模型是主张通过政府对话协商实现区域经济整合，而在经济全球化时代，这一任务也可通过比较优势机制交由市场完成。

20世纪80年代以来，全球资源配置形式发生深刻变化，在经历了以贸易和投资形式为主的阶段后，国际分工开始深入价值生产全过程。经济全球化的第一阶段，随着世界范围内的自由贸易的兴起，以产品为媒介的全球资源配置开启了贸易全球化时代，此时国际分工的表现形式是各国家或地区根据自己的比较优势生产不同商品；第二阶段，当跨国界、跨区域投资行为开始普遍出现的时候，以生产要素为媒介的全球资源配置进入了投资全球化时代，此时国际分工的表现形式是各国家或地区根据自己的要素禀赋提供具有各自优势的生产要素；第三阶段，合同制造（Contract Production）或外包

（Outsourcing）形式日益流行的潮流，将以增值过程为媒介的全球资源配置推入了生产全球化时代，此时国际分工的表现形式是各国家或地区根据自己的比较优势和竞争优势参与增值过程中的不同环节。跨国企业的海外生产可采取三种不同的模式：直接投资（产权）、间接投资（债务）、外包代工。在生产全球化时代，产品的价值链不断延伸，单一企业不再进行产品价值生产的全流程操作，而是将增值过程细分为研发、设计、生产、供应、销售、售后服务等环节，利用企业群的生产协作来完成价值创造，外包代工模式使追赶型经济的代工企业迅速实现规模经济（瞿宛文和安士敦，2003）。

"外包"的内涵界定有多种：Loh 和Venkatraman （1992）认为是外部供应商在涉及用户组织的信息技术基础的物质资源或人力资源方面做出的显著贡献；Kotabe （1992）认为是由全球独立供应商向跨国公司提供的产品和由独立供应商向企业提供零部件和成品的程度；Lei&Hitt （1995） 定义为依赖外部资源制造零部件和其他价值增值活动；Gilley和Rasheed （2000） 提出是从用户到供应商的资产转移，由供应商负责外包业务。概括起来，目前理论界普遍接受的定义是：企业内部资源有限的情况下，为取得更大的竞争优势，仅保留其最具竞争优势的核心资源，而把其他资源借助于外部最优秀的专业化资源予以整合，达到降低成本、提高绩效、提升企业核心竞争力和增强企业对环境应变能力的一种管理模式。

外包可从三个方面为企业带来优势。一是降低企业生产成本。企业须确定和保持自己的核心业务和核心竞争力，以保持市场的竞争优势。如果某项业务不是企业的核心业务，那么可以 把该项业务外包给更好的专业企业。许多企业外部资源配置服务提供者都拥有比本企业更有效、更便宜的完成某业务的技术和知识，它们可以获得规模效益，并且愿意通过这种方式获利。而传统的"纵向一体化"企业必须考虑规划设计、准备工具、匹配设备设施等因素，投入成本会很高，这种成本不仅体现在"硬"的方面，同样也体现在"软"的方面：要使员工掌握必要的技术，并不断更新技术技能，而招聘、交叉培训、人事升迁这一系列过程将毫无疑问地增加企业的管理成本。将非核心业务外包后，企业则可以通过外向资源配置避免在设备、技术、研究开发上投入巨资，而把有限的资金用于培植核心竞争力上，从而保持产品在市场上的竞争优势。二是使企业实现最佳资源分配。任何一家企业在可获得的资源上都有自己的局限性。外包能使企业将用于非关键业务的资源与设备用于刀刃上，从而更好地或更直接地服务客户。而企业都会有除了核心业务外的其他业务，如果不外包，这些业务会消耗企业大量的人力、物力、财力资源，而投资回报率却不一定高，甚至有时会削弱企业的实力。通过外包，企业更强调对自己具有战略意义的业务或核心业务的创新，能够灵活地安排员工和调配资源于高价值的项目。使企业内向配置的核心业务与外向配置的辅助业务紧密相连，通过利用其他企业的资源来弥补自身的不足，从而变得更具竞争优势。而外包的对象大多是对整体业务起支撑作用的辅助业务。这些辅助业务外包给专业化企业后，其质量能得到显著而迅速的改善，从而对核心业务起到推动作用，增加整体赢利。如花旗银行将建立一体化全球资料中心的业务外包给AT&T公司，美国电信业巨头斯林普顿公司把应收账款管理的业务外包给邓百氏公司等。通过辅助业务的外包，既节省了公司大量的人力、物力，降低运作 成本；又可专注于公司的核心业务，确立企业在行业中的优势。三是强化公司的核心能力。企业通过将非核心业务外包，可以把企业有限的资源集中在最有价值的核心业务上，使核心竞争力得到不断巩固和提升。美国企业协会的主席约翰·马里奥蒂（John.Mariotti）指出：几乎没有哪家公司能承受得起精于一切。它们需要决定它们的核心竞争力是什么，专心搞自己擅长的方面，同时确保自己的专长在市场上仍有竞争力。一些国家的大企业特别是美国的企业通过这种精干主业、优化产业供应链，重新塑造企业的核心业务和核心竞争力，大大提高了企业的竞争能力，并使那些仍然坚持产供销一体化的企业处于极其不利的竞争地位。在世界打印机市场上处于领先地位的惠普公司的打印机和计算机分公司，打印机的年销售额超过 34亿美元，其中70%以上来自过去三年中推出的新产品。因而，对惠普来说，成功的关键在于不断地开发新产品。为了将关键任务做好，该公司实施了精简，精简后公司只保留了后方的研究开发的部门和前方的销售部门，附加值较少的中间生产环节的工作则由其他公司来分包。在信息产业，出于同样的考虑，许多公司也将大量的工作外包出去。微软公司本着专心搞自己擅长的方面，确保在核心业务上具有竞争优势的原则，进行了公司改造。改造后，微软只专注于其核心业务即开发普及的软件产品，在提供顾客服务和支援方面，则以战略同盟的形式，通过与其他软件公司合作完成。2004年IBM

将PC制造部门转让给联想集团收购也是出于这种考虑。四是降低风险。通过外包，以前由单个企业承担的风险变成了与外包商共同承担，或转移承担。如菲利浦、东芝、LG等公司，通过在全球的广泛设厂，将生产业务遍布10几个国家，大大降低了母公司所在国经济、金融等方面波动的冲击。

与进口替代过程中的产业关联创造相比，出口导向型的外国直接投资被认为是对东道国产业升级更为有效的一种关联创造形式。按照拉尔（Lall，1995）的观点，在出口导向的外国直接投资中，关联创造由三个决策阶段所决定：一是选择外国还是当地作为投入来源；二是在自己制造或购买当地投入中做出决策；三是在对当地企业购并以及与当地供给商合作之间建立联系。为此，拉尔把关联定义为从事纯市场交易以外的互补活动的企业所确立的直接联系。因而，从这一意义上来讲，东道国产业升级的过程就是使外国直接投资最大限度增加对当地投入物购买的过程。由此看来，不同的投资形式定位会产生不同的关联效用。其一，一些外国直接投资一开始进入就是迎合东道国出口导向政策的。它们对拥有廉价劳动力的部门进行直接投资，其投资活动以比较成熟、但又不太先进的技术为主。东道国可以利用其品牌进行贴牌出口。这些外国直接投资活动在早期阶段就已形成了相当大的国内关联。其二，在东道国经济中，存在大量技术的应用程度或资产的专用程度比较低，并且产品的差异性不大的外国投资企业。这种情况也会产生与国内生产相联系的潜在关联。其三，外国直接投资也可能介入现代工业部门，它们主要从事出口，向东道国转移相当复杂的技术诀窍并供应国际市场。此类外国直接投资会扩大东道国的当地关联，促进当地现代产业的成长。可见，在东道国中关联创造程度与东道国工业化发展阶段、人力资本的积累程度、外资政策及需求变化情况密切相关。而外国直接投资的主要好处在于给东道国创造就业，推动出口，转移技术并创造当地关联。

虽然在发达国家也有不少专门承做OEM和ODM的代工企业，不过现在大量转移到发展中国家和地区，代工的范围从传统产业产品逐步集中到高技术产业产品，从最终产品为主到以中间产品为主。一般发展中国家主要代工传统产业产品的生产，新兴工业经济体主要代工生产和设计高技术产品。传统产业产品在发展中国家的生产已较普遍，近年来高技术产品在发展中国家和地区的外包生产特别引人瞩目。在电脑业，世界著名的欧美日笔记本电脑品牌主要由台湾企业组装、制造。2001年，台湾代工厂商制造的笔记本已占全球总销量的55 %。多数美国公司的笔记本电脑都由台湾制造。台湾厂商为康柏公司和戴尔公司制造了约90%的笔记本，惠普和苹果公司几乎所有的笔记本都是由台湾厂商生产。在所有的日本公司中，NEC在2001年度售出的笔记本电脑中，约有80%由台湾大众、华宇电脑公司和纬创资通公司制造，索尼公司将20%的笔记本电脑、东芝公司将14%左右的笔记本电脑的生产外包给了台湾厂商。富士通和西门子的合资公司将14%—15%的笔记本电脑生产外包给了台湾厂商。预计美日和欧洲厂商给台湾厂商的代工订单数在未来还有大幅增加的可能。在移动电话业，世界移动电话业三巨头—诺基亚、摩托罗拉、爱立信2001年开始把移动电话的生产大规模外包。摩托罗拉已有20%移动电话生产外包，诺基亚也计划将部分移动电话生产撤离美国转到墨西哥、韩国，将设计、生产外包比例从原来的10%提高到20%。而爱立信宣布从2001年4月1日起，除其在中国的合资公司外，整体“外包”。其实世界著名移动电话厂商美国的高通公司早在2000年12月就宣布将移动电话制造分公司出售给日本的京瓷公司，最早脱离了制造环节。在互联网业，网络产品的龙头厂商美国思科（Cisco System）本身没有任何生产能力，其产品的生产均由东亚厂商代工。改革开放以来，作为发展中国家的中国，其对外贸易中加工贸易的比重越来越大就是很恰当的例证。中国的对外贸易中加工贸易的比重由1981年的4.8%, 1985年的11.8%，上升到1991年的45.1 % ,1995年的49.5 % ,1999年的56.9%。其中，纺织、服装、玩具、鞋类、轻工产品以及其他劳动密集型中间产品占主要份额，近年机电产品及高技术产品的比重逐步增加，多数是以接受外包的形式进行①。

可见，由于世界各地区在产品价值链中的比较优势不同，市场可以通过比较优势机制，以FDI或外包形式完成资源配置以实现生产国际分工和产业技术升级，由于外包形式更易发挥各自的比较优势，从而形成所必需的规模经济，因此日渐流行。本书力图构建一个简单模型予以说明。

① 张远鹏,《论国际分工的新发展》,《世界经济与政治论坛》, 2003 年第 5 期。

第三节 台湾产业升级的比较优势分析

假设世界上只有两个经济体，本地区和外部地区；两地区只生产两种产品，高技术产品和低技术产品，则有命题（3）：

当且仅当$\frac{w_i}{w^*_i}>\frac{a^*_i}{a_i}$，外部地区生产i产品的成本比较低，本地区内生产要素的流向是：流出不具有比较优势的i产品，集中生产另一产品。

其中，w是本地区单位时间工资率，a是本地区单位产品的劳动投入；w^*是外部地区单位时间工资率，a^*是外部地区单位产品的劳动投入；下标i代表第i产品，i=高技术产品h，低技术产品l。本地区对高技术产品具有比较优势，则生产要素会向该产品生产集中，实现产业升级。

对台湾第二产业来说，由于不具有比较优势，其出路有三：一是将资源集中在具有比较优势的第三产业，从而形成产业交替；二是资本流向第二产业具有比较优势的地区如大陆，从而形成产业外移；三是通过产业升级，使原本不具备比较优势的第二产业获得新的比较优势。根据上述产业升级模型，当台湾刚刚发展起新兴部门或产品的时候，新产品技术往往掌握在国际大企业手中,在台湾的生产也多以外商直接投资（FDI）方式为主。随着技术外溢，生产新产品的本地厂商逐渐增多，劳动成本升高，外商选择将产权卖给当地厂商后撤资，而后以外包形式给台湾厂商下订单，台湾厂商迅速获得规模经济，比较优势提升，具备投入新产品生产从而再次进行产业升级的能力。

经验检验：假设w_i和w_i^*分别表示台湾和美国电子业中低技术产品的劳动工资，而a_i和a_i^*表示台湾和美国在该产品中的单位产品劳动投入，如果有$w_i a_i < w^*{}_i a^*{}_i$，则台湾生产该产品的成本较低，在美台的经贸往来中，美商将集中生产高技术产品，而将该低技术产品外包给台商，台商因此获得必需的生产规模，以规模经济实现产业升级。

选取台湾“电脑通信及视听电子产品制造业（computer communication &

video & radio electronic products）”（简称“电子业”）作为经验检验的案例和统计口径。该产业是台湾产业升级最具代表性的产业，也是当前台湾经济中生产值、销售值和出口值最大的产业，在全球价值链中的地位也举足轻重，例如主机板等产品几乎垄断了全球的市场，另外几项代表性产品生产情况如下表所示：

表3.1 台湾电子业产品的世界地位

年度	笔记本电脑			主机板			服务器		
	全球市占率%	全球排名	年产量（千台）	全球市占率%	全球排名	年产量（千片）	全球市占率%	全球排名	年产量（千台）
2001	55	1	14161	86.3	1	98748	29.8	2	1416
2002	61.2	1	18199	86.3	1	100725	29.2	2	1446
2003	66.7	1	25238	94.4	1	121640	31.1	2	1792
2004	72.4	1	33435	96.5	1	132615	32.8	2	2109
2005	82.5	1	49007	98.4	1	144259	34.3	2	2453

年度	显像管显示器			液晶管显示器			数码相机		
	全球市占率%	全球排名	年产量（千台）	全球市占率%	全球排名	年产量（千台）	全球市占率%	全球排名	年产量（千台）
2002	52	1	43828	60.8	1	19440	32.9	2	8753
2003	54.9	1	384.6	65.9	1	33607	34.1	2	16929
2004	53.6	1	35330	67.7	1	45693	34.6	2	21204
2005	50.7	1	23639	70.1	1	73235	41.8	2	32104

资料来源：台湾《资讯工业年鉴2006》。

如前所述，台湾电子业的产品升级依循电视机、计算机、集成电路的次序向资本、技术更为密集的方向发展。在这一过程中，台湾厂商以外包形式接获新产品的大量订单，主要来自美国跨国公司，形成必需的规模经济，迅速扩充产能，实现产业升级。而这种新产品由美商外包给台商，是由比较优势机制自发进行的，亦即，由于台湾电子业比较成本远低于美国电子业厂商（见图 3.4），因此美商将产品制造外包给台商，自己投入研发或新产品的制造领域。

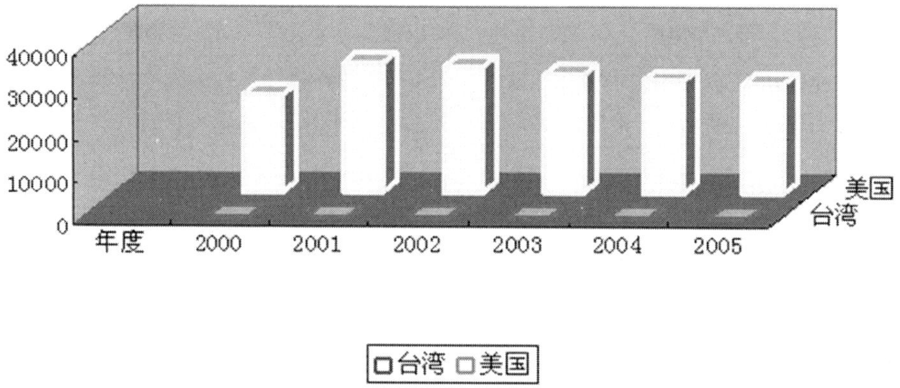

图3.4 台湾与美国电子业比较成本

注：台湾数据口径为“电脑通信及视听电子产品制造业”（computer, communication & video & radio electronic products）；美国数据口径为“computer and electronic products”；电子业月薪以制造业月薪替代；美国制造业每周工作41小时。

资料来源：美国劳工部劳动统计局（Bureau of Labor Statistics，U.S. Department of Labor）网站http://www.bls.gov/lpc/home.htm；美国商务部经济分析局（Bureau of Economic Analysis， U.S. Department of Commerce）网站http://www.bea.gov/；台湾《资讯工业年鉴》；《薪资与生产力统计月报》。

表3.2 台湾与美国电子业比较成本

年度	台湾电子业月薪（美元）	台湾单位产品劳动投入	台湾电子业产值（百万美元）	台湾电子业劳力（千人）	台湾电子业比较成本（美元）
2000	1184.242424	0.463642357	470.19	218	549.0649
2001	1102.457143	0.500584795	427.5	214	551.87328
2002	1101.857143	0.46041086	484.35	223	507.30699
2003	1164.205882	0.395305312	571.71	226	460.21677
2004	1269.09375	0.328720717	696.64	229	417.17741
2005	1265.181818	0.277846382	809.8	225	351.52619

年度	美国电子业月薪（美元）	美国单位产品劳动投入	美国电子业产值（百万美元）	美国电子业劳力（千人）	美国电子业比较成本（美元）
2000	2348.48	9.795258621	185.6	1818	23003.969
2001	2420.64	12.64426589	136.9	1731	30607.216
2002	2507.56	11.94041868	124.2	1483	29941.316
2003	2581.36	10.83064516	124	1343	27957.794
2004	2648.6	10.11583012	129.5	1310	26792.788
2005	2715.84	9.593495935	135.3	1298	26054.4

资料来源：美国劳工部劳动统计局（Bureau of Labor Statistics，U.S. Department of Labor）网站http://www.bls.gov/lpc/home.htm；美国商务部经济分析局（Bureau of Economic Analysis，U.S. Department of Commerce）网站http://www.bea.gov/；台湾《资讯工业年鉴》；《薪资与生产力统计月报》。

工资上涨使绝对成本上升，外资无意改进在台湾分公司的运作，选择撤资；但本地企业的迅速发展却使本地厂商技能升高，从而新兴产业的比较成本降低，促成跨国公司将产品制造外包给本地企业。1975年，外商占台湾电子业出口80%以上，但到1998年该比例不到8%。外资企业的减少主要是被本地企业并购。较有名的电子业并购案包括：国巨买下菲利浦在台湾的两座制造厂，英业达买下迪吉多（DEC）在台湾的分公司，宏碁买下日立的电视机厂和西门子的在台个人电脑部门，日月光买下摩托罗拉的半导体制造测试与组装厂，台积电买下德州仪器与宏碁合资制造半导体的德碁。外商在台湾的运作模式从进行直接投资转为外包代工。

产生较低比较成本的一个重要原因，是台湾存在一个密度较高的生产供应网络。这有两点优势：一是在搜寻和运输方面可以降低交易成本；二是在全球供应链中的知名度高可增加订单。台湾最初专门制造需要大量零组件的IT产品，是因为在IT产业崛起之前，即电子产品升级之前，岛内已存在一个高密度的生产供应网络—非电力机械制造业。当电子产品的全球需求激增时，这些机械制造业厂商纷纷改行去替电子组装厂制造零组件。以笔记本电脑为例，台湾本地供应的零组件约占全部零组件数量的97%。非电力机械制造业如缝纫机与自行车的网络由来已久，在外商参与和国际代工之前就存在了，这些网络的创业经验从何而来已不可考。外商是在20世纪60年代参与第一个主要的非电力机械制造业—缝纫机的直接投资与合资企业。胜家（Singer）1963年刚在台湾生产缝纫机时，岛内已有250家组装厂和零件供应商。电子机械业与非电力机械制造业的一个重要差别是对零件的进口依赖度非常高。电脑类产品的中间投入占总价值的83%，其中45%必须依赖进口，因此电脑类产品的投入进口率为55%。电子机械业供应网络的形成需要政府和大企业的资金投入，也正是因为存在这样的前瞻性举动，才使比较优势机制顺利运行。电子业在台湾刚刚崛起的时候，大多数厂商的创业规模都很小，只有少数厂商有资金雄厚的大集团支持，如神通电脑属于联华实业，大众电脑属于台塑集团。到了产品周期的第二代或第三代，领先厂商已经达到应有的规模经济，并积累了相当多的技术和财富，可以培育和扩展新的比较优势，下一次产业升级才会发生。台湾电子业的产品升级正是遵循这种路径从电视机发展到计算机和笔记本电脑，再发展到半导体和液晶面板。

第四章　台湾产业政策

尽管在本书的比较优势分析中一直以市场经济的假设为前提，但现实的产业结构变动过程却并不是如市场模型所暗示的那样自然发生，仅由市场力量推动。事实上，政府的经济发展战略和产业政策对产业结构的演进是有非常巨大影响力的。

第一节　关于比较优势策略的争论

经济政策和战略是否应遵循比较优势原则在世界各国都一直存在着不同的甚至是相互对立的观点。由于现代比较优势理论主要是针对国际贸易问题，比较优势机制就很容易被误认为只对国际贸易发生作用，但无论是遵循比较优势策略还是违背比较优势策略，都不是只着眼于对外贸易领域的单纯的“贸易战略”，而是开放经济中的产业发展战略。

一、西方学者的争论

西方学者阐述遵循比较优势的观点着重从贸易和技术转移的角度分析。巴拉萨（Balassa，1981）根据新古典贸易理论提出了外贸优势转移假说，并在此基础上形成了阶梯比较优势论。他预期各国进出口商品结构和比较优势会随着生产要素积累的状况而改变。与传统的发达与落后两极划分法不同的是，巴拉萨认为国际分工的类型和经济发展阶段之间排列着许多阶梯。更新发展阶梯的过程是连续的而非中断的。按发展阶梯划分，当今世界经济中大致存在以下几类国家和地区：属第一阶梯的发达国家；属第二阶梯的新兴工业化国家，如亚洲“四小龙”和拉美的巴西、阿根廷和墨西哥；属第三阶梯的次级新兴工业化国家和地区，如东盟各国（新加坡除外）、中国和印度；最后是其他发展中国家和地区。根据这种阶梯划分，阶梯比较优势呈现出动态演变的过程：各国按照比较优势发展出口，能够取代已发展至更高阶梯的国家原来的出口。在阶梯式发展的格局中，发达国家和新兴工业化国家将分别发展起各自的新兴产业，同时将失去优势的产业转移给较低发展阶段的国家。执行出口导向战略的落后国家就能够利用各自的比较优势，进入更高的经济和贸易发展阶梯。

多勒尔（Dollar，1993）把比较优势的技术和制度分析延伸至发展中国家。他认为，尽管关于技术差异的讨论主要针对发达国家，发展中国家在总体上并不居于技术创造的前沿，但技术进步在发展中国家的经济增长和比较优势的演进中扮演着重要角色。许多事实表明成功的发展中国家已从发达国家引入技术，而发展中国家感兴趣的制度也是那些有利于技术引进以及适应既存技术的制度。一些关于增长的实证文献确实对这种观点给予了支持（Barro，1991）。研究表明，对工厂和设备的投资、教育变量（如中小学入学率）以及在外贸和外资方面的开放政策同经济增长高度相关。这些实证工作说明了落后的优势在于引进别处的先进技术。但是，对这个潜在优势的利用要求相应的制度支持，如强有力的教育体制和在外贸外资方面的开放制度。如果制度支持具有持续性，例如能持续几十年，将会对社会的真实收入增加产生巨大的影响。这样，对发展中国家而言，将会获得知识资本积累的长期收益。

反对遵循比较优势策略的学者则以经验数据对比较优势策略表示悲观。他们批评的主要依据是发展中国家在国际竞争中处于劣势，难以攀登比较优势的阶梯。恩斯特和欧康诺（Ernst and O’Connor，1989）在一份研究报告中提出，国际间产品竞争的加剧使许多发展中国家难以维持原有的国际分工。他们认为，亚洲“四小龙”的发展是靠使用大量非熟练劳动力生产低品质和低成本的制成品取得的。对外贸易曾经是他们经济增长的引擎。但是，当更多的发展中国家采用相似的经济发展策略时，国际上贸易保护主义的压力也在日益增强。新兴工业化国家的厂商虽已试图以产品升级和分散出口市场减轻贸易保护主义的危害，但这种调整是一个缓慢的过程。出口市场的集中化倾向无法从根本上得到扭转，因为没有任何其他市场能够弥补北美市场进口量降低对发展中国家出口增长所造成的损害。霍夫曼（Hoffman，1985）也举出部分次级新兴工业化国家被迫限制服装产量以缓解来自发达国家贸易保护主义的压力的例证，说明落后国家进入出口主导型的发展阶梯是十分困难的。

二、国内学者的争论

中国大陆学者对是否应遵循比较优势策略也存在巨大分歧。林毅夫等（1999）在批判赶超战略的基础上提出应依据比较优势制定发展战略。他们指出，赶超战略最终并没有带动发展中国家的经济持久快速增长，却使发展中国家经济付出惨重代价。主要因为赶超战略所扶持的产业部门不符合资源禀赋的比较优势，只能完全依赖于扭曲价格和国家保护政策才得以生存。在赶超战略下，违背比较优势所形成的畸形产业结构与劳动力丰富的资源结构形成矛盾，使大规模的人口不能分享经济发展的好处而陷入贫困。他们认为，作为一种替代性选择，遵循比较优势是一种更有效的发展战略。这一战略就是使一个经济的产业和技术结构充分利用其资源禀赋的比较优势，从而使资源禀赋结构随之不断提高。近几年林毅夫连续发表了一系列研究成果（1999、2001、2002），试图从理论推导和经验分析两方面系统论证他的比较优势策略思想。

但是相反意见也很强烈。洪银兴（1997）认为，在国际贸易中的劳动密集型产品市场上，由于发达国家存在资本对劳动的替代，使得发展中国家的劳动密集型产品并不具有竞争优势。而且，虽然发展中国家劳动密集型产品因其工资低而劳动力成本较低，但发达国家面对国内充分就业的压力，会以各种壁垒阻碍廉价的劳动密集型产品进入。从而造成在劳动密集型产品和技术密集型产品的贸易中，以劳动密集型和自然资源密集型产品出口为主的国家总是处于不利地位，出现“比较优势陷阱”。他认为要摆脱这种不利局面，就应当将比较优势转化为竞争优势。转换的关键是将高新技术，包括从国外引进的高技术与丰富的劳动力资源结合。左大培（2000）则从技术进步的另一角度表述了对中国遵循外生比较优势理论的怀疑和否定。他提出应当把产业技术密集化作为经济发展的根本，为此应当制订促进技术进步的贸易政策。他强调通过扶植处于幼稚期的高技术产业来获取内生比较优势。王允贵（2002）对林毅夫的战略思想提出了批评，他认为：第一，比较优势策略的可行性在理论上值得怀疑，这一战略没有将技术创新和边干边学列入分析的视野，依靠大力发展劳动密集型产业难以使发展中国家获得长期利益，通过这种方式实现资本积累也难以改变发展中国家的比较优势；第二，把日本和韩国的经验看作比较优势策略（而不是赶超战略）的成功，不符合日、韩两国经济发展的历史事实；第三，比较优势策略是一个四平八稳、慢吞吞的战略，在今天的全球化时代，其风险并不比赶超战略小。胡汉昌和郭熙保（2002）认为，比较优势策略的问题主要有三个方面：第一，就现实的对外贸易而言，比较优势产品特别是劳动密集型产品出口的收益不可能长期化；第二，就长期的对外贸易而言，比较优势产品特别是劳动密集型产品出口也不能够自动、自发地向资本密集型和技术密集型转变；第三，就整个国民经济发展而言，比较优势策略不能作为经济发展的主体战略。

郭克莎（2003）在《对中国外贸战略与贸易政策的评论》一文中有针对性地提出，比较优势有静态与动态之分，静态比较优势指的是现时的比较优势，动态比较优势指的是转换中的比较优势。以比较优势作为产业和贸易发展战略的基础时，所使用的比较优势只能是现时的，因而是静态的比较优势；如果以动态比较优势为基础，那指的就是未来某一时点的比较优势，而未来的比较优势对现时而言只能是或仍然是比较劣势。因此，林毅夫所说的遵循比较优势的战略，实质上就是静态比较优势的战略，而动态比较优势策略则属于违背比较优势的战略。一个发展中国家如果完全按照比较优势配置资源，那么不需要相应的发展战略与政策，不需要政府干预的作用，因为市场机制就能够引导企业这么做。而推行某种发展战略及政策，实行不同形式和强度的政府干预，是为了改变市场调节的格局，或弥补市场调节的不足，以实现长远发展的目标，因此必然形成不符合比较优势的资源配置模式。处于工业化过程的发展中国家，尤其是对于已经基本完成工业化初期阶段任务的发展中国家来说，对外开放环境下的资源配置资源面临着两种战略选择：一是只遵循比较优势原则，一味大力发展和出口劳动密集型产品，二是适度突破比较优势原则，注重促进资本、技术密集型产品的发展和出口，后者无疑是更好的选择。

王岳平（2006）认为，发展中国家或地区在运用比较优势推动产业结构演进时有两种选择：一种是强化原有比较优势部门，即对原来具有比较优势的部门进行技术开发和设备投资，比较优势结构和相对收入比率基本上不发生变化，得到的好处只是这种产品相对于其他产品的相对价格的下降和国际竞争力的提高。这种产业结构战略的选择和产业技术升级对该国相对国民收入的影响，主要取决于该国出口商品的需求价格弹性。另一种是发展新兴部门即边际部门提升比较优势。由于这些部门的发展，该国除了出口原来的劳动密集型商品外，可以增加较高技术层次商品的出口，本国的相对收入随着本国出口产品范围的扩大而增加。而且，一般来说，这些边际部门的资本、技术密集程度较高，需求价格弹性都大于 1，增加这些部门的出口能力将改善本国的贸易条件。这两种选择基本上对应遵循和违背比较优势发展战略，而王岳平认为后者对发展中国家或地区更重要：发展边际部门、提升比较优势的意义有两方面，一是从供给方面提高技术水平，缩小与发达国家的技术差距；二是在需求方面选择收入需求弹性高的方向。这两方面的含义正是产业结构升级的核心。通过这种结构升级，不仅可以享受到廉价消费发展的利益，而且还可以享受到比以前出口更多产品的利益，并有利于本国相对收入的提高。

三、适度逆比较优势策略

综上所述，经济发展战略可分为两大类：一类是“遵循比较优势策略”（即“比较优势策略”），一类是“逆比较优势策略”（也称“动态比较优势策略”）。前一种战略认为比较优势自身具有动态性，政策重点是以当前比较优势为基础，为市场机制运行提供有利环境，由于可以得到最大经济剩余，从而改变发展中国家的要素禀赋结构和产业结构，缩小与发达国家的差距；后一种战略强调比较优势的转换，政策重点是以未来比较优势为基础，扶植萌芽或成长中的新兴产业，虽然短期内经济发展的绩效会相对较差，但长期来看可以加快产业结构优化速度，提高资源使用效率，有利于尽快缩小与发达国家差距。

两类战略通过不同的机制加速产业结构演进。比较优势策略的基本思想是，“政府应该尊重市场机制的作用，推行有助于发挥本国比较优势的政策措施，促进经济的良性循环”[①]。该战略认为，“任何政府在制定经济发展政策时，要素禀赋结构是最重要的既定外生变量，发展战略则是最重要的决策变量，其他经济变量如产业结构等均内生于要素禀赋结构下政府发展战略的选择。”[②]首先，一个国家或地区要发挥其比较优势，就需要一个能够反映生产要素相对稀缺程度的要素价格结构。如果一个经济中的要素价格结构能充分反映各种要素的相对稀缺性，追求利润目标的微观经济主体就会依据价格信号自动做出反应，在其产业、产品和技术选择中尽可能多地使用便宜的生产要素，全社会来看就会形成与特定资源禀赋结构相适应的产业和技术结构，并随着禀赋结构的变化而自动调整。其次，发展中国家或地区按照比较优势策略发展，能够创造最大剩余，而且由于资本相对稀缺，资金回报率高，资本积累率会高于发达国家。第三，发展中国家或地区以引进技术为主来取得技术创新，成本会低于发达国家，技术创新速度快于发达国家。因此，发展中国家或地区要素禀赋结构的提升速度会高于发达国家，产业结构和技术结构的升级也更快，总的趋势是向发达国家收敛。

动态比较优势策略的基本思想是：“一个国家或地区可以先确定适合其长期发展的目标产业，然后再培育该产业比较优势，最终通过市场竞争确立该产业的主导地位。”[③]“推行某种发展战略及政策，实行不同形式和强度的政府干预，是为了改变市场调节的格局，或弥补市场调节的不足，以实现长远发展目标，因此必然形成不符合比较优势资源配置模式。”“战略要适应、支持和促进工业产业结构升级的趋势，要推动高和中高技术密集度产业，特别是技术密集的新兴主导产业的发展和出口。”[④]这种与比较优势策

① 李辉文，《现代比较优势理论研究》，中国人民大学出版社，2006 年，第 235 页。

② 林毅夫、孙希芳，《经济发展的比较优势策略理论——兼评对中国外贸战略与贸易政策的评论》，《国际经济评论》，2003 年第 11 — 12 期。

③ 郎永清，《国际分工格局的形成及其意义——兼评林毅夫教授的比较优势策略理论》，《国际贸易问题》，2004 年第 8 期。

④ 郭克莎，《对中国外贸战略与贸易政策的评论》，《国际经济评论》，2003 年第 9-10 期。

略不同的思路来源于比较优势的不同形成途径。马歇尔（Alfred.Marshall，1890）在《经济学原理》一书中分别论述了“大规模生产”与“产业区”问题，导致了规模经济和集聚经济两个概念的产生。规模经济是指伴随生产能力扩大而形成的单位成本降低、收益递增的现象；集聚经济也称“外部规模效应”，是指由于厂商的集中与交流而产生的规模效益。与要素禀赋决定国家或地区先天的比较优势不同，这两种情况可以导致后天的、即内生的比较优势。因此，国际分工格局并不必然是自然选择结果，而可以是人为选择的结果。国际分工有两方面影响，一是能提高各参与国的生产可能性边界，二是获得较多分工利益国家必然是贸易条件较为有利的国家。而贸易条件的存在基础是参与国间产业结构的差异，经济剩余总是从产业结构较为落后的发展中国家或地区流向较为先进的发达国家。所以，一国经济能否实现持续增长主要取决于其在国际分工格局中的位置，如果能以政府干预的力量扶植新兴产业，以规模经济取得比较优势，将是优化产业结构的捷径。

笔者以为，比较优势的产生原因既然不是唯一的，采取的经济发展战略也不能是单一的，采取“适度逆比较优势策略”应该是发展中国家或地区最佳的经济发展战略，而“比较优势策略”则对发达国家或地区更为重要。要素禀赋和规模经济是比较优势产生的两个最重要源泉，前者决定了比较优势策略的有效性，后者决定了逆比较优势策略的可行性。比较优势策略可以最大限度地发挥现有比较优势，利用市场机能达到产业结构升级的目的；逆比较优势策略却可以在适当的时候，借助政府这只“看得见的手”尽快实现规模经济，从而加速形成新兴产业的比较优势，完成产业结构升级。一般而言，当新兴产业尚未确立比较优势时，政府应采取逆比较优势策略；而新兴产业的比较优势一旦确立，就应改采比较优势策略。

由于世界各国家或地区的产业结构演进路径大体相同或相似，因此追赶型经济可以预测其未来的产业结构发展方向，并采取适当政策加速新兴产业成长，使之成为主导产业。而新兴产业形成比较优势之前政府应采取逆比较优势策略的扶植政策，而比较优势形成之后则改采比较优势发展策略。新兴产业是指可以预见将会成长为主导产业而现在却相对弱小的产业。比如在一个农业为主的经济中，农业具有比较优势，但从发达经济的产业结构演进路径看，轻工业将是在一段时期后成为主导产业的新兴产业，这时政府就可以对轻工业予以政策扶植，即逆比较优势策略；一旦轻工业的比较优势确立，政府就不再需要对其继续提供优惠政策，可以将其完全交给市场，此即比较优势策略。值得注意的是，采取逆比较优势策略时，一般不能跳跃特定产业发展阶段，比如跳过轻工业发展阶段而直接发展重化工业的赶超做法，就会因效率低下而缺乏持久性。因此政府扶植的新兴产业应该是符合自身经济发展阶段的、在未来不长的时期内可以迅速壮大起来的产业，故本文将这种交替运用的策略称为“适度逆比较优势策略”。

总之，笔者提出的“适度逆比较优势策略”概念主要含义有三：一是比较优势产生的源泉不同，要素禀赋和规模经济分别可以产生外生和内生的比较优势，由此决定了发展中经济应交替运用比较优势策略和逆比较优势策略。一般而言，当新兴产业尚未确立比较优势时，政府应采取逆比较优势策略；而新兴产业的比较优势一旦确立，就应对该产业改采比较优势策略。二是由于世界各国家或地区的产业结构演进路径大体相同或相似，因此发展中经济可以借鉴发达经济的已有经验预测未来的产业结构发展方向，并采取逆比较优势策略加速产业结构演进，而在与发达经济产业结构相同或相似后，整体上改采比较优势策略，将产业结构未来发展方向交由市场主导。三是采取逆比较优势策略时，一般不能跳跃特定产业发展阶段，政府扶植的新兴产业应该是符合自身经济发展阶段的、在未来不长的时期内可以迅速壮大起来的产业，否则就会因效率低下而缺乏持久性，如试图跳过轻工业阶段而直接从农业向重工业转化的做法，这也是“适度逆比较优势策略”与“赶超战略”的本质区别。

第二节　适度逆比较优势策略的国际经验

如果我们把考察时期放宽，从近几百年的世界经济发展经验看，发展中经济（追赶型经济）的成功案例基本上采取了适度逆比较优势策略，发达经济（领先型经济）阶段则以比较优势策略为主。以逆比较优势策略为重点的政策也常常称为“产业导向的经济政策”，特征是以产业结构政策为核心，主要是由于经济起飞阶段的国家或地区人力与物力的资源都非常有限，政府通过直接补贴、优惠融资、政府采购、税赋减免等优惠性保护政策为特定产业类别提供支持，将有限的资源用在少数具有影响力的产业上，以重点突破来带动相关产业的发展。以比较优势策略为重点的政策也称“创新导向的经济政策”，强调以产业技术政策为核心，政策优惠不限定任何产业或企业；不考虑产业中的领先者或落后者；不考虑对既得利益者的影响。创新导向政策与产业导向政策相比，最大的不同是政府对产业结构演进由强干预转为弱干预。因为产业结构政策对追赶型经济（latecomers）有效，对领先型经济却无效，甚至有反效果，因此进入领先型经济后，产业结构政策应该逐渐退出，代之以产业技术政策。

一、产业政策重心需要适应经济发展水平

日本是最早明确使用“产业政策”概念的国家。《现代日本经济事典》认为[①]，“产业政策是指国家或政府为了实现某种经济和社会目的，以全产业为直接对象，通过对全产业的保护、扶植、调整和完善，积极或消极参与某个产业或企业的生产、经营、交易活动，以及直接或间接干预商品、服务、金融等的市场形成和市场机制的政策的总称。”

产业结构政策对于追赶型经济的加速发展是有效的。不同产业的资源配置效率不同，如果能够通过产业结构政策将资源从低效率产业转移到高效率产业，社会总体生产效率和福利将会增加。由于世界各国家或地区的产业结构演进路径大体相同或相似，因此追赶型经济可以预测其未来的产业结构发展方向，并采取适当的产业结构政策加速这一进程。然而，产业结构政策对作为头雁的领先型经济的发展却有局限性。领先型经济不再有可以比照模仿的范本，政府主导的产业结构政策难免会对资源配置产生扭曲，因为未来的产业结构升级和发展方向是无法确知的，正如在通过历史进化而形成的生

---

① 下河边淳、菅家茂，《现代日本经济事典（中译本）》，中国社会科学出版社，1982 年版。

态系统中，很难人为断定哪一个物种是最优越、最适宜存在的一样，在具有发展前景和巨大潜力的新兴主导产业兴起之前，政府无法准确预言产业结构的优化方向，此时应改变追赶型经济的既有产业结构政策，从模仿走向创新，从以产业结构政策为主转型为以产业技术政策为主，通过技术突破由市场选择未来的主导产业。产业技术政策是指国家或地区对产业技术发展实施指导、选择、促进与控制的政策总和。包括两方面内容：一是确定产业技术的发展目标和具体计划，如制定各种具体的技术标准、技术发展规划，公布重点发展的核心技术和限期淘汰的落后技术项目清单；二是技术进步促进政策，如技术引进、技术扩散、技术开发等政策。产业技术手段可分为直接干预和间接干预两种。前者包括政府直接投资于产业技术开发和应用推广、主持和参与特定产业技术开发项目等；后者主要是政府对产业技术开发提供补助金、委托费、税制优惠和融资支持等。

长期来看，追赶型经济与领先型经济的产业结构将会趋同①。当追赶型经济的发展水平接近领先型经济之后，其产业政策也应随之转型，产业结构政策逐渐退出，产业技术政策居于主导。产业导向发展战略要求将有限的资源用在少数具有影响力的产业上，以重点突破来带动相关产业的发展。国与国、组织与组织间的竞争，日渐以科技上的竞争作为胜负成败的关键（Like&Tassey,1987）。根据纳尔逊（Nelson，1993）的说法，竞争日益激烈，导致产品的复杂性与系统性增加、财务成本愈来愈大、生命周期愈来愈短，以致没有任何经济居于绝对的领导地位。但在市场机制下，政府的产业政策选择，除国防等公共财产产业可以提供较为完善的政策设计外，政府很难做出整合所有产业的政策。此外，政府从事的产业导向策略，即选定特定产业，也易受到他国报复、政治团体介入等。在实际操作中，因机会成本难以衡量，产业政策的效果难以预测，可能出现将资源投入前景不好、效率较差的产业，造成资源配置扭曲。因此，产业导向政策应逐渐被创新导向政策取代。相较于产业导向策略，创新导向策略具有以下优点：首先，没有限定

① Kiyoshi.Kojima, *the "flying geese" model of Asian economic development: origin, theoretical extensions, and reginal policy implications, Journal of Asian Economics* , 2000, 11.

任何产业或企业；其次，不需考虑产业中的领先者或落后者；第三，不需顾虑商业地理因素、特定产业、企业政治力的介入式影响既得利益者等。此外，产业导向策略中，可能产生道德危机，因为产业在与政府互动时，存在信息不对称的问题，而创新导向策略可以避免产业导向策略所衍生的缺陷。创新导向经济发展战略的具体目标主要有三方面：一是建立和完善介于垄断和竞争之间的市场体系；二是形成科学技术与市场需求互动的良性机制；三是形成技术创新集群。

二、世界经济发展的雁行轨迹

近代世界经济史有以下四个特点：一是世界范围内不同地区的经济发展呈现先后起飞的雁行形态；二是作为头雁经济的国家并非一成不变[①]；三是后雁经济对前雁经济的追赶与超越表现在产值水平提高与产业结构升级；四是技术领先成为跃居头雁经济的必要条件。因此，追赶型经济较为有效的产业政策是：通过产业结构政策推动产业升级，使之达到与领先型经济产业结构相似的同质性产业结构[②]，再及时转向以技术创新为重点的产业技术政策。

（一）英国超越荷兰

荷兰的兴盛主要是靠国际贸易。荷兰商业船队当时是欧洲最大的船队，1570年荷兰商船的运载量相当于德国、法国和英国船只运载量之和，人均运载量相当于这三国人均水平的25倍。到1700年时，它的商船队规模仍高达法国的9倍[③]，尽管它的人口不到法国人口的十分之一。当时荷兰的人均财政

---

① 雁行理论的重要开拓者小岛清（Kojima，2000）认为：在广义类别的产业中，几乎每个经济都以劳动密集型—资本密集型—知识密集型的顺序推动产业升级；世界经济发展也符合雁行理论，其过程大体是：某经济发生产业革命产生异质性产业—其他经济在赶超过程中出现同质性产业结构—新头雁发生创新产生更高层次的异质性；作为领先型经济的头雁并不总是固定为一个国家或地区。

② 产业结构演进的一般规律有两个：一是工业化发展规律，即经济发展经历工业化的前、中、后期，农业、工业和服务业分别在每个时期的产业结构中占支配地位；二是主导产业转换规律，即主导产业一般遵循“农业—轻工业—基础工业—重化工业—现代服务业—信息产业”的演进路径。世界上大部分经济均符合这两个规律，服务业比重不断增大是交易成本不断降低、资源配置进一步优化的体现。

③ 威廉·配第（William.Petty）在其《政治算术》（1690年）中的估计。

收入是法国或英国水平的2.5倍以上。由于北欧存在着很多的贸易机会以及通过水利工程成功地改变农业，荷兰在航运、农业、金融和商业服务方面有着更高的生产率和更高的国际专业化程度。当时荷兰规模最大的产业是船舶业、帆布、渔网、绳索、鱼桶及相关产品的制造业、盐加工业、酿酒业、建材业及毛纺和麻纺业，可以看出，多半是与其最擅长的国际贸易产业相关的行业。

英国通过模仿产业结构追上荷兰，再通过技术创新超越荷兰。在仿效荷兰的过程中，英国从16世纪50年代到1700年大幅调整了其外交、军事、经济等各方面政策，摒弃了先前征服欧洲的思想，探讨其作为岛国的战略优势。经济上积极地参与国际贸易业的竞争，到1697年，英国商业船队规模已超过2000艘，总吨位达到32.3万吨，同时，英国海军拥有189艘战船，总吨位达12万吨，达到除荷兰外世界上最强的海上实力①。国际贸易产业的繁荣为英国带来巨大的经济增长。在1720年到1820年的100年间，英国出口年增长2%，而荷兰则为-0.2%。1700年英国航运量占世界航运能力的五分之一强，而荷兰却超过四分之一；但到1820年，英国份额已超出40%，荷兰份额则下降到2%。两国的人均GDP在1820年已经非常接近，到1870年英国人均GDP则大幅超过荷兰②。

英国经济的起飞和超越始于纺织业。英国凭借其人口、政治、战略等方面的优势，在国际贸易产业领域取代了荷兰的地位，但并未将经济重心局限于国际贸易业的扩张，而是在以制造业为主的工业方面取得长足发展。在达到同质性产业结构后，需要凭借技术突破成为领先于各国的头雁经济。英国超过荷兰的契机在于英国率先在具有发展潜力的棉纺业取得了技术突破。1733年J.凯发明飞梭，提高织布效率一倍。1767 年J.哈格里夫斯发明珍妮纺纱机，1770年取得专利。1769 年，R.阿克赖特发明水力纺纱机，1771年在克隆福特创办第一个棉纺 厂。连续的技术创新给英国棉纺业带来了新的前途和利润潜力，由于棉花比羊毛更容易被机械处理，适量的资本投资所形成的机械化就可大大提高劳动生产率。1774年到1820年，英国原棉进口量增加了20多倍，棉纺业就业人数也从微乎其微增加占整个劳动力的6%以上。同期棉

① 安格斯·麦迪森著，伍晓鹰等译，《世界经济千年史》，北京大学出版社，2003年版，84-85页。
② 安格斯·麦迪森著，伍晓鹰等译，《世界经济千年史》，北京大学出版社，2003年版，262页。

纱及其制成品从占出口总额的2%猛升到62%（尽管出口价格在急剧下降），而羊毛制品在出口中的份额从49%下降到12%。棉纺业的突飞猛进带动了其他产业的技术进步和劳动生产率提高，使英国经济迅速发展。英国从纺织业取得技术突破，然后波及冶金、采煤、交通运输等部门，率先由农业社会进入工业社会，从而成为世界近代史上掀起第一次产业革命国家。到1850年，英国在世界工业总产值中约占2/5，铁产量约占世界1/2，煤约占1/3，同时英国在世界贸易份额中的比重超过1/5。英国此时已是世界上独一无二的工业大国、贸易大国、海运大国和金融中心，成为世界经济中名副其实的头雁国家，其产业结构成了其他国家纷纷仿效的对象。

（二）美德超越英国

在 19 世纪英国成为世界经济独一无二的头雁国家之后，不同地区间的产业传递随之发生。在追赶头雁的过程中，美国和德国是最为成功的两个国家。

美国对英国的产业结构模仿是非常自然的过程。美国移民中十之八九来自英国，他们习惯性地按英国人的方式发展经济，从纺织业起步，建立机器工业，并将产业革命扩展到其他行业。1789 年，史莱特引进英国先进的纺织技术和工厂制度，并在罗得岛建立了第一座棉纺厂，为美国工业的发展尤其是纺织工业的发展带来了革命。“当时美国几乎没有制造业。在面积超过 6.8 万平方英里的华盛顿准州，只有 52 家制造业企业，佛罗里达州也只有 185 家企业。全国大约只有 2 万家锯木厂，平均每年每家生产价值 4750 美元的木材。类似的，全国有 14000 家面粉厂、7500 家铁匠铺以及超过 3000 家四轮马车和二轮马车制造厂。”[①]当时的工人们都在这些小工业化地区工作。从铁匠铺到面粉厂，许多行业都是为农业部门服务的。而在棉花、木材、面粉、皮革和毛料衣服这些增加值最高的行业里，都只对基本产品进行一次加工。1813 年波士顿商人洛厄尔又将英国先进的强力织布机的制造技术引进美国。19 世纪 20 年代中期以后，英国逐步解除了技术封锁，使美国得以大力引进英国的各种先进技术和设备，来加速工业的发展。19 世纪上半期，美国使用的机器和工业设备大部分是从英国引进的。南北战争后，美国先后从欧洲引进了汽油机、柴油机、硬质合金等先进技术，以及制造汽车、工具时广泛使用的聚丙烯塑

① 杰里米·阿塔克、彼得·帕塞尔著，罗涛译，《新美国经济史》，中国社会科学出版社，2000 年版。

料技术。这样，美国经济就经历了雁行理论中的从产品进口到引进设备进行本地生产的阶段，接着是大量出口和对外投资。在南北战争以前，美国经济还在很大程度上依赖欧洲的许多工业制成品，而出口大部分是过剩的原料和粮食；南北战争之后，美国农业出现巨大扩张，工业也迅速增长，轻工业比重虽大于重工业，但重工业的发展速度大大超过轻工业。美国在南北战争结束后的 20 年内，完成了由农业国向工业国的转变。1870 年美国的工业产值占全世界工业总产值的 1/4，仅次于占 30% 的英国。1884 年美国的工业总产值第一次开始超过农业总产值。20 世纪初，美国的工业产值占世界比例超过 30%，跃居世界第一，超过了英国的 20%。1914 年，美国工业生产总值为 240 亿美元，比南北战争爆发前增长了 12 倍以上[①]，一跃成为世界经济的头雁。

德国对英国的经济追赶也是从棉纺业的模仿开始，但凭借后发优势，迅速将产业革命由轻工业扩展到重工业。19 世纪 40 年代末期，德国的巴伐利亚、符腾堡和巴登诸邦成为棉纺织业中心。1847 年始用蒸汽机作动力，50 年代出现股份公司办的大工厂。麻纺织业因农村家庭转向棉纺织业而衰落。毛纺织业在 20 年代曾发展为小型工业，但在 19 世纪中叶衰落，德国统一后恢复成为大工业。德国很快将工业革命的重心转向重工业。冶铁业中心原在西里西亚和莱茵兰，19 世纪 50 年代转移到鲁尔。1851 ~ 1871 年间威斯特伐利亚成为欧洲大陆最大工业中心 。德国统一前的煤、铁、钢产量都已超过法国，只有蒸汽机的使用还落在后面。 19 世纪 50 ~ 60 年代德国工业发展速度超过英、法。德国统一后很重视利用最新科学成就，突出的是电器工业和化工工业，40 年代电气工程师与实业家 西门子打下电气工业基础，1882 年化学染料产量占世界 2 / 3 以上。19 世纪 80 年代德国基本完成工业革命，经济结构由农业为主一跃成为世界先进的工业国家，工业产值占世界总产值的 16%，接近英国。到 20 世纪初，德国工业产值就超过英国，成为仅次于美国的世界第二大经济。

美国和德国达到与英国相似的同质性产业结构后并不能保证其实现超越并成为雁行序列中新的头雁。关键的是，19世纪最后30年以美国和德国为中心爆发了第二次科技革命。美国的产业技术政策对促进创新和刺激引进均发挥了重要作用。在这段时间里，美国出现以“爱迪生现象”为代表的一

① 刘厚俊，《美国经济现代化的世纪回顾及其启示》，《南京社会科学》，2000 年第 7 期。

系列发明创造，不仅在煤炭、钢铁等传统产业的生产中很快走在世界各国前面，而且电力、石化、通讯和汽车制造等新兴工业的发展也占据明显优势。此外，美国对欧洲的科学技术发展动向极为敏感，欧洲每研制出一项新发明，往往在当年或第二年就出现于美国，欧洲的发明刚一成功，美国就立即加以引进和推广，并把它同国内的技术革新结合起来，迅速投入使用，生产出产品。而德国则不仅实现了采矿、冶金、机器制造等传统工业部门的重大技术革新，而且迅速建立起电气、化学、汽车等新兴工业。尤其是电气工业的创立，成为德国经济繁荣的强大动力。工业的迅猛发展也推动了国际贸易的兴旺。制作精良、质量上乘的德国产品在欧洲及世界各地打开销路，乃至攻入工业发达的英国。如果没有美国，德国此时将成为取代英国的世界头雁国家。对英国而言，这30年是逐步丧失世界经济头雁地位的时期，也被称为“繁荣时代的结束”。1873–1913英国GDP年均增长率从1.2%下降到0.5%，同期美国则为1.9%和1.3%，德国稳定在1.5%，甚至法国、意大利、瑞典等国的发展速度也超过英国。德国和美国在钢、铁、煤炭方面的产量已经超过英国，英国在世界工业生产中所占的比例也开始落后于德国与美国。1870年，英国、美国和德国在世界工业生产中所占的比例分别是32%、23%和13%，1913年则分别为9%、42%和12%[①]。到1884年，美国完成了由农业国向工业国的过渡；1890年美国工业生产总值超过英国，跃居世界第一。美国成为世界经济的头雁国家后，历经多次产业结构调整，其地位始终无可替代，最关键的原因，是当其他国家或地区在达到与美国经济类似的产业结构后，美国作为领先型经济能够率先取得技术突破，发展起具有前瞻性和巨大潜力的新兴支柱产业。

（三）日本异军突起

日本通过有意识的积极的产业结构政策，从落后的农业国一跃成为世界第二经济大国，主导产业在短短的30年内依次经历劳动密集型、资本密集型和知识密集型产业，人均收入和产业结构都迅速逼近美国。然而，20世纪80年代以后的日本已经与美国形成同质性产业结构，但日本政府的经济发展战略还停留在以产业政策为主要手段的模式，未能顺应世界经济新形势的变化

① 丁建宁，《1870–1914 年英国经济结构的调整与社会生活的变化》，南都学坛，2000 年第 3 期。

及时采取创新导向的经济政策，以致产业结构升级在失去了模仿的范本后，政府无法准确捕捉未来的主导产业，经济陷入停滞状态，90年代后与美国经济的差距重新扩大了。

19世纪中叶的明治维新时期，日本提出“殖产兴业”、“富国强兵”、“文明开化”三大口号，开始了追赶型经济的雁行形态发展。在对内实行制度性推进和对外掠夺的基础之上，日本构筑起了工业社会的基本框架，在19世纪80年代末进入了产业革命和经济起飞。由于其时恰是第二次产业革命的高潮期，日本能够兼收并蓄两次产业革命成果，跳跃了蒸汽机时代而直接进入电气时代。20世纪初日俄战争之后，产业革命基本结束，日本生产资料基本实现了国产化。与美国、德国以雁行形态追赶英国经济相似，明治维新后的日本也是从纺织业入手，遵循先轻工业后重工业的发展次序。到19世纪90年代，日本出口纺织品约占出口总额的70%；1928年~1939年间，加工制成品占出口的93.3%，其中绝大部分为轻工产品。1909年，日本棉布出口额第一次超过进口额，成为棉布净出口国。由于重化工业的发展、政府的扶植和经济危机的推进，生产和资本的集中大大加快了。日本学者认为，日本经济的重化工业是在第一次世界大战以后才逐步展开的，而后由于政府保护和军备扩充的需求，30年代日本重化工业取得飞跃性的进展，到二战开始日本已基本完成了以重化工业为中心的产业结构①。

二战后至50年代末期日本政府的产业政策主要是通过确立能带动经济起飞和产业结构合理化的战略产业，并且以激发企业活力为核心来实施的，不仅推动了日本经济的恢复和发展，而且也奠定了产业政策在日本政府宏观调控中的地位。这一时期产业政策的实施，使日本的钢铁、石油化工、汽车及家电等产业迅速发展起来，同时也成就了日本经济的高速增长这一世界瞩目的“经济奇迹”。以钢铁工业为例，1960年日本钢铁的出口仅占世界市场的6%，而在1975年已上升为27%。工业品的出口也在不断扩大，其中重化学工业品到1970年已达到占出口总额的72%。这段时期日本追赶美国的经济发展方式与效果令世人瞩目。由于经济高速发展和产业结构不断升级，80年代的日本经济大有超越美国经济之势。但进入90年代，日本产业导向的经济发展

① ［日］青木昌彦、奥野正宽，《经济体制的比较制度分析》，中国发展出版社，2005年版，227页。

战略弊端凸显，造成日本经济停滞了10年。日本在实现了赶超欧美经济强国的夙愿之后，进入了所谓的“无航海图”时代，以往参照欧美确定的并大力发展的主导产业相继进入了产业的成熟期；但在达到同质性产业结构后，日本失去了模仿的目标。

日本在进入领先型经济后，产业政策未能及时由产业导向转型为创新导向，是90年代经济停滞的主要原因。日本从明治维新开始到20世纪70年代初，一直奉行“小科学、大技术”的战略，这种战略的特征是把基础理论研究和尖端技术开发让别国去搞。自己重点发展应用技术和使用技术，最大限度地把别国的科研成果嫁接到本国经济发展上去，使之成为推动经济发展的强大动力。这一战略使日本成为战后世界上引进技术最多的国家。这一战略使日本在经济与技术明显落后的情况下，将有限的人力、物力、财力集中在技术引进方面，在较短的时间内，接近和达到世界先进水平。但在大部分工业部门的技术水平基本上接近和达到世界先进水平的时候，日本发现引进技术的空间明显减少，而且由于过去很长一段时间里重引进、轻研究，重应用、轻基础，没有形成自己独立完整的科技创新体系，这种政策反而成了经济与技术进一步腾飞的障碍。与之相比，美国政府重视运用产业技术政策，加强自主开发和研究新技术，力求通过政府的干预占领科学技术前沿阵地，控制和掌握新技术的发明权，垄断国际技术市场，并且为了控制世界领先技术，美国集中大量技术资源，投入那些领域广、时间长、费用高、风险大、其他国家不敢也无力问津的尖端科技领域，这为美国始终保持科技优势奠定了坚实基础。

通过考察英国、德国、美国、日本等国家由追赶型经济向领先型经济过渡的过程，验证了产业结构政策对于追赶型经济快速发展的有效性，以及在成为领先型经济后，产业技术政策取代产业结构政策的必要性。根据发达国家或地区的经济发展经验，主导产业一般顺序是由资源密集型产业到劳动密集型产业、到资本密集型产业、到技术密集型产业、再到知识密集型产业[①]。

① 产业的要素密集度的划分主要有要素丰裕度和要素密集度两种。要素丰裕度又称为要素禀赋，指的是一个国家所拥有的各种可用生产要素之间的相对丰裕关系。要素密集度是产品生产过程中不同投入要素之间的比率。在资本和劳动两要素假定下，要素密集度可以用生产中使用的资本劳动比率（ki=Ki/Li，i=X,Y），也就是人均资本消耗量来衡量。根据生产过程中要素密集度的不同，产品区分为劳动密集型产品和资本密集型产品。和要素丰裕度一样，要素密集度也是相对概念。

一般说来，这种产业升级的顺序是难以跳跃的，因为产业结构的演进受到要素、技术和消费三方面的约束。首先，在生产要素方面，知识技术密集型产业意味着需要大量的研发投入及研发人才。而在经济发展水平未能达到相应高度时，人力资本存量很小，没有足够高的人力资本比例来支持高级产业的生产。其次，在技术方面，无论是国家还是企业，都对越新的技术保护越严，转移的价格也越高，欠发达经济很难得到最新技术；即使购买到最新技术也会因缺乏消化、吸收的人才而无法建立最新产业。最后，在消费方面，欠发达经济更需要生活必需品，而非价格高昂的高科技产品；即使因收入分配不均存在对高科技产品的需求，也达不到生产的最低规模经济要求。

第三节　台湾产业政策的比较优势分析

一、台湾经济政策的演变脉络

从工业角度看，战后台湾经济政策的演变主要有六个阶段，基本上是交替运用两种比较优势策略进行适时调整的。第一阶段是战后重建时期，以恢复各业生产为目标；第二阶段是发展轻工业时期，以扶植纺织、食品、肥料、家电等轻工业为目标；第三阶段是发展重化工业时期，以扶植钢铁、石化、塑胶、电子等重化工业为目标；第四阶段是发展策略性工业时期，以扶植资讯、电脑、电子、金属制品等新兴产业为目标；第五阶段是发展高科技工业时期，以扶植电子、通讯、半导体、化纤等新兴产业为目标；第六阶段是发展新兴高科技工业时期，以扶植半导体、影像显示、数位内容、生物科技等新兴产业为目标。（见表4.1）

表4.1 台湾经济政策的演变

时 间	背 景	产业政策目标	重要产业政策措施	主要产业
战后重建时期 1945—1952	. 战后工业生产设备受到破坏 . 大批人员迁台对民生物资需求剧增	. 产业复建 . 增加民生物资供应 . 保护岛内产业	. 出口管制 . 增加电力供应 . 进口管制（1949） . 设厂限制（1951）	. 纺织 . 水泥 . 糖 . 肥料
发展轻工业时期 1953—1972	. 资金不足 . 高失业率 . 贸易逆差 . 缺乏技术 . 外汇短缺 . 岛内市场狭小导致恶性竞争 . 资本不足	. 稳定物价 . 赚取外汇 . 提高资本效率 . 拓展海外市场 . 改善投资环境 . 吸引侨外投资 . 创造就业机会	. 复式汇率（1953） . 低粮价政策 . 外销退税（1954） . 外销低利贷款（1957） . 外汇改革（1958） . 新台币贬值（1958,1959） . “奖励投资条例”（1960） . 设立加工出口区（1965）	. 纺织 . 水泥、玻璃 . 肥料 . 食品 . 合板 . 自行车、机车 . 家电 . 塑胶制品

发展重化工业时期1973—1983	. 能源危机 . 下游产品发展，对中、上游原料、零组件需求增加	. 改善产业结构 . 发展上、中游产品 . 发展附加值高、能耗少的技术密集型产业	. 推动十大建设（石化、钢铁、造船，1974），成立公营的“中国钢铁公司”和“中国造船公司” . 修正“奖励投资条例” . 设立科学园区（1981） . “经济建设十年计划”（1979） . 压缩重化工业投资计划	. 纺织 . 塑胶 . 电子 . 钢铁 . 石化 . 合板 . 食品罐头
发展策略性工业时期1984—1990	. 对外贸易出超扩大，开放内部市场压力增加 . 新台币升值 . 劳工短缺、劳力密集产业竞争力减弱，产业开始外移 . 环保意识高涨	. 发展策略性工业 . 改善产业结构	. 推动经济自由化（大幅降低进口关税；推动外汇自由化政策；解除投资管制；推动金融自由化） . 陆续修正“海关进口税则” . 修正“外汇管理条例”（1987） . 修正“侨外投资条例” . 修正“银行法”	. 纺织 . 资讯、电脑、电子 . 化学纤维 . 石化 . 金属制品
发展高科技工业时期	. 水、电等供应设施不足 . 工资上涨 . 劳力密集产业衰退		. 促进产业升级条例 . 推动六年建设计划之十大新兴高科技工业 . 振兴经济方案中	. 资讯、电子、通讯、

1991 | 1999	. 土地取得不易，地价高涨	提升产业技术措施 . 加速产业升级 . 加强环境保护	. 建立亚太营运中心 . 修正“促进产业升级条例”	半导体 . 运输工具 . 石化 . 化学纤维、加工丝
发展新兴工业时期 2000 | 2006	. 传统产业大量外移 . 新兴产业也加速外移，发展后继乏力	. 培植新兴主导产业 . 追求国际分工地位	. “知识经济发展方案”（2000） . 以“两兆双星”产业为主轴、以“跨国企业营运总部中心”和“国际创新研发基地”为目的的“六年发展重点计划”（2002） . 旨在土地优惠的“006688 方案”（2002） . 旨在融资优惠的“台商回台投资专案融资计划”（2006）	. 资讯、电子 . 石化 . 半导体 . 影像显示 . 数位内容 . 生物技术

资料来源：根据《两岸经济和产业发展之回顾》（台湾“国政基金会”2002年12月）中图表加以补充。

二、台湾的适度逆比较优势策略

不同产业的资源配置效率不同，如果能够通过产业结构政策将资源从低效率产业转移到高效率产业，社会总体生产效率和福利将会增加。根据领先型经济发展经验，主导产业一般顺序是由资源密集型产业到劳动密集型产业、到资本密集型产业、到技术密集型产业、再到知识密集型产业[①]。由于产业结构的演进受到要素、技术和消费三方面的约束，一般说来这种产业升级的顺序是难以跳跃的，因此追赶型经济可以把握这种产业结构演进的规律性和趋同性，采取相应的产业政策加速这一成长进程[②]。台湾当局的产业政策变化基本符合适度逆比较优势策略，促进了台湾产业结构顺利向协调化与高度化演进[③]。台湾产业政策与产业结构演变大体可分以下几个阶段：

第一阶段，1950年代，主导产业由资源密集型产业向劳动密集型产业转换。战后台湾处于以农业为主的经济发展阶段，农业具有比较优势，工业处于比较劣势，1953年台湾当局明确提出“进口替代”的发展策略，主要是利用美国援助的物资，发展劳动密集型轻工业。落实进口替代策略的政策措施包括：复式汇率、进口限制、设厂限制、低粮价政策等。该策略实施后的7年内，台湾工业部门生产平均年增长率达到15.8%的较高速度，劳动密集型轻工业迅速发展起来，形成比较优势。水泥、棉纺织品等劳动密集型产品产量在这7年间增长3倍左右；从1959年开始，大批纺织品外销美国，尤其以成衣业最为突出。这种结果意味着台湾实行逆比较优势策略政策的成功。

第二阶段，1960年代，作为主导产业的劳动密集型产业得到充分发展。

---

① 产业的要素密集度的划分主要有要素丰裕度和要素密集度两种。要素丰裕度又称为要素禀赋，指的是一个国家所拥有的各种可用生产要素之间的相对丰裕关系。要素密集度是产品生产过程中不同投入要素之间的比率。在资本和劳动两要素假定下，要素密集度可以用生产中使用的资本劳动比率（$k_i=K_i/L_i$，$i=X,Y$），也就是人均资本消耗量来衡量。根据生产过程中要素密集度的不同，产品区分为劳动密集型产品和资本密集型产品。和要素丰裕度一样，要素密集度也是相对概念。

② 追赶型经济在实施产业结构政策时有广泛的内容和手段。一是直接控制手段，即配额制、许可制和对工资与价格的直接管制；二是间接诱导手段，包括财政税收、财政支出、金融、外贸、价格等；三是信息指导手段，主要有发布指示性或展望性计划、进行劝告和诱导、提供交换信息场所、引导外资投入等；四是制度变革手段，包括财税、预算、金融、土地、产权、就业、职业培训、失业保障等制度的变革。

③ 产业结构协调化是指在产业发展过程中要合理配置生产要素，协调各产业部门之间的比例关系，促进各种生产要素有效利用；产业结构高度化是指产业结构从较低水平状态向较高水平状态发展的动态过程，即产业结构向高技术化、高知识化、高资本密集化、高加工度化和高附加值化发展的动态过程。产业结构高度化以新兴产业比重提高为前提，其重要标志就是各产业的技术层次不断提高和新兴产业不断成长为主导产业。

当劳动密集型轻工业作为新兴产业成长起来之后，台湾当局采取了“出口扩张”的比较优势策略，放手让劳动密集型轻工业充分发展。当时台湾当局的考虑是：市场方面，美国、日本及其他发达国家工业已经转型，走上技术及资本密集型工业的道路，不再愿意生产劳动密集型产品，这会给台湾一个很好的机会，利用自己相对廉价的劳动力为国际市场生产劳动密集型产品，扩展对外贸易；劳动力与就业方面，土地改革后，生产率提高，人口增加，劳动力出现过剩现象。继续生产劳动密集型出口商品，可减轻失业压力；资本与技术方面，台湾缺乏必要的资本和技术以建立和发展资本技术密集型工业，其所处经济阶段还不具备产业升级转型的条件；国际收支方面，外汇储备短缺，国际支付能力不足，发展第二阶段进口替代工业需要大量的外汇储备，那将使台湾的国际收支状况更加恶化。为落实“出口扩张”的比较优势策略，台湾当局推出以“奖励投资条例”为标志的多项政策措施，但在该条例中明确提出对资本和技术密集型产业进行奖励，因此也带有逆比较优势策略的色彩。出口扩张策略下，台湾工业保持了近十年的高增长，形成了一定的经济规模。实行比较优势策略的结果，是台湾劳动密集型产业继续发展，比较优势更加明显，其在台湾经济与出口中的比重大大超越农产品。1970年台湾工业和农业占GDP的比重分别为36.8%和15.5%，工业产品与农业产品的出口值占台湾总出口值比重分别为78.6%与21.4%。

第三阶段，1970年代，主导产业由劳动密集型产业向资本密集型产业转换。70年代初台湾具有了第二次采取逆比较优势策略的条件。当时出现的新问题是：劳动密集型工业迅速发展，就业率不断提高，1972年已经达到充分就业水平，劳动密集型产业面临劳力不足和工资成本上涨的压力，影响了产品的国际竞争力；交通、电力等基础设施的发展，跟不上经济成长的速度，已经形成工业进一步发展的瓶颈；出口工业主要是加工装配产业，其原料、技术都依赖进口，极易受世界经济波动的影响。另一方面，出口扩张策略为台湾积累了一些发展重化工业的有利因素：由于出口工业的高速发展，生产规模迅速扩大，对原材料及零配件等中间产品的需求急剧扩张，机械、电机、钢材等生产资料的需求量也不断增加；同时，民众收入不断提高，储蓄率随之上升，资本供应能力和投资能力也大大增强；经过长时间工业发展经验的积累，和教育的普及，技术人才的供应逐渐充裕。在这种情况下，台湾当局认为应及时改变发展策略，在继续发展出口加工业的同时，以人造纤维、塑胶、机械及钢铁为代表，发展自己的重化工业，满足中、下游出口加工业的需要，这也就是第二阶段进口替代策略。1974年，台湾当局开始推动“十大建设计划”。一方面，决定大幅扩建交通及电力等基础设施，另一方面，决定建立大型钢铁厂、造船厂及石油化工企业，以“逆向整体性发展”方式，将上、中、下游产业予以结合，建立完整的重化工业体系。尤其是修正“奖励投资条例”，鼓励民间参与重化工业投资，取得显著成效。在这一阶段，台湾工业继续以11.68%的较高年均增长率发展，工业净产值比重由1972年的40%提高到1980年的45%。工业制品在出口贸易中的比重，由1970年的79%增长到1980年的91%。工业就业人口占总就业人口的比重，由1972年的32%上升到1980年的42%。与此同时，台湾建成一批大型重化工业企业和基础设施，为台湾工业的进一步发展打下必要基础，也标志着台湾工业开始由片面强调加工产业向追求完整工业体系转换。

第四阶段，1980年代，主导产业由劳动密集型产业向技术密集型产业转换。总体上，台湾发展重化工业的政策是有成效的，但在形势变化下却不得不变更方向。1979年第二次世界能源危机爆发。世界能源价格大幅提高，台湾出口加工产品竞争力受挫，石化企业受到冲击最为严重，普遍出现减产或停工。面对变局，台湾当局决定改变继续发展重化工业的策略，重点发展技术密集型产业。技术密集型产业对当时的台湾来说绝对是不具有比较优势的新兴产业，因此这一政策是台湾第二次逆比较优势策略的延续。台湾当局明确宣布将积极发展某些策略性产业，包括机械、资讯、电子、电机、运输工具等技术密集型工业，这些工业多具有附加价值高、耗能少的特点。为此修正的“奖励投资条例”对技术密集型工业投资给予税收优惠。不到十年，效果已经显现。技术密集型产业得到发展，并逐渐形成自身的比较优势。从1983—1986年工业生产结构变化系数看，资本、技术较为密集的重化电子工业变化系数是4.1，而代表劳动密集型产业的轻纺工业变化系数则为-4.8，此消彼长，显示台湾工业结构已经开始转变，由生产食品、纺织及木制品等劳动密集型产品为主，向资本、技术密集型产品为主转变。

第五阶段，1990年代，主导产业由资本、技术密集型产业向知识密集型产业转换。以资讯电子业为代表的技术密集型产业兴起之后，台湾当局“三化”方针[①]的提出，使技术密集型产业占制造业产值比重从1986年的24%增加到1995年的36%；专门技术人员在就业人口中所占百分比也由5%增加到11.1%。资讯电子业在90年代中期迅速成长为台湾第一大制造业和出口产业，在台湾经济中呈现一枝独秀的局面，台湾也因此成为世界经济中的IT产业重镇。而且，由于个人电脑及周边设备的迅猛发展，带动对集成电路（IC）和液晶面板（TFT-LCD）等上游产品的需求，使台湾半导体产业和光电产业迅速发展起来，利用发达国家生产外包的有利契机形成较大规模，显示出巨大的发展潜力。台湾当局在发展技术密集型产业的同时也开始着力扶植知识密集型产业，其标志性政策是1991年出台并实施“促进产业升级条例”，通过选择十大新兴工业进行重点扶植而推动知识密集型产业发展，由此推动台湾产业结构进入知识密集型为主导的产业结构阶段。

知识密集型产业是以人力资本和知识积累为主要生产要素的产业。OECD（1999）是根据研究发展的密集度来定义知识密集型产业的[②]，包括两个部分：一是知识密集型制造业，涵盖高科技工业（航空航天、电脑与办公室自动化设备、制药、通讯与半导体）及中高科技工业（机械、科学仪器、汽车、电机、化学制品、其他运输工具）10个工业；二是知识密集型服务业，涵盖运输仓储及通信、金融保险不动产、工商服务、社会及个人服务4个行业。按照这一标准，1991到1996年间，台湾知识密集型产业的名义附加值平均达11.5%，高于同期全体产业的9.9%及非知识密集型产业的8.9%。知

① 1984年台湾当局提出以自由化、国际化、制度化为目标的“三化”政策。自由化是指：尊重市场机能，减少各种经济活动不必要的行政干预，让市场机能这只“看不见的手”，在经济活动中发挥主导作用。自由化的推动方向，主要包括取消不必要的投资限制、公营事业的民营化、金融自由化与贸易自由化等方面。其目的在于加速产业升级与产业结构调整，提高产业竞争力。国际化是指：将台湾经济纳入国际经济体系，加强国际区域间的经济合作和争取进入重要的国际多边经济组织，更大程度地参与国际分工，从而为台湾经济开拓更大的发展空间，突破面临的经济瓶颈，早日进入发达地区行列。制度化是指：建立一套完善的规章制度，用法制调节控制经济运作，使社会经济能够在比较合理的制度下进行。

② 当然，该标准并非绝对，严格定义哪种产业属于或不属于知识密集型产业是不恰当的，因为每一产业为维持竞争力优势，都必须提高知识化程度，否则即使被定义为知识密集型产业，也会在竞争中因知识含量降低而面临被淘汰的命运。

识密集型产业内部结构不断改善，逐渐成为台湾经济增长与竞争力优势的重要来源。

台湾知识密集型产业的相对规模不断扩大。台湾知识密集型产业占名义GDP比率在1991年为37.7%；1996年增至40.6%，略高于韩国的40.3%，但低于OECD国家平均的50.9%。当时主要发达国家的比重是：德国58.6%、美国55.3%、日本53%、英国51.5%、加拿大51%、瑞典50.7%，另外，作为新兴工业国家的新加坡高达57%[①]。从台湾知识密集型产业附加价值成长情况看，1996年是1991年的1.7倍，高于非知识密集型产业同期的1.5倍，显示台湾知识密集型产业发展相对快速。此外，台湾知识密集型产业内部结构调整迅速。1991至1996年间，台湾知识密集型制造业快速增长，名义附加值平均增加率达12.6%，高于知识密集型服务业的11.3%。其中又以1994到1996年平均增长率达20.5%最为显著，其内容主要是资讯产品及家用电子电器产业。台湾知识密集型服务业的成长虽不如知识密集型制造业快速，但其占名义GDP比率平均高达33%，远高于知识密集型制造业的6.2%，显示知识密集型服务业是当前台湾知识密集型产业的主流。从产出成长来源看，1991年到1996年，台湾知识密集型制造业的成长来源以出口扩张效果最大，占79.5%，显示出口扩张不但提高内部有效需求，也可增加知识应用的机会，促进知识密集型制造业的发展。知识密集型服务业的成长则主要依赖内部需求扩张效果，占70.3%。

① 引自2000年APEC公布资料。

表4.2 台湾知识密集型产业的变化

单位：%

		全体产业	知识密集型产业	知识密集型制造业	知识密集型服务业
名义附加值增加率	91–94	9.8	11.2	7.6	11.9
	94–96	10.2	12.1	20.5	10.6
	91–96	9.9	11.5	12.6	11.3
占名义GDP比率	1991	100	37.7	6.1	31.6
	1994	100	39.2	5.7	33.5
	1996	100	40.6	6.8	33.8
5年产出增长来源	内需扩张	71.1	53.3	26.5	70.3
	出口扩张	44.4	45.3	79.5	23.6
	进口替代	–4.8	–4.3	–8.7	–1.4
	投入产出系数变动	–10.7	5.7	2.7	7.5
	合计	100	100	100	100

资料来源：转引自台湾《自由中国之工业》，2001年6月，第32页。

三、台湾产业政策的新阶段——“产业创新条例”

1999年台湾当局通过“促进产业升级条例修正案”，按照“两大、两高、两低”原则提出“新兴重要策略性产业”概念，以十年为期对其给予租税抵减，并且每两年重新评估一次产业适用范围，做必要调整。“新兴重要策略性产业”有如下特点：一是对经济发展有重大效益，其产业关联性大、产品附加价值高及市场潜力大；二是风险性高，回收期限长、市场进入障碍大及营收风险大；三是长期来看具有策略性，其能源依存度低、污染程度低、知识及技术密集度高；四是亟需“政府”扶植，进口替代高、投资金额大及研发投入比例高。2000年台湾当局确定新的十大新兴工业为：通讯、资讯、半导体、消费电子、精密机械与自动化、航太、特用化学品制药与生技、医疗保健、环境保护及高级材料工业。

经过十年发展，通讯、资讯、半导体、消费电子、精密机械与自动化等新兴产业茁壮成长起来，但航太、特用化学品制药与生技、医疗保健、环境保护及高级材料工业等其他新兴产业的发展效果却不如预期。面临2009年12月31日“促进产业升级条例”到期，台湾当局开始酝酿以新的产业政策取代原来的“促产条例”。2008年岛内政党轮替后，台湾当局将此前讨论过的“产业发展基本法”、“产业创新加值条例”、“产业园区设置管理条例”等“产业三法”的精神放入新草拟的“产业创新条例”，以继续促进台湾产业结构发展。

“产创条例”共13章72条，以提供多元化奖励工具、全面推动产业发展、塑造产业创新环境、落实产业永续发展、转型工业区为产业园区等五大目标为重点，从产业发展方针、创新投入、无形资产流通运用、产业人才资源发展、产业投资、永续发展及产业环境等方面提出政策，以推动台湾产业能够不断创新，经济能维持竞争优势。另外考虑产业园区设置管理法制的整合，专章明定产业园区相关申请、设置及管理等相关规定，作为产业园区设置管理的“法源依据”。马英九提出“产业创新条例”的定义应有“更涵盖性”，“产业”范围应纳入工业与农业，“创新”部分也不一定仅限于研发。因此，条例通过后，凡属生产流程创新、组织模式或产品创新，均在奖励范畴，而产学合作也可获得相应奖励。

“产创条例”的特点包括：一是大幅降低营利事业所得税率。“产创条例”的核心内容是创造透明和低税的投资环境，因此对企业租税奖励的方式和程度也成为朝野争议不决的关键。国民党开始的方案是“营所税率降至20%、同时保留4项功能性奖励”，民进党主张“营所税率降至17.5%，不保留其他奖励”，而在“立法院”最后定案中采用了“营所税率降至17%、同时保留功能性奖励”的国民党调整后的方案，降税幅度之大为台湾史上罕见，对岛内中小企业和传统产业极为有利。除以租税奖励引导产业升级转型外，该条例还包括创新活动的补助或辅导、企业无形资产流通及运用、产业人才资源的发展、促进产业投资、产业园区的设置管理、营运总部及扩厂的辅导等鼓励产业创新的政策内容。二是奖励方式由特定产业转变为特定功能。与以前两部条例相比，“产创条例”在奖励方式上取消了“产业别优惠”，同时对于“功能别优惠”进行调整，仅保留研发的租税优惠，受惠对象不分产业也不限于工业区厂商，只要符合奖励项目即可享受。此举主要针对台企业创新研发能力不足，在补助、行政辅导等政策工具外，以租税优惠诱导企业长期从事创新活动，而租税优惠不以产业划分，是基于产业发展方向由市场决定将优于“政府”选择。三是大力扶持中小企业。台中小企业吸纳劳动人口近800万人，约占台总就业人口的76%，是最有能力创造就业机会的部门，但在以前“促产条例”的特定产业租税优惠中，中小企业往往因无法承担投资额较大、风险性较高的产业而无法享受政策优惠。在新版“产创条例”中，只要企业进行研发与人才培训，不管是大型企业或小型企业，都可以获得租税奖励。此外，中小企业资金结构较为脆弱，台当局在“产创条例”中通过对中小企业增雇员工提供补助，降低中小企业营运成本。四是推动“产业园区”建设。依据“产创条例”，原有的“工业区”将转型为“产业园区”，以适应未来产业发展多元化的趋势。台当局认为占GDP已达7成以上的服务业吸纳就业偏低的原因主要是新兴服务业投资不足，为配合台产业型态逐渐朝服务业或复合性发展，台当局将鼓励发展物流园区、文化创意园区、生物医药园区、媒体园区等各种产业园区，并协助提供这些新兴服务业产业用地。五是条例赋予各主管部门更大的权责，来推动所主管产业的发展。台湾当局近年来致力于发展服务业，但过去掌管服务业的部门，如与物流相关的“交通部”，金融服务业的“金管会”，医疗服务业的“卫生署”等，以往多站在管理者的角度，而未能给予产业太多协助。但“产业创新条例”则在条文中规定，各主管机关可明定产业补助或辅导办法，来协助产业的发展。

按照台湾当局的设计，“产业创新条例”是着眼于台湾产业的长远发展，主要是引导出台湾未来十年、二十年的产业发展方向，为台湾建设全球创新中心、亚太经贸枢纽以及台商营运总部的目标提供重要政策支持。从产业政策和产业结构的理论层面看，该条例意味着“政府”在产业结构演进中的角色进一步弱化，比较优势策略更多地取代逆比较优势策略成为台湾产业政策中的主轴。

产业结构所处阶段不同，产业政策的重点也不同[①]。台湾当局原来采取的以逆比较优势策略为主轴的政策也常常称为“产业导向的经济政策”，特征是以产业结构政策为核心，主要是由于经济起飞阶段的国家或地区人力与物力的资源都非常有限，政府通过直接补贴、优惠融资、政府采购、税赋减免等优惠性保护政策为特定产业类别提供支持，将有限的资源用在少数具有影响力的产业上，以重点突破来带动相关产业的发展。而目前台湾当局以比较优势策略为主轴的政策也称“创新导向的经济政策”，强调以产业技术政策为核心，政策优惠不限定任何产业或企业；不考虑产业中的领先者或落后者；不考虑对既得利益者的影响。创新导向政策与产业导向政策相比，最大的不同是“政府”对产业结构演进由强干预转为弱干预。因为产业结构政策对追赶型经济有效，对领先型经济却无效，甚至有反效果，因此进入领先型经济后，产业结构政策应该逐渐退出，代之以产业技术政策[②]。

世界经济发展呈现雁行序列，有一个最发达的头雁经济带路，其他经济尾随追赶。产业结构政策对缩小追赶型经济与领先型经济的差距有显著作用，但对领先型经济的发展却有局限性。领先型经济不再有可以比照模仿的范本，政府主导的产业结构政策难免会对资源配置产生扭曲，因为未来的产业结构升级和发展方向是无法确知的，正如在通过历史进化而形成的生态系统中，很难人为断定哪一个物种是最优越、最适宜存在的一样，在具有发展前景和巨大潜力的新兴主导产业兴起之前，政府无法准确预言产业结构的优化方向，此时应改变追赶型经济的既有产业结构政策，从模仿走向创新，从以产业结构政策为主转型为以产业技术政策为主，通过技术突破由市场选择未来的主

---

① 产业政策主要有四类：产业结构政策（以扶植战略产业为主）、产业组织政策（以限制垄断和过度竞争为主）、产业布局政策（以产业空间分布为主）和产业技术政策（以促进技术进步为主）。

② 产业技术政策是指国家或地区对产业技术发展实施指导、选择、促进与控制的政策总和。包括两方面内容：一是确定产业技术的发展目标和具体计划，如制定各种具体的技术标准、技术发展规划，公布重点发展的核心技术和限期淘汰的落后技术项目清单；二是技术进步促进政策，如技术引进、技术扩散、技术开发等政策。产业技术手段可分为直接干预和间接干预两种。前者包括政府直接投资于产业技术开发和应用推广、主持和参与特定产业技术开发项目等；后者主要是政府对产业技术开发提供补助金、委托费、税制优惠和融资支持等。

导产业。长期来看，追赶型经济与领先型经济的产业结构将会趋同①。当追赶型经济的发展水平接近领先型经济之后，其产业政策也应随之转型，产业结构政策逐渐退出，产业技术政策居于主导。产业导向发展战略要求将有限的资源用在少数具有影响力的产业上，以重点突破来带动相关产业的发展。相较于产业导向策略，创新导向策略具有以下优点：首先，没有限定任何产业或企业；其次，不需考虑产业中的领先者或落后者；第三，不需顾虑商业地理因素、特定产业、企业政治力的介入式影响既得利益者等。此外，产业导向策略中，可能产生道德危机，因为产业在与政府互动时，存在信息不对称的问题，而创新导向策略可以避免产业导向策略所衍生的缺陷。创新导向经济发展战略的具体目标主要有三方面：一是建立和完善介于垄断和竞争之间的市场体系；二是形成科学技术与市场需求互动的良性机制；三是形成技术创新集群。

台湾自1990年代中期开始进入发达经济后②，其产业结构也开始进入以知识密集型产业为主的较高级阶段，这意味着在产业政策方面已经难以再继续以前的模仿发达经济发展路径的“产业导向的经济政策”，只能代之以“创新导向的经济政策”。这次的“产业创新条例”与“奖励投资条例”及“促进产业升级条例”最大的不同，就是取消了“产业别优惠”而代之以“功能别优惠”，其最大意义也就是标志着台湾产业政策开始进行从“产业导向的经济政策”向“创新导向的经济政策”的转变，“比较优势策略”将取代原来的“逆比较优势策略”成为经济发展战略的主轴，产业结构的发展方向也将由“政府”主导转为市场主导。

---

① Kiyoshi.Kojima, *the "flying geese" model of Asian economic development: origin, theoretical extensions, and reginal policy implications*, *Journal of Asian Economics* ，2000，11.

② 国际上对发达经济的较公认的标准是人均 GDP 在 8000 美元以上，并具有较高的社会发展水平。1993 年台湾人均 GDP 首次突破 1 万美元，1995 年服务业产值占 GDP 比重首度超过 60%，成为台湾进入发达社会的重要标志。

第五章　台湾金融体系

金融业的特殊性质决定其在产业结构与经济发展中的特殊地位。资产由负债和自有资本构成，但二者的比重在不同产业差别很大。制造业资产多来源于自有资本，通常在一半以上；而金融业产业多来自负债，即经营资产多为别人的钱（Other People's Money, OPM），也因此，金融业是受到高度管制的行业，以保护资金供给者的利益。台湾金融业的岛内就业人数虽然仅有10几万人，占岛内总人口比重不到1%，但其产值比重却高达台湾岛内生产总值（GDP）的20%左右，并直接影响其他产业的荣枯，是台湾经济中举足轻重的关键产业。台湾金融体系由三部分构成：金融主管机关、金融服务业和金融市场。金融主管机关主要有三家："中央银行"、"金融监督管理委员会"和"农业委员会"农业金融局。金融服务业最主要有四大行业：银行业、证券业、期货业和保险业。金融市场主要也是四大类：货币市场、资本市场、外汇市场和衍生性金融商品市场。

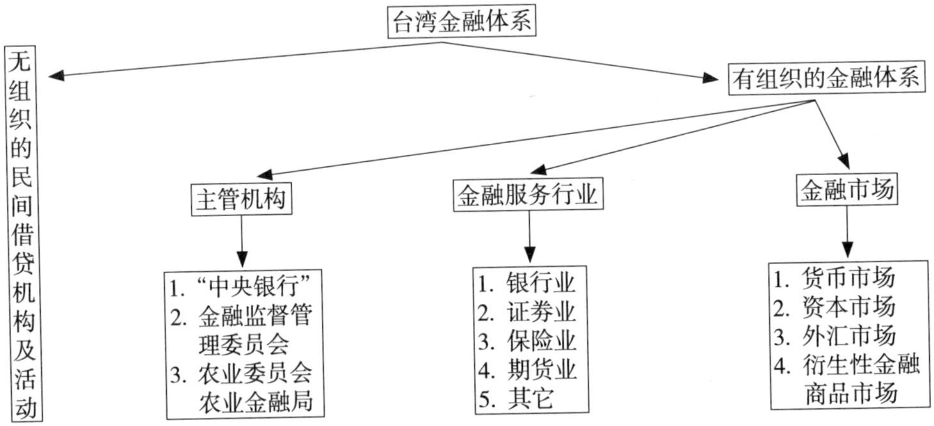

图5.1 台湾金融体系图

资料来源：本研究整理绘制。

台湾金融体系的形成和发展，大体经历四个阶段：1945年到1959年是初创阶段；1959年到1975年是发展阶段；1975年到1989年是重整阶段；1989年以后是台湾金融体系的现代阶段。

1894年到1945年台湾沦为日本殖民地，日本出于经济掠夺和扩张的需要几乎垄断了台湾的金融业。1945年后台湾金融体系的初创，主要是接收和改组日据时期已有的金融机构，自日本人手中接收的金融机构包括彰化银行、第一银行、华南银行。1949年后的十年间，由于台湾金融秩序动荡不安，当局严格限制金融机构的增设，除“中央信托局”①外，由大陆迁台的金融机构这一时期均未对外营业。

1959 年中华开发信托投资公司成立，此后陆续新开设的金融机构有：华侨商业银行（1961 年）、台北市银行（1969 年）、世华联合商业银行（1975 年）。信托投资公司由 1 家增至 8 家，保险公司则骤增至 24 家，基本奠定以后台湾保险业的格局。1960 年到 1965 年，先后被批准复业的迁台金融机构有：中国银行（1971 年改名为中国国际商业银行）、交通银行、“中央银行”、中国农民银行、上海商业储蓄银行。在此期间，台湾当局批准 11 家外商银行在台设立分行。1959 年日本第一劝业银行被核准成为第一家在台设立分行的外商银行，1965 年后美商花旗银行等外商银行也纷纷申请在台设立分行。这一时期台湾金融业发展迅速。1961 年时台湾金融机构数为 1359 个，1976 年已达 2366 个，显示在金融机构总行迅速增加的同时，分支机构的增设也快速发展。

1975年台湾当局修正“银行法”，成为日后台湾金融体系的形成基础。经修正的“银行法”将银行分为商业银行、储蓄银行、专业银行和信托投资公司等4种类型，明确规定4类银行的职能。指定中国农民银行、台湾土地银行和台湾省合作金库为农业专业银行；台湾土地银行为不动产专业银行；将原有的公、民营合会储蓄公司陆续改制为中小企业银行，即除一家公营的台湾中小企业银行外，还成立7家区域性民营中小企业银行；1979年，设立中国输出入银行，专门提供输出入信用；指定交通银行为工业银行，办理开发银行业务。1975年后，台湾逐渐形成专业银行制度基本架构。

① 2007 年被台湾银行合并。

1989年新“银行法”的公布为开放银行自由设立提供了法律依据。1990年台湾“财政部”开始接受开设银行的申请，三年内批准了16家新银行，使岛内民营银行的数量迅速超过公营银行。1993年放宽金融分支机构的增设，同时放宽了外国银行赴台设立分支机构的限制，并鼓励岛内银行到海外设立境外分行。2000年底，台湾当局再次大幅修正“银行法”，为台湾银行业注入新的活力。仅两年时间，台湾共成立了14家金融控股公司。

目前台湾金融体系中的各种金融机构都是在台湾经济发展的不同时代、不同政策下的产物。尤其是银行业，除金融控股公司外，还包括商业银行、专业银行、信托投资公司、信用合作社以及农、渔会信用部等不同种类金融机构。这些金融机构各有其产生背景和制度上的特色，但从今天的社会环境和未来的社会发展观察,有些可以适应,有些却面临很大的调整压力。金融市场方面，1962 年台湾证券交易所的成立标志台湾资本市场的确立。1976 年中兴票券金融公司成立并开业标志台湾货币市场开始形成。1978 年台湾由固定汇率制度转为机动汇率制度，开始形成外汇市场。1997 年台湾期货交易所成立，标志台湾期货市场开始成型。目前台湾已经形成具备多层次、多元化金融机构以及货币市场、资本市场、外汇市场和期货市场的较为齐备的金融体制。

第一节　台湾金融主管机关

一、“中央银行”

台湾“中央银行”的主要职责是维护物价和金融稳定，以金融行政和货币政策来调控金融体系，为经济发展提供安定的金融环境。1949年，台湾当局曾授权台湾银行代理“中央银行”业务，1961年出台“中央银行复业方案”，“中央银行”开始履行其应有职能至今。1979年，“中央银行”改为隶属于“行政院”，首要任务由原先的追求经济高度成长，转变为维持物价与金融稳定，并积极参与金融体系的建制与改革。台湾“中央银行”现为金融业务的主管机关，负责各金融机构的业务检查。

台湾“中央银行”负责掌控台湾的货币发行与货币政策。台湾的法定货币为新台币（NT）。1946年5月20日台湾省行政长官公署自日本人手中接收台湾银行及台银券，并采最高限额发行30亿元台币，此时台币为旧台币。随着国统区恶性通货膨胀的蔓延，1949年6月15日台湾省政府以国民党“中央政府”拨给的80万两黄金及1000万美元外汇为基础，公告“新台币发行办法”，以旧台币40000元折合新台币1元进行币制改革，新台币最高发行额限为2亿元。1954年台湾“财政部”批准台湾银行“得以黄金、外汇及可资换取外汇物资抵充准备”，发行额可视准备金情况而增减，新台币的最高限额限制已名存实亡。1961年7月“中央银行”在台复业，为因应经济发展实际需要，正式放弃限外发行政策，改采伸缩性发行制度，即管理纸币本位制。

依据台湾“中央银行”的定义，货币供给的构成为：

M1A＝通货净额＋支票存款＋活期存款

M1B＝M1A＋活期储蓄存款

M2 ＝M1B＋定期存款＋定期储蓄存款

M3 ＝M2＋准货币（quasi money）

准货币＝邮政储金＋可转让定期存单（NCD）＋外币存款＋外汇信托基金＋外币定期存单＋外国人新台币存款＋金融债券＋国库券＋储蓄券＋邮汇局转存款＋附买回交易（RP）

台湾“中央银行”作为金融业务的主管机关，负责各金融机构的业务检查。依照现行“中央银行法”和“中央银行”各处室组织章程规定，其组织机构大体如下：管理部门设理事会、监事会、总裁、副总裁。理事会设理事十一至十五人，由台湾“行政院”报请最高领导人派任，主要职掌有关货币、信用及外汇政策事项的审议。“中央银行”总裁、“财政部”部长、“经济部”部长为当然理事；并应有实际经营农、工、商业及银行业者至少各一人担任理事。总裁并为理事会主席。除当然理事外，理事任期为五年，期满需要续派连任。监事会设监事五至七人，由“行政院”报请最高领导人派任，主要职掌资产、负债的检查。“行政院”主计长为当然监事。监事会主席由监事互推产生。除当然监事外，监事任期为三年，期满需要续派连任。总裁一人，特任，任期五年，期满需要续加任命。总裁总管银行事务，执行理事会的决议，对外代表银行。副总裁二人，任期五年，辅佐总裁处理银行事务，期满需要续加任命。

台湾“中央银行”总行为办理各项业务，设业务、发行、外汇、“国库”四个局，金融业务检查、经济研究、秘书、会计四个处，人事、政风、信息、法务四个室及纽约代表办事处、伦敦代表办事处。另有两个附属事业机构，一是“中央”印制厂，负责印制各种面额的钞券；一是“中央”造币厂，负责铸造各类硬币；两厂负责一般业务，并由发行局督导。1986 年 6 月成立信息室以加速金融业务自动化，目前已建置 70 多个信息系统，提供“中央”银行与各金融机构多项电子金融服务，包括同业资金调拨清算、金融机构利率实时通报、实体公债还本付息挂失止付及无实体公债各项服务等。1991 年 3 月成立法务室，目的是协助内部各单位建立典章制度、采用适当措施、依法执行相关业务，以达成促进物价及金融稳定等经营目标，其中一部分通过“国营”事业的营运方式运作实现，部分则以行政机关行使公权力的方式进行管理。

二、“金融监督管理委员会”

早期台湾金融业管理、监督、检查、处罚权力分属“财政部”、“中央银行”、“中央存款保险公司”等单位。2001年6月通过“金融控股公司法”后，鉴于岛内原金融集团跨行合并或与异业结盟者日渐增多，为避免保险、证券、金融等多元监管制度所可能产生迭床架屋的管理问题，台湾立法部门于2003年7月通过“行政院金融监督管理委员会组织法”，使金融监管制度由原来的多元化改变成垂直整合的一元化监管，以健全金融机构业务经营，维持金融稳定与促进金融市场发展。2004年7月1日，台湾“金融监督管理委员会”挂牌成立，这被看作台湾金融业“进入监督、管理、检查一元化时代”的标志。“金融监督管理委员会”下设银行局、证期局、保险局及金检局等部门，集中了大部分金融检查与管理的职权，目的是提高监管效率，维护金融秩序与纪律。此外另设有综合规划处、国际业务处、法律事务处、资讯管理处、秘书室及人事室、会计室、政风室等。受检机构包括金融控股公司、银行业、证券业、期货业、保险业、电子金融交易业与其他金融服务业，对农渔会信用部也可接受委托进行检查。“金融监督管理委员会”成立后，金融检查业务由分业检查模式变为功能性整合检查模式，由分工检查方式变为权责统一的单一机关检查方式，同时金融检查与金融处分由同一机关执行，事权明确。

三、“农业委员会”农业金融局

农业金融局是“农渔会信用部”的主管机关，于2004年成立。成立宗旨是建构完整安全的农业金融体系，内容包括通过全台农业金库的营运，增进农业金融机构间的互助、互利功能，并加强辅导农渔会信用部，健全农业金融监管与检查制度，扩大办理政策性农业项目贷款，强化公开揭露农业金融信息，培育农业金融专业人才，提升农业金融机构经营效能等，并通过各项施政计划的推动，促成农业金融体系的健全与革新，重塑农业金融的竞争优势，落实以金融支持农业可持续发展，农业维持金融稳定成长的发展规划。

为健全农业金融体系，台湾当局于 2002 年 11 月 30 日召开“全台农业金融会议”，达成“充实农业信用保证基金及农、渔会与信用部由农委会一元化管理”、“设立全台农业金库为农、渔会信用部业务的上层银行”、“贯彻金融监管一元化”、“制定农业金融法”及“提升农业经济的竞争力”等五项共识。“农业金融法”自 2004 年 1 月 30 日正式施行，“行政院农业委员会农业金融局”依据“行政院农业委员会农业金融局组织条例”于同日挂牌成立，负责农业金融机构的监管及政策性农业项目贷款的规划推动。下设三组四室，以提升组织效能，建立完整安全的自主农业金融体系，照顾农、渔民权益。目前台湾农业金融辅导体系已形成农业金融局、全台农业金库及农业信用保证基金的“铁三角”，农渔会信用部逾期放款比率从 2004 年 1 月底的 17.71%，持续积极改善至 2008 年 6 月底的 5.79%；政策性农业项目贷款受益户由 2 万余户增加为 19 万余户，贷放余额由 161 亿元增加为 1,067 亿元，成果丰硕。

“行政院农业委员会农业金融局”具体负责事项包括：农业金融制度及监管政策规划；农业金融相关法令研拟、执行及解释；农业金融机构本分支机构设立、废止、停业、复业的审核及清理、整顿；农业金融机构业务、财务与人事的管理、监督、检查、辅导及考核；违反农业金融相关法规的取缔、处分及处理；农业金融监督、管理与检查相关资料的搜集、汇整及分析；农业金融机构的合并及处理；农业融资的规划、督导及辅导；农贷资金筹措、运用的辅导及利息差额补贴政策的研拟及督导；农业金融机构与其他金融机构的联系、协调及配合措施的策划及督导；农业金融机构与其他农业部门业务联系、配合的策划及辅导；其他有关农业金融的管理及监督事项。

第二节 台湾金融机构

按照台湾“行政院金融监督管理委员会组织法”第二条规定，金融服务业包括金融控股公司、金融重建基金、“中央存款保险公司”、银行业、证券业、期货业、保险业、电子金融交易业及其他金融服务业，其设立基本没有人为限制。本书分间接和直接对台湾金融机构予以介绍。

一、间接金融机构

银行业是间接金融的主体，其主要业务是融资，扮演储蓄者与投资者之间的中介角色。银行业中最骨干的机构是商业银行与农渔会信用部。截至2010年10月，台湾金融控股公司15家，台湾本地银行37家，在台外国银行29家，信用合作社26家，农会信用部264家，渔会信用部25家，境外金融中心63家。此外，非货币金融机构方面，中华（台湾）邮政公司储汇处1家，票券金融公司9家，信用卡公司7家。主要金融机构如下：①

（一）台湾金融控股公司

1. 华南金融控股公司
2. 富邦金融控股公司
3. 中华开发金融控股公司
4. 国泰金融控股公司
5. 中国信托金融控股公司
6. 永丰金融控股公司
7. 玉山金融控股公司
8. 元大金融控股公司
9. 台新金融控股公司
10. 新光金融控股公司
11. 兆丰金融控股公司
12. 第一金融控股公司

---

① 台“金管会”网站：http://www.banking.gov.tw/Layout/main_ch/index.aspx?frame=3。

13. 日盛金融控股公司
14. 国票金融控股公司
15. 台湾金融控股公司

（二）台湾地区银行

1. 台湾银行
2. 台湾土地银行
3. 合作金库银行
4. 第一商业银行
5. 华南商业银行
6. 彰化商业银行
7. 上海商业储蓄银行
8. 台北富邦银行
9. 国泰世华商业银行
10. 中国输出入银行
11. 高雄银行
12. 兆丰国际商业银行
13. 花旗（台湾）商业银行
14. 中华开发工业银行
15. 台湾工业银行
16. 台湾中小企业银行
17. 渣打国际商业银行
18. 台中商业银行
19. 京城商业银行
20. 汇丰（台湾）商业银行
21. 大台北商业银行
22. 华泰商业银行
23. 台湾新光商业银行
24. 阳信商业银行
25. 板信商业银行
26. 三信商业银行
27. 联邦商业银行
28. 远东国际商业银行
29. 元大商业银行
30. 永丰商业银行
31. 玉山商业银行
32. 万泰商业银行
33. 台新国际商业银行
34. 大众商业银行
35. 日盛国际商业银行
36. 安泰商业银行
37. 中国信托商业银行
38. 日商瑞穗实业银行
39. 美商美国银行
40. 泰国盘谷银行
41. 菲律宾首都银行
42. 美商美国纽约梅隆银行
43. 新加坡大华银行
44. 美商道富银行
45. 法国兴业银行
46. 澳商澳盛银行
47. 德商德意志银行
48. 香港东亚银行
49. 美商摩根大通银行
50. 新加坡商星展银行
51. 法商法国巴黎银行
52. 英商渣打银行

53. 新加坡商新加坡华侨银行
54. 法国东方汇理银行
55. 斐商标准银行
56. 加拿大商丰业银行
57. 瑞士商瑞士银行
58. 荷兰商安智银行
59. 美商富国银行
60. 日商三菱东京日联银行
61. 比利时商比利时联合银行
62. 日商三井住友银行
63. 英商巴克莱银行
64. 瑞士商瑞士信贷银行
65. 美商花旗银行
66. 香港上海汇丰银行

（三）票券金融公司

1. 兆丰票券金融公司
2. 中华票券金融公司
3. 国际票券金融公司
4. 大中票券金融公司
5. 台湾票券金融公司
6. 万通票券金融公司
7. 大庆票券金融公司
8. 台新票券金融公司
9. 合作金库票券金融公司

（四）信用卡公司

1. 财团法人联合信用卡处理中心
2. 美商维信国际威士忌有限公司台湾分公司
3. 万事达卡国际远东（股）公司台湾分公司
4. 台湾美国运通国际（股）公司
5. 台湾大来国际信用卡（股）公司
6. 台湾永旺信用卡（股）公司
7. 香港商台湾环汇亚太信用卡台湾分公司

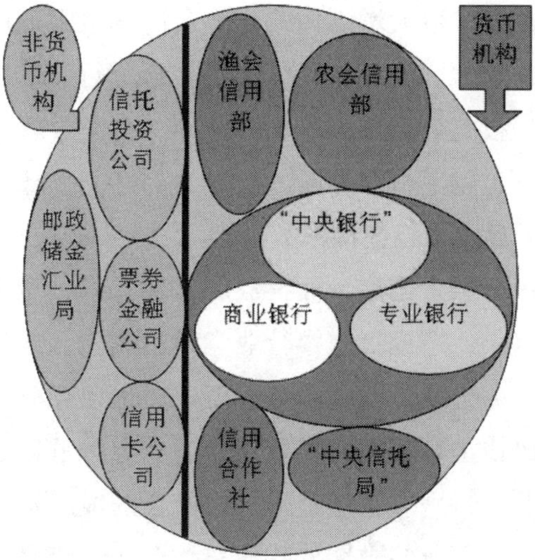

图5.2 台湾银行业结构

资料来源：本研究整理绘制。

台湾在20世纪80年代中后期产生空前的金融泡沫，加之金融自由化的开放政策出台，银行业迎来了前所未有的发展高潮。在极度宽松的资金环境中，银行数量迅速膨胀，放款标准大幅放宽，全体金融机构放款余额与GDP的比率在1994年和1995年均高达157%。由于银行竞争激烈，风险管理欠缺，金融泡沫后，很多银行的资产品质问题逐渐浮现，银行业的逾期放款比率也开始一路上升。台湾银行业投入大量资金打消呆坏账，使其获利能力与报酬率自90年代中期以来一直处于下降状态。世界经济论坛（WEF）2008年竞争力排名中，台湾的"金融环境"排名58，其中"银行健全度"排到117名，问题的严重程度可见一斑。

具体而言，1990年代以来台湾当局在陆续解除各项金融管制的过程中，衍生出的银行业问题包括：

一是金融机构家数过多导致过度竞争。台湾当局1991年开放新银行的设立，两年内16家新银行先后开业，3家投资信托公司改制为商业银行。1995年台湾当局允许信用合作社改制为商业银行，1999年批准2家工业银行设立，致使岛内银行家数大增。1991年底台湾本地银行仅24家，2006年底则增加近一倍，达到44家。若加上外国银行在台分行、信用合作社、农渔会信用部、邮局、信托投资公司及人寿保险公司，台湾金融机构总、分支机构共6385家，平均每一金融单位服务的人口数为3570人，比日本和新加坡的平均5000人还少，显示岛内金融机构家数过多。

由于短期内银行数量剧增，而存放款市场有限，竞争者同质性过高，金融业务扩张幅度有限，造成岛内银行业竞争白热化。这种激烈竞争虽可提高经营效率，促进业务进步，改善服务态度，但也使存放款利差逐渐缩小，利润率降低，而逾放比上升。尤其在1997年亚洲金融危机之后，逾期放款问题一直是台湾银行业，特别是基层金融机构面临的最严峻问题。从1999年起，台湾当局努力降低银行业的逾期放款比率，至2002年底，台湾本地银行（含信托投资公司）实际累计转销呆账金额达9744亿元新台币，将逾放比降至8%左右，但台湾基层金融机构的逾放比仍在15%以上。

二是银行存放款利差缩小使获利下降。银行业竞争加剧的结果，是各银行都展开价格竞争，降低放款利率，扩大市场占有率，使存放款利差过度缩小。台湾2002年一般商业银行的存放款加权平均利差为3.15个百分点，2005年降至2.21个百分点，2006年降至1.92个百分点。平均存放款利差代表资金运用的报酬，但实际操作中还要扣除存款准备及放款必须支付的营业所得税及印花税，所以实际台湾的存放款利差还不到1.9个百分点，远低于银行业竞争也很激烈的美国，其平均存放款利差还有4个百分点。

在价格和非价格的竞争压力下，台湾银行业获得能力削弱，收益减少。以银行ROA（return on assets资产报酬率）和ROE（return on equity净值报酬率）为例，2000年台湾本地银行的ROA及ROE分别为0.48%和6.19%，远低于美国花旗银行的1.97%和38.3%，以及香港汇丰银行的1.4%和29.6%。不但如此，2002年台湾当局要求岛内银行积极打消呆账，导致整体本地银行的ROA及ROE出现负数，2006年分别为-0.03%及-0.43%。

三是银行信贷品质恶化。在激烈的竞争环境下，银行不惜降低信贷条件拉高业绩，致使企业可以很容易从银行贷款，其中部分资金流向股市及房地产，让银行承担了相当大的信用风险，造成银行债权及信贷品质的恶化。基层金融机构（信用合作社和农渔会信用部）信贷品质恶化程度尤其严重。台湾在1960年代农渔业产值占GDP比重还较高，约30%，但目前不到2%，致使基层金融机构存放款业务萎缩，2000年以后农渔会的营业收入近于停滞，2006年全体农渔会信用部的逾期放款比率平均在10%左右。

四是信用卡债务恶化。台湾开放信用卡业务后，各发卡机构强力促销，使台湾成为全球增长最快的信用卡市场之一，在很短的时间内近于饱和。由于消费者信用过度扩张，部分银行对信用卡的发行及信贷过于松散，加之部分信用卡持有者缺乏正确理财消费观念，过度借贷消费，无力偿还信用卡债务，终于在2005年爆发岛内卡债风暴。

五是银行金融中介功能弱化。随着岛内资本市场及倾向市场的快速发展，企业筹资的方式日趋多元化。一些信誉较好的大型企业在寻求长期资金时，直接在资本市场发行长期公司债，或上市、上柜、办理现金增资，甚至在海外发行全球存托凭证及海外可转换公司债，绕过银行。在需要短期资金时，则发行短期票券，包括商业本票及银行承兑汇票，这些在市场上直接筹资的方式，资金成本低于间接金融的放款利率，因此造成台湾直接金融所占比率逐年提高，银行的传统中介角色不断弱化，致使大多数银行发生资金过剩的问题。此外，台湾产业外移与产业结构改变也对银行传统客户群造成负面影响。

台湾银行业的出路在于充分调动政府、业者和市场的力量，加强金融监管、强化竞争优势、发挥市场监督，才能有效提高银行业的竞争力。台湾银行业正在从多方面着手改革，解决各种问题。

一是推动银行改造。银行就内部组织及管理方式进行评估，调整银行组织架构，改以市场为导向，成立区域中心，信贷分区集中管理，简化作业流程，精简人事，提高经营绩效，改善服务品质，充分利用电脑设备，使信息电子化，提高效率，降低成本，提升竞争力。岛内银行包括中信银行、兆丰银行、第一银行、彰化银行及台新银行在外国顾问公司的协助下，纷纷进行企业改造，依照银行的职能及优先业务，将银行内部组织划分为企业金融、消费金融、信用卡、投资银行及财富管理等部门，以期提高银行经营效率。

二是扩大经营规模。银行合并可实现规模经济，节省成本，提高市场占有率，扩大经营规模。近几十年来，随着科技、通讯的进步，企业规模有大型化趋势，这要求金融机构服务的项目更多，面临的竞争与挑战也随之增加。通过合并互相取长补短是提高经营绩效的主要途径。例如2002年由交通银行与中国国际商业银行合并而成的兆丰银行，规模迅速扩大，据《银行家》杂志2008年统计，该银行已成为除台湾银行（排名第143）外唯一挤进世界前200大银行的台湾地区银行，全球资本规模排名第167名。

三是进行跨业经营。当前国际金融体制的发展，已经由专业分工向综合经营转变，美、欧、日等金融较为先进的国家均已采取金融业综合经营或跨业经营体制，向综合银行的领域发展。在金融控股公司的架构下，商业银行、投资银行、保险公司、创投公司、投顾公司、票券公司、期货公司及综合证券商等均可纳入。通过投资事业的多元化，各项业务的互动，增加竞争利基，扩大营运规模。台湾14家金融控股公司相继成立后，效果已初步显现，部分金控公司税后每股盈余明显增加。

四是加强风险管理。银行经营面临的主要风险包括：信用风险、市场风险、作业风险、利率风险、外汇风险、流动性风险等。在风险日益多样化及复杂化的情况下，风险管理不仅直接关系到银行的获利，甚至可能金融机构经营的健全性。2004年公布的新巴塞尔资本适足率协定规定，自2008年起实施信用风险进阶内部评等法及作业风险进阶衡量法。新协定除要求最低资本适足率外，特别强调主管机关的审查程序及市场纪律。在衡量风险性资产以决定银行最低资本适足率时，不但计算信用风险及市场风险，而且要将作业风险加以计算。台湾银行业也面临建立和加强风险管理制度的任务。

五是实施公司治理。欧美发达国家的银行自1998年起开始实施公司治理，台湾地区的银行也逐渐开始重视并实施。内容主要包括：明确董事会及高阶主管的权责、建立独立董监事制度、制定公司治理最佳实务准则、强化信息披露制度、健全公司内部控制机制、建立股东会通讯投票制度。

六是私人银行业务。当前私人银行业务已经成为国际银行业中最赚钱、发展最快的业务之一。高资产客户是银行盈利的重要来源，私人银行客户带给银行的利润能够达到银行普通零售业务的10倍左右。台湾的千万富翁以每年约10%的速度增长，正在逼近20万人，其行业排名依次是退休人士、中小企业主、企业中高阶主管和专业经理人、农村地主等资产客户、医师律师和会计师。这五类高所得阶段是银行财富管理中心的利基所在，是台湾银行业极欲拓展的领域。

七是电子银行业务。近年来，银行的经营模式正逐渐被网络和电脑取代。银行业竞争越来越依赖速度和成本的竞争，赢家通常是拥有信息科技优势的银行。银行业者需要积极推动电子银行业务的发展，利用高科技通讯设备及互联网对客户提供快速安全和低成本的服务。

（一）专业银行

专业银行是提供中长期专业信用的银行，依性质可分为工业、农业、输出入、中小企业、不动产信用5大类银行。事实上，台湾专业银行在法规制订与实际管理方面已经趋于综合银行业务的运作。

工业银行的主要业务是提供工、矿、交通及其他公用事业所需中长期信用。有台湾工业银行、交通银行、中华开发工业银行。

农业银行主要任务是调剂农村金融，供应农、林、渔、牧的生产及有关事业所需信用。包括“中国农民银行”、台湾土地银行、合作金库银行。

输出入银行的主要任务是提供中长期信用以协助拓展外销、及输入必需的设备与原料。只有“中国输出入银行”1家。

中小企业银行主要协助中小企业改善生产设备及财务结构、及健全经营管理。现有3家：台湾中小企业银行、花莲区中小企业银行、台东区中小企业银行。

不动产信用银行的任务是提供土地开发、都市改良、社区发展、道路建设、观光设施及房屋建筑等所需中长期信用。只有台湾土地银行1家。

（二）商业银行

商业银行是台湾银行体系中的主力，主要业务是吸收存款和提供短、中期信用。习惯上将台湾商业银行分为本地一般银行和外国银行在台分行两类。台湾规模较大的商业银行有：“台湾银行”排名第一，岛内市场占有率9%，世界排名125位；华南商业银行、第一商业银行、彰化商业银行、中国信托商业银行、中国国际商业银行、国泰世华商业银行、台新国际商业银行、台北富邦商业银行、建华商业银行分别排名第二至第十①。国际化是台

①（台）中华征信所，《2005年台湾地区大型企业排名TOP5000》，中华征信所企业股份有限公司，第623页。

湾商业银行追求的重要目标之一。台湾至少有25家本地一般银行在海外设有分支机构，最早在海外有分支机构的银行是中国国际商业银行，在海外设分支机构最多的三家银行分别是：中国信托商业银行（59处）、中国国际商业银行（22处）及建华商业银行（19处）。另外，台湾银行、彰化商业银行和国泰世华商业银行均在海外设有8处分支机构，第一商业银行和华南商业银行分别设有19处和6处海外分支机构①。

（三）基层金融机构

台湾农渔会信用部与信用合作社统称基层金融机构。与商业银行相比，虽同为货币机构，但性质不同。商业银行以营利为目的，基层金融机构以调剂社员资金供需、增进社员福祉为目的，其组织体制是社团组织的非营利法人。农渔会信用部是在农会和渔会下附设的信用经营单位，目的在于促进农渔业生产，繁荣农渔村，是台湾最基层的农渔村金融机构，具有浓厚的地方色彩。长期以来，台湾基层金融机构被视作“填补地上金融与地下金融之间资金缺口的重要金融机构”，但随着台湾开放商业银行和金融控股公司的设立，基层金融机构的重要性不断下降，其存款占整体金融机构的比率也由1990年的20%左右下降到2004年的9%左右，其放款比重也由17%下降至5%。在整体经营环境恶化的情况下，除部分经营较好的个案外，大多基层金融机构面临三种选择：一是改制为商业银行，二是与商业银行合并，三是由主管机关出面强制交由银行接管。

（四）“中央信托局”

“中央信托局”成立于1934年，由“中央银行”筹备创立，总局设于上海，专门为国民党当局办理信托保险与当局采购等业务。1949年，国民党当局迁往台北，“中央信托局”总局随行，业务限于购料、易货、储运与保险。其后，“中央信托局”扩大范围到办理军人及公务员人寿保险等项目。“中央信托局”办理人寿保险的部门是“人寿保险处”，使用的品牌是“中央人寿”。依据“中央信托局”条例”第一条，该局“执行当局政策，办理采购、贸易、保险、银行、信托、储运及其他经中央主管机关指定之特

① （台）于宗先、王金利，《台湾金融体制之演变》，联经出版事业股份有限公司，2005年版，第92页。

种业务”。该局配合台湾经济建设，协助当局机关及公营事业机构采购物资，以及代办重大建设所需设备，并协助当局办理经济外交事宜。“中央信托局”是台湾当局“政府采购”的独家代理，也是唯一授权的招标机构。台湾采购实行集中公共采购体系，即采购的权力由当局垄断，采购方式主要采用招标。“中央信托局”受“财政部”监督，兼有多种政府职能和公有企业的形式，是直接贯彻执行政府宏观调控政策的部门，其采购模式均按公共采购的有关规定进行。当公共采购金额不足上述规定的额度时，或有采购有其他特殊民政部得到批准时，可进行有限招标或直接采购。这时的采购被分为两种情况。其一，岛内采购，政府机构和公有企业可不通过“中央信托局”而自行组织采购。其二，岛外采购，用户无权自行进口，必须委托“中央信托局”代理采购。台湾数十年推行的这种集中采购体系效果良好。它减少了采购重复的次数，实现了规模采购的效益。2003年，“中央信托局”配合台湾当局“金融改革”政策改制为公司，中文全称为“中央信托局股份有限公司”，英文全称维持不变。2007年，台湾当局考虑“中央信托局”与台湾银行业务互补、可多元化发展，要求二者合并。2007年7月1日，台湾银行以合并“中央信托局”，“中央信托局”人寿保险处改制为台银人寿。2008年1月1日，成为台湾金融控股公司的子公司。

（五）票券金融公司

票券金融公司是货币市场的中介机构，不具有信用创造的功能，属于非货币机构。台湾“中央银行”为调节货币供需、抑制物价，1976年至1978年相继促成中兴、国际、中华三家票券金融公司的成立。与欧洲将票券业务归为银行业务不同，台湾金融业务采取专业分工制度，票券业务由专业的票券金融公司经营。1993年台湾开放新票券公司设立， 2001年“票券金融管理法”和“金融控股公司法”通过后，引发票券金融公司纷纷转型，不少票券金融公司加入金融控股公司而成为其子公司，如中兴票券、国际票券、台新票券、玉山票券、华南票券等公司，大众票券则并入大众银行。到2009年4月，台湾共有票券金融公司10家，分公司32家。

（六）信用卡公司

1992年台湾放松金融管制后岛内信用卡业务迅速发展。信用卡公司大多是银行转投资的子公司，台湾发卡量最大的银行是“中国信托商业银行”和台新银行。台湾现有60多家信用卡发卡机构，共发行信用卡约3000万张。按全社会有资格申办信用卡的1100万人口计，人均拥有信用卡2.73张。信用卡购物消费占台湾个人消费总额比重超过12%，信用卡的大量发行也带来“卡债危机”，信用卡银行呆账金额2004年一度高达34亿元台币①。为巩固和扩大以优质持卡人为主的客户群体，岛内各银行配合信用卡业务均组建了规模较大的客服中心。除中国信托商业银行是综合性客服中心，其他银行信用卡业务都设有相配套的客服中心，专门负责信用卡业务的咨询、投诉受理、账务查询、挂失、补寄账单等服务。由于业务集中处理，其客服中心也相应集中设立，一般分为贵宾客户、普通客户及挂失等服务内容。其中最大的中国信托商业银行客服中心有448人，服务全行的400万客户；台新银行客服中心有380人，另有外拨营销部门160人。

（七）信托投资公司

信托投资公司是指以受托人的地位，按照特定目的，收受、经理及运用信托资金与经管信托财产，或以投资中间人的地位，从事特定目的的资本市场投资的金融机构。信托投资公司可经营的业务有：（1）投信业务：包括收受，经理及运用各种信托资金、募集共同信托基金、受托经管各种财产，包括受托管理运用各种年金及其他基金、担任债券发行受托人、受托执行遗嘱及管理遗产、担任公司重整监督人。（2）投资业务：投资公债，短期票券，公司债券，金融债券及上市股票、承销有价证券、自营买卖或代客买卖有价证券。（3）授信业务：办理中长期放款、保证发行公司债券、办理国内外保证业务。（4）其他业务：担任债券或股票发行签证人、代理证券发行，登记，过户及股息红利的发放事项、提供证券发行，募集的顾问服务、办理与其业务有关的代理服务事项，包括经营保管箱及仓库业务。（5）经“中央主管机关”核准办理的其他有关业务。由于信托投资公司所吸收到的资金，不须提列准备金，因而没有创造货币的功能。20世纪60年代，台湾当局为吸收岛内外长期资金，引导民间资金流入投资事业，开始批准设立信托

① （台）《台湾金融发展史话》，台湾金融研训院，2005年，274页。

投资公司。1996年和2000年分别公布实施台湾“信托法”和“信托业法”，2001年底通过“七大信托相关税法修正案”。台湾可以办理信托业务的机构包括信托投资公司及银行信托部，两者信托业务的主要差别在于：信托投资公司的业务有种种规定与限制，台湾“财政部”与“中央银行”会随时派员检查其信托业务办理情况，而银行信托部则属银行的兼办事业，或仅有办理证券代理业务，或兼办一般服务性质的信托。台湾原有许多知名信托投资公司，包括：亚洲信托投资公司、国泰信托投资公司、华侨信托投资公司、台湾第一信托投资公司、中联信托投资公司等，但到2008年，只剩下亚洲信托投资公司一家。信托投资公司可经营的业务有：投信业务、投资业务、授信业务、代理业务、经“中央主管机关”核准办理的其他有关业务。

（八）中华邮政公司

前身是邮政储金汇业局，经由邮局深入台湾各个地区，吸收民间储蓄，除储蓄汇寄业务外，邮务与简易人寿保险也成为邮政机构的主要业务。储金业务于1919年开办，1930年国民党政府正式成立“邮政储金汇业局”，将邮政储金与汇兑业务结合起来。1949年该局首次在台设立办事处，但很快邮政储金汇业局便整个迁到台湾，并于次年整个机构业务被冻结，只保留机构名称。1962年在台复业，却只能吸收存款，不能作放款业务。1992年后，台湾当局开放邮政储金汇业局将存款自由转存到各行库，并可以购买公债、“国库券”、金融债券与有价证券等投资工具。2003年，台湾的邮政总局改制为“中华邮政公司”，邮政储金汇业局改称“中华邮政公司储汇处”。“中华邮政公司”注册资本400亿元新台币，掌握邮政资金超过3万亿元新台币。截至2009年4月，下设邮局1321所，邮政代办所123处。

二、直接金融机构

（一）证券交易所

1958年起，台湾当局多次派员前往美、日等国考察、研究证券市场业务。1959年3月台“经济部”成立“证券市场研究小组”，9月提出具体方案。鉴于证券交易市场以往的弊端及证券商水平良莠不齐，关于证券交易所筹组的原则，台湾当局1960 年 4 月14 日会议决定：初创时期，采公司制组织，由相关金融、信托业及其它公民营事业参加投资。同年9月，“经济部”正式成立“证券管理委员会”，作为管理及监督证券市场的主管机关，同时邀请“中央信托局”、交通银行、中华开发公司等负责证券交易所筹备发起事宜，另征求其它公民营事业为共同发起人，正式集资筹设台湾证券交易所。作为证交所的主管机关，证管会在1997年4月2日改制为“证券暨期货管理委员会”，2004年7月1日，证期会再改列为“证券期货局”，隶属于“行政院金融监督管理委员会”。

1961年6月22日，筹设中的证交所举行第一次发起人座谈会，商定公司资本额为1千万元新台币，并通过筹备委员会组织办法，推派台湾银行、交通银行、“中央信托局”、中华开发公司、台湾水泥公司、大同钢铁机械公司、远东纺织公司为证交所筹备委员会筹备委员。同年7月6日，筹备委员会正式成立，由台湾水泥公司为主任委员，台湾银行为副主任委员，展开认股、策划等事宜。1961年10月23日，成立台湾证券交易所（简称“证交所”），当日举行发起人会议，通过公司章程，选举董事和监察人，并于同月底举行第一届第一次董事监察人联席会议，经选举，辜振甫任董事长、林挺生为常务董事、张人伟为常驻监察人，聘请袁则留为总经理、蔡同屿为副总经理，并依法呈请核准成立，1962年2月9日正式开业。

台湾证交所成立后，为维护市场公平交易及提高作业效率，自1985年8月起分段实施计算机辅助撮合交易作业。至1988年底止，所有股票交易均已纳入计算机辅助撮合交易作业，从而结束人工专柜撮合的历史。为推动集中交易市场交易作业简单划一，提高竞价效率，及避免人为疏失并节省撮合人力。1993年8月2日，台湾证交所将上市股票全面纳入计算机全自动交易系统；同时启用在线监视操作系统，加强对不法交易的监察，维护证券市场交易秩序。同年11月将政府债券也纳入计算机自动交易作业。同年12月20日正式启用“中央公债”巨额买卖计算机交易系统，促进集中交易市场债券交易发展。另为配合台湾当局建立期货市场政策，1992年成立开发小组研订指数期货、债券期货等新交易商品，并协助柜台买卖中心开发完成交易系统。1998年开发期货交易与期货信息系统，并进一步发展柜台买卖中心信用交易系统，促进台湾证券及期货市场的公开、公平及现代化。

台湾证交所积极参与国际证券业界活动。1982年成为东亚证券交易所联合会的创始会员，该组织于1990年改组成为东亚暨大洋洲证交所联合会（EAOSEF）。1989年10月23日正式加入国际证券交易所联合会（FIBV），成为其第29个正式会员。台湾证交所1995年获选为FIBV执行委员会观察员，且担任新兴市场发展附属委员会主席；1996年在台北举办亚洲证券业协会（ASII）年会及国际证券交易所联合会新兴市场委员会，并协办国际证券管理机构组织（IOSCO）亚太区域委员会议；1997年再度协办IOSCO年会；1998年于台北主办东亚暨大洋洲证交所联合会第17届年会，并与几十家交易所签订信息交换备忘录。

台湾证券交易所为促进证券市场商品多样化并提供投资人合理避险渠道，近年来推出一系列金融新商品。2003年1月起开放认售权证的申请上市，并于同年6月30日推出指数化商品——指数股票型基金（ETF）。2004年7月推出以ETF为履约标的的认购（售）权证，2005年3月起开放不动产投资信托受益证券的申请上市。目前在台湾证券交易所集中交易市场上市交易的有价证券包括股票、债券换股权利证书、可转换公司债、公债、受益凭证、认购（售）权证、ETF、台湾存托凭证及受益证券等。

台湾证券交易所是民营的公司组织，设有董事15人、监察人3人，其中各至少1/3为主管机关指派的官派代表。目前台湾证券交易所共有16个部门，其职能如下：

表5.1 台湾证券交易所结构与职能

上市服务部	证券上市推动、审查、服务及上市制度及规章的研拟与执行等。 上市公司重大讯息查证与公开业务，公开发行公司单一窗口申报作业及公开信息观测站管理等。
上市治理部	上市公司财务业务平时、例外管理，及财务报告、财务预测审阅。 上市公司内部控制制度及公司治理执行情形，及上市公司所属集团财务业务等的监管。 注意及督促上市公司信息揭露的实时性与完整性。

交易部	市场交易规章及制度规划拟定，交易撮合作业管理，市场巨额买卖、零股交易、标购、拍卖事项，股票除权、除息计算业务，信用交易业务等。 证券商管理规章拟定，证券商及从业人员变更登记业务及管理，证券商及其人员违规处置业务等。 证券投资的倡导及投资人服务等。
结算部	交割结算规章及制度规划拟定，市场交割结算业务等。 交割结算基金会务处理及借券相关业务等。 相关证券商交割风险控管业务。
监视部	市场监视制度办法及相关业务拟定及规划，市场交易监视及查核作业，执行第四台侧录等。 内部人股权申报业务。
稽核部	证券商财务、业务及其内部稽核作业查核及辅导业务，证券商财务报表审核业务及权证发行业务等。
计算机规划部	计算机业务的计划、研究，设备申购，市场交易、结算相关应用系统开发、设计、测试、品管等。
计算机作业部	计算机系统硬件建置、维护、管理，计算机业务的执行、操作、服务，机电设备维护保养事项等。
信息服务部	因特网信息服务，信息联机管理，信息用户管理，数据库软硬件建置、维护及管理，交易信息及加值产品服务提供等。 办公室网络规划、建置及维护，公司业务计算机化等。
国际事务部	办理对国际证券相关机构组织的联系、接待及国际相关业务处理等业务。
企划研究部	产业分析，证券相关专题的研究，资料的搜集、统计、出版，图书管理，新商品开发，特定项目规划及新闻媒体联系等。
财务部	公司会计、资金调度事宜。 财务出纳、契据、证券保管、转投资事业管理与本公司服务等事宜。

法务议事部	文书、印信、档案管理等业务。 各部门法规编辑、部分法务工作及接受各部门法规修订会签。 办理各项契约、业务规章的会核、法令规章汇编及法律事务的研议、处理等业务。 本公司股东会、董监事会、业务会报等议事及业务的检核等。
人力资源部	人力资源规划、组织编制、人才培育、劳资关系、保全、绩效评核、人员招募及奖惩、财产、庶务、采购等事宜。
劳工安全室	劳工安全卫生等事宜。
内部稽核室	监督本公司内部控制制度的执行等。

资料来源：台湾“金融管理委员”会网站。

（二）证券柜台买卖中心

台湾证券交易所成立之前曾是店头市场盛行的时期，市场操作主要由未受规范的证券经纪商进行，秩序较差，不法行为时有发生，严重危害投资人利益和社会稳定。证券交易所成立后，台湾店头市场被完全关闭，严禁在集中市场以外进行股票交易。1982年10月，台湾恢复债券柜台买卖市场，1988年2月，台北市证券商业同业公会的柜台买卖服务中心筹办股票柜台买卖业务，股票店头市场成立，但由于交易制度不健全，市场交易并不活跃。为健全资本市场，提高柜台买卖市场的功能，台湾当局在1993年、1994年初多次召集会议，检讨柜台买卖市场的建制、功能及组织形态等相关问题，决定以公益性的财团法人组织为主体来推动柜台买卖市场发展。1994年7月，由“财政部证券管理委员会”任命20位筹备委员组织筹备委员会，着手推动财团法人“证券柜台买卖中心”的设立，并于同年11月1日正式成立，由台北市证券商业同业公会接办证券柜台买卖业务。

台湾证券柜台买卖中心的董事会是最高执行机构，由董事长召集并担任会议主席，董事长对外代表中心；设总经理一人，综理中心业务；副总经理一至二人及主任秘书一人。中心各部门分工职能如下：

表5.2 台湾证券柜台买卖中心结构与职能

上柜审查部	股票及其衍生性商品之上柜审查与申请登录事宜。
	相关规章的制定、研究与倡导。
上柜监管部	股票发行人的监督管理事宜。
	相关规章的制定、研究与倡导。
交易部	柜台买卖股票及其衍生性商品的交易及给付结算作业。
	监视制度的建立、管理及实施。
	相关规章的制定、研究及倡导。
	柜台买卖证券商的管理。
债券部	债券及其衍生性商品的上柜及其发行人的管理。
	债券及其衍生性商品的交易及给付结算作业。
	相关规章的制定、研究与倡导。
	柜台买卖债券自营商的管理。
信息部	柜台买卖交易信息、统计数据的制作。
	计算机系统的规划、程序软件的开发与设计。
	交易数据、档案与机房管理。
稽核室	证券商财务、业务查核。
	证券商的财务、业务报表书面审核。
管理部	议事、文书、档案管理及印信典守。
	营缮工程及财物的采购、保管与维护。
	公关、国际事务的联系。
	人事管理事项。
	会计管理事项。
企划部	办理董事会议事、市场倡导、研究发展、项目规划及国际事务等事宜。
内部稽核小组	中心内部财务、业务的查核。

资料来源：台湾证券柜台买卖中心网站。

适合在柜台买卖市场流通的企业类型包括：一是公开发行期较短，这是目前台湾柜台买卖市场的主要成员；二是规模较小，具有发展潜力，许多规模尚未达上市标准但甚具将来性的企业，申请上柜可从证券市场取得资金，以扩大经营规模；三是企业经营者较保守，有些企业经营者全力投入企业经营，不愿见到其股票受到炒作，上柜股票股性较清纯，融资成数低，交易风险较低且上柜股票交易全部以款券划拨方式办理，资金与股票流向容易追踪，作手与主力相对没有兴趣介入经营权的争夺。

股票上柜有以下优点：一是建立公司形象，提高知名度，延揽优秀专业经理人才。股票上柜企业均须经严谨的获利能力、财务结构及内部控制制度等项目审查，可建立公司的大众形象并提高知名度，对业务推展、人才吸引均可发挥广告效果。二是实现长期经营成果。具备上柜条件的公司均经创业股东长期辛勤经营，因其股票未于公开市场流通，公司价值无从实现，将公司股票上柜可使长期经营成果获得实现。三是消除劳资纷争。台湾劳资争端越来越多，主要根源在于劳资双方立场分歧，股票上柜并配合公司法规定的员工分红、认股规定，可使劳工具股东身份，进而立场相近而解决纷争。四是强化公司管理制度。股票上柜审查的重点在于公司是否具备健全财务、会计及预算制度等，并确实遵行，强化公司各项管理制度。五是便利资金筹措，支持公司扩展。股票上柜公司形象良好且所发行有价证券具市场性，易于被投资大众接受，并可以较便宜的成本发行普通股及公司债方式筹集大额资金，以满足公司扩展的需求。

（三）证券公司

20世纪80年代中期，台湾经济环境发生重大变化，民间要求开放参与设立证券公司的声音日益强烈。1988年初，岛内通过了“证券交易法修正案”，由原来的特许制改为许可制，全面开放了证券商的设立（包括兼营承销、自营和经纪业务的综合证券商），打破了经纪、自营的分业限制。到1991年9月,经核准开业的证券商由原先的20家增至376家。90年代台湾股市泡沫破灭，投资人交易惨淡，证券商大量合并或退出市场，2008年证券商总公司家数降至94家。

21世纪初，台湾兴起金融跨业经营并纷纷筹组金融控股公司，证券业的很多公司纷纷加入金融控股公司，成为旗下子公司。但由于岛内股市长期低迷，同时制造业企业纷纷外移，并在岛外上市，使证券业盈利远不如预期。人们普遍预期的证券经纪业务与消费金融、证券承销与企业金融、自营业务与投资业务相结合的金融跨业经营也未达到预期效果。

台湾证券商经营业务包括经纪、承销、自营三大类。具体包括：1. 承销有价证券；2. 在证券交易所自行买卖有价证券；3. 在证券交易所受托买卖有价证券；4. 在其营业处所自行买卖有价证券；5. 在其营业处所受托买卖有价证券；6. 有价证券买卖融资融券；7. 有价证券股务事项代理；8. 受托买卖外国有价证券；9. 兼营证券相关期货业务；10. 兼营证券相关期货交易辅助业务；11. 兼营短期票券经纪、自营业务；12. 其它经主管机关批准办理的证券相关业务。由于客户有多元化的商品需求，台湾对金融机构的业务管理有分业经营的限制，因此证券商多以转投资相关事业的方式提供服务。主管机关允许证券商以转投资方式进行的证券相关业务包括：1. 外汇经纪商（限1家）；2. 台湾证券交易所、期货交易所、集中保管公司；3. 票券金融事业（限1家）；4. 证券投资信托事业（限1家）；5. 证券金融事业；6. 证券投资顾问事业（限1家）；7. 岛内期货商（限1家）；8. 创业投资事业；9. 岛内银行及信托业；10. 岛内保险公司、保险代理人公司及保险经纪人公司；11. 岛内期货经理事业（限1家）。

第一，经纪业务。经纪业务的营业收入来源主要是投资人通过证券商买卖有价证券，证券商提供融资或服务收取利息及手续费。1988年台湾修正“证券交易法”后，综合证券商得以设立，由于其资本额大，业务范围比专业经纪商广，应付股市多空头能力较强。在1990年台湾股市进入空头市场后，专业经纪商受到冲击而倒闭或被综合券商合并，因此1991年起综合证券商分公司快速增加，专业经纪商家数开始减少。网络交易方式的逐渐盛行也对经纪商形成冲击，已经由1997年的近200家降至2007年的不到100家。

第二，承销业务。主要是协助企业办理公开发行、上市、上柜、现金增资及发行可转换公司债等业务。在台湾承销制度未调整前，券商主要以“包销”方式，认购受辅导企业的有价证券，承受较高风险。在证券业实行跨业经营后，券商的承销业务由于跟银行企业金融业务接近，多选择在金融控股公司内部整合，通过共同行销，视企业客户的需求，在创业初期给予创投投资或融资协助，再由金控下属券商子公司辅导上市柜并承销企业有价证券。2005年，台湾实施承销新制度，取消原来的包销制度。承销商对风险较高的中、小型企业承接意愿降低，大型企业融资又面临银行业的低利贷款竞争，使证券承销业面临困境。

第三，自营业务。是指券商自行买卖有价证券获利。投资标的的选取必须以市场及产业研究作为基础，但因研究团队的成本较高，多数证券公司的研发团队人数少，分工也较粗。金融控股公司成立后，对经济、产业各方面的研究成果可以在公司内银行、证券、保险、票券等不同子公司间共享，有利于人事及后勤成本降低，自营业务因此受益。

第四，外资券商。台湾自1991年起开放外资专业投资机构（QFII）投资岛内股市，2003年取消许可制度，改采登记有效制度。外资在岛内股市中的比重不断增加，其持有股票占总市值比例由2000年的15%升至2006年的32%，其交易金额比重由2000年的5%升至2006年的18%，远超过岛内投资信托与自营商的合计，成为台湾股市中最大的投资法人。

证券公司有时也被称作“投资银行”。投资银行其实并非银行，因为它既不接受存款，也不向外贷款，准确地说投资银行应称为“投资顾问公司”。投资银行业务广泛，最基本的业务包括有价证券的承销、自营和经纪业务。在台湾凡是承作做这三项业务的证券商都称为“综合证券商”。虽然台湾证券商可以经营目前国际间投资银行的大多数业务，但限于法规，不能经营涉及银行业务部分，如专案融资、信托业务等。此外，台湾证券商业务与一般投资银行可以经营的业务仍有差异，主要体现在业务范围和实质内容方面。如下表：

表5.3 台湾证券商与一般投资银行的主要业务比较

投资银行	台湾证券商	差异
一般承销业务	不完全提供	无法全额确定包销。 无法从事短期票券承销业务。 承销期间过长。 实务上禁止代销。 海外承销有限制。
创业投资业务	无法直接提供	不能直接从事，可经由转投资创投事业方式，间接从事该业务。
公司重组	不完全提供	仅限于规划咨询服务，若涉及融资安排则无法提供。
公司财务顾问服务业务	可完全提供	无
私募	不完全提供	只能以财务顾问性质参与该业务，无法涉及销售。
专案融资	不完全提供	只能提供专业财务规划及顾问等服务，无法提供所需资金。
公营事业民营化	可完全提供	无
一般自营及经纪	不完全提供	自营商偏重自有账户的买卖，不能从事海外有价证券的投资经纪商不能提供投资顾问服务、现金管理账户服务，无法充分发挥商品行销通路功能。
衍生性金融业务		无法从事涉及外汇的衍生性金融商品业务，无法赴海外从事衍生性商品交易避险。
资产管理	无法直接提供	不能直接从事，但可经由转投资投信、投顾事业及资产管理服务公司，间接从事该业务。
其它事项（汇兑、承销融资、金融资产证券化、保管等）	无法直接提供	不能直接从事，但可经由转投资投信、投顾事业及资产管理服务公司，间接从事该业务。

资料来源：李纪珠主编，《台湾金融改革之路》，“财团法人国家政策研究基金会”，2004，第191-192页。

台湾证券业的发展趋势是营运规模大型化、通路经营精致化、业务发展多元化。近年来证券商总公司家数直线减少，由1996年的229家减少到2008年的94家，呈现大者恒大的态势。尤其在大量金融控股公司成立后，金控旗下券商及大型券商对其它中小券商造成更大的排挤效应。2008年，美国次贷危机引发全球金融危机，受其冲击，台湾证券商总公司及分据点家数将加速整合，其经营也将既鼓励创新又保持传统业务。

第一，扩展合并收购（M&A）业务。金融危机造成的恐慌性杀盘，产生价格偏低，给并购者提供绝好的低成本并购机会。证券业将扩大进行资产评估、收购谈判。证券业长期对产业、个别企业有深入研究，对扩展合并收购业务有优势。

第二，扩大整体业务范围。台湾现行证券法规体系，是将证券业相关业务细分，由不同的业别办理，例如，投资信托和投资顾问作资产管理及全权委托业务，期货商从事衍生性商品的经纪与自营业务，无法发挥规模优势。主管当局可能会考虑将“证券交易法”、“期货交易法”、“证券投资信托法”及“证券投资顾问法”等合并成单一的“台湾资本市场整合法”，可以提升台湾资本市场竞争力。

第三，扩充经营版图。长期以来，台湾证券业进入大陆市场受到岛内主管机关的各种限制。未来台湾证券业可能以参股或设立分公司的方式进入大陆证券市场。大陆证券业在市场发展及制度创新的推动下，将面临极大的发展机遇，业务种类会越来越多，行业规模将越来越大，证券业在金融产业中的地位也会提升。目前外资参股的大陆证券公司中，除瑞银证券及华欧国际外，合资证券公司没有全业务，且持股比例受限制。在两岸签署证券监管备忘录（MOU）后，台资证券业可望在大陆设立分公司或子公司经营相关业务。

依据台湾“证券交易法”规定，证券商的设立，须经主管机关许可及发给证照，才能营业。证券商应与台湾证券交易所签订使用市场契约，并缴存交割结算基金后，方得参加台湾证券交易所集中交易市场买卖。证券商对外执行业务，及在证券集中交易市场的一切行为，应负完全责任。证券商须计算自有资本适足比率，以维持适当的资本，强化财务结构，兼顾经营风险管理，证券自营商也应按月提列买卖损失准备，证券经纪商则应按月提列违约损失准备。

（四）保险公司

保险的本质是保障人身、财产的安全，将不确定因素所造成的风险转嫁、分担，成为确定可承担的范围内。保险业分寿险业和产险业。寿险业又可分为商业性的一般人身保险与政府政策性的社会保险，前者为自愿性的市场交易行为，如人寿保险、健康保险、伤害保险与年金等；后者是依法强制的行为，包括劳动保险、军人保险、公务员保险与全民健康保险等。除输出入保险有政策性含义与汽车保险有强制性外，大多数产险业交易是自愿性的市场行为。尤其是保障人身安全的寿险业，其所扮演的角色是生命风险的管理者，具有其它金融机构不能取代的地位。

台湾“金融监督管理委员会”下设保险局，为保险业主管机关。台湾当局1991年7月1日将前金融司保险科提升为保险司，大幅充实监管人员，以提升保险监管质量，成立初期暂设保险法规与政策、财产保险、人身保险及保险检查等4科，后根据实际需要，于1992年9月1日增设保险辅助人及保户申诉两科，并于2000年5月1日成立汽车保险科。为适应保险市场自由化的发展趋势，国际保险监管重心已渐由业务监管转为财务及清偿能力监管，保险精算所扮演的角色更加重要，2001年9月1日将保险辅助人业务并入第一科，原第五科改制为精算科，以提升组织效能。2004年7月1日成立“金融监督管理委员会”后，下设银行局、证券期货局、保险局及检查局，保险局即为前“财政部保险局”。为提升组织效能和监管效率，保险局下设4组12科，分别是保险业清偿能力组、保险商品发展组、保险市场服务及纪律组、政策服务组。

保险人经营保险业务。1949年，台湾人身保险公司只有3家，产物保险公司只有6家。1960年，台湾当局开放保险公司新设申请，1962年又将申请冻结，此时人身及产物保险公司分别增至10家和15家。台湾当局对保险公司的设立持谨慎保守的态度，严格控制保险公司家数。直到20世纪80年代，在美国不断施压下才开放保险市场。1986年开放美国保险业赴台设立分公司；1993年开放岛内保险公司设立申请；1994年开放岛外保险公司赴台设立分支机构。截至2009年4月，台湾共有人寿保险公司30家（含台湾邮政公司寿险处），分支机构139家，产物保险公司21家，分支机构170家。台湾寿险业规模与增速都大大高于产险业。

表5.4 台湾保险公司表

人寿保险公司一本地公司	
“中央信托局”股份有限公司（人寿保险处）	台湾人民保险股份有限公司
保诚人寿保险股份有限公司	国泰人寿保险股份有限公司
中国人寿保险股份有限公司	南山人寿保险股份有限公司
国华人寿保险股份有限公司	新光人寿保险股份有限公司
富邦人寿保险股份有限公司	国宝人寿保险股份有限公司
三商美邦人寿保险股份有限公司	兴农人寿保险股份有限公司
幸福人寿保险股份有限公司	远雄人寿保险事业股份有限公司
宏泰人寿保险股份有限公司	统一安联人寿保险股份有限公司
台湾邮政股份有限公司（寿险处）	大都会国际人寿保险股份有限公司
保德信国际人寿保险股份有限公司	国际纽约人寿保险股份有限公司
全球人寿保险股份有限公司	安泰人寿保险股份有限公司
人寿保险公司－外商分公司	
新西兰康健人寿保险公司台湾分公司	美商美国人寿保险公司台湾分公司
英属百慕达商宏利人寿保险公司台湾分公司	瑞士环球瑞泰人寿保险公司台湾分公司
瑞士商苏黎世人寿保险公司台湾分公司	法商佳迪福人寿保险公司台湾分公司
美商安达保险公司台湾分公司	
产物保险公司－本地公司	
台湾产物保险公司	兆丰产物保险股份有限公司
华山产物保险公司	富邦产物保险公司
苏黎世产物保险股份有限公司	泰安产物保险公司

明台产物保险公司	友邦产物保险公司
第一产物保险公司	旺旺友联产物保险股份有限公司
新光产物保险公司	华南产物保险股份有限公司
国泰世纪产物保险股份有限公司	新安东京海上产物保险公司
台寿保产物保险股份有限公司	
产物保险公司－外商分公司	
美商安达北美洲产物保险公司台北分公司	美商联邦产物保险股份有限公司台北分公司
港商亚洲产物保险公司台湾分公司	日商三井住友海上火灾产物保险股份有限公司台北分公司
法商法国巴黎产物保险股份有限公司台湾分公司	

2007年年底，在台湾全体金融机构资金结构中，寿险业所提供的资金总额为新台币8,743,378百万元，占全体资金来源的19.5%。近几年台湾寿险业总资产成长情况如下表：

表5.5 台湾寿险业总资产

年度	总资产（新台币百万元）	同比	净增加（新台币百万元）
2003	4,576,263	134.7	1,179,886
2004	5,450,673	119.1	874,410
2005	6,485,405	119.0	1,034,732
2006	7,736,156	119.3	1,250,751
2007	8,712,975	112.6	976,819

资料来源："中央经济研究处"，《台湾地区金融统计月报》，2008 年 10 月。

台湾保险业整体保费收入，由 1991 年的 2125 亿元新台币，增至 2003 年的 12421 亿元新台币，年年都在增长，12 年增长 485%，远高于经济增长率。

寿险业保费增长574%，由1680亿元增至11327亿元；产险业保费收入增长146%，由444亿元增至1095亿元新台币，寿险业规模与增速都大大高于产险业。

保险业有两大经营特点：一是高度财务杠杆。一般产业的资产负债管理多重在资产管理，而寿险业与一般金融业的最大不同在于资金来源主要靠负债。依照平准保费的预收性质，在保单初年度时保险公司收取的保费必然超过实际年龄应缴数额，多收的部分即为保险公司的负债，是构成寿险责任准备金的最重要部分。从寿险业的资产负债表看，负债多由准备金项目组成，权益占资产比例相当低。寿险业资金90%来自准备金，负债结构与一般产业差异较大。二是精算定价模式。一般寿险在定价商品时，都先假设固定的保单预定利率，再计算意外发生的概率，对商品未来可能的现金流量合理估算，收取适当保费。但寿险保单多为长期契约，当市场利率变化大于原先假设时，资产投资报酬率就无法达到预期，寿险业者不可避免会承担相当大的利率风险。基于以上特点，台湾保险业2002年推出投资型保单的销售，并成为最畅销的经营类型。2006年台湾投资型保单的保费收入达3134亿元新台币，年增率高达39%，占寿险与年金险保费收入的25%。

保险人的经营有金融机能，对资金的运用受规范监督。台湾“保险法”第146条规定，资金运用在分散前提下，对投资标的是有金额与比例限制的。资金运用限于银行存款、投资有价证券、担保或质押贷款、投资相关事业、投资不动产与主管机关批准的专案与公共投资。台湾保险业的资金运用，无论在金额上还是比例上都在减少银行存款部分，寿险业与产险业的银行存款比例分别由1999年的20%和46%下降到2003年的4%和29%。同期，有价证券比例由30%和39%均升至41%；寿险业境外投资由4%升至26%；产险业从无到有，并升至10%。这种变化与该时期台湾低利率有关。

（五）期货交易所

为应对证券衍生金融商品的市场需求，增进市场效率，促进价格公平与发展，规避营运风险与增加流通性，台湾当局1997年6月1日核定实施“期货交易法”，同时将当时的“证券管理委员会”更名为“证券暨期货管理委员会”。1998年4月成立台湾期货交易所公司（TAIFEX）。该公司实行会员制，股份分别由银行、证券、期货及证券周边单位4大行业的股东各持有25%股份，法人股东共计213家，单一股东持股不得超过5%。此外，公司的董、监事会中设有公益董事、监察人，另设交易、结算、纪律等委员会以执行市场自律功能。

台湾期货交易所的结算模式是“交易所专属模式”，即期货交易所内设的结算机构作为期货市场的中央对手方，履行为市场进行清算的义务。台湾期货交易所结算部即为台湾整个期货市场结算业务的中心。另外，按照是否具有结算业务资格，台湾期货市场结算体系又可分为个别结算会员、一般结算委员和特别结算会员三类。个别结算会员仅能为自身的经纪或自营业务办理结算与交割；一般结算会员不但能为自己，同时还可以受托于其他期货自营商或期货经纪商办理结算与交割业务；特别结算会员是仅能为期货商办理结算与交割业务的金融机构。因此，从清算层级上来看，台湾金融期货市场的结算架构则可分为三个层次，即：交易所对结算会员结算，结算会员对非结算会员结算，非结算会员对客户进行结算。上述三个层次的结算模式，使市场风险在多个结算环节中得到层层分散与化解，各结算层次因承受着一定的风险压力而努力管理与控制风险，从而使市场风险集中爆发的几率减小。截至2004年10月，台湾期货交易所共有结算会员32家，其中个别结算会员9家，一般结算会员23家，特别结算会员暂时没有。

台湾期货交易所的市场法规架构以1997年3月26日正式颁布的“期货交易法”为主，这是台湾期货交易所、期货结算机构、期货服务事业的法律依据。“期货交易法”分为总则、期货交易所、期货结算机构、期货业、同业公会、监督与管理、仲裁、罚则、附则等9章共计125条。1997年11月11日，颁布了“期货交易法施行细则”。随后，规范各类市场主体的管理规则也相继出台。1997年 5月30日施行“期货交易所管理规则”，1997年12月24日施行“期货市场监视准则”，1998年9月18日施行“财务报告编制准则”和“财务报告编制准则”，2000年9月11日施行“期货交易所设立标准”和“期货结算机构设置标准”，2002年11月8日施行“期货顾问设置标准”和“期货顾问管理规则”，以及“期货经理设置标准”和“期货经理管理规则”，2002年12月12日施行“财务报告编制准则”，2002年12月16日施行“证券商经营期货交易辅助业务管理规则 ”，2002年12月24日施行“负责人与业务员管理规则”，2003年1月14日施行“期货商设置标准”和“期货商管理规则”。为了加强处罚力度以及完善主体机构内控制度，台湾“期货交易法”在2002年6月12日进行了修正。

台湾期货交易所1998年7月21日推出台股指数期货，标志着台湾期货市场的建立。此后，1999年推出“电子类股价指数期货”与“金融保险类股价指数期货”，2001年开始交易“小型台股指数期货”。2003年1月20日推出股票期权契约，契约标的有联华电子、台积电、南亚、中钢与富邦金控等公司，6月30日推出台湾50期货契约。台湾股市的衍生证券金融商品有期货、期权、认购权证与指数基金（ETF）等，2004年后又逐渐推出短期利率与长期公债利率的期权、指数期货、股指期权、股票期权、单一型与组合型的认购权证等。台湾期货市场商品正向多样化迈进，为现货提供避险渠道。

1997 年 9 月，期货与期权在台湾市场推出前，台湾当局就准许证券商发行认购权证，在股市集中市场挂牌交易。2001 年，证券商共发行 183 档认购权证，2002 年、2003 年分别发行 102 档和 272 档，发行数量呈逐年增加趋势，成交值也不断增长，2001 年起成交值分别为 284 亿元、745 亿元、1183 亿元新台币。

期货市场虽在台湾为萌芽阶段，但成交契约总数却成倍数增长，1998年成交契约总数不到28万口，2003年已增至3187万口，但总交易量始终未赶上在新加坡交易的摩根台股指数期货交易量。在发达经济体中，期货交易值大多超过现货交易值，有的甚至高达两倍，但台股指数期货交易值仍在现货市场交易值的22%左右，表示其尚需相当大的发展。

截至2006年12月12日，岛内部分批准期货交易所43种期货或期权商品，岛外共批准29个交易所的342种期货或期权商品。根据美国期货业协会（FIA）统计，2005年台湾期货与期权交易量为92,659,768口，交易量在全球期货交易排名第18位。目前台湾期货市场商品共14种，但交易量均集中在指数类商品，台股指数期货与台指期货交易量遥遥领先于其它商品。

（六）期货公司

期货商分为经纪商及自营商，其设立须经主管机关批准。期货经纪商是接受客户委托买卖期货契约并接受客户委托开设期货交易账户的公司；期货自营商是自行买卖期货契约的期货商。期货商外，期货市场参与人主要还有期货交易人、期货交易辅助人和期货业务员。期货交易人是指委托期货商从事期货交易的人；期货交易辅助人是指协助期货经纪商招揽客户、接受客户下单、再转单给期货经纪商的人；期货业务员是从事期货交易的招揽、开户、受托、执行、买卖、结算等业务的人。2008年台湾期货业的经营分布为：期货交易辅助人占34%、期货自营占21%、期货顾问占15%、兼营期货商占14%、专营期货商占10%、期货经理占6%。

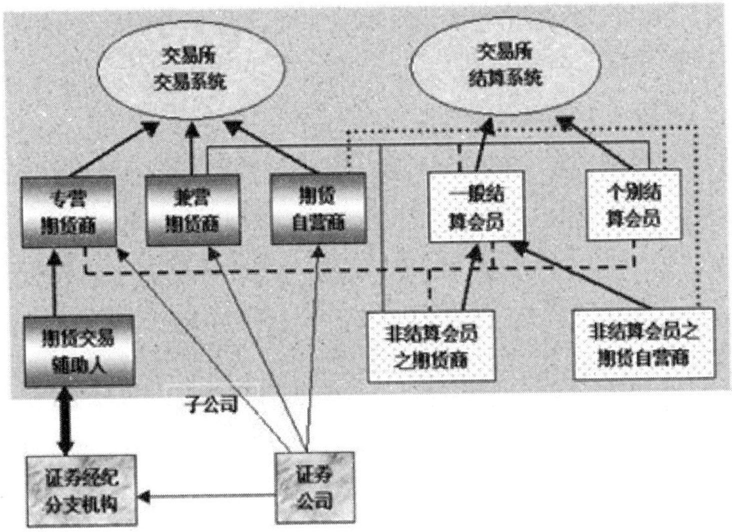

图5.3 台湾期货交易系统图

资料来源：http://wiki.hexun.com/view/7770.html。

目前台湾期货市场参与者多以岛内自然人为主，法人机构参与比例偏低，开户数不足1%。截至2006年11月，交易人在台开户数约117万户，其中绝大多数是自然人。法人较少的原因，一是法人参与期货市场存在诸多限制。由于相关法规对法人操作的限制，投信基金可从事空头及多头避险，目前已有多档参与市场，但常有额度不足的现象出现，且由于仓位限制，导致交易期货数量相当少。银行业可从事空头避险，但不可从事多头避险，目前已有多家参与市场，空方额度尚够，但缺点是仅能建立空方仓位。保险公司与银行业相同，仅能建立空头避险仓位，但增加投资效益的规范不明确。二是政府基金参与期货市场活动少。三是期货商品同质性过高，无法满足法人避险的需求。

（七）金融控股公司

台湾对金融控股公司的定义是：“对银行、保险公司或证券商有控制性持股，并依法设立之公司。”“控制性持股”是指持有银行、保险公司或证券商已发行有表决权股份总数、或资本总额超过25%；或直接、间接选任或指派银行、保险公司或证券商过半数的董事。金融控股公司以控制性持股而掌握银行、保险公司与证券商两业别以上的子公司，同时可投资的领域包括银行业、票券业、信用卡业、信托业、保险业、证券业、期货业、创业投资事业、经主管机关批准投资的外国金融机构与其它相关事业。金控公司成立后的合并方式是营业让与或股份转换。

金融控股公司本身并不直接从事金融业务，仅是一种纯粹控股公司，主要起一种策划或运筹中心角色功能。控股公司着力于将各独立的金融事业群结合成单一集团，进行共同的业务推广、共享客户资料、共享营业设备、场所与人员、共同提供客户一次购足所需服务的便利金融环境，达到资源共享，利益均沾。台湾实行金融控股公司制度的具体目标包括：1. 通过金融经济规模及经济范畴的扩大，强化内部专业分工和提高经营效率，实现组织、管理及财务运用上的弹性化，实现金融机构综合效益；2. 通过引入金融控股公司制度，实现岛内金融机构与岛外大型金融机构的良性互动，降低岛外筹资成本，并通过与国际性知名金融集团进行策略并购合作，实现金融业的国际化和增强国际竞争力；3. 实现集团内各子公司间业务资源整合，促使持股结构、财务及业务信息透明化，并通过合并监管提升金融监管的效率，确实保护存款人与消费者权益；4. 扩大控股公司投资金融相关业务的范围及持股比例，实现各子公司间共同行销、信息相互运用、共同使用营业场所及设备等；5. 通过集中各类专业人员，创新金融新品种，满足客户多元化需要，提升整体经营效益。

台湾实行金融控股公司制度基本上是顺应国际潮流，仿照美、日金融改革推出的举措。长期以来，国际上并行综合银行和分业银行两种金融制度。

以德国为代表的欧洲大陆国家多以综合性银行为主体，业务涵盖融资、保险、证券、投资、信托等领域，甚至直接介入企业运作。以美国为代表的国家实行分业经营和分业监管的金融制度，严禁银行业涉足证券业和保险业。但随着金融创新日新月异，各种衍生金融产品层出不穷，往往融合多种金融工具及业务，使金融、保险、证券的原有行业界线日趋模糊。由欧陆国家综合银行演变而来的金融控股公司大行其道，波及美、日。进入20世纪90年代以后，美国和日本纷纷向金融业整合方向发展。1998年，日本正式施行金融控股公司法案，正式解除设立金融控股公司的禁令。此后，日本迅速形成四大金融控股集团，分别为三井住友银行、瑞穗银行、三菱东京银行和日本联合银行，并已跻身世界前十大银行之列。1999年，美国总统签署金融服务现代化法案，废除银行不得从事证券和保险业务的限制，放松通过金融控股公司直接从事银行、证券及保险业务，并准许原银行控股公司可以申请改为金融控股公司，且允许其从事与金融本质相同的业务，以推动金融机构朝综合化方向发展。“大型化”与“综合化”一时间成了金融集团增强竞争力的国际趋势，台湾当局也在这一潮流下于2001年出台“金融控股公司法”。

台湾“金融控股公司法”的作用是：1. 为台湾金融创立一个以金控公司为形态的经营体制；2. 以控制性持股为手段，强行改制现存金融集团；3. 为金融机构整合提供法源；4. 扩大金融跨业经营范围；5. 租税优惠奖励；6. 合并监管，提高业务与财务的完整性和透明化；7. 风险集中管理。台湾金融控股公司在运作上有以下特点：1. 控股公司的弹性机制。金融控股公司并非跨业经营的唯一选择，条件不具备的金融机构可以选择不设立控股公司。2. 控股公司不参与子公司业务运作。金融控股公司投资非金融相关业务受到严格限制，下属子公司也不得持有控股公司的股份，即不得交叉持股。3. 控股公司的短期资金运用项目、资本充足率和各项财务指标比率有明确规定。4. 凡转换为控股公司的银行、保险公司及券商应以100%股份转换。5. 规定控股公司允许投资的领域：银行业、票券金融业、信用卡业、信托业、保险业、证券业、创业投资事业、经主管机关认定的与金融业务相关的其它领域。

台湾2001年通过“金融控股公司法”后，短短两年内共成立了14家金融控股公司。这是台湾金融发展史上的重要里程碑。按照台湾前“财政部长”

许嘉栋的说法[①]，“金融控股公司的设立，……堪称近几十年来最大的创举，至少在未来的十到二十年内，台湾金融市场的一举一动，都会深受此一政策影响。”金融控股公司的出现改变了台湾原有的金融制度，金融机构向资本集团化、组织大型化和经营多样化方向演变。

2008台湾共有14家金融控股公司，拥有90家子公司，包括15家银行、8家保险公司、14家证券商和6家票券金融公司。台湾金融控股公司成立的最低资本额是200亿元台币，注册资本额在500亿元台币以上的有国泰、兆丰、中华开发和富邦等金控公司。所有金控公司中资产规模最大的是国泰金控，高达2.5万亿元台币，是台湾最大的企业；其次是兆丰金控，资产近2万亿元台币。

金控公司	资产规模 2005年3月	资本额 2004年年底	净值 2005年3月	子公司
国泰	25023	831	1542	国泰世华银行、国泰人寿、国泰世纪产险、国泰综合证券、国泰创投、怡泰贰创投、怡泰管理顾问
兆丰	19660	1137	1571	交通银行、中国国际商业银行、中国产险、中兴票券金融、倍利国际证券、兆丰国际证券投资信托、兆丰资产管理
华南	15502	558	777	华南银行、华南产险、华南永昌证券、华南永昌投信、华南票券金融公司、华南金创投、华南金管理顾问股份有限公司
第一	15086	555	765	第一银行、第一财产保险经纪人、明台产险、一银证券、建弘证券投资信托、第一创投、第一金融资产管理、第一金融管理顾问
富邦	15005	825	1487	台北银行、富邦产险、富邦人寿、富邦证券、富邦证券投资信托、富邦金创投、港基国际银行有限公司、富邦直效行销顾问股份有限公司

① （台）陈骏逸等，《台湾金控大火并》，商讯文化事业股份有限公司，2003 年版，序言。

中国信托	14018	578	997	中国信托商业银行、中信保险经纪人、中信银综合证券、中信票券金融、中信创投、中国信托资产管理
新光	8890	318	442	台湾新光银行、新光人寿、新光综合证券、新寿保险经纪人、新昕证券投资信托
台新	7899	430	687	台新银行、台证综合证券、台新票券金融、台欣创投、台新资产管理、台新行销顾问
建华	5694	395	490	建华银行、建华证券、建华证券投资信托、建华人寿保险代理人、建华财物保险代理人、安信信用卡、建华创投、建华客服科技、建华管理顾问、建华行销顾问
玉山	4823	277	377	玉山银行、玉山证券、玉山票券金融、玉山保险经纪人、玉山证券投资信托、玉山创投
复华	3377	301	389	复华银行、复华综合证券、复华证券金融、金复华证券投资顾问、金复华投资证券信托、复华期货、复华创投、复华资产管理、复华服务管理
日盛	2980	275	301	日盛国际商业银行、日盛证券、日盛国际产物保险代理人
中华开发	2518	1121	1097	中华开发工业银行、大华证券
国票	1978	212	245	国际综合证券、国际票券金融、国际创投

图5.4 台湾金融控股公司版图

资料来源：根据（台）于宗先、王金利，《台湾金融体制之演变》，联经出版事业股份有限公司，2005年版，第342-344页；另综合（台）《金融统计月报》及台湾“金管会银行局”发布的相关资料汇整。

在这14家金融控股公司中，有6家同时拥有银行、保险、证券业的子公司，分别是国泰、兆丰、华南、富邦、新光与第一金控。从金控公司的组成看，以银行为核心的金控公司有：第一、华南、中信、台新、兆丰、玉山、开发、建华、国票等9家；以证券为核心的金控公司有复华、日盛两家；以保险为核心的有国泰、新光和富邦3家金控公司。

金融控股公司制度为台湾金融改革开启一扇大门，但同时也衍生出一些问题。最亟待解决的是如何避免大型企业集团利用金融控股公司非法“掏空”企业，侵占广大投资人利益。此外，金融控股公司成立后，金融机构间的整合并购使经济资源过度集中，造成市场垄断，彼此间产生严重的利益冲突。因为承办业务的复杂性增高，机构内部的制度不健全或部门间的沟通不顺畅导致“内部控管”的问题产生。传统商业银行转型为复合式投资银行的过程中，也有许多层面的问题需待克服，如组织架构上，转型所须负担的人事成本和软硬体设备的开销过大等。另外，台湾经济规模有限，不足以支撑数量众多的金控公司，台湾财经当局认为合理的家数应该减半，即六七家金融控股公司就够了。因此，如何将现有金融控股公司的数量减少到合理规模，又成为台湾当局新的改革任务和难题。

（八）“中央存款保险公司”

“中央存款保险公司”是公营金融保险事业机构，专责办理存款保险、辅导问题要保机构及处理停业要保机构业务。随着台湾经济发展，银行系统的存款余额大幅增长。为保障存款人权益、维护信用秩序、促进金融业务健康发展，台湾当局 1973 年拟订存款保险制度草案。1981 年拟就《建立存款保险制度可行性报告》。1982 年拟订“存款保险条例”，原则上决定成立“中央存款保险公司”。1985 年 1 月 9 日出台“存款保险条例”，4 月成立“中央存款保险公司筹备小组”，9 月 27 日由台“财政部”会同“中央银行”共同出资设立的“中央存款保险股份有限公司”正式开业，接受存款货币机构的参保。依“存款保险条例”法律规定，台湾当局设立“中央存款保险公司”的宗旨是：保障金融机构存款人权益，维护信用秩序，促进金融业务健康发展。存款保险制度创立之初采自由投保方式，以尊重金融机构投保意愿为前提，并无强制金融机构加入存款保险。但为保障全体存款人权益，1999 年 1 月 20 日将存款保险投保方式改采全面投保。2007 年 1 月 20 日存款保险投保方式改采强制申请核准制，凡经依法核准收受存款、邮政储金或受托经理具保本保息的代为确定用途信托资金的金融机构，应向存保公司申请参加存款保险，经存保公司审核许可后为要保机构。费率方面，1999年由原来的单一费率制改行风险差别费率，每年提存的保险赔款特别准备金也由初期的不低于保费收入的60%升至90%。“中央存款保险公司”自成立起就成为四家办理金融检察业务的机构之一，随后又接管了四家之一的台湾合作金库的检查任务，2004年“金管会”成立后才将相应职能和人员移交。

“中央存款保险公司”的组织结构如下：董事会为“中央存款保险公司”最高的决策单位，由董事七人组成，互推一人为董事长，并报“财政部”备查，对外代表公司。董事会负责审议有关存款保险政策、资本增减、预决算分派盈余或弥补亏损、各种章则、重要契约、重要业务及其计划、组织规程、不动产购置及处分、各单位副主管以上及相当职位人员任免、申请要保案件的准驳及对要保机构的终止承保、股东会的召集、董事长提议及其它依法或股东会赋予职权等事项。“中央存款保险公司”设监察人三人，由监察人互选一人为常驻监察人，负责审核各项账目簿册、文件及决算报告、调查业务及财务状况、纠正违反存款保险条例及其施行细则的事项，以及其它依法赋予的职权等。中央存款保险公司置总经理一人，由董事长提经董事会同意后聘任，秉承董事会决议，管理全公司业务，并作为公司所营业务及公司与他人诉讼时的代理人；副总经理一至三人，由总经理提经董事会同意后聘任，辅助总经理处理业务。

“中央存款保险公司”经理部门分设下列处室：1. 风险管理处。负责金融预警系统作业及研发事宜，金融机构经营资讯的搜集、整理、分析与控管，与相关金融监管机关的监管资讯交流及合作事宜，对要保机构提出终止存款保险契约的警告，提出终止存款保险契约相关事宜，协助要保机构加强风险管理事宜，依“银行法”对要保机构办理辅导事宜，协助要保机构处理挤兑事宜，其它有关风险管理事项。2. 清理处。负责办理接管事项，停业要保机构处理策略的规划，为停业要保机构存款人办理赔付，对并购机构或受接管，代行职权的要保机构提供财务协助，为超过最高保额的存款债权及非存款债权办理垫付，设立经营管理及处分过渡银行，办理停业要保机构之清理事宜，办理金融重建基金委托事项，其它有关履行保险责任及清理事项。3. 特别查核处。负责对申请要保金融机构办理实地查核或了解事宜，办理存款保险费基数正确性查核及办理计算保险费及履行保险责任计算赔付金额的电子资料档案建置的查核事宜，办理是否有应终止要保契约的查核事宜，办理履行保险责任前要保机构的资产及负债查核事项，办理停业要保机构及提供财务协助问题要保机构违法失职人员财产资料及民事责任追偿的查核事宜，办理对要保机构与其所从属金融控股公司，该控股公司的其它子公司或农、渔会非信用部门的查核事宜，向政府机关、金融机构或有价证券集中保管机构索取或阅览相关财产及户籍等资料事宜，其它查核、责任追究事项。4. 业务处。负责办理最高保额，风险差别费率及特别保费费率的规划研究事项，办理费率核算、通知、覆审及保费收取等有关事项，办理承保审核、签约及终止要保等事项，办理向“中央银行”特别融资或向其它金融机构垫借事项，办理购买并购机构发行的次顺位债券或以存款方式对其提供资金事项，办理以存款方式对受接管、代行职权的要保机构提供资金事项，办理对过渡银行提供营运资金事项，资金调度与运用事项，其它有关存款保险相关事项。5. 国际关系暨研究室。负责办理国际存款保险机构协会有关会务事项，办理与全球各存款保险机构合作相关事项，接受国际同业委托训练及接待等相关事项，从事存款保险及金融安全网相关问题的研究与有关资讯搜集事项，参与跨国存款保险或金融安全网研究发展事宜，建制存款保险制度资料库，并建立与境内外金融安全网成员的资讯共享机制，定期办理国际研讨会及其它座谈会，办理双语化及强化英文网站资料等更新事宜，国际关系暨研究行政事宜。6. 法务室。负责存款保险相关法令的研拟、汇整及咨询，其它金融法规之研究与搜集，相关法律文件契约的会办、研拟及法律问题研议，有关诉讼及非讼案件的研议及律师委聘，其它有关法务事项。7. 会计处。负责年度预算的筹编及决算的编制，会计制度研拟，账务处理及财务报表的编报，财务收支审核、各项财物采购，财产变卖、交换及报废监办事项，预算执行事项，现金票券及其它财物保管查核事项，会计人员的人事管理，其它有关会计事务事项。8. 秘书室。负责掌理机要事项，文书印信档案管理事项，采购出纳总务管理事项，财产之规划拟编及管理事项，办理公共关系及为民服务事项，工员任免考核奖惩及差勤管理事项，图书管理及协办存款保险书刊行政事项，其它有关庶务事项。9. 人事室。负责组织编制及预算员额、人事规章拟订事项，职员甄选任免迁调事项，职员考核奖惩差勤管理、职员进修训练事项，职员待遇福利保险退休抚恤资遣事项，职员人事资料管理事项，其它有关人事管理事项。10. 资讯室。负责业务电脑化研究规划、资讯应用系统分析设计维护及相关文件编订，资讯网络规划建置运作管理及维护，各项电脑设备建置统筹运用管理及维护，资讯系统之输入及输出资料管制，资讯系统安全控管及媒体档案作业管理事项，其他有关资讯业务事项。11. 政风室。负责政风法令拟订及宣导，员工贪渎不法预防，发掘及处理检举、政风兴革建议及政风考核奖惩建议事项，公务机密维护宣导及泄密查处，机关设施维护安全检查与宣导及危害事件预防，协处民众陈情请愿事项，办理公职人员财产申报及审核事项，其它有关政风业务事项。12. 中区办事处。负责台中至嘉义地区基层要保机构业务。13. 南区办事处。负责台南至台东地区基层要保机构业务。

“中央存款保险公司”成立之初，创业资本仅 8.5 亿元新台币，台“财政部”与“中央银行”各出资 4 亿元新台币，其余由另外 5 家银行各出资 1000 万元新台币。1990 年资本总额达到 20 亿元新台币。为履行保险责任，“中央存款保险公司”可以向“中央银行”申请特别融资。“中央存款保险公司”主要通过以下途径获得资金:初始资本、“政府”注资、保费收入、年度盈余、营业税转增存款保险理赔基金、“中央银行”特别融资。其中，“政府”注资是最主要来源，保费收入因台湾长期实行世界最低费率而比重不大。保费采取“事前收取”的方式，参保单位须每年 1 月和 7 月各缴付一次保险费，基准日为每年的 6 月 30 日和 12 月 31 日。存款保险资金存放于“中央银行”，可投资于政府及金融债券。“中央存款保险公司”承保标的包括新台币支票存款、活期存款、定期存款、储蓄存款、信托资金以及其它经主管机关批准承保的存款。而外币及外汇存款、信托人指定用途的信托资金、可转让定期存单、各级政府机构存款以及银行、中华邮政公司、信托投资公司、信用合作社及设置信用部的农渔会存款、民众有奖储蓄券、“中央银行”存款、同一存款人及信托基金超过最高保额（100 万新台币）的余额等不在保险范围内。1987 年 8 月 15 日，“中央存款保险公司”将最高保额由成立初的 70 万新台币调高到 100 万新台币。

截至2008年11月30日止，全体收受存款金融机构计387家，除德商德意志银行台北分行已受德国存款保险制度的保障，依法可免参加台湾存款保险，另有3家新设金融机构（包括2家农会信用部和1家外国银行在台分行）尚未参加存款保险，其余383家金融机构均参加存款保险。

表5.5 台湾金融机构参加存款保险概况表

截至1997年11月30日止金融机构		可投保家数	已投保家数
	银行	35	35
	外商银行	32	30
	信托投资公司	1	1
	信用合作社	27	27
民营金融机构	农会信用部	264	262
	渔会信用部	25	25
	小计	384	380
公营金融机构	银行	2	2
	中华邮政公司	1	1
	小计	3	3
合计		387	383

资料来源："中央存款保险公司"网站。

"中央存款保险公司"成立后在辅导和处理问题要保机构上绩效显著，20 世纪 80 年代末以来，在第一时间平息了多起恐慌性挤兑事件，并总结经验制定了一系列平息挤兑的应变措施及各方协调机制，同时根据"预防胜于治疗"的理念，在 90 年代建立了包括专责辅导员制度、网络联机作业在内的场外预警监控机制，在一定程度上降低了挤兑的风险。例如，1996 年至 2002 年成功处理 8 家金融机构的挤兑事件或财务危机，并顺利完成"财政部"指定的监管或接管任务，2003 年成功辅导两家信用社改善经营状况，2004 年以分割不良资产标售方式处理高雄区中小企业银行，均成绩斐然。

三、地下金融机构

台湾当局将“地下金融活动”限定为“一切逃避税负与管制的金融活动”，除资金借贷活动外，还包括黄金、外汇的买卖活动。台“银行法”的定义是“非法定金融机构所从事的金融活动”。具体活动类型有6种：标会（合会）、同业或关系企业间资金调度、存放厂商的企业员工存款、分期付款公司及租赁公司、票贴、黑市黄金外汇买卖。

随着台湾经济快速发展，民间储蓄不断增长，民众投资知识增加，有提高资金运用效益、谋取最大收益的需求；同时各类型金融专业人才增多，可为企业及社会大众提供多样化金融服务，但在严格的金融管制下，只好转入地下活动，赚取高利润。

一是银行管制。当时台湾金融体系以公营商业银行为主，功能狭隘，服务不周，贷款谨慎而保守，对担保品估价偏低，不愿主动争取小客户，使中小企业及个人难以取得所需要的全部资金，只好求之于地下金融。又因金融业存在联合垄断局面，各金融机构利润丰厚，税前纯益占股本比重常在100%左右，引诱一般人从事地下金融活动分享暴利。

二是利率管制。台当局常人为压低利率，实质利率数年出现负数，丧失吸收资金的优势，使民间资金大量流入地下。在利率议定方式下，各行库存款利率一致，放款利率上下限也一致，使各行库无法针对个别客户的特性或信用状况作弹性调整，在资金吸收上处不利地位，也无法对信用条件较差的客户提供适当贷款。

三是外汇管制。在台当局长期严格的外汇管制下，几乎全部外汇资产均集中于银行体系。银行体系岛外资产净额巨幅上升，对外投资所占比重却很小。外汇市场只能反映贸易收支的情况，金融交易受到严格限制，新台币汇率易单向变动。民间外汇黄金需求无法自官市获得满足，只好求之于黑市。

地下金融活跃还由于存在其它影响因素：

一是地下金融特性。地下金融中介放款不用财务报表，只重抵押，估价高，手续方便迅速，贷款期限通常很短，能满足部分借款者的急迫资金需要。据台湾经济研究院调查，当铺与地下钱庄贷款期限最短，其次为同业贷款，较长的是标会、员工股东与租赁公司的贷款。

二是资金需求特性。地下金融的借款者多为中小企业或个人家庭。中小企业多经营管理落后，财务结构不健全，无法提供经会计师签证的完整财务报表，难符金融机构融资条件；且因资产不多，无法提供足够抵押以取得所需融资，只好转向地下金融。急需资金的民众，因银行作业较慢，或无能力向银行借款，转而求之于地下。

三是税负不够合理。一方面，银行存款利息和股息纳税较重且手续繁杂，存款人还有被税务机构追查所得来源的风险，致使许多人不愿把钱存放银行，使部分资金流入地下金融中介；另一方面，正规金融机构营业税较高，再加上35%的企业所得税，使之与逃漏税收的地下金融中介相比处于不利地位，以致从事地下金融活动者越来越多。

据台当局20世纪90年代估算，当时台湾地下金融资金流量约6000亿元新台币（约200亿美元），规模及占GNP比重均为世界第一。民营企业很大部分资金来自地下金融借款，占总借款比重高达33%。大规模的地下金融虽有利于民营企业拓宽融资渠道，但也对台湾经济造成较明显的负面影响。

一是降低宏观调控力度。80 年代中后期，台湾出现巨额外贸顺差，衍生过量货币供给额，台当局采取紧缩政策，先后于 1988 年 12 月和 1989 年 4 月两次调高各类存款准备金比率，但却未能达到预期效果。由于地下金融的盛行，货币供给额 M1A（现金 + 支票 + 活期）和 M2（M1A+ 活期储蓄 + 定期储蓄 + 外币存款）始终在 15% 左右，居高不下，致使经济持续过热，宏观调控失效。

二是助长泡沫经济泛滥。地下金融活动为获取投资高回报率，将台湾股市、房地产市场作为资金投放的首选目标，造成台湾泡沫经济泛滥。台湾股价指数从1986年超过1000点，到1990年超过12000点，期间经历长达40个月的多头，然后开始狂跌，在不到8个月的时间内，股价跌落万点以上，造成台湾空前的泡沫破灭。期间，台当局虽对地下金融采取措施，如1989年7月台当局整顿地下投资公司，使股价一度跌回8000点，但因力度太小收效甚微，8月底冲破万点，次年 2月涨到12682点，创台湾股市最高纪录，至今未破。房地产泡沫也同步产生，全台平均房地产价格上涨率由1987年的10%，飙升到1990年的103%，进入90年代后基本破灭，一直未能恢复元气。

三是投机影响社会安定。由于地下金融活动利率高，许多借款人、贷款人带有明显投机心理，甚至演变成纯粹的金融投机行为，因参与地下投资公司发生破产的事件司空见惯。地下金融中介以平均40%的高额利息大量吸收民众储蓄，再投放至股市和房市，遇到泡沫破灭则难以为继，因缺乏有效的法律监管而发生大量财务纠纷，黑社会的涉入更增加了社会不安定因素。

四是腐蚀税基减少税收。1995年3月台“行政院主计处”对地下金融调研，估计地下经济活动金额约占“国民收入”的18%，因在税务部门控制之外，大量所得税收偷逃。由于不公平竞争，一些正规合法的金融活动也被迫转入地下，税基受到侵蚀。

为限制地下金融，台湾当局采取措施加强管理。

首先是健全金融体制。1. 强化金融法制管理。金融当局成立研究小组，汇集各方意见，1989年大幅修改“银行法”。新法进一步明确地下金融活动中“收受存款”的定义和范围，“谓向不特定多数人收受款项或吸收资金，并约定返还本金或给付相当或高于本金之行为”；并加重处罚，上限由原来的5年有期徒刑和25万元新台币升至7年有期徒刑和300万元新台币。2000年再次修改“银行法”，放宽银行经营业务范围，提高经营效率。当年还出台“信托业法”，促进金融业务多元化。次年颁布“票券金融管理法”，以促进货币市场健全发展。2002年通过的“金融资产证券化条例”，为金融机构筹资与投资人投资提供多样化渠道，使地下金融活动日益没有市场。2. 增加金融机构种类及数量。1990年，台“财政部”开始接受开设银行的申请，三年内批准了16家新银行，使岛内民营银行的数量迅速超过公营银行。同时，给予租赁公司、分期付款公司等金融周边机构法律地位，授权主管单位依法制定管理办法，予以有效管理监督。准许民间或金融机构投资设立财务公司，让其向银行借款或发行商业本票、公司债等取得资金，然后对中小企业及个人办理贷款。大幅放宽各类金融分支机构设立的限制。3. 放宽利率管制。1985年废止长期以来一直实行的《利率管理条例》，各银行可在“中央银行”核定的上下限内自行制定利率。1989年颁布新的《银行法》，废除由“中央银行”核定上下限的规定，银行利率完全自由化。利率放开使正规金融机构可以运用利率杠杆与地下金融中介竞争，逐步取代原有官市和黑市的利率“双轨制”。4. 放宽外汇管制。1989年取消“中心汇率”，汇率制度由原来的“机动汇率制”向完全浮动更近一步。1990年12月，台当局取消“小额议定汇率”，交易汇率完全由各银行自行决定，但规定差额不得超过新台币0.10元。1991年3月将民间汇出汇入款上限均改为300万美元，1992年10月又大幅提高至500万美元。1994年1月将公司企业每年汇出汇入款限额提高至1000万美元。1996年6月再次大幅放宽外汇管制，由各银行自行订定外汇部位限额，代替以往由“中央银行”单方面核定限额的管理措施。

其次是提高机构效率。1. 一般银行。公营银行民营化改造，提高其竞争能力。放宽对外商银行的业务限制，准其设立分支机构，以增加对本地银行的竞争压力，共同提高经营效率。1993年，台当局放宽金融分支机构的增设，同时放宽了外国银行赴台设立分支机构的限制，并鼓励岛内银行到海外设立境外分行。2. 中小企业银行。恢复标会业务，标会利率高于银行放款利率，使标会纳入正轨。3. 信托投资公司。解除对信托投资公司设立分公司的限制，将信托投资公司改制为信托银行。4. 信用合作社。解除分社设立限制，由各信用合作社依其能力自行决定，但由金融当局严格审查是否符合设置标准。存款利率较一般银行高，取消非社员存款限额的规定。5. 邮政储金。准其设置资金运用部门，办理放款与投资业务，合理运用资金。放款业务包括公用事业开发性贷款，对家庭及个人的消费性贷款，或对小企业的动产抵押贷款。6. 证券市场。修改上市股票定价办法，提高上市意愿。降低上市标准，鼓励有发展潜力的中大企业上市，以扩大市场规模。严格查核上市公司的财务及经营状况，加强对上市公司的管理，使投资者对企业经营具有信心。7. 货币市场。放宽票券金融公司的设立标准，促进竞争。增加发行量及种类，由投资者自行决定，鼓励小额投资的社会购买，增加货币市场的交易筹码。8. 当铺业。放宽当铺数量，允许当铺增加分铺数，扩大服务范围，增加资金来源，提高每人借款限额，放宽典当品种限制。

再次是转型地下金融。1. 准许金钱借贷者设立登记，但规定其利率上限，不准公开吸收存款，不准暴力讨债。1999年4月2日，台湾“立法院”通过的“民法债编”首次以法律形式对于台湾民间盛行的合会（标会）活动做出了详细规范。2. 准许各大企业成立信用互助会，制定管理办法，对组织、利率、额度、财会、人事、罚则等问题作一般性规范，使企业内员工存款及标会纳入管理。3. 准许岛内黄金自由买卖，条块仍不准出口，避免资金外流。金条可作银行借款，以加强对当铺业竞争的压力，促使当铺业贷款利率接近银行业贷款利率。

最后是建立信用体系。1. 加强追究会计师对公司财务报表不实签证的责任。2. 建立签证会计师许可制度，提高公司财务报表公信力。3. 授权会计师监督公司业务及财务状况，借助会计师完善财务管理。4. 建立公司资料公示制度，任何个人、企业均可通过电脑取得公司资料。5. 逐步全面实施公司年度财务报表须经会计师签证制度。

第三节　台湾金融市场

台湾“行政院金融监督管理委员会组织法”第二条规定，金融市场包括银行市场、票券市场、证券市场、期货及金融衍生商品市场、保险市场及其清算系统等。

一、股票市场

台湾股票市场是台湾工业化过程中的产物，也是台湾市场经济发展到一定阶段的必然结果。台湾股票市场不但是融通资本、活跃经济的重要渠道，还与台湾的政治形势和社会稳定联系密切。

（一）形成与发展

第一，萌芽期（1953年–1961年）

台湾股票市场的最初形式是日据时期的店头市场，日本统治者创办“台湾有价证券组合”和“台湾有价证券株式会社”，作为日本证券交易所的在台经纪人，交易日本公司股票，规模极小，管理混乱。国民党当局退据台湾后，基本沿袭了日据时期的店头市场。随着岛内土地改革的推行，台当局实行对强制征收的土地用股票进行部分补偿的政策。当时岛内尚无大型民营企业，股票主要来自台泥、台纸、农林、工矿等为数不多的公营股份制公司，这些股票的大量增加导致无秩序的店头市场交易活跃。为加强管理，1954年1月台当局公布了“台湾省证券商管理办法”，并于次年7月修订。然而对店头市场的改造并未满足股票投资者的需求，却使股票交易量骤降，股票市场由盛转衰。50年代末到60年代初，在美国专家协助下，台当局1960年9月成立了证券管理委员会，1961年2月出台了“证券商管理办法”，积极为成立股票集中市场做准备。

第二，成长期（1962年–1984年）

台湾股票市场诞生后经历了20余年的缓慢发展，主管当局陆续出台各种法规对交易制度不断加以完善。1961年10月23日，台湾当局成立台湾证券交易所（简称“证交所”），1962年2月9日证交所正式开业，同时岛内店头市场关闭，严禁场外交易，台湾股票市场初具雏形。最初规模非常小，上市公司只有18家，股票25种，市值68亿元新台币，全年成交总值只有4.6亿元新台币。证交所开业后的6年间，台湾股市完全被公司大股东及做手控制，人为制造股市的暴涨暴跌，也被称为“蛮荒时代”。1968年4月，台当局颁布“证券交易法”，为股票的发行与流通管理奠定法律基础，也对操纵股市的行为进行制约，但此时台股几经折腾之后已如一潭死水，少有人碰。直到1971年台湾证券交易所开始编制发行加权股价指数（当年股指为100），台股才起死回生，再次出现连续大涨，1972年和1973年的涨幅分别为81%和128%。1973年成为台湾股票史上量、价均取得突破性增长的重要年份，股指从年初的200多点一举冲上500点，随后转熊。同年7月，为刺激开始下跌的股市，台当局公布了“授信机构办理证券融资融券业务暂行办法”，允许台湾银行、台湾土地银行及交通银行3家银行先开办股票融资信用交易。但该“办法”实行的是只融资不融券，且只对买进者融资，不对卖出者融资，因此也被称为“跛足信用交易制度”，并未能挽救股市，加上能源危机的冲击，1974年台股转为空头市场，开始了长达三年的整理格局时期。1977年下半年起，股市重新上攻，次年10月创下688点的空前高点后又开始长达四年的低迷期。台当局再次运用推进融资融券的办法刺激股市，1979年公布“证券金融事业管理规则”，取代原有的“授信机构办理证券融资融券业务暂行办法”，1980年4月复华证券金融公司开业先办理融资，并于同年7月开办融券，完整的信用交易正式开展，但股市仍无明显起色。这段时期也是做手猖獗的阶段，美国《华尔街日报》批评当时的台湾股市是“吃人的市场”，台当局为彻底整顿股票市场，打击内线交易之风，1982年对主管部门进行大幅改组，起用有为才俊，整顿上市公司财务，推行电脑交易制度，直接催生1983年开始的一年多的多头行情，并为日后台股出现的大高潮打下基础。同年8月，台当局公布了“证券商营业处所买卖有价证券管理办法”，并在10月份恢复了店头市场，开始上市上柜股票同时合法交易的时期。

第三，高峰期（1985年–1990年）

在外贸出现巨额顺差导致新台币大幅升值的背景下，这段时期台湾股市出现了举世罕见的大幅飙涨。1985年台湾股价指数仅700多点，但到1990年2月竟冲至12600多点，五年上涨17倍。这段时期，台湾岛内掀起“全民炒股热”。从1985年到1990年，岛内开户数由40万户暴增到503万户，平均以每年翻一番的速度增加，而上市公司家数由127家仅增至199家，股票种类由130种增至213种，增长幅度有限。同期台股总市值由4157亿元新台币增至26819亿元新台币，成交值由1952亿元新台币增至190312亿元新台币，增幅均创历史纪录。台股成交值在全球股市的排名由1987年的第8名迅速升至1989年的第3名，仅次于东京和纽约股市。台湾当局则利用股市蓬勃发展的时机大力推进台股的制度建设。1988年台湾通过了“证券交易法修正案”，全面开放证券商的设立，并打破经纪、自营的分业限制，一改原有4家证券投资信托公司的寡占局面。到1989年底，经核准开业的证券商由原先的20家增加到249家，1990年底更多达373家。1990年台当局开放外资券商在台设立公司，规定外资专业投资机构（QFII）投资台湾股市总额度为25亿美元。而在此之前，大量国际热钱已通过各种途径涌入台股，对股价强劲扬升起到推波助澜的作用。此外，由于担心股市泡沫过大，台湾当局决定以开征证券交易所得税给股市降温。该措施70年代初也曾试行过，但因税务资料不易取得而匆匆停征，但随着1987年底台湾上市股票一律纳入电脑辅助交易系统，股票交易及资金流向也开始可以通过电脑个人资料获取，已经初步具备征税条件。然而1989年9月宣布征税后，却引起股市轩然大波，股价重挫，投资人上街请愿，台当局在各界压力下被迫直接参与做多，拉抬股市终于止跌反弹。次年，在台股飙涨不断创出新高的时候，股市泡沫突然破裂，股指由1990年2月12日的12682的高点直跌至10月22日的2485点，跌幅超过80%。台湾当局为此停征证券交易所得税，至今未复征。

第四，成熟期（1991年至今）

经历了高峰期的大涨大跌后，台湾股票市场日渐成熟，虽然股价指数迄今再未达到过当年的高点，但台湾股市却在改革与开放的道路上取得显著进展。改革措施主要是开放金融商品、交易主体及经营业务，具体包括：1991年大幅放宽银行办理衍生性金融商品业务；1993年发布证券商设置标准，统一岛内与外资券商业务范围；1995年全面开放银行承做票券业务；1997年开放股市认购（售）权证，成立中华信用评等公司，修正“证券交易法”，不再限制同一地区仅能设一家交易所；1998年成立台湾期货市场，并发布证券商自有资本管理办法，建立资本适足性规范；2000年修正“证券交易法”，开放库藏股，开放第二类股上柜，开放全权委托代客操作，放宽商业银行投资股票市场比例为25%；2002年成立兴柜股票交易市场，开放证券商经营新台币利率衍生性商品业务，放宽证券商转投岛外事业的范围，放宽全权委托代客操作的资金投资岛外有价证券。开放措施主要是开放外资进入比例、交易领域及相关业务，具体包括：1991年首度核准外资（亚洲开发银行）来台发行债券；1992年开放发行海外存托凭证，供台湾企业募集岛外资金；1994年开放岛外人士开设新台币账户，并取消外资券商家数及岛外人士投资券商比例限制；1995年取消外资投资台湾股市75亿美元总额限制，投资比例上限由10%提高至15%；1996年取消外资投资股市本金及资本利得汇出期限的限制，开放岛外自然人及一般法人投资台湾股市，提高全体外来人投资比例至25%；1997年提高全体外资投资股市比例至30%，取消信托投资公司外资比例不得超过40%的限制，开放外资来台原始股上市，及台湾企业至海外原始股上市，扩大OBU业务范围，可进行居民外币存款及办理境外证券业务等；2000年放宽外资投资金额比例，包括调高单一外资投资机构投资台湾证券最高限额，由现行15亿美元提高为20亿美元；个别外资专业投资机构投资台湾证券额度提高至15亿美元，投资台湾上市上柜公司股票最高可达该公司发行股份的75%；自12月30日起取消外资对台湾发行公司股票投资比例的限制；2001年放宽白领岛外人士来台工作的限制，放宽外来人士投资土地及不动产限制，放宽QFII资格条件，申请案核准后1年内需汇入核准款延长为2年；11月1日实施“金融控股法”；2003年取消QFII制度，改采“一次登记，永久有效”制度，完全开放外资机构投资人进入台股，使外资在台股市场中的比重大幅提升。此外，台湾在股票市场纪律化方面也有所推进，如1990年开始设立股市监视制度、2002年引进独立董事及监察人制度等。

1991年-1995年间，台股指数一直在5000点上下波动，接着连续两年上涨，中间虽有1996年因两岸关系紧张而一度受重挫，但1997年台股还是实现历史上第二次突破万点，在8月27日达到10256点。随即受到亚洲金融危机的冲击，骤降2000多点，但与亚洲其它股市相比，受伤相对较轻。然而，进入1998年，台湾经济表现逐季变差，出口缩减，经济增长放慢，不断有上市企业跳票事件发生，企业财务危机频传，终于爆发“本土性金融风暴”。从1997年6 月底到1999年2月4日，台湾股市跌幅为39%，较之韩国的26%、新加坡的31%、日本的32%、泰国的35% 反倒更严重。台湾当局为应对“本土性金融风暴”的冲击，采取三项措施：降低银行业营业税、降低存款准备金率、对证券交易税采取弹性税率，此后台湾股市逐步走出困境。2000年台湾“大选”前，大量基金纷纷入场，同时台湾资讯电子等高科技产业经营业绩优异，增长势头迅猛，推升股市第三次突破万点，2月17日达到10256点的高点。2001年，国际上网络股泡沫破裂，美国纳斯达克股价重挫，波及到与其联系密切的台湾股市，尤其是台股中比重较大的电子股出现大幅下挫，台湾股指一度重挫至3411点，随后缓慢爬升，但总的说来其后几年台股始终低迷。2007年受到整个亚洲股市走强的影响，台股逐渐上涨，一度逼近万点大关。但在8月份美国爆发次贷危机的影响下，台股自10月的9800点的高峰开始下跌，虽在2008年5月20日马英九就职前有所回升，但马上台后股市再次急转直下，从5月20日的9295点跌到10月20日的4931点，跌幅高达47%。多年的股市不景气也导致岛内证券商总公司家数由1991年9月鼎盛时期的376家降至2008年底的94家。直到2009年9月，台股才在大陆股市连续上涨的带动下回升至7000点以上。截至2009年3月底，台湾上市公司725家，岛内上市公司总市值13.2万亿元新台币，上市公司总市值占GDP的比例为99%。该比例反映该经济体金融深化程度，也间接反映其资本市场发展潜力。金融业发达的先进国家该比率均大于100%，且波动稳定，按照该指标，台股近年来表现已经较为成熟。

（二）市场构成与基本制度

第一，市场构成。

证券及期货管理局。根据台湾“证券交易法”，成立于1960年的台湾“证券管理委员会”原为股票市场的主管机关，1997年4月2日该委员会改制为“证券暨期货管理委员会”，2004年7月1日改为“证券期货局”，隶属于“行政院金融监督管理委员会”。

证券交易所。台湾证券交易所股份有限公司是台湾地区证券集中交易的唯一场所，是由45家金融机构、信托机构及其它民营事业共同集资组成，其中公股占39%，民股占61%。台湾证券交易所虽是民营的公司组织，设有董事15人、监察人3人，但其中各至少1/3为主管机关指派的官派代表。目前台湾证券交易所共有16个部门，履行“证券交易法”赋予的职权。

证券商。台湾证券交易所成立之初，证券商不到10家，1988年岛内修正“证券交易法”后，全面开放了证券商的设立，证券商数量迅猛增加，1991年9月多达376家。90年代台湾股市泡沫破灭，投资人交易惨淡，证券商利润下降，大量合并或退出市场，到2008年证券商总公司家数降至94家。作为有别于自然人的机构投资者，证券商和外资法人、以及下面将要提到的证券投资信托公司在台湾被并称“三大法人”，是影响台湾股指走势的主要力量。

证券投资信托公司。证券投资信托公司是指发行收益凭证，募集证券投资基金，代替个人从事证券投资的专门机构。1982年9月，台湾通过“引进华侨外资投资证券计划方案”。从1983年8月起，先后批准了国际、光华、建弘、中华4家证券投资信托公司，在海外发行收益凭证汇集资金投资于台湾股票市场。从1986起4家公司推出以岛内投资人为对象的收益凭证，以投资台湾股市为主。1988年底又联合国际著名投资公司，参与投资海外证券业务。为增加股市法人投资者的比重，1991年8月底，台当局审核通过“证券投资信托事业管理规则”修正案，开放了证券投资信托公司的增设。2009年7月岛内共有39家证券投资信托公司。

证券金融机构。证券金融机构是对投资人融通资金或证券的机构，即提供信用交易的机构。1974年4月开始实施“授权机构办理融资融券业务暂行办法”，开放台湾银行、交通银行、土地银行3家银行办理融资。1979年7月台湾公布了“证券金融事业管理规则”，1980年4月成立了专业证券金融公司——复华证券金融公司，办理融资融券及证券的集中保管业务，建立了完整的信用交易制度。2009年7月，岛内共有4家证券金融机构。

证券投资顾问公司。证券投资顾问公司是从事经济预测、产业与股市分析，并将分析结果提供给顾客的有偿服务事业。它多为与证券商及证券投资信托公司相关联的企业。2009年7月岛内共有109家证券投资顾问公司。

证券集中保管公司。台湾证券集中保管公司成立于1989年10月。1989年12月29日台“证期会”颁布“有价证券集中保管账簿划拨作业办法”，1990年8月完成了全台证券商的连线作业。投资人开立集中保管账户后，发给证券存折，其股票就由保管公司保存，保管公司与各证券商有连线资讯系统，可为投资提供证券送行、划拨交割、交易查询、代理过户等一体化服务。

第二，交易制度。

台湾股票市场分为集中市场、店头市场和兴柜市场。三种市场的交易对象分别为上市股票、上柜股票和兴柜股票。每种股票又涉及发行和交易两个层面，发行市场又称“一级市场”，为股票发行者提供筹集资金的渠道，也为资本供应者提供投资机会，交易市场也称“二级市场”，为已发行股票提供转让流通的场所。

台湾股票发行有两种方式：直接销售或公开发行。前者又称“私人募集”，是不通过股票承销商而直接由发行公司将股票销售给一个或几个特定的个人或法人投资者，如保险公司、各种基金组织等，不对投资大众公开发行，但这种股票不能在二级市场出售，流动性不高。相对应地，公开发行方式则指发行公司向社会投资大众公开推销发行股票，发行过程必须依照“公司法”或“证券交易法”的规定办理，除需公开发布业务状况外，还要公告经会计师签证的财务报告，且需经主管部门批准才能办理。公开发行又分设立、增资、补办三种。台湾“公司法”规定，股份有限公司资本达到一定金额以上时，股票应公开发行。

1997 年前，台湾按照实收资本额、资本结构、股权分散、承销方式等指标把股票分类为第一、二、三类股票。1997 年 7 月 1 日起变更分类方法，台湾发行股票只分为上市股票与上柜股票（见下表），与上市相比，带有创业板性质的股票上柜门槛明显较低。2002 年，台湾为抑制非法地下证券商为中介的未上市上柜股票的交易成立了兴柜市场，其股票需升格为上市上柜股票才能合法交易。

表5.6 台湾股票挂牌条件表

市场分类	上市	上柜	兴柜
资本额	实收资本额达新台币6亿元以上，科技产业新台币3亿元以上。	实收资本额达新台币1亿元以上。	无
设立年限	依“公司法”设立满5年。	依“公司法”设立满3年。	无
获利能力	最近会计年度决算无累计亏损，且营业利益及税前纯益占实收资本额比率符合以下标准之一： 1. 最近两个会计年度均达6%以上； 2. 最近两个会计年度平均达5%以上，且最近1年度好于前一年度； 3. 最近5个会计年度均达3%以上。	营业利益及税前纯益占实收资本额比率符合以下标准之一： 1. 最近年度达4%以上，且最近1个会计年度决算无累计亏损； 2. 最近两个会计年度均达2%以上； 3. 最近两个会计年度平均达2%以上。 科技产业无获利能力要求。	无
股权分散	股东1000人以上，持有1千到5万股者不少于500人，且持股20%或1000万股以上。	股东1000人以上，持有1千到5万股者不少于300人，且持股10%或500万股以上。	无
其它条件	1. 承销商辅导期1年； 2. 有13项不宜上市条件。	1. 辅导期1年； 2. 须两家券商书面推荐； 3. 董监及大股东有两年不得转让持股的限制； 4. 有13项不宜上柜条件。	兴柜挂牌条件： 1. 已申报上市柜辅导的公开发行公司； 2. 至少两家券商书面推荐； 3. 证券商需自行认购一定股数； 4. 向柜买中心登录并将公开说明书上网。

台湾股票申请上市的流程大体为：第一步，申请上市公司向台湾证券交易所提出申请；第二步，台湾证券交易所承办人员查核；第三步，台湾证券交易所有价证券上市审议委员会及董事会审查；第四步，通过后转报“行政院金融监督管理委员会”；第五步，委托证券承销商办理承销手续；第六步，向台湾证券交易所洽定上市日期；第七步，正式挂牌买卖。

台湾股票交易的集中市场是证券交易所，自2001年1月1日起，交易时间为周一到周五9:00～13:30，连续4.5个小时。股票每股面额为10元新台币，1000股为1交易单位元（俗称“1张”），零股则在收盘之后才能委托买卖。委托方式包括：当面委托、电话委托、书面委托、电报委托、网络委托五种。台湾证券交易所采集合竞价来决定成交价格，在交易开始前的30分钟，投资者就可以委托下单，最后在收市时采5分钟集合竞价后收盘。交割方式基本采用“T+2”方式，即普通交割的买卖均在成交后第二个营业日办理交割。台湾股票交易允许信用交易，2001年7月10日起，融资调整为7级，分别是单户250万、500万、1000万、1500万、2000万、2500万、3000万；融券最高为2000万；单一个股最高融资1500万，单一个股最高融券1000万,且必须提供相对融资或融券金额的1/3财力证明，如地契、银行存款等。股票交易的手续费收取采用固定佣金制，按每笔成交额的1.425%收取，低于美、日、港等股市。证券交易税为0.3%,一买一卖为0.6%，1990年股市暴跌时曾一度短暂停征。台股历史上还曾两度征收过证券交易所得税，也称“资本利得税”，也在1990年大泡沫破裂后停征至今。股利所得税为15%，免税额为27万元新台币，扣征后股东可在申报个人所得税时扣除。台湾股票加权指数（俗称“台指”）由证券交易所编制，其计算公式为：

$$\text{本日指数}=\frac{\text{本月（选样股票）市价总值}}{\text{基期市价总值}}\times 100$$

台湾股票集中市场交易制度的核心是竞价制度。竞价制度通常分成连续竞价市场和集合竞价市场：连续竞价是指将委托单逐笔配对成交，交易可以在任何时间进行，因而成交价会随市场供需的变化而浮动；集合竞价是指将委托单累计至相当的数量，在规定时间内，以能满足最大委托股数的成交价将委托单撮合成交，其所形成的价格，使低于或等于该价位的卖单以及等于或大于该价位的买单均能成交。台湾股票集中市场是在交易开始前的30分钟投资者就可以委托下单。2002年，岛内的集中市场交易制度做了大规模的调整，调整内容主要包括：1. 竞价取消两档限制，改采用集合竞价，即由开盘后披露买进与卖出的范围，改为以涨停、跌停范围内，可满足最大成交量的集合竞价决定成交价；2. 瞬间价格稳定措施，即在开盘价格产生后至收市前10分钟，每盘撮合前试计算成交价格，若超过最近一次成交价上、下3.5%时，延缓2–3分钟再开始撮合竞价，同时以新闻方式披露，或者通过券商及用户端的电视墙及电脑在价格披露咨询上用注记方式披露，供投资者参考；3. 收盘改采取5分钟集合竞价制度，即收市前5分钟暂停撮合，但仍接受委托，并在收市时以集合竞价收盘；4. 披露未成交委托的最高一档买进与最低一档卖出的价量。这次交易制度的调整使得岛内证券集中交易市场与国际接轨，同时也使得交易更加公平、市场更具有效率、价格更加合理、资讯也更透明。

证券柜台买卖中心（店头市场）的交易方式有以下几种：一是证券商营业处所议价，采传统议价方式进行。交易时间为周一到周五9:00 ~ 15:00。成交价格由买卖双方自行约定，但成交价格不得超过当日参考价格的涨跌停幅。二是计算机自动成交系统，包括自营及经纪买卖，采计算机撮合，成交单位为千股，每笔委托量在50万股以下。使用计算机自动成交系统，如同集中市场下单方式，委托经纪商输入买卖股票的数量及价格，由中心以计算机撮合成交。交易时间为周一到周五9:00 ~ 13:30。成交价格在当日参考价格的涨跌幅内，依下列原则决定成交价格：1. 营业时间开始前买卖申报（8:30 ~ 09:00），高于成交价格的买进申报与低于成交价格的卖出申报需全部满足；2. 营业时间开始后买卖申报（9:00以后，并同前项申报而未成交），采逐笔最合理价格成交。三是零股交易系统，由计算机撮合，每笔委托量在999股以下。交易时间为周一到周五下午1:40 ~ 2:30申报，以申报当日为成交日。成交价格以普通交易市场当日个股开盘参考价上下7%为限，以满足最大成交量撮合成交原则决定买卖价格。证券柜台买卖中心交易的给付结算，全采账簿划拨方式办理，并于成交日后的营业日完成。证券交易税为卖出价格0.3%；经纪手续费的上限是买进、卖出价格的0.1425%。证券自营商在其营业处所议价部分，不得收取手续费。柜台买卖股票的信用交易1999年1月5日起正式开放，上柜股票资券相抵交割交易制度2005年11月14日实施。

适合在柜台买卖市场流通股票的企业类型包括：一是公开发行期间较短，这是目前台湾柜台买卖市场的主要成员；二是规模较小，具有发展潜力，许多规模尚未达上市标准但甚具将来性的企业，申请上柜可从证券市场取得资金，以扩大经营规模；三是企业经营者较保守，有些企业经营者全力投入企业经营，不愿见到其股票受到炒作，上柜股票股性较清纯，融资成数低，交易风险较低且上柜股票交易全部以款券划拨方式办理，资金与股票流向容易追踪，作手与主力相对没有兴趣介入经营权的争夺。

店头市场上柜条件为：1. 到“金管会证期局”办理公开发行。2. 实收资本额在新台币5000万元以上。3. 依“公司法”设立登记满两个完整会计年度。财务报表的税前纯益占实收资本额比率最近年度达4%以上，且最近一会计年度决算无累积亏损；或最近两年度均达3%以上；或最近两年度平均达3%以上，且最近一年度之获利能力高于前一年度。前述合并财务报表的获利能力不考虑少数股权纯益（损）的影响。但税前纯益最近一会计年度不得低于新台币400万元。4. 持有股份1000股至5万股的记名股东人数不少于300人，且其所持股份总额合计占发行股份总额10%以上或超过500万股。5. 董事、监察人及持有公司已发行股份总数10%以上股份的股东，将其持股总额依有关规定办理集中保管及届期领回。6. 经两家以上证券商书面推荐。应指定其中一家证券商为主办推荐证券商，其余是协办推荐证券商。7. 设有专业股务代理机构或股务单位办理股务的公司。8. 兴柜股票市场交易满6个月以上。9. 募集发行的股票及债券，都是全面无实体发行。10. 公营事业申请股票在柜台买卖不受第3点至第5点及第8点规定的限制。11. 证券业、期货业、金融业及保险业申请其股票为柜台买卖，应先取得目的事业主管机关的同意函。12. 公开发行公司取得“中央目的事业主管机关”出具其确实属科技事业且其产品或技术开发成功具有市场性的评估意见，可以不受第3点规定的限制，但其持股5%以上的股东，及以专利权或专门技术出资而在公司任有职务，并持有公司申请上柜时已发行股份总数达5‰或10万股以上的股东，应依第5点规定办理股票集中保管。

证券柜台买卖中心的交易制度，除保留原自营商营业处所议价制度外，自营商或经纪商接受客户委托均可使用中心的股票计算机自动成交系统买卖上柜股票，其优点在于，利用计算机撮合进行交易不仅可以提高交易效率，而且上柜股票报价透明度高，同时显示市场最佳买卖报价的委托数量，且无上下两档限制。具体交易方式如下：

一是证券商营业处所议价，采传统议价方式进行，交易范围包括：1. 自营商间买卖。2. 自营商与客户一次交易在10万股以上买卖。3. 经纪商利用错账或违约处理专户向自营商买进股票。交易时间为星期一至星期五9:00 ~ 15:00。成交价格由买卖双方自行约定，但成交价格不得超过当日参考价格的涨跌停幅。

二是计算机自动成交系统，包括自营及经纪买卖，采计算机撮合，成交单位为千股，每笔委托量在50万股以下。使用计算机自动成交系统，如同集中市场下单方式，委托经纪商输入买卖股票的数量及价格，由中心以计算机撮合成交，效率较高。交易时间为星期一至星期五9:00 ~ 13:30。成交价格在当日参考价格的涨跌幅内，依下列原则决定成交价格：1. 营业时间开始前买卖申报（8:30 ~ 09:00），高于成交价格的买进申报与低于成交价格的卖出申报需全部满足；2. 营业时间开始后买卖申报（9:00以后，并同前项申报而未成交），采逐笔最合理价格成交。

三是零股交易系统，由计算机撮合，每笔委托量在999股以下。零股交易是指买卖股票数量不足一交易单位。零股交易以申报当日各该股票收盘价格扣减0.5%为买卖价格。交易时间为星期一至星期五下午1:40 ~ 2:30申报，以申报当日为成交日。成交价格以普通交易市场当日个股开盘参考价上下7%为限，以满足最大成交量撮合成交原则决定买卖价格。前5日采无涨跌幅限制的新上柜股票，其零股交易该段期间申报买卖价格也无涨跌幅限制。

2005年12月19日起交易所调整零股交易制度：

表5.7 台湾股市零股交易制度

项目	原制度	新制度
交易时间	1. 申报时间为下午 3 时至 4 时。 2. 股票除息或除权交易日前三个营业日及公历、农历年终最后一个营业日暂停接受委托。 3. 成交时间为申报日之次一营业日。	1. 申报时间为下午1:40至2:30。 2. 废除。 3. 成交时间与申报日相同。
	1. 于申报日之当日各该股票收盘价扣减 0.5% 撮合成交。	1. 升降单位与升降幅度与普通交易相同，并于下午 2:30 以集合竞价方式一次撮合成交。
竞价方式	2. 于成交日以计算机自动传输回报予证券商。	2. 申报买卖价格范围同普通交易股票，即以当日个股开盘参考价上下7%为限。新上市股票如挂牌后首五日于普通交易采无涨跌幅限制者，其零股交易该段期间申报买卖价格亦为无涨跌幅限制。 3. 于下午2:30撮合后以计算机自动传输回报予证券商。
买卖成交顺序	除依计算机随机排列外，并依下列原则决定： 1. 错账、违约作相反之买卖申报委托最先成交。 2. 证券经纪商优先证券自营商。 3. 证券商之申报买卖，应视当时委托状况为全部或部分成交。	买卖申报之成交优先级依价格优先原则，同价位之申报，依计算机随机排列方式决定优先级。

外资额度	允许外资卖出，及买进（已于1994年8月15日解禁）零股。本公司将就申报当日一般交易外资尚可投资额度进行结算后，续就零股外资申报买进部分实时累计控管。零股收市后，依外资成交数量结算外资尚可投资余额，续供次日使用。	1. 同原制度。 2. 因其申报时间较早且属申报日成交，为便于控管，本公司将延续普通交易收盘后之外资尚可投资余额（未依实际买卖成交资料结清），继续对外资当日申报买进零股部分，实时累计控管。
盘中信息查询	盘中证券商可透过计算机终端机查询申报量之委托买卖股数。	1. 废除盘中证券商可透过计算机终端机查询申报量之委托买卖股数。 2. 收盘前5分钟（下午2:25至2:30），约每30秒揭露试算之最佳买、卖价格。 3. 置于基本市况报导网站。
涨跌幅度表	不产制	1. 上午8:30产制，其中排除不得零股交易之证券。 2. 传送证券商及置于网站。
证券行情单编制时间及各项价格比价标准	1. 下午4时后，将零股交易成交量值纳入整体证券行情单编制。 2. 透过网站（证交所网站—首页 > 交易信息 > 盘后信息>零股交易）对外揭露零股相关交易信息。 3. 零股交易不作为当日之开盘、收盘、最高、最低行情之纪录依据。	1. 下午2:30后，将零股交易成交量值纳入整体证券行情单编制。 2. 产制零股交易行情单并传送证券商及列入证交所网站/ 交易信息/盘后信息/零股交易。 3. 同原制度。
交割	并入编制“交割计算表”，交割时间与一般交易同。	同原制度

信息统计与传送	一般交易及结算交割等各项信息统计，均于收盘后陆续产制，相关档案联结至证交所网站，同时传送新闻媒体、证券商及信息公司等使用。（原制度股市专业财经日报数据收取截止时间约为下午4时）	同原制度，惟配合于2:30传送。

证券柜台买卖中心交易的给付结算，全采账簿划拨方式办理，并于成交日后的营业日完成。证券交易税为卖出价格3‰；经纪手续费的上限是买进、卖出价格1.425‰。证券自营商在其营业处所议价部分，不得收取手续费。

柜台买卖股票的信用交易1999年1月5日起正式开放。上柜股票资券相抵交割交易制度2005年11月14日实施。

第三，管理制度。

经过40多年的发展，台湾股市无论是管理、交易还是监督制度，其建设与发展都较为迅速，并逐步完善。尤其是股市的监督制度，一直是台当局股市制度化建设的重点，用以打击和杜绝股市作弊，具体包括：股市监视制度、股东持股制度、防范内线交易制度、关系企业制度、防范大股东掏空公司资产制度、上市公司财务信息披露制度、强化上市公司签证会计师制度、改进公司治理制度、加强公司内部控制制度、严格独立董事制度等。

台湾股票管理制度主要借鉴美国，采取有专门机构和法规进行严格管理的制度。1960年台湾设立“证券管理委员会”，集中管理职能和审批权限。委员具体由“财政部金融局长”、“经济部商业司长”、“中央银行金融检查处长”、“法务部检察司长”、“经济建设委员会财务处长”等人兼职，以确保管理的有效性和权威性。“证券管理委员会”在1997年4月2日改制为“证券暨期货管理委员会”，2004年7月1日改为“证券期货局”，隶属于“行政院金融监督管理委员会”。

与世界多数地区股市不制定专门的证券法律不同，台湾1968年专门制定并颁布“证券交易法”，涵盖全部证券业务，汇集所有证券法规，再辅以主管机关制定的规则与解释，形成较为清晰完备的证券法规体系。“证券交易法”历经多次修订，最近一次大幅修订是在2006年，2008年又针对内线交易部分做出修正。根据“证券交易法”，证券交易所制定了“台湾证券交易所有价证券上市审查准则”，并于1997年进行重要修改。台湾证券柜台买卖中心也制定了“证券商营业处所买卖有价证券审查准则”，对股票上柜等事项做出规定。

为减少股市交易中因恐慌所产生的不理性交易行为，台湾采取一些措施以稳定市场交易，避免股价大幅波动，这也是岛内证券交易制度中一项重要的内容。

1. 当日涨跌停限制。台湾证券交易所为防止股价在营业日中过度震荡，采取涨跌停限制，从最早的2.5%到当前的7%。

表5.8 台湾股市不同时期当日涨停幅度变动表

实施期间	涨跌幅度限制
1962/2/9–1973/4/8	5%
1973/4/9–1973/8/6	第二类股票3%
1973/8/7–1974/2/18	5%
1974/2/19–1974/4/14	跌幅1%，涨幅5%
1974/4/15–1974/5/20	1%
1974/5/21–1974/6/16	3%
1974/6/17–1978/12/18	5%
1978/12/19–1979/01/04	2.5%
1979/01/05–1987/10/26	5%
1987/10/27–1988/11/13	3%
1988/11/14–1989/10/10	5%
1989/10/11–1999/2/18	7%
1999/2/19–1999/10/7	跌幅3.5%，涨幅7%
1999/10/8–2000/3/19	7%

2000/3/20-2000/3/26	跌幅3.5%，涨幅7%
2000/3/27至今	7%

2. 将两档限制改为暂停2-3分钟撮合。台湾股市从2002年7月1日起，成交价取消“两档限制”的价格形成方式，改为可以在涨跌幅度内自由浮动。在这种情况下，股价可能在瞬间发生大幅度跳动，从而造成市场的动荡。因此，台湾证交所提出了配套措施：如果股价超过最近一次成交价上、下波动超过3.5%时，延缓2-3分钟再撮合。这样可以暂停交易时间，让投资者冷静下来、谨慎下单，同时通过暂停交易可以让委托单大量累积，量大可以使得价格恢复平稳。

3. 调整信用交易保证金。台湾股市无论是集中市场还是店头市场都开放信用交易，信用交易是由符合一定资格的证券商办理。投资人需合乎一定的条件才可申请开立信用账户，上市股票也需满足一定条件才可作为信用交易的对象。台当局对可以设立信用交易的投资者有融资融券额度的规定，对融资比例与融券保证金的比例也有规定，当股价低迷时，当局将提高融资、融券保证金比例，减缓卖方的数量，以抑制股价进一步下跌。例如，1998年股市泡沫破裂后台湾当局大量运用信用政策维持股市稳定：1998年2月23日，融资比率为50%，融券保证金成数为70%；6月4日将资券担保品维持率调为120%；8月25日调整融券保证金比率，由70%调高到90%；9月3日，将融资比率由50%调高为60%。2000年股市泡沫破裂后台湾当局再次运用信用政策稳定股市：2000年初，融资比率为50%，融券保证金比率为70%；6月30日，融资比率调升为60%，融券保证金比率调高到90%；10月20日，将融券保证金比率由90%提高到120%。

第四，监督制度。

世界多数证券交易所都设有监督制度以维护证券市场交易秩序，防止证券交易价格的行为。台湾证券交易所1985年开始着手研拟实施“监视制度”，由证券交易所组成“监视小组”（1998年“监视小组”成为证券交易所中的“市场监视部”），通过电脑终端机器，针对市场交易资料、市场上流传的可疑消息、投资人的检举信件等执行观察、调查、追踪等监视工作。

1989年7月之前的监视小组仅仅是将异常的情况形成报告呈报上级机关，并不对外公开，对于股市中违反市场秩序的行为没有真正起到打击的作用。1990年8月起，为发挥处置措施的时效性，在交易时间内外，一旦监视小组发现个股有异常情况，或者证券商有异常委托就及时发布公开警告，提醒投资者注意，同时对造成异常状况的当事人起警示作用。如果异常情节重大，影响到市场秩序，经签报核准后，监视小组还可以对该上市公司做出交易方式变更的处置，比如改为人工撮合竞价，每5分钟撮合一次；必要时停止其交易，或者暂停其信用交易。1990年台湾证券交易所公布并实施“股市监视制度办法”，后经多次修正，对证券监视制度作了更为细致和严格的修订，赋予监视业务督导判定异常情况的权利，使得股市监视制度能更好的发挥对股市异常情况及时进行处置的作用。

台湾监视制度包括警示作业、处置作业与查核作业三部分。

1. 警示作业是由证券交易所的监视小组对交易的各项相关指标进行分析，如达到一定的异常标准就公布其信息，并提醒交易关系人注意。从1990年8月到1995年2月，都是每日收盘后才对指标进行分析。从1995年3月起，则是在盘中就进行监控，警示更为及时。开始设立监视制度时，是采用“成交价”、“成交量”、“周转率”、“集中度”等单一标准，1995年3月后参考指标大量增加，并采取复合标准，取消了对“成交价”的特别重视。当监视小组侦测到异常现象后，会公布其信息，并通知受托买卖的证券商注意。因此，警示作业既可以将公司异常交易的信息传递给投资大众，又对证券商给予警示，促其加强管理。

2. 当警示作业发现的异常交易情形持续扩大且可能严重影响市场交易时，经按作业程序呈报主管机关批准后可以予以处置。处置措施可分为对证券、证券商及特定人的处置三方面。对证券处置主要有两大类：一类是加重保障交易履行的措施，如停止融资融券的信用交易，并要求买卖双方以全额价金和证券进行“收足款券”的交易；另一类是人工介入交易过程，包括降低证券交易撮合次数的“分盘交易”，或用人工管制的撮合终端机进行撮合，更严重时则直接停止交易。对证券商的处置，主要是限制其买卖出现异常现象的证券，在早期是限定异常证券的资金比例，从1995年3月起，更直接设定证券商购买异常证券的资金上限不得多于6000万元新台币。对异常交易行为严重的券商，证券交易所甚至可停止其交易。对特定人处置，则从1992年10月开始规定个人交易出现异常现象的证券达到一定数量，一方面需自备5成以上的价金或证券，另一方面则信用交易也须有足额的融资自备款或融券保证金方能进行。

3. 查核作业主要是在警示作业及处置作业之后，对证券集中市场的异常交易予以调查追踪，并可以向证券商、买卖关系人查询或调阅有关资料并建档备考，而对于涉及违反法令者则举报主管机关处理。

台湾股票市场监视制度1990年正式实施，从实施效果看褒贬不一。最初基于管理政策的考虑，监视标准并未对外公布，只有主管机关与股市监视小组的少数人知道，也因此被市场冠以“黑箱作业”的指控。1994年，台湾“立法”部门对监视小组的作业方式进行抨击施压，台湾被迫于同年5月1日正式对外公开监视结果，台湾股市也因此成为世界上唯一公布监视标准的股票市场。

第五，信用交易制度。

台湾信用交易制度虽是在参考世界许多国家和地区的制度后建立起来的，但在逐步的改革和发展中形成其独有的特点，这些特点又多建立在台湾证券市场的自身情况基础之上。

信用交易是相对于现货交易而言的。在证券市场的现货交易中，投资者一次性完成交易，钱券两清；而在信用交易中，投资者在买卖股票时，须向证券公司支付一定比例的现金或股票，其差额部分通过证券公司或银行借贷来补足。所以，证券市场（本文主要指股票市场）的信用交易，可以通俗地理解为借钱买进股票或者借股票卖出套现的交易。在信用制度的支撑下，证券交易的过程由简单的“交易—盈亏”延长为“借贷—证券交易—偿还借贷—清算交割—实现盈亏”。这样，交易链条在时间和空间上都大大拓展和延伸了。其意义主要在于：一是提高市场交易效率和价格发现效率；二是促进交易规模扩大，提供产品创新机会，丰富多层次证券市场；三是形成市场内在的价格稳定机制，减缓市场波动；四是有利证券商（以下简称“券商”）发展，对新兴市场而言，可缓解市场的资金压力。

广义的证券市场信用交易一般可分为四种形式：一是融资融券交易，即券商及证券金融机构向客户融资或融券的信用交易。二是证券期货交易，又称定期清算交易，是指证券交易买卖双方在成交后并不立即交割而只缴纳一定比例的保证金，等到约定期限届满时再交付款券完成交割，或在价格变动时进行反向操作冲销到期结算差额。该交易是证券买卖双方相互授予信用，无需向外部借贷，又称内部信用，如股指期货交易。三是证券期权交易，是指按照契约约定的期限、价格和数量交易某一特定有价证券的买卖权利，包括买入期权与卖出期权，同属内部信用，如股指期权交易。四是担保贷款交易，是指客户以有价证券为担保品向银行或券商贷款用于购买或持有证券，如股票抵押贷款。除此而外，证券回购交易也可归于广义信用交易的范畴。

狭义的证券市场信用交易仅指融资融券交易。融资是指证券公司或其它金融机构借款给客户购买证券，客户到期偿还本息；融券是指证券公司出借自有或其它金融机构的证券供客户出售，客户到期返还相同种类和数量的证券并支付利息。根据不同的交易对象，可分为券商或金融机构对投资者的融资融券和金融机构对券商的融资融券。本文探讨的证券市场信用交易主要是狭义上的融资融券交易。

融资融券制度在世界范围主要有两种模式：一是以欧美、香港为代表的分散信用模式，由券商等金融机构独立向客户提供资金和证券；二是日本、韩国、台湾的集中信用模式，由专门的证券金融公司提供资金和证券。台湾是“双轨制”集中信用模式的代表，证券金融公司对证券公司和一般投资者同时融资融券。融资方面，证券公司既可以通过证券抵押的方式从证券金融公司获得资金，也可以将不动产作抵押向银行和其它非银行机构融资；融券方面，证券公司大部分的借入证券来自于证券金融公司。

台湾证券市场自1974年起开办融资业务，但不办理融券。1981年开始办理融券业务。市场中有券商109家,其中外资券商18家,综合类券商37家,其它专业经纪商54家；另外，还有复华、环华、富邦、安泰4家证券金融公司。台湾证券市场信用交易制度的发展大致经历了以下几个阶段：

一是例行交易时期（1962年至1974年）。这一时期的信用交易还不是融资融券交易。“例行交易”的主要做法是证券买卖双方在交易成立后，先缴纳成交金额的一定比例作为交易保证金，于成交日后某个特定时日，买卖双方再办理现金交割。1973年，台湾当局为减少投机风险而收缩信用，将保证金的比例调整为100%，使“例行交易”形同虚设。

二是银行代办信用交易时期（1974年至1980年）。1974年因股市暴跌，台湾当局为挽救股市，于1974年4月6日公布“授信机构办理融资融券业务暂行办法”，同年6月4日证管会核定“授信机构办理融资融券业务暂行办法”，开放台湾银行、交通银行、土地银行等三家银行办理，但只融资不融券，也被称为“跛足信用交易制度”。

三是单一办理信用交易时期（1980年至1990年）。由于上市公司日渐增多，信用交易规模日渐扩大，为建立完整的信用交易制度，使证券市场制度合理化，台湾当局于1979年7月制定“证券金融事业管理规则”，规定实收资本在4亿元新台币以上的券商可以办理证券金融业务。1979年由代办信用交易的台湾银行和土地银行邀请光华投资公司、中国信托及台湾证券交易所（以下简称“证交所”）等参与投资，设立复华证券金融公司，1980年4月21日开业先办理融资，并于同年7月开办融券，融资融券业务正式开展。

四是双轨制时期（1990年至1995年）。台湾当局1988年修正“证券交易法”第60条，规定证券经纪商经主管部门核准可以办理融资融券业务。1990年9月核定发布“券商办理有价证券买卖融资融券管理办法”及“有价证券得为融资融券标准”，核准券商办理融资融券业务，并修订“证券金融事业管理规则”，开放证券金融公司的转融通业务。同年10月，元大证券及鼎盛证券正式开办融资融券业务，开始了信用交易双轨制时期。

五是开放时期（1995年至今）。1994年，由于证券市场信用交易需求剧增，导致证券金融公司资金运作紧张而限制融资，为了向投资人提供新的融资渠道，台湾当局制定“证券金融事业申请设立及核发营业执照审核要点”，放开证券金融公司的设立申请，并于1995年6月分别核准了环华、富邦及安泰三家新证券金融公司的设立申请，于同年7月开始运营。至此，证券金融事业不再仅是政策性机构，而成为竞争性的专业金融事业。另外，台湾主管部门又降低券商从事融资融券业务的门槛，从事融资融券业务的券商逐渐增多，目前其融资融券市场占有率已大大超出证券金融公司①。

---

①《关于台湾地区融资融券业务的考察报告》，网址：http://www.sac.net.cn/newcn/home/info_detail.jsp?info_id=1184917706100&info_type=CMS.STD&cate_id=81183686376100。

融资融券市场运作方式

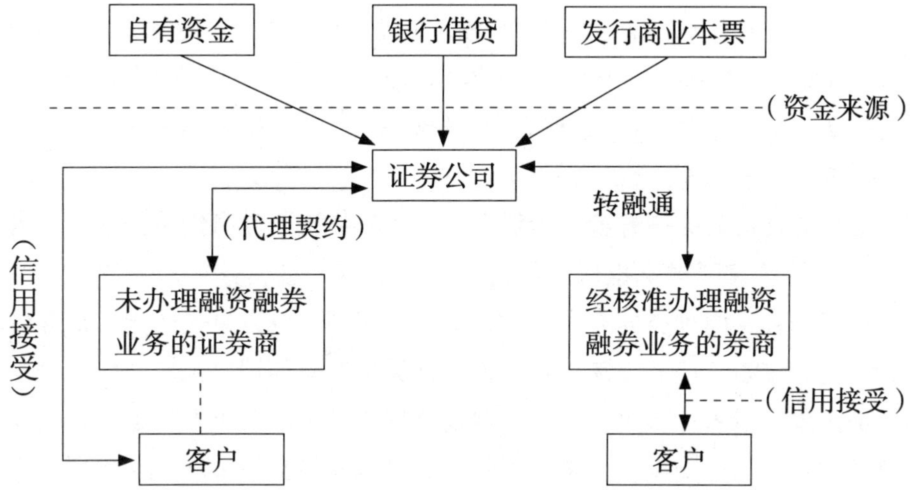

图5.5 台湾融资融券制度架构

台湾融资融券交易的操作细则有三个主要内容：其一，可融资融券股票条件。1. 上市满6个月且每股净值在票面以上的普通股股票及上市满6个的之受益凭证，但指数股票型证券投资信托基金受益凭证不受上市满6个月之限制。2. 该股市场成交收盘价格在票面以上。3. 最近一年度的税前净利润占实收资本额之比率达3%以上。4. 无下列情况之一：股价波动过度剧烈、股权过度集中、成交量过度异常。其二，融资融券的限额与限期。台湾市场上融资融券限额分为4级，最低一级信用户融资或融券每户最高限为250万元新台币，最高一级信用户融资每户最高限额1500万元新台币，融券每户最高限额1050万元新台币。每种证券的融资或融券金额不得超过750万元新台币，融资融券期限为半年。融券户若遇到发行公司停止过户，或是召开股东大会，或是除权除息，则需提前偿还。其三，融资融券比率。台湾主管机关视市场情况，拟订和调整融资融券的最高融资比率和最低融券保证金成数；券商可以在主管机关制定的最高融资比率之下、最低融券保证金成数之上，视客户信用状况及有价证券的风险程度，自行订立融资比率、融券保证金成数，或暂停该有价证券的融资融券交易。

台湾融资融券市场形成后，融资交易发展较快，融券业务却一直数量不大。一方面是因为融资交易操作便利，资金来源充裕，证券选择多样，而融券交易却受制于证券来源，供需结合相对较差，另一方面台湾融券业务限制较多。因此，继1995年扩大融资交易范围后，台湾当局又于1996年推出证券借贷制度，并不断改革深化，使证券借贷的参与人与经营业务不断扩大，实质上是拓展了证券信用交易范围。

证券借贷指证券持有者（出借人），暂时将该证券出借给需求者（借券人），借券人则提供担保品给出借人，借券人有义务在未来约定的时点，归还同数量同种类的有价证券，借券费用则由双方事先约定。证券借贷的缘起，多始于证券交易市场，借入证券最普遍的用途是应付卖出交割的短缺部位、借入证券放空等。证券借贷操作除可增加市场流通性，减少交割券源不足，使交割作业更为顺畅外，更可满足交易策略，卖出所需的券源，同时还可增加证券持有人出借收益，避免证券资产闲置①。因此，证券借贷在发展成熟的市场，是整体金融市场的重要一环，可促使证券市场的机制更为完备。

证券借贷市场包括出借人、借券人及中介人。出借人为借券市场主要的券源供给者，通常是持有一定规模证券且以长期持有方式投资于金融市场的机构法人，例如退休基金、人寿保险公司、共同基金与单位信托等。借券人大多为需要借券以履行交割义务或其它目的的机构法人，主要包含境内外证券经纪商或自营商、证券市场造市者与避险基金等。中介人分为代理人或当事人两种。担任代理人的中介人负责为借贷双方安排借贷事宜，并依其与出借人协议的条件收取中介费，或分享担保品中现金部分投资收益，主要以保管银行或专业证券借贷机构为主。担任当事人的中介人以自己名义将借自出借人的证券再贷予借券人，凭借承担担保品风险、交易对手信用与流动性风险而收取报酬。

---

①（台）黄玻莉，《台湾证券交易所有价证券借贷制度介绍》，《证券暨期货月刊》，2004年8期。

国际上证券借贷制度主要可分为"分散式"与"集中式"两种。"分散式"原则上由出借人、借券人及中介人三方所构成，其优点是较易落实个别征信，降低出借人风险；缺点是对券源较为分散或原本流通规模较小的证券，可能缺乏效率或较难满足借券者需求。"集中式"是由单一专门机构汇聚出借人的可供出借证券，面向全体借券人的需求，如台湾证交所的借券中心。其优点是效率较高，该单一专门机构可充当信用管制的政策工具；缺点是集中调度的机构较不易对借券人做个别征信，对出借人的保障较低。由于世界各国家和地区政经环境、法令及证券市场结构各异，因此形成各具特色的证券借贷制度[①]。美国、日本由保管银行、券商等专业之中介机构办理证券借贷事宜，属于分散式借贷制度；韩国分别由证券集中保管公司、证券金融公司与经核准的证券经纪商为中介机构，办理证券借贷事宜，是集中式与分散式借贷制度并存；台湾参考韩国架构开办集中式有价证券借贷业务，由证交所担任中介机构，出借人与借券人通过券商向证交所申请进行有价证券借贷。

随着证券市场与证券衍生商品市场发展，台湾信用交易制度及后来推出的以交割为需求的借券制度，已经无法满足法人机构的中性借券需求[②]。为顺应需求，配合证券及其衍生性市场发展，台湾证交所于1996年9月实施"台湾证交所有价证券借贷办法"，正式推出有价证券借贷制度，以证交所为中介人开办集中式有价证券借贷业务，特定机构法人为参加人[③]，出借人与借券人可以通过券商向证交所申请以定价、竞价或议借交易方式借入有价证券，出借人可赚取出借收益，借券人则可满足其套利、避险交易及履约等策略性操作的需求。营业时间是星期一至星期五每日上午9时至下午2时30分，还券作业则至下午3时,与集中交易市场营业时间相同。证券柜台买卖中心也于2000年9月推出交割所需的证券借贷制度。2003年6月30日台湾又推出

① （台）陈效践等著,《证券相关机构有价证券借贷制度考察报告》,复华证券金融股份有限公司主办，台"财政部证管会"指导，1996 年 7 月。

② 中性借券需求，即对市场走势并无特定偏好，其目的仅在于赚取标的现货与衍生商品两市场价格短暂背离时的利益，或规避市场价格波动风险，例如套利、避险策略及履约所产生的借券需求等。

③ 具体包括：出借人包含保险公司、金融机构、证券投资信托事业（所募集之基金）、专营期货商及其他经主管机关核准者，包含特定外国专业投资机构（FINI）、政府四大基金（劳退基金、劳保基金、退抚基金及中华邮政公司）。借券人包含证券自营商、证券投资信托事业（目前仅限 ETF 发行人）、期货自营商及其他经主管机关核准者，包含外国专业投资机构（FINI）。

"策略性交易借券制度"[①]。2006年1月11日台湾当局公布"证券交易法"第60条修正条文，开放券商经主管机关核准后可从事有价证券借贷的代理。台湾"金融监督管理委员会"2006年8月11日发布"券商办理有价证券借贷管理办法"，确立证交所借券系统、券商营业处所经营有价证券借贷业务可以并存，由券商以当事人身份出借有价证券给客户，并使有价证券借贷业务与信用交易券源得以互通，放宽了信用交易"以资养券"的规定，即融资担保证券可供融券及出借券源，而借入证券则可充为融券券源，以增进有价证券的运用效率，同时尽可能维持有价证券借贷交易与信用交易的现行法律架构不变，以减轻对市场的冲击[②]。至此，券商办理证券借贷业务的关系架构分三级：第一级为证交所、柜买中心及公债借券中心，第二级为自办有价证券借贷业务的券商及对券商办理借券转融通的证金公司，第三级为借券客户。

① 证券借贷策略性交易是指：1. 套利，包含买卖指数期货与标的有价证券、指数或个股选择权与标的有价证券、海内外发行之可转换公司债与标的有价证券、认购（售）权证与标的有价证券、海外发行之存托凭证与标的有价证券、指数式股票基金受益凭证（ETF）与表彰股票组合间的套利行为。2. 避险，包含持有认售权证发行部位及指数期货、指数选择权、个股选择权、海内外发行之可转换公司债、海外发行之存托凭证、指数式股票基金受益凭证多头部位的避险行为。3. 履约，包含个股选择权、认购权证之履约行为等。4. 其它经主管机关核准者。纯粹借券放空交易台湾尚未开放。2005 年 6 月 27 日起，台湾取消策略性交易借券目的之要求暨外资间议借交易仅能提供境内担保品规定，并自同日起市场采整体借券卖出总量控管，原"策略性交易借券"变更为"交易需求及履约借券"。

② （台）陈樱儒，《证券借贷市场简介》，《证券暨期货月刊》，2006 年 9 期。

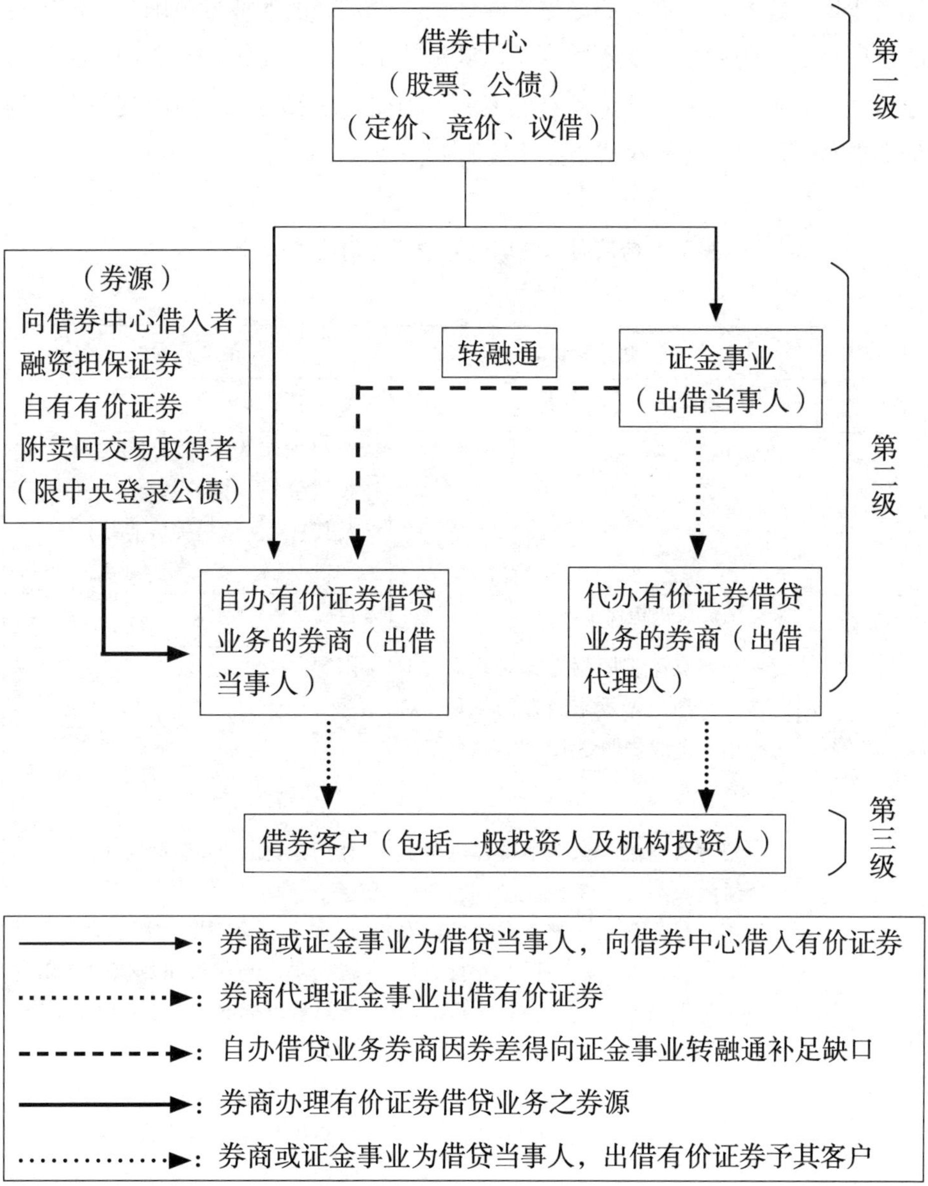

图5.6 台湾证券借贷业务架构

资料来源：《浅谈“券商办理有价证券借贷管理办法”规范重点》，（台）《证券暨期货月刊》，2006年9期。

台湾现行证券交易市场中的投资人借券融券渠道包括：信用交易融券及证交所集中式股票借券中心办理借券。证券借贷制度的业务范围与台湾既有的信用交易市场的最主要不同，是以满足特定法人交易策略与履约需求的借券为主，暂不包括一般法人及自然人的信用交易融券需求。股票交易市场的借券交易与信用交易融券的差异比较如下：

表5.9 台湾股票市场借券交易与融券交易比较

比较项目	融券交易	借券交易
借券用途	放空、避险、套利等交易	交易需求及履约
参与人	本地自然人与一般法人	特定机构法人（保险业、银行、信托投资公司、投信基金、期货自营商及其它经主管机关核准者）
券源	来自融资买进担保证券	来自出借人
金额限制	每一户最高融券限额为2000万，对上市单一个股之融券限额为1000万，对上柜单一个股之融券限额为新台币750万。	无限制
总量控管	1. 以资养券，融券余额不得超过融资余额。 2. 信用交易融券卖出与借券市场借券卖出合计总量以标的证券发行股数25 %为上限。	整体借券卖出总量管制措施，包括： 1. 市场卖出总额度控管：信用交易融券卖出与借券市场借券卖出合计总量以标的证券发行股数25 %为上限。 2. 借券卖出总量控管：借券市场借券卖出总量限额为标的证券发行股数10 %。 3. 每日借券卖出额度限制：借券卖出单日限额为标的证券发行股数3 %。

费用	向授信机构支付融券手续费，并按其所订费率计算，以次数计收。	向出借人支付借券费，定、竞价交易采借券天期计算，议借交易依次数计收。 另需支付借贷服务费与经手费。
还券期限限制	最长六个月，到期得申请展延，延长期限不得超过六个月，并以一次为限，得随时了结，但遇停止过户则须强制回补。	最长六个月，到期得申请续借，延长期限不得超过六个月，并以一次为限，借贷双方得提前还券。
权益补偿	遇停止过户则须强制回补，无权益补偿。	权益补偿
标的限制	需符合有价证券得为融资融券标准第二条所订之规定。	除得为融资融券交易之上市、上柜有价证券外，尚包含有发行衍生性商品之标的有价证券。
放空价格限制	1. 需符合平盘以下不得放空之规定。 2. 除认售权证发行人避险与从事ETF套利或避险交易之融券卖出，以及股票选择权造市者之避险行为，得豁免平盘以下不得放空之规定外，尚开放台湾五十指数成分股股票豁免平盘以下不得放空之限制。	1. 需符合平盘以下不得放空之规定。 2. 惟认售权证发行人避险与从事ETF套利或避险交易之借券卖出，以及股票选择权造市者之避险行为，得豁免平盘以下不得放空之规定。
担保品管理	1. 洗价：整户维持率须达120%以上。 2. 整户维持率不足120%通知追缴。 3. 处分担保品：客户未能依规定履行义务之情况下，授信机构处分其担保品，有剩余者，应返还，尚不足部分，则通知限期清偿，并向证交所或柜买中心申报违约，注销其信用账户。	1. 洗价：每笔借券担保维持率须达140%。 2. 担保维持率不足120%，通知补缴。 3. 处分担保品：借券人违约时，该笔借贷交易即视同到期，证交所得处分借券担保品并至交易市场补回有价证券，代向出借人还券以了结借券部位。

资料来源：林秀雄，《因应证券交易法第60条修正，研议开放券商办理有价证券借贷业务》，（台）《证券暨期货月刊》，2006年3期。

台湾信用交易制度的发展趋势是与证券借贷制度整合，继续由集中式向分散式制度模式转变。台湾主管当局的具体操作策略是阶段式开放券商从事有价证券借贷业务，最终形成证券借贷制度与既有信用交易制度的整合。第一阶段“金管会”已于2006年2月22日开放券商参与证交所及柜台买卖中心股票、公债借券中心担任出借人；第二阶段于2006年8月11日发布施行“券商办理有价证券借贷管理办法”，使券商可以依该办法规定向主管机关申请核准后，在其营业处所从事有价证券借贷业务，提供投资人多元化借券管道；第三阶段将涉及信用交易制度与证券借贷制度的整合。台湾现行证券交易市场有关投资人借券融券的渠道有三：一是信用交易融券（限一般投资人），二是经由证交所集中式股票借券中心办理借券（限机构投资人），三是向券商（一般投资人及机构投资人皆可参与）借入股票并于市场委托卖出。由于台湾证交所股票借券中心已于2005年6月27日取消“借券交易需符合策略性交易目的”的规定，使借券交易与原信用交易中的融券性质渐趋一致①，再加上现行券商可以自办或代办信用交易，与其未来办理有价证券借贷业务性质一样，都是提供投资人借券放空的渠道，因此未来台湾的投资人借券融券渠道存在整合趋势，这也有利于市场管理、效率提高以及券商拓展业务。

台湾建立和拓展信用交易制度对证券市场发展有积极作用。一是增加股市流通性、活跃交易。台湾融资融券交易进入20世纪90年代后迅猛发展，1990年，台湾融资融券交易仅占证券市场总交易量的15%，1993年以后，融资融券交易每年均占总成交量的40%以上，1998年8月甚至高达66%，此后随着台湾股市陷入长期较低迷状态比重不断下降。2008年上半年，台湾证券集中市场信用交易总成交值为6903亿元新台币，占市场总交易值的21%（见表5.10）。

---

① （台）林秀雄，《因应证券交易法第60条修正，研议开放券商办理有价证券借贷业务》，《证券暨期货月刊》，2006年3期。

表5.10 台湾上市证券信用交易表

（单位：10亿元新台币）

年度	总成交值	融资交易	融券交易	资券相抵	融资融券交易占总成交值比重%
1998	29761.91	23844.47	3325.13	9333.77	45.64
1999	29423.78	24070.22	1940.69	6554.88	44.20
2000	30767.29	23012.93	2175.66	6609.56	40.93
2001	18398.34	12394.37	1694.49	4782.19	38.29
2002	21920.24	13653.54	1404.99	5423.81	34.35
2003	20481.40	11712.78	1110.36	4488.92	31.30
2004	24176.92	12889.13	1107.47	4645.85	28.95
2005	19050.24	8957.16	974.38	3952.56	26.07
2006	24195.03	10764.32	959.44	4966.37	24.23
2007	33504.37	15334.02	962.34	5890.85	24.32
2008（1月-6月）	16663.10	6254.53	648.82	3426.14	20.71

资料来源：台湾“金管会证期局”网站。

二是有助稳定股价，形成合理证券价格水平。信用交易制度通过融券卖空机制可以大幅增加股票供应，达到削弱或消除“庄家”控制股票交易的目的，还原价值规律在股价形成机制中的主导作用。从台湾股市的经验数据来看（见图5.6），信用交易量的变化往往略领先于股指变化，一定程度上可以验证信用交易制度稳定股市的作用。

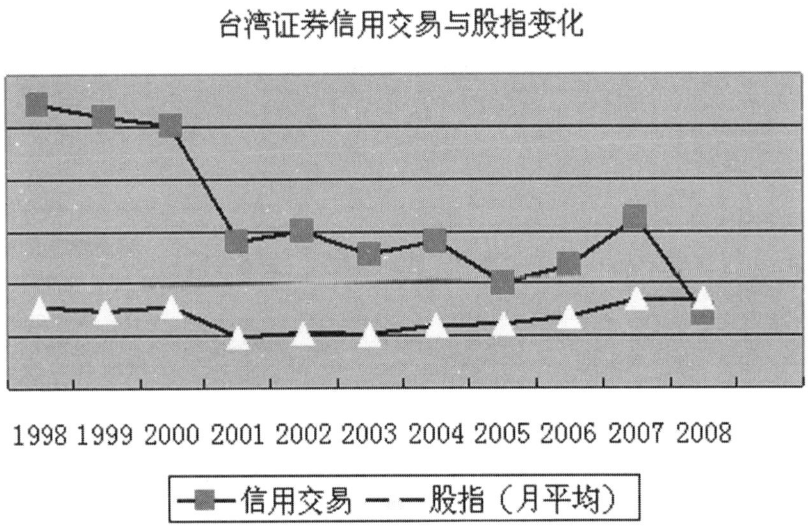

图5.7 台湾证券信用交易与股指变化

资料来源：根据台湾证券交易所网站数据绘制。

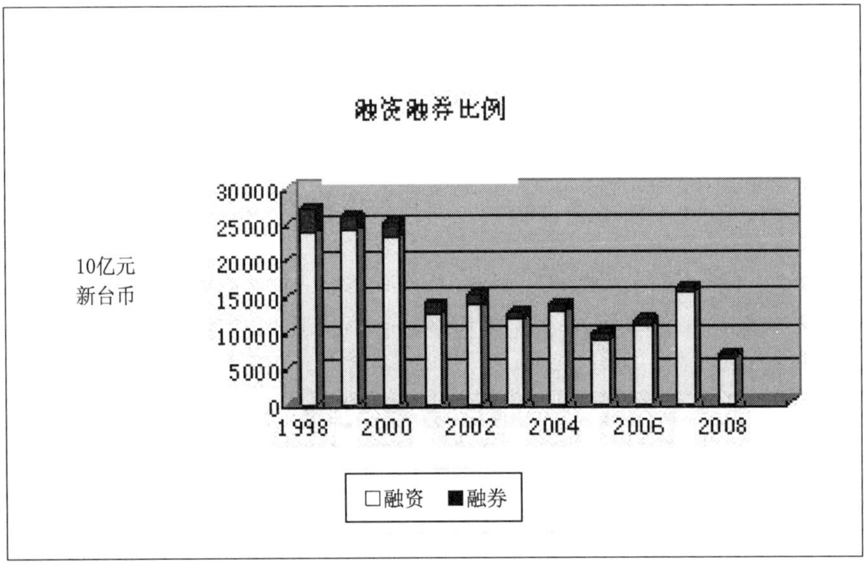

图5.8 台湾融资融券比例

资料来源：根据台湾证券交易所网站数据绘制。

三是深化证券借贷制度有助于拓展证券信用交易范围，解决借券不足等问题，促进融资融券交易协调发展。台湾启动融资融券制度后，融资交易量远大于融券交易量，这种情况一直延续至今（见图5.7）。这一方面是业务性质所决定，因为款券来源的差异性，融资交易比融券交易操作便利；另一方面是台湾融券市场还不够发达。因此，继1995年扩大融资交易范围后，台湾当局又于1996年推出证券借贷制度，并不断深化，使证券借贷的参与人与经营业务不断扩大，实质上是拓展了证券信用交易范围。其积极作用，不仅在于增加市场投资人借券放空渠道，利用借券来规避风险和套利，提高市场效率及促进证券市场与其它市场间（如期货市场、衍生性金融商品市场等）关联互动，还有助于活跃借券融券市场，进一步引导机构法人参与市场交易与投资，扩大新的金融衍生商品，推动台湾证券市场的不断发展。

（三）主要特征

第一，“浅碟型”特征。

“浅碟型”是指台湾股市宽度广、深度浅。宽度广，即股市参与人数众多。台湾股市的累计开户人数多达 700 万，占全台人口的 1/3，有交易户也高达 400 万户，占社会人口的近 1/5，股市波动必然会对社会造成大范围影响。深度浅指上市公司家数较少。1962 年岛内上市公司仅有 18 家，此后数量逐年增加，2004 年达到 697 家后连续两年下降，自 2007 年起恢复增长，至 2009 年 9 月底，台上市公司 730 家（上柜公司 551 家）。台湾上市公司家数不仅远少于伦敦、纽约、东京等成熟股市，也低于韩国和香港。

另外两个指标也可以衡量股市规模：一是上市公司总市值。岛内上市公司的总市值随台湾经济的快速增长而不断膨胀。1962年岛内上市公司总市值为68.4亿元新台币，2009年3月为13.2万亿元新台币，是1962年的1930倍，但仍远低于上海与香港股市，表示其市场规模有限。上市公司总市值占GDP的比例在1962年仅为8.86%，1989年台湾股市最大泡沫产生时上市公司总市值占GDP的比例高达156.75%，2009年3月该比例为98.81%。该比率反映该经济体金融深化程度，也间接反映其资本市场发展潜力。金融业发达的先进国家该比率均大于100%，且稳定波动，按照该指标台股近年来表现已经较为成熟。另一个是上市股票成交值。1962年岛内股票年成交值仅为4.47亿元新台币，泡沫经济时期的1989年股市年成交值达到25.4万亿元新台币，此后虽有起伏，总体趋势不断滑落，但从2007年年初开始，股市成交值重新开始放大，2008年全年股票成交值为26.1万亿元新台币，超过泡沫最严重时期的成交量。成交值可以反映股市交易活跃程度，从该指标看，台股自2007年起开始进入新的活跃期。

表5.11 台湾股市规模资料统计

单位：新台币百万元

项目 年份	上市公司家数（个）	上市公司总市值	GDP	总市值/GDP（%）	上市股票总成交值
1962	18	6840	77159	8.86	447
1964	31	25010	101966	24.53	35501
1966	39	18200	126022	14.44	4563
1968	40	10510	169904	6.19	7670
1970	42	16970	226805	7.48	10866
1972	49	30170	316172	9.54	54051
1974	64	50362	549577	9.16	43586
1976	77	94534	707710	13.36	145941
1978	87	153338	991602	15.46	361645
1980	102	219053	1491059	14.69	162113
1982	113	203111	1899971	10.69	133875
1984	123	390260	2343078	16.66	324475
1986	130	548436	2855180	19.21	675656
1988	163	3383280	3523193	96.03	7868024
1990	199	2681911	4307043	62.27	19031288
1992	256	2545508	5338952	47.68	5917079
1994	313	6504368	6463600	100.63	18812112
1996	382	7528851	7678126	98.06	12907561
1998	437	8392607	8938967	93.89	29618970
2000	531	8191474	9663388	84.77	30526566

2002	638	9094940	9734400	93.43	21873950
2004	697	13989100	11065500	126.42	23875366
2006	688	19376975	11859000	163.45	23900362
2008	718	11706527	13358600	87.63	26115409

数据来源：台湾证券交易所 www.tse.com.tw。

表5.12 2008年年底亚洲主要股票市场实力对比

交易所	台湾	上海	深圳	香港	新加坡	韩国	东京	泰国	马来西亚
上市公司	1257	864	740	1261	767	1793	2390	525	976
外资上市公司	4	0	0	10	312	4	16	0	4
市值	381	1425	353	1329	265	0	3116	103	189
成交值	938	2587	1242	1629	261	1459	5586	117	95
市值占GDP比重	96	45	11	603	152	42	66	37	95
市盈率	10	15	16	7	6	9	19	6	7
成交值周转率	140	134	260	87	65	172	132	65	41

数据来源：朱士廷，《台湾资本市场优势——推动优良外国企业来台上市》，台湾证券交易所网站，2009。

由于台湾股市宽度广、深度浅，也必然会形成交易热、价位高、波动大、结构脆的特点。交易热可由台股的高周转率显示。股市周转率（成交值周转率，总成交值与总市值之比）代表一定时间内市场中股票转手买卖的频率，也可反映交易活跃程度。与成熟股市通常的100%上下不同，台湾股市长期在200%以上，甚至超过500%，显示投资人短线进出次数多，投机气氛浓厚。另一方面，先进地区该指标多稳中有升，台股周转率近10年来却一路下降，一方面是因为台股中投资人结构改变，特别是外资比重提高，有助降低股票周转率，同时也显示出台股交易活跃程度下降的事实。

表5.13 世界主要股票市场成交值周转率比较

单位：%

	台湾	上海	深圳	香港	新加坡	韩国	东京	纽约	伦敦
1997	407	324	224	91	56	146	33	66	44
1998	314	323	135	62	64	207	34	70	47
1999	289	247	137	51	75	345	49	75	57
2000	259	185	156	63	65	302	59	82	64
2001	207	78	78	47	56	218	57	88	76
2002	217	60	72	43	60	255	65	89	89
2003	191	87	169	42	58	210	73	94	105
2004	177	86	108	59	76	171	95	89	114
2005	131	77	116	53	49	165	99	94	112
2006	142	123	193	56	55	208	130	117	118
2007	153	201	358	75	68	171	130	149	140

数据来源：台湾证券交易所 www.tse.com.tw。

价位高可由高市盈率（本益比，市价与税后纯益之比）显示。该指标反映投资人对上市公司的成长预期，倍数越高，市价越高，也表示投资人越看好上市公司前景,台股市盈率在2000年前后均在40倍以上的较高价位，大大高于欧美股市及港、韩、新加坡股市的市盈率。但2003年后台股市盈率明显下降，这也意味着投资人对台股信心减退。台湾股市近10年来市盈率先升后降，由1997年的27倍升至2002年的近42倍，而在2007年又跌至15倍。但2009年台股一路飙升，市盈率也由年初的不到10倍骤升至9月的100倍。

表5.14 世界主要股票市场市盈率比较

单位：倍

	台湾	上海	深圳	香港	新加坡	韩国	东京	纽约	伦敦
1997	27	41	40	12	15	10	38	19	19
1998	26	33	31	11	19	28	103	22	23
1999	48	37	36	27	99	35	–	25	30
2000	15	58	56	13	21	15	171	23	23
2001	42	38	40	12	17	29	241	31	20
2002	42	34	37	15	21	16	–	29	18
2003	25	37	36	19	25	10	614	28	18
2004	13	24	25	19	17	16	39	20	15
2005	18	16	16	16	15	11	42	19	14
2006	19	33	33	17	14	11	36	18	13
2007	15	59	70	22	15	17	27	18	12

数据来源：台湾证券交易所 www.tse.com.tw。

此外，台股波动大可由股指暴涨暴跌显示，总体上波动幅度高于其它主要股市，尤其是80年代末90年代初的波动幅度，世所罕见。结构脆的标志是信用交易比例过高，投资人都借款或借券从事交易，任何风吹草动都可能引起投资人操作上的过度反应，导致股市不稳。

第二，股市结构以科技产业为主

经过20世纪80到90年代的成功转型，高科技产业成为台湾制造业生产与出口的主导产业，并形成台股中的主力板块。目前台股中多数上市公司为高科技产业，其中IT产业（具体包括半导体、电脑及周边设备等8个电子产业）在台湾股市产业结构中占比重最大，2008年年底市值比重占51%，而金融、塑化、油电汽、钢铁及其它分别占14%、9%、6%、3%及17%。台湾上柜股票更是以高科技产业为主，2008年年底在台湾证券柜台买卖中心（OTC，即店头市场）上柜的541家公司中，80%以上是电子类公司，其它多为证券、通信、软件等行业。台湾OTC市场虽与美国纳斯达克（NASDAQ）市场的性质不同，如其上柜股票均带有转为上市股票的过渡性，但同样以鼓励岛内中小型高科技企业创业投资为重要目标，台湾当局采取“上柜从宽、监管从严”的政策，对广大高科技企业很有吸引力。

第三，股市波动受外部因素影响大。

一是股市中的外资对台股升降有重要影响。在台股投资人的操作中，一般是散户操作跟风机构投资人，岛内机构投资人跟风外资法人，因此外资在台股中的一举一动对台股走势有重要影响。近20年来，外资在台股中的比重持续增长，已占重要地位。截至2008年年底，外资持股市值为3.62万亿元新台币，占总市值比重29%，外资成交值13.15万亿元新台币，占交易比重22%。外资在台持股重点集中在高科技和金融板块，其中比重较大的产业包括：半导体（42%）、通信网络（32%）、电脑周边设备（23%）、水泥（23%）、金融保险（22%）、塑胶（20%）、贸易（20%）、食品（20%）、电器电缆（17%）、光电（17%）、电子零组件（17%）、汽车（17%）、钢铁（16%）、航运（15%）、观光（13%）等。电子产业上市公司的外资持股比重普遍较高，很多过半，例如：台积电（72%）、盛馀（67%）、台达电（66%）、矽品（59%）、日月光（55%）、宏达电（55%）、仁宝（54%）、三洋电（51%）等。

二是台股波动除受台湾经济基本面影响外，与全球重要股市走向密切相关。以前与美国纳斯达克指数及日经指数呈现高拟合度，基本上同涨同跌，但近年来，随着两岸经济融合程度加深，台湾上市公司在大陆投资迅速增多，台上市公司业绩与大陆经济关联度不断增强，尤其去年以来两岸经贸关系不断取得历史性突破，两岸“三通”、大陆居民赴台旅游、大陆对台大规模采购、两岸签订MOU等均对岛内股市产生直接拉动效果。台股与大陆A股走势关联度日益增强，越来越多的岛内投资者开始参考大陆股市动向进行操作，2009年这一现象更为明显，台股与大陆A股相关系数比台美股市高出一倍。

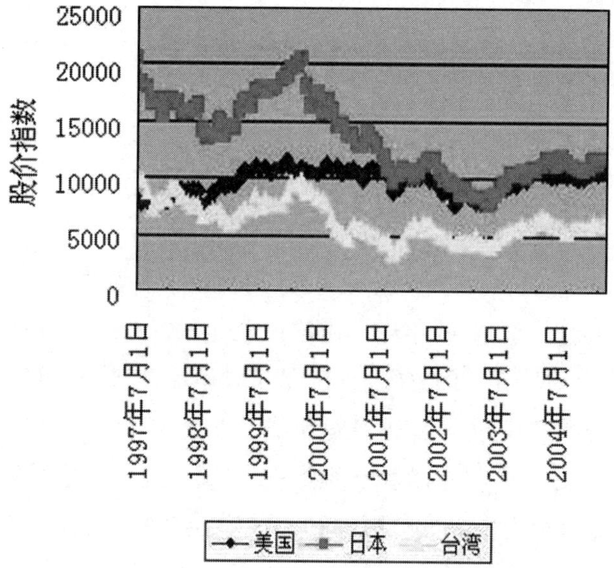

图5.9 台股的国际联动

资料来源：根据雅虎财经网站各地区股市历史资料绘制。

三是台股波动受国际证券公司影响也很大。摩根斯坦利资本国际（MSCI）公司、穆迪投资者服务公司、标准普尔（S&P）公司等国际证券公司对台湾股市的评级对股指波动影响很大，尤其是作为全球最重要的股市指数编纂公司的MSCI，直接影响全球超过3万亿美元的股票基金操作，自其1996年将台股纳入旗下各种指数之后，每次季度调整股市权重或年度调整股市分类时都会对台股波动产生显著影响。去年以来两岸关系明显改善，台股也因此受惠，MSCI不但将台股在新兴市场指数的权重调至12.45%的历史高点，还于2009年6月将台纳入"已开发市场"的观察名单，明年有望与韩国同时加入。S&P也将台股在其全球新兴市场指数中的权重调高至15.6%，成为仅次于中国大陆的重要新兴股市。与历年调整类似，上述变动对台股2009年以来的强劲反弹产生直接影响。

第四，"政府"干预股市明显。

台湾股市起步相对较晚，从业人员的素质也参差不齐，无法达到完全自制自律，因此台湾当局开始就对股票市场采取有别于英国“自由放任”的“政府管理”的制度，再考虑到台湾股市上述“浅碟”特征，台湾当局对股市波动积极干预。工具与手段主要有以下四种：

一是货币政策。货币政策的工具主要是调节存款准备率、再贴现率和担保品放款融通利率。在1990年股市泡沫已经非常明显时，台湾当局曾运用货币政策限制泡沫过度膨胀，成效显著。1989年3月到8月，台“中央银行”连续将再贴现率由4.5%提高到7.75%，同时提高存款准备金率，此举使货币供给增长率大幅下降，1989年的年增率由连续几年的20%以上骤降至6.05%，1990年第一季甚至再降至–8.72%，直接促成股市泡沫破裂。1998年股市泡沫破裂后，台湾当局为避免企业财务危机进一步冲击股市，分别于1998年8月、9月和1999年2月三次调降存款准备金率，并于1998年9月到1999年2月期间4次调降再贴现率和担保品放款融通利率，对控制股市下跌幅度起到相当大作用。

二是信用政策。信用政策的工具主要是调节融资成数、融券保证金成数、资券担保品维持率等。1998年股市泡沫破裂后，台湾当局大量运用信用政策维持股市稳定：1998年6月4日将资券担保品维持率降为120%；1998年8月25日调整融券保证金成数，由7成调高到9成；1998年9月3日，将融资成数由5成调高为6成。2000年股市泡沫破裂后台湾当局仍然大量运用信用政策稳定股市：2000年10月20日，将融券保证金成数由90%提高到120%，并规定，“融资融券授信机构，得与特定条件下，与融资融券者协议售让标的证券或暂缓处分”。信用政策的实施，通常是政府借此强化买方的力量，削弱卖方的力量，用来缓和股价的暴跌。

三是财政政策。财政政策的工具主要是调整金融保险证券业营业税、设置政府基金介入股市等。在台湾1990年股市泡沫中财政政策扮演了“成也萧何，败也萧何”的角色，对促成和抑制资产价格泡沫均起到重要作用。20世纪80年代台湾正处于金融自由化迅速推进的时期，相关财政政策对股市泡沫起到推动作用。例如1985年台湾当局停征证券交易所得税，股市成交量迅速放大；1988年通过“证券商设置标准”，将冻结20年的证券商许可证全面开放，使股票买卖迅速成为一种“全民运动”。从1987年到1988年，股价上涨6333点，涨幅283%。台湾当局意识到股市泡沫的严重后，于1988年9月份宣布恢复征收证券交易所得税，顿时股价大挫，到1989年1月下跌了55%。然而，此后台湾当局对其政策予以“澄清”，股价又转趋回升，6月又一举突破万点大关。1998年股市泡沫破裂后，台湾当局为稳定股市，于1999年2月19日将金融保险证券业营业税由5%降为2%。2000年股市泡沫破裂后分别于2000年10月和11月两次放宽外资投资金额与比例，并放宽保险业和商业银行投资股市限制，均有一定程度的短期效果。

台湾当局设置“国家安全基金”是世界上较有特色的干预股市的财政政策。该基金的创立源自1996年2月为台湾地区领导人第一次直接民选进行股市作多的“股市稳定基金”，当时筹集了2000亿元新台币，参与机构包括退抚基金、劳退基金、邮政储金、简易寿险资金、寿险业、产险业、公民营银行等。为使干预股市的“政府”基金法制化，2000年3月15日台湾当局正式成立“国家安全基金”，可运用资金总额5000亿元新台币，来源有二：一是政府以公股股票为担保向金融机构借款，额度为2000亿元新台币；二是劳保、劳退、退辅与邮储四大基金，额度为3000亿元新台币。该基金成立后适逢台湾2000年股市泡沫破裂，台湾当局密集运用基金干预，几次较大的动作包括：2000年3月16日，台湾“大选”在即，股价波动频繁，该基金授权动用514亿元新台币托市；2000年9月26日，台湾当局为应付政局不安给股市带来的冲击，动用该基金406亿元新台币干预股市；2000年10月31日，是否废“核四”引发朝野争议，该基金又授权动用386亿元新台币护盘。“政府”基金干预股市的效果一直存在争议，短期内虽可能部分起到稳定投资人信心的功效，但进场资金多被套牢，如上述三次干预，分别迟至2003年第二季与第三季才得以解套。

四是行政政策。行政政策的工具主要是进行“道德劝说”、“信心喊话”、调整涨跌幅或暂停交易等。政府主管官员约谈银行或投资信托机构主管是台湾当局了解和控制股市异常波动的常用手段。在1998年股市泡沫之后，调整跌幅限度也日益成为台湾当局干预股市的经常性措施。该措施是在涨幅维持原有的7%的情况下，将跌幅由7%降为3.5%，这在1999年9月27日到10月8日及2000年3月20日至3月25日期间曾经实行。

第五，证券监管尚不成熟。

台当局虽自90年代以来就开始加强“金融纪律化”建设，但股市内线交易仍屡禁不止。近年来陆续爆发的内线交易事件和公司被掏空案件如"台开案"、"力霸案"、"明基风暴"、"股市秃鹰案"、"东森集团弊案"等，都对台湾股市造成不同程度的冲击，有时震撼程度甚至类似小型金融风暴。台股内线交易猖獗的主要原因：一是台湾政商关系错综复杂，财团与执政党和民意代表间有千丝万缕的联系。如始于2006年年底的"力霸案"波及岛内约50家上市、柜公司，台湾股市因此下跌超过300点，总市值减少近8000亿元新台币，根源就在于力霸集团通过政商勾结牟取特殊经营权，顺利进入金融、电信、媒体等特许行业，并通过政商关系取得台当局"纾困"资金长达10年之久，在经营难以维持并转移资产后，力霸集团申请企业重组，立刻引爆其所属的"中华商业银行"挤兑风潮。二是台当局监管不力，法规和组织方面都有待加强。台湾证券监管法规的不完备在某些方面尚落后于大陆，也因此在国际证券管理机构组织（IOSCO）中，大陆是A级会员，台湾仍为B级会员。台监管部门由于权力过大对人员素质的要求也较高，2005年岛内爆发名噪一时的"股市秃鹰案"就是股市主管部门官员通过职务之便获得存在问题的上市公司财务机密进行操作获利的典型案例，"金管会"中打击股市秃鹰的"猎鹰专案小组"负责人竟然同为股市秃鹰，震惊岛内。三是台湾股市波动较大，交易频繁且换手率高，为投机资金从事内线交易提供了基础。

（四）股市泡沫

股市泡沫指股票的市场价格持续偏离基本价值。股票的市场价格等于基本价值与泡沫价格之和，因此泡沫可能是正向的，也可能是负向的，但通常人们更为关心正向泡沫。金德尔伯格（Kindleberger）将泡沫界定为产生、膨胀、破裂三个过程，认为"泡沫"和"繁荣"的两种标准：一是持续的时间长短；二是其最终结果是否引致金融危机。"泡沫"所形成的繁荣注定要结束，不是以迅速爆发危机的方式消失，就是以经济长期停滞的方式结束，其后果必然对实体经济和金融稳定造成负面影响。20世纪80年代以来，发展中国家或地区的泡沫经济都遵循一条相似的形成及发展途径：经济高速发展→金融自由化→大量外资流入→货币升值→外资流入股市和房地产市场→股票价格泡沫→经济结构失衡。台湾也不例外。自1962年台湾证券交易所成立以来，尤其是进入80年代以后，台湾股市出现三次明显的股票价格泡沫，期间虽然有波段调整，但每次都出现万点行情，而最终均以大跌数千点作收，尤其以第一次股票价格泡沫波动最大，成因也最典型。

股票市场远比一般商品市场价格波动大，因为有价证券的增值特点使其影响因素远比一般商品复杂。当某种因素的作用被不理性地持续放大，股票价格就会大幅偏离其均衡状态（即市场价格等于基本价值时的状态），产生股市泡沫或泡沫破裂后的暴跌。在二战后的全球股市波动中，台湾股市泡沫破裂的震荡幅度之大，只有香港可与之比拟。

表5.15 二战后世界各主要经济体股市泡沫破裂比较

国家或地区	起始时间	谷底时间	下降幅度（%）
台湾	1990.2	1990.8	–80.41
	1997.8	1999.2	–47.13
	2000.2	2001.10	–66.22
美国	1972.12	1974.9	–48.39
	1980.11	1982.7	–23.26
	1987.8	1987.11	–30.04
英国	1972.8	1974.11	–68.71
	1976.1	1976.10	–28.78
	1987.9	1987.11	–33.79
德国	1972.7	1974.9	–34.4
	1982.4	1988.1	–47.77
	1990.3	1990.9	–33.47
法国	1973.4	1974.9	–54.67
	1976.2	1977.4	–36.07
	1987.4	1988.1	–43.5
意大利	1973.6	1975.9	–53.29
	1981.5	1982.6	–40.5
	1986.8	1988.5	–41.53

加拿大	1973.10	1974.10	−38.72
	1980.11	1982.6	−43.04
	1987.7	1987.11	−24.26
澳大利亚	1973.1	1974.9	−60.12
	1980.10	1982.3	−43.23
	1987.9	1988.2	−41.8
瑞典	1976.4	1977.11	−36.18
	1987.9	1987.11	−32.28
	1990.7	1990.11	−36.79
日本	1973.1	1974.10	−40.24
	1989.12	1990.9	−46.65
香港	1973.2	1974.11	−89.53
	1997.7	1998.8	−60.09

资料来源：Anne.VilaAsset, *Price Crises and Banking Crises:Some Empirical Evidence,* Bank of England,2000。台湾数据来自台湾证券交易所资料，其中，泡沫破裂起始时间的股价指数分别为：1990年2月12日12682点、1997年8月27日10256点、2000年2月17日10256点；泡沫破裂谷底时间的股价指数分别为：1990年10月1日2485点、1999年2月5日5422点、2001年10月3日3446点。

股票价格泡沫对国民经济的影响主要有两种渠道：庇古效应和托宾效应。前者也被称作“财富效应”，即股票价格变动通过影响消费从而影响国民经济活动；后者指股票价格泡沫会使外部筹资成本发生变化从而影响投资，进而对国民经济产生影响。一般而言，股票价格下跌对国民经济的影响程度远超过股票价格上升。股票价格泡沫破裂，经济主体的抵押品价格、股票价格随之下跌，同时金融体系的不良债权增加，外部筹资成本上升，为此，债务人和债权人双方均采取谨慎态度，缩减借贷规模，导致总需求萎缩。长期看，泡沫破裂会导致资本形成减少，使总供给和潜在GDP水平下降。台湾较大的三次股票价格泡沫破裂原因各不相同，但对经济的负面影响基本一致，只是程度有所差异。

台湾股市的第一次大泡沫产生于20世纪80年代末，股价指数5年暴涨17

倍，而后，在8个月内狂跌80%，波动幅度世所罕见。这次股市泡沫的成因主要是双盈余下的新台币大幅升值。由于经济高速增长，出口急剧增加，经常账顺差猛增，同时外商对台投资使资本账也出现大量顺差，导致国际收支出现“双盈余”的格局，新台币因此大幅升值。汇率缓升加剧外资流入，加之岛内货币供应量扩大，民众投资意愿增强，使大量资金涌入股市，形成台湾股票发展史上迄今为止最大的泡沫。

当时新台币升值的背景与目前人民币面临的处境极为相似。20世纪80年代以前，台当局为实施出口导向经济战略，先后采取固定汇率制度与以美元为中心的机动汇率制度，将汇率控制在1美元兑35–40元新台币的水平。这种汇率制度维持了新台币的相对稳定，对台成功实施出口导向经济战略发挥了重要作用。但80年代中期开始，台汇率制度受到强烈冲击，被迫大幅升值，由1985年的39.4元猛升到1987年的28.5元。冲击主要来自以下三方面：

1. 台巨额外贸顺差与外商投资使新台币升值压力剧增。台对外贸易自1976年后在出口高速扩张带动下，连续出现顺差，尤其80年代后顺差额迅速扩大，从1981年的14亿美元增长到1985年的106亿美元，1986年更是激增到157亿美元。顺差额占台GNP比重也由1981年的2.9%增长到1986年的20.3%。与此同时，外商对台投资迅速增加，由1976年的1.4亿美元大幅增加到1987年的14.2亿美元，增长逾10倍，造成国际收支顺差大幅增加。台当局为维持汇率稳定，只能大量买进美元，外汇储备在短期内急剧上升，由1981年的72.4亿美元增加到1987年的767亿美元。需求量剧增使新台币升值压力不断增大，市场对新台币升值的心理预期迅速上升。

2. 美国采多种手段迫使新台币升值。80年代中期美国是台外贸顺差的主要来源，占台顺差总额的90%以上，同时台湾也仅次于日本成为美贸易伙伴中第二大逆差来源。当时，美国为减少贸易逆差，采取让美元在国际市场上持续贬值的策略；但新台币紧盯美元，使美元贬值未起到预期效果，新台币反而借美元贬值之便对其它货币持续贬值，外贸顺差不断上升，引起美国强烈不满。美多次以台当局人为操纵汇率为由，威胁使用其“综合贸易法案第301条款”，逼迫台当局放宽汇率管制，让新台币升值，以减少对美贸易顺差。

3. 台当局采取汇率“缓升”策略，加剧了市场对新台币升值的心理预期。为减缓新台币升值压力，并考虑出口企业的承受能力，台当局采取对新台币汇率缓幅升值的策略，1美元兑新台币由1985年的39.8元小幅升值到1986年的35.5元。但是，这种“缓升”策略不仅没有减轻新台币的升值压力，反而刺激了市场更强的升值预期心理。不仅岛内民众纷纷抛售美元，国际热钱也大量涌入岛内。1985年-1987年，台国际收支账户中短期资本净流入由2.8亿美元暴增至40亿美元，虽然台当局引导岛内利率不断下调，但仍无法阻止热钱涌入，新台币升值压力进一步加剧。

在诸多巨大压力下，台当局被迫于1987年7月宣布新台币不再盯住美元，新台币迅速升值到1美元兑28.5元新台币的价位。1989年4月，台当局正式放弃以美元为中心的机动汇率制度，实行由外汇市场决定的浮动汇率制度。此后到90年代中期，美元兑新台币汇率基本稳定在25-28元水平。新台币升值过程中大量热钱流入及巨额外贸顺差，导致外汇储备骤增，岛内货币供应量随之扩大，1985年至1987年三年间货币供应量增长率分别高达51.42%、37.82%和24.44%。在当时外汇管制尚未取消和银行体系吸收存款能力有限的情况下，货币供应量过大造成社会资金浮滥，加上岛内投资机会有限，大量资金涌入股票和房地产市场，引起股、房市飙涨。1985年台湾股价指数仅746点，但到1990年2月竟冲至12600点，五年上涨17倍。同时，台湾平均房价上涨3-5倍，地价飙涨10倍以上，形成严重的泡沫经济。

台湾第一次股市泡沫破裂的导火索是1990年海湾战争爆发使全球普遍预期油价上涨，国际股市低迷冲击台湾股市，尤其是日本股市崩盘感染台湾。从经济基本面的因素看，其一是台湾出口产品竞争力下降，贸易顺差减少，经贸环境恶化；其二是台湾金融当局改采紧缩性货币政策，大幅调高存款准备率与再贴现率，引发股市资金退潮；其三是社会运动蓬勃兴起与股市投资的流行大大降低工商界的投资意愿。从1990年2月到10月，股市由12600点狂泻到2485点，房地产业也一蹶不振，给台湾经济带来严重的后遗症。一方面，台湾经济高增长时代结束。90年代前的40年间，台湾经济一直保持年均9%的高速增长，股市泡沫破裂后则再未出现这样高的增长率。泡沫经济的产生使岛内劳动力和土地成本大幅攀升，1985年-1995年间台湾工业劳动力总薪资增长3倍，增幅远高于香港、新加坡和日本；1988年-1993年工业区土地价格增长2.74倍。加上岛内因“解严”引发的劳工运动、环保运动等社会运动高涨，使台湾传统产业在岛内生存环境急剧恶化，大量倒闭和大规模外移，对外投资激增。1986年–1995年台对外直接投资额年均28亿美元，远超过1981年–1985年间年均0.5亿美元的水平。岛内传统产业迅速衰退，台制造业占GDP的比重由1986年的39.4%迅速下滑到1995年的27.9%，引发“产业空洞化”隐忧。另一方面，为岛内金融体系埋下长期隐患。股市泡沫期间，岛内掀起全民性金钱游戏，地下金融盛行，银行贷款浮滥。1988年台湾地下投资公司多达800家，吸引民间游资超过3000亿元新台币，成为影响金融和经济稳定的隐忧。银行体系也因存款增长率远高于贷款增长率而放松贷款条件。泡沫经济破裂后，地下金融遭到重创，银行体系呆坏账比率迅速升高，导致后来弊案频发，接连出现假票券、超贷弊案和挤兑事件，掀起一次次金融风暴。

台湾股市的第二次大泡沫产生于 1997 年前后，股价指数半年上涨 140%，而后，在接下来的 3 个月内下跌 25%，泡沫破裂。这次股市泡沫的成因主要是亚洲金融危机期间的热钱流动。亚洲金融危机爆发前台湾股市处于恢复上升期。1996 年因李登辉的分裂活动导致台海局势紧张，台湾股市由 7000 多点跌至 4000 多点，而后在台湾当局放宽外资进入股市等因素的激励下逐渐回升，到 1997 年亚洲金融危机爆发前已经站上 8000 点。7 月初泰国爆发金融危机，大量国际游资撤出泰国，其中相当数量的热钱移至台湾，致使台湾股市短期内迅速突破万点，形成岛内第二次股市大泡沫。促成这次股市泡沫的其它因素还包括：一是以电子业为龙头的台湾高科技产业迅速发展，以其高弹性、应变快、成本低的优势在世界代工市场牢牢占据一席之地，其出口旺盛带动的经济繁荣，促成了台湾股价指数的攀升；二是放宽外资法人投资股市的政策，使台股成为受到国际投资人关注的世界新兴股市之一，引发大量外资流入。

台湾第二次股市泡沫破裂的导火索是本土型财务危机爆发。台湾虽在1997年亚洲金融危机中受伤较轻，但进入1998年经济表现还是逐季变差，出口缩减，经济增长放慢。自1998年8月起，不断有企业发生跳票事件，一时间企业财务危机盛行。发生财务危机的企业多是上市上柜公司，被视为“地雷股”，每逢曝光必然股价直落；而台湾企业间盛行交叉持股、策略联盟等经营方式，因此易产生“骨牌效应”，直接导致股市泡沫破裂。

这次股市泡沫破裂对企业财务、银行体质及政府财政均产生负面影响。先是岛内企业资金周转出现困难，接着台湾“中央票券公司”也发生退票事件，说明危机已开始波及到金融机构，演变成信用危机。台湾银行业利润率本来就不高，加上台当局为减轻企业财务危机对银行进行干预，使其处境更加困难，占台湾股市市值近1/4的银行股大跌，进一步重挫了台湾股市，形成恶性循环。从1997年6 月底到1999年2月4日，台湾股市跌幅高达39%，较之韩国的26%、新加坡的31%、日本的32%、泰国的35% 都要严重。台湾当局为摆脱金融危机开出了三剂药方：一是降低银行业营业税；二是降低存款准备金率；三是对证券交易税采取弹性税率。这些措施短期内虽缓解了金融危机，但却加重了财政困难，使台湾当局财政收支由1999年的大体平衡转为2000年的赤字。

台湾股市的第三次大泡沫产生于2000年前后，股价指数一年上涨86%，而后在接下来的10个月内大跌55%，台湾股市开始长达7年的低迷期。这次股市泡沫的成因主要是台湾当局从选举考虑极力作多，大量政府基金纷纷入场拉抬股市，同时台湾资讯电子等高科技产业经营业绩优异，增长势头迅猛，致使台湾股市又一次突破万点，形成岛内第三次股市泡沫。

台湾第三次股市泡沫破裂的主因是受国际科技股下挫的影响。民进党上台也成为这次泡沫破裂的导火索。政治因素之所以能成为冲击股市的重要因素，在于政局与政策的稳定与否直接影响投资人的信心。2000年，民进党首次执政，经验不足，各部门缺乏横向协调，政出多门，政策粗糙，加之意识形态挂帅，朝野对立严重，成为打击投资人信心的乱源。经济基本面也出现压破泡沫的因素：其一是经济严重衰退，甚至出现战后未曾遇到过的负增长，失业率也攀升至战后最高；其二是金融业问题重重，因两次股市泡沫期间台湾当局迫使岛内金融机构支持遇到财务危机的企业，致使金融机构股票品质恶化，呆坏账比率不断升高，全体金融机构的平均呆坏账比率曾高达8%以上，信用紧缩日益明显，加剧经济萧条；其三是国际股市影响。时值国际间网络股泡沫破裂，美国纳斯达克股价从5000多点重挫至1500点以下，波及到与其联系密切的台湾股市，尤其是台股中比重较大的电子股出现大幅下挫，加剧股市泡沫破裂。

这次股市泡沫破裂对台湾经济造成长期的负面影响，台湾经济增长速度由中速转为低速。1989年-1999年，台湾经济基本保持年均6.3%的中速增长；2000年-2004年，台湾经济年均增长率大幅下降至3.3%，2001年甚至衰退2.2%，为上世纪50年代以来首次出现。经济增长速度放慢，主要是股票价格泡沫破裂后岛内需求和投资力量减弱。民间消费与投资是上世纪80年代中期以后支撑岛内经济增长的两大支柱，其中民间消费年增长率基本维持在5%以上，但2000年-2004年间，民间消费增长率平均仅3%左右。民间投资除2000年上半年及2004年表现较好外，其余年份基本处于衰退或停滞状态，2001年-2004年投资总量平均每年较2000年少投资约1/4，相当于少了一年的投资量。

二、期货市场

期货市场具有价格发现、避险、投资等功能。期货契约（futures contracts）可分两类：商品期货（commodity futures）与金融期货（financial futures）。前者是以传统大宗物资为主，是最早发展起来的期货，主要包括农产品期货、金属期货、能源期货和咖啡等软性商品；后者自1972年以来迅速发展，至今已成期货交易量最大的契约，主要包括：外汇期货、短期利率期货、长期利率期货和股价指数期货。台湾期货市场1998年才形成，发展时间较短，但相当重视期货市场在金融体系中的重要地位。为提高竞争力，台湾期货交易所提出期货市场的“3D计划”，即商品数量倍增、法人参与比重倍增、交易量倍增，力图建立产品多元化、具备高度流动性及法人高度参与的健全期货市场。

（一）形成与发展

1970年代，为满足大宗物资业者的避险需求，台湾“中央信托局”邀请美商美林证券公司赴台设立分公司，经营境外期货经纪业务，成为台湾第一家期货公司。1979年，台湾“经济部”先后批准康地、宝鑫、经烈三家期货公司设立。1981年，台湾当局颁布“重要物资国外期货交易管理办法”，规定只有原料需求厂商才能从事期货交易，成为对期货交易的初步规范。这段时期岛内期货交易人对期货交易并不熟悉，亏损较多，纷纷退出市场，期货公司也无法支撑，结束营业，因此并无本土期货市场的发展。

20世纪80年代，台湾民众收入快速提高，股票市场成为最热门的投资渠道，部分股票投资人也投入期货交易。但台湾当局当时并未开放岛内期货交易市场，因而这段时期的期货交易均属地下交易，缺乏有效管理与规范，业者多以对赌方式经营，经常发生交易纠纷，加上期货以小博大的高财务杠杆效应，部分交易人因过度膨胀而损失惨重，也造成一般人对期货交易的负面印象。1986年–1990年间全盛时期，全台湾地下期货公司多达400余家。台湾主管机关眼见期货公司与客户之间纠纷不断，展开大规模治理整顿。同时也考虑要健全资本市场体系，必须提供合法的避险场所，于是就积极进行建立合法期货交易的完整法律依据。

20世纪90年代，台湾当局为落实亚太金融中心计划，满足本土期货市场的需求，分两阶段推动台湾期货市场的建立。

第一阶段，1990年到1996年。1992年6月19日，台湾当局通过“国外期货交易法”，并于1993年1月10日生效，开放期货经纪商的设立及允许台湾民众从事境外期货交易，使岛内民众从事境外期货交易行为有了法律规范，同时杜绝非法地下期货交易。1993年底，台湾主管机关批准14家境内及9家境外期货经纪商的设立。1994年4月，第一家合法期货经纪商成立，台湾民众可以通过 这种正式渠道交易境外期货。1995年12月，台湾证券管理委员会成立“期货市场推动委员会”，下设期货交易、结算、行政等工作小组，分别以台湾证券交易所与台湾证券集中保管公司为主体，研究以股价指数期货为基础的交易及结算制度蓝图，1996年陆续完成期货交易及结算制度的规划，以及电脑系统的评估，奠定了期货市场的成立及发展基础。1996年12月，台湾期货交易所筹备处正式成立，其任务是：创立一个公司，构建一个市场，推出台湾股价指数期货。

第二阶段，1997年以后。1997年3月4日，台湾“立法院”完成“期货交易法”的“立法”程序，并于6月1日正式施行，同时“国外期货交易法”停止适用。9月，台湾期货交易所成立，10月开始测试电脑系统，12月受专家评鉴。12月20日正式完成市场连线，开始与期货、证券业者进行模拟交易测试，持续进行到1998年7月。1998年6月20日台湾当局公布施行“期货交易税条例”。7月21日，以台湾证券交易所发行量加权股价指数为标的的“台湾证券交易所股价指数期货契约”正式开始交易，这是台湾第一项本土期货商品，开启了台湾期货市场的新的历史时期。

台股期货上市第一天，仅成交211口，到1998年底，日均成交量也仅2223口，交易量并不活跃。为健全期货市场发展，主管机关于1998年10月邀请各界专家学者研究期货市场改进方案，12月讨论并确定“期货市场重要发展议题短、中期规划事项报告表”，并在此后两年推动落实。该举措取得一定成效，1999年和2000年台股期货日均量增长到3653口和4944口。

1999年7月21日期货交易所推出“台湾证券交易所电子类股价指数期货”及“台湾证券交易所金融保险类股价指数期货”两个类股指数期货契约。至2001年，包括台股期货在内，三项期货商品均有长足进展，日均交易量同比增长一倍以上，台股期货、电子期货及金融期货的日均量分别为11659口、2807口及1596口。同年4月9日，期货交易所推出小型台指期货，契约规模为台股期货的1/4,提供小额投资人参与期货市场的工具，市场反应良好，第一年日均量达2334口。

台湾期货市场的另一项重要里程碑是2001年12月24日期货交易所推出的台指期权，这是岛内第一项期权商品，同时引进造市者制度，为期权市场提供流动性。该商品交易量增长迅猛，仅一年时间成交量即增长18倍，是台湾期货市场上发展最迅速最成功的商品。

此后台湾期货期权商品不断增多。2003年1月20日推出股票期权。2003年6月30日推出台湾50指数期货。2004年1月2日推出十年期公债期货。2004年5月31日推出三十天期利率期货。截至2008年，台湾期货市场商品共14种，但交易量均集中在指数类商品，台股指数期货与台指期货交易量遥遥领先于其它商品。这14种期货期权商品包括：台股期货（TX）、电子期货（TE）、金融期货（TF）、小型台指期货（MTX）、台湾50期货（T5F）、10年期政府公债期货（GBF）、30天期商业本票利率期货（CPF）、台指期权（TXO）、电子期权（TEO）、金融期权（TFO）、股票期权（STO）、MSCI台指期货（MSF）、MSCI台指期权（MSO）、黄金期货（GDF）。

2008年金融海啸席卷全球，牵连股市重挫，而台湾期货市场却得益于剧烈波动的金融市场，2008年交易量达1.37亿口，创下历史天量。2009年期交所保守估计成交量将可较上年成长3%-5%，约可达1.4亿口以上。2009年1月19日期交所还将推出黄金期权。2007年台湾期交所在全球衍生性商品交易所中排名24，因2008年的表现排名可望升高。

未来台湾期货市场发展将以商品研发创新和国际交易合作为主要强化方向，具体改进措施将包括：提供更加多样化的新型商品、提升电脑系统的效率与稳定性、引进更为先进的期货结算制度、扩大法人参与期货市场、加强与现货市场间的资讯互换与监视机制合作、推动与境外交易所或相关机构的策略联盟。

（二）市场构成

从台湾期货市场的参与者来看，大体由以下机构及群体组成：

1. 主管机关。台湾期货交易的主管机关为“行政院金融监督管理委员会证券期货局”，负责行政督导期货市场交易。

2. 期货交易所。台湾期货交易所股份有限公司有200余位法人股东，由期货业、证券业、银行业、相关机构4大行业出资20亿元新台币组成，以促进公共利益及确保期货市场交易公正为宗旨。

3. 期货市场自律机构。“期货商业同业公会联合会”是台湾期货市场的自律组织，配合期货市场的发展。

4. 期货结算机构。由台湾期货交易所股份有限公司兼营，设立目的是促进期货交易顺利完成及市场整体风险控管。

5. 结算会员。代表期货商进行期货结算业务的法人。结算会员除特别结算会员外，应具有期货商资格。结算会员分为：个别结算会员，仅能担任自己期货经纪或自营业务的交易，办理结算交割；一般结算会员，除为自己期货经纪或自营业务的交易办理结算交割外，还可受托为其他期货商办理结算交割业务；特别结算会员，主管机关许可的金融机构，仅能受托为期货商办理结算交割业务。

6. 期货商。分为经纪商及自营商，其设立须经主管机关批准。期货经纪商是接受客户委托买卖期货契约并接受客户委托开设期货交易账户的公司；期货自营商是自行买卖期货契约的期货商。期货经纪商最低实收资本额或指拨营运资金为 2 亿元新台币，期货自营商为 4 亿元新台币，兼营岛内股价指数期货经纪业务的证券商为 5000 万元新台币，分支机构为 1500 万元新台币。

7. 期货交易辅助人。是指协助期货经纪商招揽客户、接受客户下单、再转单给期货经纪商的人，不得经手保证金业务。主要业务范围包括：招揽期货交易人从事期货交易；代理期货商接受期货交易人开户；接受期货交易人期货交易的委托单并交付期货商执行。台湾期货市场中的“交易辅助人”模式源于美国，经过改良后的台湾交易辅助人制度只允许证券公司申请。该机制的推出对台湾期货业的发展起到了积极的作用：一方面，它的出现拓展了相关期货产品的市场营销渠道，便利了市场投资者的参与方式；另一方面，对于证券公司来说，实现了既可以参与期货交易，又不用承担以自身全部资产的赔偿责任；同时，对于期货商来说，他们也增加了一大批稳定的客户资源。

8. 期货交易人。是指委托期货商从事期货交易的人。期货交易人的动机一般分为避险动机、投机动机、套利动机。

9. 期货业务员。是从事期货交易的招揽、开户、受托、执行、买卖、结算、买卖分析、内部稽核等业务的人。

（三）风险防控

风险防范与控制是金融期货市场发展最为关键的环节，台湾期货市场一直重视风险防范与控制机制的建立与完善。

1. 市场专业化分工，相对隔离风险。台湾几乎所有的大型证券公司都设立了全资期货子公司，这些证券公司参与金融期货市场基本上都是通过其下属子公司进行交易。台湾期货市场形成这样的格局原因主要有三：第一，遵循国际惯例。无论是发达的欧美金融期货市场，还是我们周边的新兴市场——韩国、新加坡，金融期货在专业化场所进行交易有利于风险控制与管理。第二，相对隔离市场风险。保持现货市场与期货市场的相对隔离，能较有效地防止当某一市场的系统性风险发生时，迅速蔓延至整个资本市场。第三，遵循台湾法规。“期货交易法”规定期货交易应在期货交易所进行，因此，证券公司通过期货公司参与便成为有效途径之一。台湾证券公司也可以直接作为交易所会员参与金融期货交易，但实际情况是，证券公司在内部没有高水准的风险控制体系下，不愿贸然直接参与。因为一旦直接参与期货交易，在遇到违约事件发生时，证券公司需要以全部资产履行偿付义务。台湾各类金融机构参与金融期货市场可选择三条途径：第一，证券公司、商业银行、保险公司、信托投资公司等机构在经各自主管部门批准后，直接申请成为期货交易所会员参与金融期货交易，当市场违约事件发生时，以全部自有资产作为履约财务资源。第二，设立或控股期货公司，证券、保险、银行等金融机构通过该期货公司参与。第三，证券公司作为期货公司的交易辅助人，即证券公司通过招揽客户或将公司已有客户介绍给期货经纪商，同时收取介绍佣金。

2. 引入资本充足率、调整后净资本额指标，积极防范风险。对于证券公司可从事的业务范围，台湾通过引入“资本充足率”指标来加以考评，规定证券公司合格自有资本净额与经营风险金额的比率不得低于150%，未达标准的证券公司开展业务的范围将受到限制。对于期货公司，台湾地区引入了“调整后净资本额”概念，以有效管理期货公司过度投机金融期货市场行为。“调整后净资本额”由调整后资产（通常是流动性强的资产加保证金部分）减去负债，再加上其他调整项目构成。“调整后净资本额”不仅是衡量公司风险承受能力的重要标准，台湾金融期货市场更是将其与该公司持有期货合约的未平仓量直接挂钩。期货公司与结算会员须每日计算调整后净资本额，同时，期货公司调整后净资本额不得低于其客户保证金专户总额的10%。期货公司若希望扩大自身业务能力，只有通过增加企业资金投入，提高财务能力，才能实现企业规模的扩张。

3. 强化日常结算监控。台湾金融期货市场日常结算监控操作可分为“在线监控”与“离线监控”。为了更有效地控制风险，台湾期交所将风险控制系统分为事前监控、盘中即时监控、盘后监控等三部分。其中，盘中即时监控包括盘中清算操作、盘中委托量操作与盘中部位监控操作。一个交易日中，交易所会分三次以市场即时价格或特定价格对结算会员未平仓头寸进行盘中损益试算，以了解交易时段中结算会员保证金账户权益数状况，如有结算会员保证金低于应有水准时，则发出盘中追缴通知，并视情况进行限制新增部位操作。

4. 结算中的保证金设置。保证金是履约的担保，卖方与买方均有违约的可能，因此台湾金融期货市场实行“全额保证金法”，即交易所以结算会员持有买方与卖方仓位的合计数量来计算保证金。具体就保证金设置来看，台湾金融期货市场的保证金可分为“结算保证金”和“交易保证金”两个层次。前者是交易所向结算会员收取的保证金，后者是结算会员向非结算会员，或非结算会员向客户收取的保证金。交易保证金又可以分为期初保证金和维持保证金两部分。前者是交易人从事期货交易所必须缴纳的保证金，后者是交易人持有仓位后最低保证金额度标准，并作为保证金补缴的基准。

5. 违约事件中的财务资源。在处理风险事件过程中，建立公正、合理的期货市场财务资源制度不仅可以增强市场参与者信心，也有利于监管者对违约事件做出有效、迅速的处理。对于清算机构而言，台湾金融期货市场在违约事件的财务资源上，建立起了“四级偿付链条”。链条由先至后依次为：结算保证金—交易所风险准备金—每家结算会员缴纳的交割结算基金—结算会员共同分担。这里的“交割结算基金”是指，凡申请担任结算会员的公司都必须按照其实收资本额的20%缴纳作为交割结算基金。若该结算会员增加了委托机构，或非结算会员新增分支机构，交割结算基金都应相应增加，以此提高结算会员的风险抵偿能力。

三、外汇市场

（一）形成与发展

1963年至1978年，台湾采行盯住美元的固定汇率制，只有外汇指定银行与顾客交易的顾客市场，而无银行间市场。1978年12月台湾由固定汇率制度改为机动汇率制度，1979年2月建立银行间外汇市场，并取消外汇清算制度。银行间外汇市场的建立标志着台湾外汇市场的诞生。

当时银行间市场完全是外汇指定银行为抛补其与顾客买卖的差额而与“中央银行”的交易，“中央银行”在银行间市场的调节并不会影响新台币汇率。1989年4月，台湾由1982年开始实行的“中心汇率制度”改为浮动汇率制，汇率完全由银行间市场决定，且各外汇指定银行可自行依据资金成本，及其与顾客交易的情况，自行决定其与进出口厂商及个人的买卖价。

台湾外汇市场交易量增长迅速。1979年2月台湾外汇市场成立之初，银行间市场上新台币兑美元的即期外汇日交易量仅200万美元，2003年已达66亿美元，是市场成立初期的3300倍。顾客市场的日交易量由1亿美元增至29亿美元，增长29倍。目前台湾外汇市场包括即期市场、远期市场、换汇市场及台币衍生性商品的交易。其中，即期、远期和换汇三个市场的交易量占交易净额的90%左右。台湾外汇市场交易量平均每日约40至50亿美元，尚远低于亚洲各金融中心动辄1000亿美元的水平。

（二）市场主体与交易对象

台湾实行外汇指定银行制度，二战后由台湾银行独家办理。1959年9月批准日本劝业银行设立台北分行从事部分外汇业务，后又指定多家银行办理外汇业务。到2003年年底，指定办理外汇业务的岛内银行有44家，外商银行有35家，共计79家。

1983年12月，台湾当局颁布“国际金融业务条例”，特许银行在境内成立国际金融业务分行（OBU，也称“境外金融中心”）。OBU与境外客户往来，在外汇及租税上给予特别待遇，享受免提存款准备及免税优惠。近年来，台湾当局积极推动发展OBU成为海外及大陆台商的资金调度中心，因此OBU规模迅速成长。截至2003年10月，台湾全体OBU家数达71家，资产总额达597亿美元。

除外汇指定银行和OBU外，外汇市场的参与者还有指定银行的海外分行或联行、包括进出口商和一般民众在内的居民、包括QFII、境外法人及个人在内的非居民、外汇经纪商。外汇经纪商有两家，分别为台北外汇经纪股份有限公司与元太外汇经纪股份有限公司。

台湾“中央银行”自1991年起陆续开放指定银行办理涉及外汇业务的衍生性金融商品，目前开放的新种金融商品及衍生性金融商品已达24种。

一是纯外币衍生性金融商品，共17种，分别是外币保证金交易、远期外汇交易、远期利率协议、商品远期契约、股价远期契约、汇率期权、利率期权、商品期权、股价期权、换汇交易、换汇换利交易、利率交换、商品价格交换、股价交换、组合式存款或组合式产品、组合式放款、衍生性外汇商品与新台币衍生性金融商品连接的外汇组合式产品。

二是信托资金投资境外有价证券，共两种，分别为新台币指定用途信托资金投资境外有价证券、外向信托资金投资境外有价证券。

三是新台币与外币间的衍生性金融商品，共5种，分别是新台币与外币间远汇交易、新台币与外币间换汇交易、无本金交割的新台币与外币间远期外汇交易、新台币与外币间换汇换利交易、新台币汇率期权。

（三）改革方向

20世纪80年代后半期起，台湾外汇市场交易自由化措施频频出台。1986年台湾“中央银行”批准金融机构办理新台币指定用途资金投资境外有价证券业务，自此台湾民众可以从事岛外证券投资。目前办理此项业务的岛内金融机构超过50家，金额超过200亿美元。1987年“中央银行”解除外汇管制，出进口厂商可自由持有及运用外汇。凡是商品、劳务贸易及主管机关批准投资的资本交易所需外汇，均可自由结汇，没有金额限制。公司、个人每年累积结购或结售的金额，未超过5000万美元及500万美元的汇款，可到指定银行办理结汇；超过该金额的必要的汇款，需要专案向“中央银行”申请。1987年，台湾“中央银行”同意证券投资信托公司岛内募集基金投资境外有价证券；并于2003年同意投资信托业者申请募集的总额度在1600亿元新台币以上则无需等“证券投资信托及顾问法”完成“立法”，可适时提出额度申请。截至2003年11月底，投资信托业者募集资金投资境外有价证券余额达32亿美元。1990年开放外国专业投资机构（QFII）投资岛内证券；经过逐步放宽，2003年取消QFII制度，将外资投资岛内证券简化为外国自然人及外国机构投资人，并简化外资申请程序。1991年，台湾“中央银行”同意国际金融组织在台发行债券，截至2003年11月底，共批准亚洲开发银行、中美洲银行、欧洲复兴开发银行、美洲开发银行、北欧投资银行、欧洲投资银行及欧洲理事会开发银行等7家国际金融组织在台发行债券，实际发行金额分别为新台币2246亿元、日元15亿元及美元1.32亿元。2001年，台湾“中央银行”同意有境外投资需要的寿险业者，可以换汇或换利方式汇出资金，投资境外有价证券。截至2003年11月底，以换汇或换利方式汇出金额达194亿美元。

为逐步发展台湾成为亚太区域金融中心，台湾当局积极筹划改革和完善外汇市场：

一是发展境内资产管理市场。截至2003年，岛内基金规模约为2.7万亿元新台币，岛内全体投资信托、投资顾问业者经营全权委托投资业务金额为1911亿元新台币，指定用途信托资金投资境外有价证券与岛内投资信托公司募集资金投资境外有价证券的金额为293亿美元。如何完善岛内资产管理市场，将这些庞大的资金有效运用，将是台湾外汇市场的重要改革方向。

二是发展换汇换利交易（CCS）及换汇（swap）市场，促进资金双向流通。目前岛内利用外汇市场的换汇交易及资本市场的换汇换利交易的金融商品主要有：国际金融组织在台发行新台币债券、人寿保险公司投资境外有价证券、境内证券投资信托公司以所募集资金或全权委托方式投资境外有价证券、QFII投资境内证券的本金、岛内企业或机构向境内外贷款或举债募集的资金。未来如何通过完善换汇换利交易及换汇市场，提高内部资金境外使用或境外资金境内使用的效率，同时维护新台币汇率稳定，是需要改革的内容。

三是加强利用衍生性金融商品避险。2008年国际金融危机使人们认识到过于复杂的衍生性金融商品有相当大的风险，台湾“中央银行”一方面积极开放衍生性金融商品供人避险，另一方面大力倡导正确的投资理财避险观念，诸如要求外汇指定银行做好本身的风险管理、鼓励投资人利用具有稳定市场功能的衍生性金融商品等。

四是发展外币对外币的第三货币交易。随着新型金融商品及衍生性金融商品的开放，台湾外汇市场的交易商品大幅扩增。就交易币别而言，已扩增至外币对外币的第三货币交易。但台湾外汇市场仍是以新台币对其它货币交易为主，其交易量占外汇市场总交易的比重高达61.2%。第三货币的外汇交易，则因台湾外汇指定银行的外汇交易室并非利润中心，本地银行较少进行外汇仓位操作，且第三货币交易有日益集中于主要国际金融中心的趋势，因此台湾外汇市场的第三货币交易仅占外汇市场总交易量的38.8%。

五是加强外汇市场自律组织的运作。台北外汇市场发展基金会自1994年起专门研究外汇交易发展工作，在市场发展、商品发展、风险管理、研究训练等方面提出诸多建议，是台湾外汇市场发展的重要组织，其功能有待进一步加强。

四、货币市场

货币市场是短期资金融通市场，属于直接金融，与银行的短期放款、透支与贴现业务是竞争关系。货币市场的资金需求者通常是政府、企业与银行，资金供给者通常是企业及各金融机构与家庭。货币市场除票券市场外，还包括金融机构间的同业拆款市场。货币市场的工具以一年期以内的国库券、商业本票、银行承兑汇票与可转让定期存单为主。

（一）形成与发展

台湾1976年成立票券金融公司标志台湾有组织的货币市场正式开始运作。在欧洲国家，票券业务原本是银行业务之一，但在台湾，金融业务采取专业分工制度，需要将票券业务从银行业务中分出来交给专业的票券金融公司来经营。为此，台湾当局1975年12月公布了“短期票券交易商管理规则”，同时指定台湾银行、“中国国际商业银行”、交通银行各筹设一家票券金融公司。中兴、国际与中华3家票券金融公司分别于1976年5月、1977年1月与1978年12月相继开业，共同垄断货币市场的中介业务，获利丰富。

1991年，台湾当局决定将票券业务的寡占经营改为竞争局面，并以开放政策、开放次级市场业务、开放初级市场三个阶段进行实施。1992年5月，台湾当局开放银行办理短期票券的经纪与自营业务，银行不必经由票券金融公司当中介投资短期票券，同时还可帮投资者买卖票券。1994年8月开放新票券金融公司的申请。1995年开放银行办理短期票券的签证与承销业务。至此，银行兼营票券金融业务的限制完全取消，银行可兼营票券金融公司的全部业务，短期票券市场的业务进入激烈竞争的状态。

台湾当局开放银行从事货币市场中介业务时，各商业银行基于商机面前不缺席的心态，纷纷加入转投资行列，申请设立票券金融公司，一时间多了10余家票券金融公司。1998年，台湾爆发本土性金融危机，金融机构经营相继出现困难，货币市场上的票券金融业务也相对萎缩，部分票券金融公司并入金融控股公司或银行。到2008年8月，台湾共有票券金融公司10家，分公司33家。

（二）市场主体

货币市场的参与者有银行、票券金融公司、信托投资公司、企业、非营利事业团体与个人。从交易比重看，民营企业居首，占38.78%；其次是银行，占29.28%；再次是票券及信托公司，占17.06%；保险公司占6.7%；公营企业占2.46%；个人占0.18%；其它占5.53% 。

与公营企业在货币市场中的交易比重不断下滑相比，民营企业的交易比重却持续上升，甚至在市场整体交易呈现萎缩时，民营企业的交易额不减反增，使其交易比重大幅增加，超过银行，成为台湾货币市场中交易量最大的参与者。

银行基于资产负债管理及对证券的投资，始终是货币市场上的重要主体，随着票券市场交易量的放大，银行交易的票券金额也水涨船高，一度超过55%，到1996年还保持40%以上的交易额，之后呈现萎缩。

票券公司在1994年后数量大增，其在票券市场中的交易比重也从1991年前的不到5%跃升至1996年的21%，成为市场中的主要参与者。台湾票券公司有新老之分。中兴、国际与中华三家老字号票券金融公司的规模都是新票券金融公司的数倍，资产与净值加总比重在50%以上，承销额占有率为55%，均超过10余家新票券金融公司。但在交易额方面，新票券金融公司对老票券金融公司形成严峻挑战，老三家票券金融公司中，国际和中华的交易比重均为11%多一点，而新的票券金融公司中，富邦的交易比重已经超过12%，万通也已逼近11%。

保险公司在票券市场中的交易比重逐渐上升，但基本未超过7%。一般的个人投资者在票券市场交易的比重始终很低，不能与股市中的散户比重相提并论。原因主要是货币市场的投资金融往往庞大，交易门槛相对较高；货币市场的投资更需要专业知识，操作技术要求较高；同时货币市场的利息收入要上缴20%的税收，影响获利。

（三）交易对象

货币市场交易商品为短期金融信用工具。1973年台湾当局发行的“乙种国库券”应是台湾货币市场的最初商品。1975年台湾银行开办岛内远期信用状业务，交易银行承兑汇票。票券金融公司成立后，市场又开创新种类的金融工具。1977年创立商业本票制度，作为企业短期融资的信用工具。商业本票原需金融机构保证或背书，1977年台湾当局规定，符合标准的第一类上市公司与财务健全的公营事业发行商业本票可不需金融机构保证。

1979 年，台湾“中央银行”开始实施货币市场公开操作，经由票券金融公司买进短期票券，借以调控货币供给量。1984 年，货币市场又引入一年内到期的公债。1997 年，发行欧洲美元票券，货币市场金融工具的发展正式迈入以不同币别为工具的阶段，一些金融衍生商品如票券利率期货等陆续被开发出来。

在目前金融信用工具种类繁多的台湾货币市场中，最主要的交易商品是“国库券”、银行承兑汇票、商业本票与银行可转让定期存单，其它还包括商业承兑汇票、一年内到期的公债、公司债、金融债券及“中央银行储蓄券”等。

五、债券市场

（一）形成与发展

台湾证券交易所成立后，债券交易由柜台买卖方式改为交易所集中竞价交易。1982年，台湾当局重新开启店头市场，出现柜台买卖与集中交易并存的双轨制度。1991年起，台湾当局为配合庞大经济建设计划，大量发行债券，流通市场的债券交易量也随之大量增加，店头市场的交易则是主要的债券流通市场。

店头市场交易采取等值自动成交系统与议价两种方式，其中议价又分买断卖断与附条件交易方式。1996年柜台买卖中心完成债券报价系统，交易商可以上线报价；2000年启用债券电脑成交系统，可进行网上议价，债券市场交易更加活跃。

台湾债券市场中的交易者以机构法人为主，这与以散户为主的台湾股市不同。货币机构始终是公债最主要的持有者，占30%以上。其它交易者包括信托投资公司、保险公司、邮政储汇局、票券金融公司、证券商等。

（二）交易对象

台湾债券市场交易商品主要有四种：公债、公司债、金融债券、外国债券。台湾债券流通市场中，集中市场的交易占整个债券市场比例很小，不到1%，交易内容只有公债与可转换公司债。2000 年，集中市场成交值 512.5 亿元台币均为可转换公司债，其原因是可转换小额交易，且有转换为股票的性质，被投资人视为股票交易，因此参与者多，较活跃；而公债多为巨额交易，小额投资人参与有限，金融机构等大额投资者在购得公债后又往往予以库藏，所以交易不多。与此相反，店头市场的交易几乎占整个债券市场交易的100%,议价交易为主的柜台买卖已成为台湾债券交易的主要场所与交易方式。

根据国际资本市场协会（TCMA）统计，2006年国际债券总额达到10.5万亿美元，比2000年翻了一番。而据台湾当局统计，同期台湾债券市场的总发行金额由2.1万亿元新台币，成长为5.3万亿元新台币，增幅39%，虽低于世界平均增幅，但也有较大成长。截止2006年年底，台湾公债发行总额3.38万亿元新台币，公司债为1.12万亿元新台币。

（三）问题与改革方向

目前台湾债券市场存在的问题除发行市场方面的发行机构过少、债券发行不规则、商品种类太少等外，更多的是交易市场存在的问题，包括：市场交易结构不健全、“浅碟型”交易市场、缺乏工具与市场、外资进入债券市场限制过多、缺乏欧洲美元市场、电子交易系统使用太少、欠缺专责债券借贷机构、债券支付交割作业模式不健全等。

第一，公司债比重过低。台湾虽自1949年起就有企业发行公司债，但长期以来债券市场一直是以公债为主体的券种结构。截至2009年3月，台湾公债占债券交易总额的98.7%，而公司债仅占1%左右。对台湾企业来说，通过银行系统进行间接融资是其最主要融资途径，占70%（美国企业间接融资比重是40%），而在30%的直接融资中，台湾企业通过直接发行公司债券的融资比重不到1%，这种高度依赖银行的融资结构对企业财务来说是有较大系统性风险的。

第二，债券发行与交易过低。台湾公债发行主流多以10年期以上的长期公债为主，而美国、日本债市多以中短期公债为主。相对而言，台湾债券市场的存续期间较长，利率风险也较高，对想避险的外资买家来说，长期债券波动的幅度较大，投资组合难以建立，而对于想要做短期套利或投资的买家来说，由于长期债券的流通性较低，也降低外资的投资意愿。由交易面看，台湾债券的交易量偏低，交易量不足将产生价差过大、容易炒作、不容易出售等问题，将会降低投资者的报酬，以及投资意愿。

第三，欠缺避险工具。台湾债市的避险工具一直存在不够完备的问题，由于台湾公债市场以长期公债居多，且流动性不足，不管在现货市场还是期货市场均难以成交，难以满足外交的避险需求。虽然柜台买卖中心在2004年建立了债券借券中心，使投资者能够借券买卖，但借券来源依然缺乏，无法确保能够顺利取得券源，放空避险的市场机制也将无法发挥实际效果。此外，由于台湾债券市场没有稳定可靠的债券市场指数，更没有债券指数期货，市场长期以来并不具备空头工具，因此缺乏避险渠道，造成市场多空力量不均衡，实际上形成了市场价格机能障碍，也间接造成长年期收益率曲线无法形成，对衍生商品的设计及发展相当不利，对市场的交易规模扩大也有负面影响。

第四，开放程度偏低。台湾债券市场2007年以前没有国际债券的发行，且交易与结算方面也缺乏跨境作业系统。当台湾债券市场无法提供以外币计价的国际债券，或者是债券的交易不足以满足外资投资者的需求时，自然会降低外资流入台湾债市的可能。直到2007年3月，台湾才通过第一支国际债券的发行，逐步改善电子交易系统，向国际化迈进一步。此外，台湾债市国际整合程度不够。近年来世界各大交易所均致力于交易系统的改革与整合，如欧洲几国的交易所整合为泛欧交易所，英国的洲际交易所并购了纽约的商品交易所，都起到了促进资金流通、提升效率的效果。

第五，债券法规缺乏整合。台湾尚无关于债券市场的专门法规，相关规定分散在“公司法”、“证券交易法”、“金融资产证券化条例”、“不动产证券化条例”等法规中，甚至出现针对不同债券产品的法规政策间互有冲突的现象。因此，岛内不断有人呼吁，提升固定收益金融商品结算交割法律地位，出台专门针对固定收益证券的法规。

此外，债券市场不健全还造成台湾其它金融市场的多种问题。例如，债券市场不发达，使岛内银行大量资金找不到稳定的投资机会，同时，银行信贷取得的担保品，绝大部分是股票和房地产，同质性过高，增大整个间接金融市场的风险。台湾保险业也因岛内债券市场不活跃而配置在债券的投资过少，以致在低利率时代寿险业损失严重。“四大基金”等也因参与债券市场投资过少而遭遇经济困境。

为解决长期以来存在的问题，台湾当局2006年通过“金融市场套案”计划，内容涵盖包括债券市场在内的金融市场的重建与整合措施，计划提升台湾债市的国际化程度，以降低全市交易障碍、提升债市交易效率、推进建设国际化债券市场的目标。在此基础上，岛内学界也对改善台湾债券市场提出各种建议，主要对策包括：

第一，扩大债券市场规模，提高债务基金的管理绩效。台湾相关法规规定“政府”举债上限15%，有不少意见主张放宽上限标准。事实上，即使在公债上限管制下，“政府”仍可通过特种基金的科目以及编列特别预算来发行公债，这些公债的发行不受“公共债务法”流量指标管制的约束，只要立法部门同意即可。除增加公债发行外，还需要提高债务基金的管理绩效。

第二，改革“中央公债交易商制度”。1971年，台湾首度建立了债券经纪人体制，当时台湾当局指定10家大型金融机构作为公债经纪人，并于同年7月成立“公债经纪人商业同业公会”，制定“债券经纪人买卖公债办法”，将交易方式分为集中市场与柜台买卖两种，使更多投资资金能以更有效率的渠道进入市场，保证了台湾债券市场的顺利而稳健的发展。20世纪90年代初，台湾当局开始改变公债初级市场标售方式，采“中央公债交易商制度”，岛内债券市场公债标售效率大幅提升，整体市场规模急速扩大，次级市场成交量并屡创新高。但台湾“中央公债”交易商偏重初级市场的业务规范，而在次级市场没有各级造市，只有自营操作而少有经纪业务，造成台湾公债市场交易不活跃、流动性差，因此有人提议从信用、报价、交易等方面选择合乎资格的交易商担任“中央公债主要交易商”。

第三，发展“境外债券市场”。鉴于在债市上有关汇率的避险工具不足，考虑风险因素，需要提供外币交叉汇率或期货等避险工具，提高外资参与意愿。岛内有报告提出建立“境外债券市场”，参考新加坡的发展经验，初期以外币发行的债券作为涵盖标的，岛内外发行人和投资人均包含在“境外债券市场”领域中。该报告提出从增加发行标的、建立国际性信用评等规范、提供合理的税赋优惠、扩大投资诱因、加强给付结算作业制度配合等方面建构和发展“境外债券市场”。

第四，修正国际债券法规的相关规定。相关规定的修正，可使以外币计价的债券能够顺利发行，不会因法规的限制而降低外币债券发行意愿。

第五，加强债券交易系统的改革。以前的交易系统偏重于岛内的债市交易，提升台湾债市的国际参与度则需要重建或改善交割、结算及竞价等交易系统。

此外，岛内也有人提出改革和完善借券、债券融券制度，减免外资投资岛内债券市场的税赋、吸引外资入市等建议，均可能成为台湾当局改进债券市场的努力方向。

六、境外金融市场

（一）形成与发展

台湾当局 1983 年颁布“国际金融业务条例”，批准建立区域性金融中心，特许银行在台湾境内设立国际金融业务分行，在该中心设立的金融机构虽在境内依据台湾法令营业，但其服务对象原则上在境外，且不受台湾外汇及存款准备金的管制，并在税收方面享受优惠待遇。1984 年，台湾境外金融中心开始受理台湾的银行和外商银行申请设立国际金融业务分行。“中国国际商业银行”是台湾第一家境外金融操作银行，于当年开始营业。最早开办境外金融业务的外商银行是美国商业银行和花旗银行。截至 2008 年 7 月共有 63 家 OBU。

台湾境外金融中心自1984年开办以来，OBU总资产由42亿美元增长到473亿美元，但规模至今无法与香港等亚洲主要金融中心相比，且从OBU总资产占所有存款货币银行总资产比例来看，约在7%–8%，并无太大改变，显示几十年来OBU在台湾金融体系中的地位变化不大。

（二）建设目标

台湾建立境外金融市场的目的在于：1. 吸收国际流通的资金；2. 就近培养国际金融业务专业人才，提高台湾从业人员的水平；3. 带动其它相关行业的发展，包括金融、会计、法律等，还可增加就业机会；4. 增加台湾与国际金融界的合作与联系，提高台湾国际金融地位；5. 为设立“自由贸易区”及“世界贸易中心”打下基础；6. 有利于台湾境内金融中心发展。

（三）与境内金融市场的关系

设有境外金融市场的经济体，对境外金融市场与境内金融市场的关系有两种类型：一种是境外金融与境内金融完全隔绝；另一种是二者融为一体。台湾属前者，内外分离，即所开办的国际金融业务，资金自境外引进，原则上仍运用于境外，台北的国际金融中心仅发挥第三者的中介功能，原则上不准流入台湾市场，以隔绝境外资金流出流入对台湾金融市场的冲击。

七、“政府基金”

（一）四大基金

分别是退抚基金、劳退基金、劳保基金与邮政储蓄基金四种公益性基金，资产总规模约3万亿元新台币，主管机关分别是“劳委会”、“中央信托局”和“交通部”。

公务人员退休抚恤基金的资金来自台湾当局及公务人员，前者占65%，后者占35%。其资金运用包括：购买债券、票券、股票；存放指定银行；有关福利的设施投资及贷款；向当局或公营事业机构贷款；有利于基金增值的投资项目。

劳工退休基金的资金来源是由雇主缴纳，本质上是替雇主及劳工代为管理的退休准备金。目前台湾有关规定虽强制企业每年缴纳，但因多数都以2%的法定最低比率缴纳，造成缴纳资金不足。在1990年以前，其资金运用十分保守，只可投资于存款、票券等固定收益的投资工具，此后不断放宽，可投资于股票等有价证券。

劳工保险基金的资金来源主要是劳工保险费，由被保险人、被保险的雇主及台湾当局共同负担。1996年以前资金运用在多存放在金融机构，投资于有价证券的比例非常低，仅1%-2%左右。此后用途不断拓宽，约20%的资金投资于有价证券。

邮政储金的资金来源是邮政储蓄，储金增加迅速，占台湾金融机构存款余额的15%。其资金运用的范围和额度不断扩大，几乎可以投资任何短期内可变现的证券。投资股票上限由原1500亿元台币，于2000年9月调高至3000亿元台币。

四大基金以外，共同基金也是较有影响力的岛内重要基金。台湾共同基金的发展始于1983年，到2000年底，台湾共39家投资信托公司，301个基金，总金额11700亿元台币。

（二）“国家安定基金”

台湾当局为干预股市还特别设置了所谓的“国家安定基金”，其创立源自1996年2月为台湾地区领导人第一次直接民选进行股市作多的“股市稳定基金”，当时筹集了2000亿元新台币，参与机构包括退抚基金、劳退基金、邮政储金、简易寿险资金、寿险业、产险业、公民营银行等。为使干预股市的政府基金法制化，2000年3月15日台当局正式成立“国家安定基金”，可运用资金总额5000亿元新台币，来源有二：一是政府以公股股票为担保向金融机构借款，额度为2000亿元新台币；二是劳保、劳退、退辅与邮储四大基金，额度为3000亿元新台币；三是其他经主管机关核定的资金来源。

“国家安定基金”动用的时机是岛内外重大事件、国际资本大幅移动，显著影响民众信心，致资本市场及其他金融市场有失序可能时，经委员会决议，可进场护盘。其动用方式有：在证券集中交易市场或证券商营业处所买卖有价证券、在期货市场进行期货交易以及其他经“财政部”核准事项。“国家安定基金”不受“预算法”规范，但须在会计年度结束后办理决算及公告。基金设有委员会办理重大决策事项，委员11至13人，由“行政院副院长”兼任主任委员，“中央银行”总裁、“交通部长”、“行政院主计处”主计长、“行政院劳工委员会”主任委员任委员；此外，由“立法院”各党派推荐学者、专家，人数不得少于1/3。“国家安定基金”平时备而不用，在一定情况下，才能进场购买股票、期货或其他金融市场商品，但国家安定基金不会运用利率、汇率及外汇操作。基金操作盈亏都属基金，安定基金应给予邮储、劳退、劳保及退抚四大基金合理的补偿及收益。国家安定基金结束时，资产与负债由“国库”承受，“国库”承受时不受“公共债务法”限制。

该基金成立后适逢台湾第三次股市泡沫破裂，台当局密集运用基金干预，几次较大的动作包括：2000年3月16日，台湾“大选”在即，股价波动频繁，该基金授权动用514亿元新台币托市；2000年9月26日，台湾当局为应付政局不安给股市带来的冲击，动用该基金406亿元新台币干预股市；2000年10月31日，是否废“核四”引发朝野争议，该基金又授权动用386亿元新台币护盘。政府基金干预股市的效果一直存在争议，短期内虽可能部分起到稳定投资人信心的功效，但进场资金多被套牢，如上述三次干预，分别迟至2003年第二季与第三季才得以解套。

（三）“国家发展基金”

“国家发展基金”成立于2006年，由“中美基金”和“开发基金”合并而成，2008年10月总资产规模约10000亿元新台币。“中美经济社会发展基金”成立于1965年，是美国对台湾经济援助的产物，台美“断交”后继续存在，用以执行清偿美援贷款。2004年最后一笔清偿完成后，开始筹划与“行政院开发基金”合并。“行政院开发基金”成立于1984年，早期以投资经济建设计划中的重要产业如石化产业、半导体产业等为主，近年来则配合台湾经济转型与政策发展方向，积极投资于生物科技与数字内容产业。2006年，两大基金合并为“国家发展基金”，其功能一是扮演开发基金原来的法定功能，协助产业结构调整与升级，加强企业的投资与融资；二是协助企业全球布局，加强国际投资脚步，包括从事国际并购及购买国际行销通路，及配合“邦交国”的政策性大型投资计划。

（四）金融重建基金

台湾当局为扭转金融机构经营能力恶化、尤其是基层金融机构逾期放款比率不断升高的趋势，设置金融重建基金以解决金融机构问题。

自 2000 年 11 月起，台湾当局陆续制定公布“银行法修正案”、“金融机构合并法”与“金融六法”等，为台湾金融机构再造工作正式揭开序幕。为让经营不善的金融机构顺利退出市场，强化岛内金融监管制度，为金融业提供优质经营环境，台湾当局参考美、日、韩等国以公共资金挹注方式，于 2001 年 6 月 27 日通过“行政院金融重建基金设置及管理条例”（简称“金融重建基金条例”），并于 7 月 9 日公布施行。根据该条例，台湾当局设立了总额度达 1400 亿元台币的“金融重建基金”,作为彻底改造岛内金融体系的资金，2001 年 8 月正式启动，以行政命令形式由大型官股银行强行接管了 36 家净值为负的基层金融机构。2005 年 5 月 31 日通过“行政院金融重建基金设置及管理条例修正草案”，并于 6 月 22 日公布施行。金融重建基金条例具有整顿金融市场及稳定金融秩序的作用，是台湾金融业有划时代意义的金融改革法令。

“金融重建基金条例”的主管机关为“行政院金融监督管理委员会”。执行单位是“中央存款保险公司”。决策单位是“金融重建基金管理会”。管理会设置委员9人至13人，召集人与副召集人各1人，分别由主管机关首长及副首长担任，其余派任委员，由“中央银行副总裁”、“行政院农业委员会副主任委员”、“行政院主计处副主计长”、“中央存款保险公司”董事长担任，并依其本职任免；委员分别由具有法律、经济、金融及其它与管理会办理事项相关领域的专业学识及经验者担任。同一党籍的管理会委员不得超过委员总额1/2。

基金财源包括政府金融营业税收入及金融业者缴纳的存款保险费收入。其中金融营业税收入方面，包括2002年至2010年期间金融营业税税款。存款保险费收入，则为自2002年1月起10年内增加的保费收入。在上述财源未收足前，可由“中央存款保险公司”向金融机构办理特别融资、向其它金融机构垫借或发行金融债券，并以基金财源作为还款来源。

列入金融重建基金处理的经营不善金融机构有三类：经主管机关或农业金融中央主管机关检查调整后之净值或会计师查核签证之净值为负数；无能力支付其债务；财务状况显著恶化，可能损及存款人权益，或亏损超过资本1/3，经限期改善而届期未改善，并经主管机关及基金管理会认定无法继续经营。

基金的保存方式有：现金；存放于信用良好的金融机构；购买政府债券、金融债券、银行发行的可转让定期存单；其它经主管机关规定的方式。基金在处理会计及审计事务时，应符合一般公认会计原则及审计准则。

台湾金融重建基金的做法与美日等国的不同之处在于：美日是在金融机构已发生多起倒闭并产生金融危机后，才由政府编列预算动用公共资金作事后处理；台湾则是在未有多家问题金融机构倒闭前，即先行通过设置金融重建基金，以弥补存保机制无法完全应对系统性风险的不足，并使问题金融机构的处理因有足够的财源而更具效率，避免和减弱金融危机的冲击。

（五）主权财富基金

主权财富基金（Sovereign Wealth Funds， SWFs，以下简称“主权基金”）是指一个国家或地区的政府成立专门机构对财政盈余与外汇储备盈余进行管理运作的投资基金。它不同于传统的政府养老基金，也不同于那些简单地持有储备资产以维护本币稳定的政府基金，而是一种全新的专业化、市场化的进取性投资基金，除进行股票、债券、房地产等风险性投资外，还大幅涉足股权投资，以追求自身利润的长期最大化。基金涉足的领域由债权向股权拓展，由所有权向控制权扩张，这种发展令一些西方国家担忧技术流失和重要经济部门受到控制。

主权基金来源包括三类：一是外汇储备盈余，主要以亚洲地区的中国、新加坡、马来西亚、韩国等国家为代表；二是自然资源出口的外汇盈余，包括石油、天然气等自然资源的外贸盈余，主要以俄国、中东、拉美地区国家为代表；三是依靠国际援助基金，以乌干达的贫困援助基金为代表。按照主权基金成立的目的，国际货币基金组织（IMF）将主权基金分为五种类型：一是稳定基金（Stabilization funds），避免赖以出口的自然资源价格波动或政府预算波动对经济的冲击；二是储蓄基金（Savings funds），将非再生性资产（如原油）转换为多样化资产，使子孙后代得以发展；三是储备投资公司（Reserve investment corporation），提高外汇储备的报酬率；四是发展基金（Development funds），推动重大社会经济发展方案，促进未来经济成长；五是退休储备基金（Pension reserve funds），追求较高收益以减轻政府支出压力。

主权基金最早出现于上世纪70年代，近年来呈现爆炸性扩展。目前约30个国家或地区设立了主权基金，尚未设立的国家如日本、印度也正在酝酿之中。据估算，全球主权基金总量至少在2.5万亿美元以上，约占全球外汇储备的一半，规模超过令全球金融市场闻之色变的对冲基金和私募基金。2007年美国发生次贷危机，造成欧美国家金融机构大规模亏损，由此引入的股权资金有2/3来自主权基金。摩根斯坦利（Morgan Stanley）公司预计，主权基金每年以4500亿-5000亿美元的速度递增，到2011年，主权基金有望超过全球官方外汇储备总额。

主权基金迅速崛起的主要原因在于：一是世界经济结构性变化以及各国内部发展需要。近年来，新兴市场国家经济增势迅猛，加上国际油价持续居高不下，新兴市场国家和产油国积累了大量外贸盈余或石油美元，这为主权基金提供了源源不断的资金来源，并且需要更多的增值渠道。二是美国国债收益率过低以及美元持续贬值，使世界各国将外汇储备投资于美国国债的意愿降低。过去，无论是产油国还是贸易顺差国，大多以购买美国国债作为主要投资和保值方式。当投资美国国债的收益已不如先前那么有吸引力时，各国转而寻求把外汇储备转变成投资基金，投向风险较高，收益更高的资产，以达到保值、升值的目的。三是新兴市场国家的金融稳定能力提高。经过上世纪90年代的金融危机，新兴市场国家普遍扩大外汇储备以保持金融稳定，外汇储备平均年增20%，各国积累的外汇已大大超出稳定本币的需要量。中国、韩国等亚洲国家面临货币升值的压力，成立外汇投资公司有利于冲销国内市场过剩的流动性，防止经济过热，缓解本币升值压力。而对于俄罗斯及中东国家来说，他们建立投资基金还为了配合国家发展战略，减少对资源产业的过分依赖和能源价格波动的干扰，保证国家收入的多元化。

从主权基金的额度看，阿联酋的阿布扎比投资局（ADIA）位居世界第一，资产达8750亿美元；新加坡政府投资公司（GIC）资产4300亿美元，位列第二；挪威的政府养老金全球基金（GPFG）资产3220亿美元，排名第三；科威特投资局（KIA）资产2500亿美元，排名第四；2007年9月成立的中国投资公司（CIC）资产2000亿美元，排名第五；俄罗斯联邦稳定基金（SFRF）2008年2月拆分为后备基金和国家福利基金，截止2008年3月资金总额为1600亿美元，排名第六。以上只是根据现有公开资料的统计，但主权基金经常缺乏透明度，如产油大国沙特阿拉伯的沙特金融管理机构（SAMA）掌管巨额主权基金，但无从知道具体数额。目前，除挪威银行投资管理公司每年公布年度报告和投资收益外，其它主权基金大多不对外披露其资产规模和具体构成，加之其运作通常较为隐秘，又都有国家背景，其投资方向往往令东道国警惕。美、德等西方国家已经出台措施对主权基金的进入实行严格监控和限制。

随着主权基金在世界范围内涌现，台湾学界建议当局正式成立主权基金的呼声也越来越高，主要理由是：其一，整合运用官方民间资产（土地、房屋、股票、信托基金、外汇储备），避免资金闲置浪费，获取较高报酬；其二，台湾长期以来超额储蓄（储蓄高于投资部分）过高，不利于经济发展；其三，新台币被预期升值，国际热钱进入岛内增多，威胁岛内金融业；其四，台湾外汇储备日益增加，2008年4月底为2894亿美元，次于中国大陆、日本、俄罗斯、印度而居世界第五位，却因主要持有美元资产而饱受美元贬值之苦。但同时，也有一些学者对台湾成立主权基金表示质疑：首先，“政府”或其委托机构是否有能力选出台湾长期发展所必需的战略性投资标的；其次，如何避免利益输送或掏空资产的行为；最后，“政府”一方面是股东，一方面是监管者，金融监管是否能公平合理。

台湾当局对成立主权基金态度谨慎，尚在评估。台“中央银行”总裁表示，虽“不反对成立主权基金”，但建议“单独立法”，让成立主权基金之事“独立于央行之外”。其主要顾虑是：其一，台湾的高外汇储备在结构上与大陆有所不同，大陆资本项目尚未开放，外汇储备中的外资多为外商直接投资（FDI），相对较稳定，而台湾资本项目早已开放，其外汇储备中30%是外资汇入、汇出的结余款，多为在金融市场上套利的国际游资，稳定性差；其二，台湾不是国际货币基金组织（IMF）成员，受国际热钱攻击的风险较大，因此需要较大的外汇储备规模，不适于将外汇储备以主权基金形式用于高风险投资；其三，成立主权基金的国家或地区的财政情况通常比较良好，而台湾当局的财政却多年以来持续恶化，不具备成立主权基金的条件；其四，“央行”无法保证成立主权基金会赚钱，虽然人们都知道高收益伴随高风险，但以外汇储备这种全民资产来做高风险投资，其责任之大不言而喻。

台湾虽然尚未正式成立主权基金，但其“国家发展基金”也被国际上视为主权基金。但由于并未动用外汇储备，“国家发展基金”并非真正意义上的主权基金。台湾当局未来如果成立主权基金，很可能会参考大陆的中国投资公司，虽然不会将主权基金设置于“中央银行”下，而需独立“立法”，但会动用外汇储备，规模预计将在500亿美元左右，占台外汇储备的1/4。

第六章　台湾金融结构

第一节　金融结构理论

一、金融结构与金融深化

金融结构指金融体系内各种不同的金融制度安排的比例和相对构成。对于该定义的理解可从不同角度考察：从金融活动是否需要通过金融中介，可以考察金融市场与金融中介的比例构成；从金融交易的期限长短，可以将金融体系分为货币市场与资本市场；从金融活动是否受到政府金融监管部门的监管，可以区分为正规金融与非正规金融；从银行业结构本身，可以分析银行业的不同规模与竞争程度。Goldsmith（1969）最早提出金融结构是一定时期各种金融工具、金融市场和金融机构的形式、内容、相对规模和比例。他还提出衡量一国金融结构和金融发展水平的存量和流量指标，其中最主要的是金融相关比率，通常人们将其简化为金融资产总量与GDP之比，以衡量一国的经济金融化程度。金融系统活动指针也常被作为衡量金融结构的重要指标。金融系统活动指针=银行对民间部门的放款/股票市场交易总值。比率愈大，表示银行在经济金融活动中的角色愈重要，则该类型的金融结构偏向以银行为基础。相对而言，若比率愈小，表示经济金融活动主要是通过非银行系统或直接金融的方式来进行，偏向以市场为基础。

狭义上，金融结构也可理解为间接金融与直接金融的比例。间接金融是指通过银行、保险公司等金融中介机构进行资金融通，资金需求方通过金融中介从资金供给方取得资金，金融中介赚取存放贷利差。直接金融是指资金需求方不通过金融中介，直接在金融市场向资金供给方筹措资金的方式，其常见形式包括股票、公司债、商业本票、银行承兑汇票等。二者的区别主要包括：第一，中介机构不同。间接金融的中介机构既包括货币机构，如银行、基层金融机构等，也包括非货币机构，如保险公司、信托投资公司、邮局等。直接金融的中介机构包括包括票券金融公司、证券金融公司、综合证券商等。第二，中介机构的角色不同。间接金融的银行是自营，直接金融的券商作经纪业务。前者的资金供给者不知道银行如何运用其资金，后者的资金供给方知道自己资金的去处。第三，中介机构的运作方式不同。间接金融中，银行不将资金需求方的信息提供给资金供给方。直接金融中，资金需求方须将企业信息充分提供给资金供给方。第四，投资人的利益和风险不同。间接金融中，资金供给方的利息收入较低，但风险也较低。直接金融中，资金供给方的利息收入较高，但风险也较高。

多数学者认为金融发展有利于经济成长，而金融深化的程度则是金融发展的重要指标。Goldsmith（1969）是第一位发现经济成长与金融发展正相关的学者，认为经济系统内的资源通常会移往最高社会报酬的地方。McKinnon（1973） 和Shaw（1973）最早研究了“金融深化”与“金融抑制”。McKinnon （1973） 提出：“金融深化是指在金融发展的过程中，金融资产的成长率超过实质资产成长率的程度；而金融资产与非金融实质资产的相对比重是衡量金融深化程度的指标。”一方面，金融深化会提升国家储蓄与投资能力。一国金融深化程度的增加，表示其人民保留金融资产相对于实质资产的意愿增加，这将促成人民储蓄及投资增加，而此结果又将产生更高的国民可支配所得收入，再进一步带动国民对金融系统服务的需求，而金融部门的发展乃至金融自由化也会因此而提升，而当金融自由化发展到一定程度时，国外资金也会引进，全面推进金融发展。另一方面，提高国内储蓄和投资的报酬率需要促进金融服务的供给与需求，而供需两方的长期相互配合是金融深化的重要维持原因。据此，稳定的政治经济状况，进步的信息科技，及完善的金融法规制度都是重要的金融深化促进因素。此外，金融深化程度一般是通过金融机构、金融市场和金融工具的数量与规模来显示（Shaw，1973）。McKinnon （1973） 提出“金融深化是指在金融发展的过程中，金融资产的成长率超过实质资产成长率的程度；而金融资产与非金融实质资产的相对比重，即是衡量金融深化程度的指标”。衡量金融深化程度的指标很多，例如：1. 货币供给量比经济成长率；2. 货币供给量比GDP；3. 通货比率；4. 短期利率变动；5. 汇率变动；6. 国民储蓄总值比GDP；7. 民间存款总额比GDP； 8. 货币乘数；9. 每万人使用金融机构的数量；10. 股票市场交易总额比GDP；11. 股票市场总市值比GDP；12. 债券市场发行总额比GDP；等等。

学界应用较多的两个指标是马歇尔比率与货币乘数。马歇尔比率（Marshall K）是货币资产与国内生产总值的比率，即：Marshall K = Money / GDP。该比率愈高代表金融部门的发展程度愈高，效率愈好。人们持有货币资产的原因包括：交易使用上的便利性、降低货币贬值的风险、及货币资产的收益性等。因此，消费者或投资者希望有能满足各种不同需求的金融部门。他们关心货币工具的流通性和使用效率，也考虑通货膨胀所带来的货币资产贬值风险，同时，他们也会比较资产的相对报酬率。基于以上种种原因，一个金融系统发展愈完善，就愈能满足投资者的多样化需求；而金融部门的发展程度与整体经济发展程度是呈现正相关的，通常在发展程度较高国家的货币资产对GDP的比率比发展程度较低的国家高。货币乘数（Money Multiplier）也是一个重要的金融深化指标。货币乘数是中央银行发行的基础货币通过金融中介的信用创造过程所扩张的倍数。货币乘数愈大表示一国金融系统所创造的信用扩张愈大，金融系统的功能愈活跃，金融深化现象愈深。该指标由通货净额、存款货币、及银行货币准备组成：Money Multiplier =（C+D）/（C+R）[2]。较大的货币乘数，可以展现出央行在货币政策使用上的较高成效，即央行只要改变一小部分的货币基础，就能为整个货币供给带来一个较大的经济效应。

金融系统效率通常有三个衡量指标。从市场的角度出发，可采用股票市场交易总值对GDP 的比率来衡量其金融系统的市场效率：金融系统市场效率指针= 股票市场交易总值/ GDP （Levine，2000）；当市场效率指标愈高，人们则将较倾向于采用直接融资的方式，来获得投资资金。从银行的角度出发，可以每单位股市交易总值乘上经常性费用支出比率来衡量银行内部管理非效率：金融系统银行内部管理非效率指标= （股票市场交易总值/ GDP） ×（银行经常性支出成本/ 银行资产） （Levine，2000）。此指针表示银行每单位资产需使用多少相对于证券市场的经常性支出成本以创造竞争效率。所以，当内部非效率指标数值愈高时，表示银行内部管理效率愈差，因为银行需动用较多成本才能创造同值银行资产服务。另一个银行效率指针是每单位股市交易总值乘上银行的净利差，衡量银行外部竞争非效率：金融系统银行外部竞争非效率指针=（股票市场交易总值/ GDP）×（短期存放款利率利差）（Levine，2000）。若银行系统发展得愈完善，银行竞争情形则将更趋于完全竞争，并使市场利差趋于下降，所以，当外部竞争非效率指数较高时，则表示银行系统竞争程度较小，而其金融服务质量便会较差。

实证研究也显示，经济成长和金融深化是可以双向影响的，也就是除了上述金融深化是经济成长的重要促进力量，经济成长也会导向金融深化。Gupta（1984）是第一位企图研究两者因果关系的学者。他使用季节性的数据去测试两者因果关系，研究证据支持金融深化与经济成长确实是有双向影响的：在某些国家中，金融深化被证实促进经济成长；而在其他国家中，经济成长却造成金融深化；另外有些国家则是双向影响并行。一般而言，金融自由化的成功与否也取决于金融深化程度。即，金融深化可通过促进金融自由化以提升金融发展，促进经济成长。McKinnon （1973） 和Shaw（1973）主张政府应该介入一个国家的金融系统，抑制实质利率的下降程度、设定利率上限、提高存款准备率、推行直接信用计划等。然而，高度的金融抑制通常使银行系统只能吸引支配相对较小的大众资产，因此King 和Levine（1993）及Levine 和Zervos（1996）等人则认为金融深化是经济成长过程中一项基本且必要的因素，不当的金融抑制会伤害到经济成长。实践中，自70 年代以来，大多数经济体均实行过许多重大的金融自由化行动，且到了90 年代，大多数国家的金融系统已允许更多样化的资产布局，并同意由市场机制来决定利率和信用配置。然而这些金融自由化的措施在许多国家的进展并不平顺，有些国家经历一些严重的银行问题（Lindgren、Garcia 及Saal，1996）。总之，随着金融自由化和金融深化，国外资金将会渐被引进，而国内投资资金运用也会更加有效率。因此，总体而言，利率市场将获得更正面的报酬。在此循环机制下，金融发展也全面提升，融资渠道将走向多元化，不再仅局限于银行系统，其他市场金融机制也得到发展。银行存款报酬率和其他金融渠道的相关报酬率最后将趋于一致。虽然此平衡机制存在，但因不同地区的政治、经济、文化本质差异，有些经济体仍会偏向以市场系统为基础，相对地，其他经济体则会较偏向以银行系统为基础。

二、金融结构与经济发展

学术界普遍认为，一个国家或地区的人均收入水平越高，其金融市场在其金融体系中的重要性越高。已有研究多将金融结构区分为市场主导型（market-based）和银行主导型（bank-based）两种类型。银行主导型金融结构的倡导者认为，银行等金融中介在信息搜集和处理方面具有优势，而金融市场在事先的信息搜集、事后监督融资者方面的激励机制较弱，难以有效克服金融交易中的各种信息不对称问题，因此具有银行主导型金融结构的金融体系应该更有利于资源配置和经济发展。而支持市场主导型金融结构的研究，则强调银行主导型金融结构可能存在的弊端，认为在这种结构下，银行等金融中介对企业的影响力较大，对企业发展会带来负面效应；银行具有天生的谨慎倾向性使具有银行主导型金融结构的金融体系不利于企业创新和增长；且金融市场能提供更为丰富灵活的风险管理工具，可根据实际情况设计不同的金融风险产品，而金融中介只能提供比较基本的风险管理服务（Grossman and Hart,1980; Stiglitz,1985; Bhide,1993; Shleifer and Vishny,1997; Allen and Gale,2000）。也有学者提出金融结构是银行主导还是市场主导并不重要，金融体系提供的整体功能才是最重要的因素，而运行良好的法律体系有利于金融中介和金融市场功能的发挥。因此，区分各国在相关法律系统的效率方面的差异比区分银行主导型与市场主导型金融结构更有意义。相关的实证研究则倾向于支持上述“金融功能观”和“金融法律观”，即在控制了金融发展水平后，银行主导型或市场主导型金融结构的差异对经济增长没有显著的影响（Merton,1995; Merton and Bodie,1995; Levine,2002; Beck and Levine,2002; Demirguc-Kunt and Maksmimovic,2002）。

关于银行业结构与经济发展的研究，现有文献重点考察银行业的竞争程度对银行行为和银行体系绩效的影响。Petersen和Rajan（1995）提出，垄断性银行在搜集信息、对借款者进行筛选和监督方面有更强的激励，且更易与借款者形成长期关系，从而会使更多的投资项目得到信贷支持；竞争性的银行业由于溢出效应和搭便车行为的存在而不能对投资项目进行有效的筛选，会降低资金配置效率。基于传统产业组织理论的研究则认为，垄断性银行可能会过度抽取企业租金、向储蓄者支付较低的利率，更易导致信贷配给，因而会对经济产生消极影响。因此银行业的竞争程度对经济的整体影响取决于正负两个方面影响的大小。这方面的实际研究得出了非常不同的结果：Jayaratne和Strahan（1996）以及Cetorelli和Strahan（2006）的研究显示较低的银行业集中度有利于企业的创立和经济增长；Petersen和Rajan（1995）以及Jackson和Thomas（1995）的研究则发现较高的银行业集中度有利于新企业的成长，但银行业的竞争对成熟的企业成长有利。

每种金融制度安排都规定了金融交易各方的权利和责任，同时也决定了资金供给者和需求者要承担的风险及相关的金融交易费用。股票市场的股权融资是现代金融体系中直接金融安排的主要形式。企业作为资金需求者发行股票直接向资金供给者募集资金，资金供给者成为企业的股东，按其股权的比例分享企业的利润，其投资回报不固定，风险较大。但企业发行股票可以使风险分散化，资金供给者可以选择多样化的投资组合，降低投资风险。银行以存款方式向资金供给者筹集资金，再将筹到的资金放贷给融资企业。银行必须按期向储户还本付息，银行对贷款企业有同样要求。由于投资风险较低，储蓄利率通常会低于股票的平均投资回报率。大量的实证研究发现，银行业中存在一种基于规模的专业化分工，即大银行主要向大企业提供贷款，而小银行主要给小企业贷款。这表示不同规模的银行提供的金融服务存在系统性差异。

理解各种金融结构与经济发展的关系，还需考察融资者的特性。企业是经济中的主要融资者，企业的融资需求和对融资方式的选择是影响金融交易的主要变量，而企业规模和企业的风险特征则是决定企业融资方式和金融安排选择的两个基本因素。企业规模的重要性体现在企业融资中存在一定的规模经济。中小企业融资规模比大企业小，单位融资的交易成本相对较高，这些交易成本包括信息披露成本、谈判成本、签约成本、契约执行成本等。不同融资方式中的规模经济也存在差异。间接融资交易成本较低，规模经济较小；直接融资交易成本高，有明显的规模经济；而公开发行股票融资的交易成本高于债券融资。其原因除相应的法律规定外，更反映了不同融资方式中交易各方的不对称的程度和特性。大企业通常具有完整的、经过审计的财务报表，信息相对透明，公开发行股票或债券时，资金供求双方信息不对称的程度较小，交易成本相对较低。中小企业则常常不具备上述条件，信用记录较短，信息不透明，交易成本高。除非有很高的预期收益率，否则中小企业难以通过金融市场进行直接融资。

三、金融结构与产业结构

银行与市场何者为金融系统的基础是金融结构的主要差异。以银行为基础的金融系统中，如德国和日本，银行在流动储蓄的资产配置上扮演领导者的角色。如监督公司之投资决策、提供风险管理信息、及运用银行的管理以控制成本。在市场基础的金融系统，如英国、美国，证券市场分享中心则取代银行分配投资资金的角色。以市场为基础的金融系统在英美会如此地成功，主要是由于制度本身的优势，但是主张以银行为基础的学者却认为，在日本和德国工业化过程中银行的确扮演不可磨灭的角色。除了高所得国家以外，90 年代东欧和拉丁美洲的金融自由化又开始白热化：其经济成长似乎与以市场为基础的系统之发展相赖性较高（Allen 及Gale，2000）。

不同金融结构未必有优劣之分，而比较重要的则是以一国经济、法律、政治、文化所决定的金融代理效率（Boot 及Thakor，1997）。此外，代理问题的信息内容将是区分银行金融或市场金融的根据。如，若公司有价值的担保品较少时或有较高的风险诱因时，公司会倾向跟银行贷款，由银行监督解决原本可能产生自公司管理的道德风险问题。相对地，财务结构较健全的公司，则会倾向于直接市场融资。Holmstrom 及Tirole （1997）指出，银行基础的金融系统可能较偏向服务道德风险高、低财富、及低信用的公司。Gerschenkron （1962）论述以银行为基础的金融体制在帮助发展中经济体的金融产业扩张上是比市场基础更具效率性的：有权力的银行比市场的自动机制更能降低公司泄露机密及不准时付息的风险。同时银行在没有妨碍的限制下，更易在金融产业中达到规模经济与范畴经济。Gerschenkron （1962）也声称公有银行可克服市场失败的情况，并且较能从事策略性国家储蓄计划。最后Stulz（2000）论述银行在提供外部资源、创新活动、阶段授信上是更具效率的，因为银行可以为计划发展承诺一个额外的基金。

市场基础的观点不仅强调市场的积极角色，更关注市场在资源分配的相对优势。市场基础的支持者强调，集团银行经常会藉由收取信息租金以阻碍新创公司的计划，此将减低公司的创新能力（Hellwig，1991；Rajan，1992）。而身为债权方的银行，会存在一种偏向固有投资行为模式的偏见，这也是银行基础的金融系统限制公司企业创新和成长的原因之一（Weinstein及Yafeh，1998；Morck 及Nakamura，1999）。最后，市场基础的支持者认为公有银行在达成政治目标上比克服市场冲突更有兴趣。根据这些观点，公有银行会较专注于劳动密集产业而非策略性工业（La Porta、Lopez-de-Silanes及Shleifer，2001）。总之，许多学说强调市场机制可以改善集团银行的负面行为，并可提升公司的创新能力及造就知识工业（Allen，1993）。法律金融观点的学者（La Porta、Lopez-de-Silanes、Shleifer 及Vishny，2000）强调法律系统在金融发展上角色的重要性。法律金融观点认为区分国家法律系统在金融交易上的支持效率比区分国家金融结构更有价值。当金融机构法令规章不健全时，代理问题会日益严重；一个金融系统若存在法律保护，其借贷活动则可顺利进行。例如，像农业或建筑业等大多数的经济活动并不真正依赖金融市场，但是其借贷之交易契约却显得重要。

总之，普遍认为，金融结构与经济发展密切相关，较完善且有法律保护的金融系统将更能有效地解决代理问题。资本市场的流动性对当前及未来的经济成长与发展在各种学理的推演或实证研究上都呈现正相关（Levine 及Zervos，1996）。不论是直接金融的市场系统或是间接金融的银行系统，对经济长期的发展都提供了重要的元素。虽然两者提供的服务不尽相同，但原则是提高市场流动性将有助于投资者进行长期、高报酬投资，而这些投资往往是促进经济发展的源泉。

林毅夫等人（2009）提出最优金融结构理论，认为实体经济结构特征随着发展阶段的变化是导致金融结构呈现随着人均收入水平的提高直接融资和大银行日益重要的趋势的最根本原因。处于不同经济发展阶段的经济体具有不同的要素禀赋结构，决定了实体经济的最优产业结构是不同的。不同产业中的企业具有不同的规模和风险特性、融资需求和信息特征。因此，处于不同经济发展阶段的实体经济，对金融服务的需求存在系统性差异。另一方面，不同的金融制度安排在克服金融交易中的信息不对称、降低交易成本和分散风险方面各有优势和劣势。只有金融体系的构成与实体经济结构相匹配，才能有效发挥金融体系在动员储蓄、配置资金和分散风险方面的功能。

因此，在经济发展的每个阶段，都存在与其最优产业结构相适应的最优金融结构。

根据最优金融结构理论，金融体系如能将资金配置到最有竞争力、利润最高的产业和企业中去就达到最优。金融体系的基本职能在于配置资金、动员储蓄、降低风险。从经济发展的角度看，能否有效配置资金是最核心的方面。金融体系只有将有限的资金配置给经济中最有竞争力的产业，以及经营效率最高的企业，所能创造的经济剩余才会最多，资金的回报率才会最高。如果给定社会的偏好结构和收入水平，金融体系所能动员的下期储蓄才会最多。因此，从经济发展的角度看，金融体系动员储蓄的有效性取决于其资金配置是否有效。同样，只有把资金配置到经济体中最有竞争力、利润率最高的产业和企业，经济体的系统性风险才会最小，所以，金融体系的稳定性也取决于其资金配置效率的高低。

不同的金融制度安排对于不同的产业、技术结构有各自的优势和劣势。随着要素禀赋结构不断提升，最优的产业、技术结构会发生变迁，经济中的企业规模和风险特性会发生变化，从而最优金融结构也会是动态演变的。在宏观经济给定的情况下，根据风险产生的根源，一个企业的风险主要来自三方面：技术创新、产品创新和企业家风险。技术创新风险的高低很大程度上取决于企业所处产业的技术特征。如果一个企业处在一个新兴产业的技术前沿，则需要进行大量的技术研发投资，技术研发活动的内在高风险性使这些企业必然具有很高风险；反之，则风险较低。产品创新风险是企业提供的产品能否、或在多大程度上被接受的可能性。其风险高低不仅取决于企业的营销策略、市场竞争状况，而且与企业的产业技术特征有关，新兴产业和成熟产业的市场风险明显不同。企业家风险是指企业家经营能力高低具有不确定性。对不同企业而言，三种风险的构成比例不同。对于企业家风险，资金供给者可以通过对企业和企业家相关历史信息的搜集来降低投资风险。对于技术创新和产品创新风险，一般情况下融资双方的信息不对称程度很高，资金供给者需要通过金融市场的风险分散机制来解决。

在发展中国家或地区，劳动密集型产业具有比较优势，而劳动密集型产业中的企业一般资金需求量不大，产品市场和技术都比较成熟，企业风险主要来自企业家风险。银行等金融中介可以通过收集融资企业的历史和现实信息，来识别企业家风险，筛选借款者，并对企业家进行监督，从而缓解中小企业融资中的信息不对称问题。因此，区域性中小银行应成为发展中国家或地区金融体系的主要组成部分。但随着经济发展、资本积累和要素禀赋提升，主导产业和技术会越来越趋向资本密集型，并越来越接近于世界产业和技术的前沿，资金需求规模会越来越大，企业的技术创新风险和产品创新风险也越来越高。该经济体的最优金融结构也会相应演进，逐渐从克服企业家风险为主，向有效分散来自企业技术创新和产品创新的风险转变，从为中小企业发展提供金融服务为主向为大型企业提供融资服务为主发展，从以区域性银行为主体向以大银行、股票市场、公司债券市场为主体演进。而在现代的发达经济中，虽有大量中小企业，但大型企业无疑居主导地位。最优金融结构应包括能为大企业提供短期大规模融资服务的大银行，和能有效分散技术创新风险和产品创新风险的资本市场。资本市场既包括为大企业服务的主板市场和债券市场，也包括为具有高成长性、高风险的创新性中小企业提供融资服务的风险投资和二板市场。对于虽在国内生产总值中比重不大、但数量众多且提供很多就业机会的中小企业，金融体系中也需有能为其提供服务的中小银行和其它中小金融机构，其数量虽多，但资金总量在整个金融体系中的比重相对较小。

因此，发展中经济和发达经济的最优金融结构是不同的。发展中国家或地区最有竞争力的产业、产品和技术是相对成熟的，企业多通过技术引进或模仿实现技术进步和产业升级，因此较少技术创新和产品创新风险，更多的是企业家风险。因此，发展中国家或地区的金融体系应以能够有效克服企业家风险为最优选择。相应地，处于世界产业技术前沿的发达经济的金融体系则应以能够有效分散风险、具有为大型企业提供融资服务能力的金融安排为主体。

最优金融体系的判断标准是能将资金配置到最有竞争力、利润最高的产业和企业中去。一个经济体的要素禀赋结构决定其最具竞争力的产业、技术结构，而产业结构和技术水平的升级也依赖于该经济体中要素禀赋结构的提升。处于不同产业的企业具有不同的规模和风险特征，经济发展阶段和要素禀赋结构是影响企业融资特征的决定性因素。对发展中国家或地区来说，要素禀赋结构的共同特征是资本相对短缺而劳动力相对丰富，因此具备比较优势的产业和生产环节是劳动密集型产业及资金密集型产业中劳动相对密集的产业区段。

静态看，要素禀赋结构通过决定产业结构，进而决定金融结构。动态看，随着要素禀赋结构不断提升，最优产业结构会发生变迁，企业规模和风险特性会发生变化，从而最优金融结构也会动态演变。毛定祥（2006）依据协整理论，利用向量误差修正模型，对中国金融结构与产业结构之间的关系进行了实证研究[①]，结果显示：长期内产业结构的变化支持了金融结构变化，短期内金融结构与产业结构变化互为因果关系。产业结构的优化调整，特别是新兴产业的快速发展，对金融结构提升起着决定性作用。

产业发展过程中，直接金融与间接金融共同成为产业结构转换的实现机制，二者在促进产业结构优化升级方面互为补充，都发挥着重要的作用。但在经济发展的不同阶段，产业成长周期的各个时期，直接金融与间接金融发挥的作用有所不同。

在经济起飞阶段，尤其是工业化启动初期，以银行为主的间接融资体系在促进产业结构优化方面比直接金融体系优势明显。因为在这一时期，产业发展处于萌芽阶段，没有形成完整的产业链条，基础产业和主导产业尚未建立和发展。要在短时间内建立较完备的工业体系，客观上需要巨大的资本投入，而以银行为代表的间接融资方式在这方面具有优势。一是银行体系可以创造信用货币，扩大社会的信用融资规模；二是经济发展初期以初级产业为主，其在资金需求上具有市场分散性和规模限制等特征，间接金融的公开市场融资不能很好地满足规模狭小的经济部门的资金需求；三是银行融资往往具有公开或隐含的政府信用担保，对经济主体规避经济发展初期较多的市场风险较为有效；四是经济启动阶段的市场发育程度低，政府部门能够较容易地掌握产业选择、发展和转换等经济信息，政府为贯彻产业发展战略也倾向于选择以控制银行为主的间接融资。

随着经济发展和信用程度提高，产业结构和市场需求发生显著变化，金融结构也需随产业结构升级和资源重组进行调整。以银行为主的间接融资

① 毛定祥，《中国金融结构与产业结构经济结构关系的实证研究》，《运筹与管理》，2006年第5期。

体系虽在信贷资金方面仍发挥重要作用，但对产业资源的重新整合就没有明显优势了，因为银行融资存在流动性差、信息不对称等缺陷。以证券市场为主的直接融资体系则可从三方面发挥整合产业资源的积极作用：一是股权融资以获得长期投资回报为目标，具有很强的抗风险能力，可以对企业及产业发展提供长期连续的资金支持，特别是新兴的二板市场或创业板市场解决了新兴产业资金筹措和风险投资转移等问题，对产业的可持续发展具有重大意义；二是证券市场提供了产业选择机制。通过产业选择可以把有限的资金配置到效率最高的产业中去，促进产业结构向合理化和高度化方向发展；三是证券市场为新兴产业发展和衰退产业的市场退出提供了资本流动机制，资产证券化实现了资产的产权明晰化和以金融工具为手段的资产价值转化，真正实现了产业的退出和转移，促进了产业资源的重整和资源配置效率的提高①。

金融结构的调整和变化为整个社会产业的发展提供了更为宽广的融资渠道以及降低经营风险的完善的金融服务，也为产业发展或产业结构的优化提供了更有利的发展环境和更大的发展空间。金融结构对产业结构的影响过程大体为：金融结构储蓄和投资结构资金流量结构生产要素分配结构资金存量结构产业结构②。不同的金融结构决定了产业结构转换的速度和效果。

银行主导型间接金融结构在产业结构调整中的优势主要表现在：一是政府借助银行体系，能够迅速贯彻自己的意图，集中资金实现总体产业发展战略；二是企业只拥有少数相对稳定的以银行为主的投资者，股权结构集中而稳定，相互间为共同利益建立起相互监督与合作的关系，为产业的早期发展和壮大提供重要的制度保障；三是银行作为公司的大股东和债权人，能利用其优势获得全面的企业信息，更大程度地降低放款风险，协调集团内或相关的投资计划，并通过事前、事中和事后治理对公司经营进行有力的激励、监督和控制，促进企业健康发展。但这种金融结构在经济发展进入发达阶段后就日益暴露出固有弊端：一是抑制了资本市场的成长，使银行和企业在一定程度上失去独立性和灵活性。各经济主体为维持长期合约，一些缺乏效率的企业或项目难以淘汰，存在对低效项目过度投资的倾向，加剧了产业调整

① 陈志棢、杨德勇著，《产业结构与财政金融协调发展战略研究》，中国经济出版社，2007年。
② 孙莉娜，《论产业结构调整中的金融支持》，国研网，2003年7月。

的刚性；二是导致企业信息具有内部占有性特征，使交易缺乏透明度，并最终影响资源配置和利用的效率。银行、企业的交叉持股往往会排斥外部股东的利益，企业能够抗拒来自资本市场的并购威胁，降低企业增强竞争力的动力，同时在一些寡头垄断和缺乏竞争的产业中，公司的决策缺乏有效的评价和检验机制，造成权力滥用和低效。

市场主导型直接金融结构也具有其在促进产业结构升级中的优势：一是股份制和资本市场的资金集中及风险分散机制有利于解决现代产业发展中所需的、企业和银行难以承担的巨额投资及风险难题；二是市场的资金流动性和产权明晰化能有效解决产业结构调整升级中的资产专用性等矛盾，证券在一定程度上克服了资金要素流动中的资产专用性障碍，多种形式证券的发行能广泛调动社会投资，打破分散小额资本进入某些产业部门的规模壁垒，资本市场分散风险的特性及发达的信息机制也有利于提高产业结构调整的效率和效益，减少调整过程中的经济震荡；三是资本市场和股份制的发展，规范了企业产权制度，使之有可能根据市场规则行使法人财产权，进行多种形式的资本经营活动，推动存量资产重组和产权交易，有利于克服产权障碍，促进活化资产存量，推动产业结构升级。但其局限性包括：一是由于缺乏完全有效的公司治理机制将管理者与投资者的利益协调一致，委托代理问题的出现导致决策者缺乏产业创新的内在动力；二是高度流动的资本市场会鼓励投资者的短视行为，使所有权进一步分散，股东对企业缺乏长期投资意愿，小的投资者很容易迅速出售股权，从而降低了投资者通过监督管理者和公司业绩、推进企业加快产品结构升级的外在压力；三是以市场机制为基础的接管兼并加剧了企业动作的不稳定性，从而可能损害企业的长期发展战略。

第二节 台湾金融结构演变

一、由间接金融向直接金融转变

从金融结构角度，台湾金融机构可分为间接金融机构和直接金融机构。间接金融机构按是否有信用创造的功能，可分为货币机构与非货币机构两类。前者包括："中央银行"、专业银行、商业银行、农会信用部、渔会信用部、信用合作社、"中央信托局"；后者包括：票券金融公司、信用卡公司、信托投资公司及中华邮政公司等。直接金融机构包括证券金融公司、综合证券商、期货商、保险公司等。两类金融机构融资金额所占比重不同，若以存量分析，台湾间接金融存量比重始终大于直接金融，但直接金融比重近年来的增长速度快于间接金融。

因此，台湾金融结构的总体演变趋势是由间接金融向直接金融转变。随着台湾企业通过股票、债券、货币等市场的筹资日益普遍，银行投资增长开始明显减缓。据台"中央银行"公布，1997年台湾直接金融增长率首度超过间接金融增长率，当年企业新增的资金需求有一半以上是自直接金融取得。当然，这只是增量比较，就存量而言，台湾间接金融比重仍远大于直接金融，1997年间接金融的存量比重占75%以上。直到2002年2月，台湾间接金融比重才首度跌破74%，创历史新低，此后8年间台湾间接金融与直接金融的比重一直保持在75%：25%左右，直接金融所占比重的增长态势并不明显。

从图6.1可以看出台湾金融结构变化的过程：1987年是台湾金融结构变化的分水岭。此前台湾是绝对的银行主导型金融结构，银行放款额度远远领先股市交易额，甚至在8倍以上。但1987年后台湾即开始向市场主导型金融结构转变，市场效率（股市交易总值/GDP）日益提升，并且没有再回落至100%以下。虽然台湾市场效率指标波动幅度较大，但从时间序列看，总体呈上升趋势。20世纪80年代末和20世纪90代初，台湾股市波动幅度巨大，也使台湾金融结构的变化呈现出一定程度的不稳定性。例如，在台湾股价指数出现历史上最高幅度上涨的1989年，台湾股市交易值暴增，银行业放款与股市交易总值的比率降到14.7%，直接融资比重与间接融资比重已相差无几，但在股市出现暴跌后，1992年该比率重新升至114%。

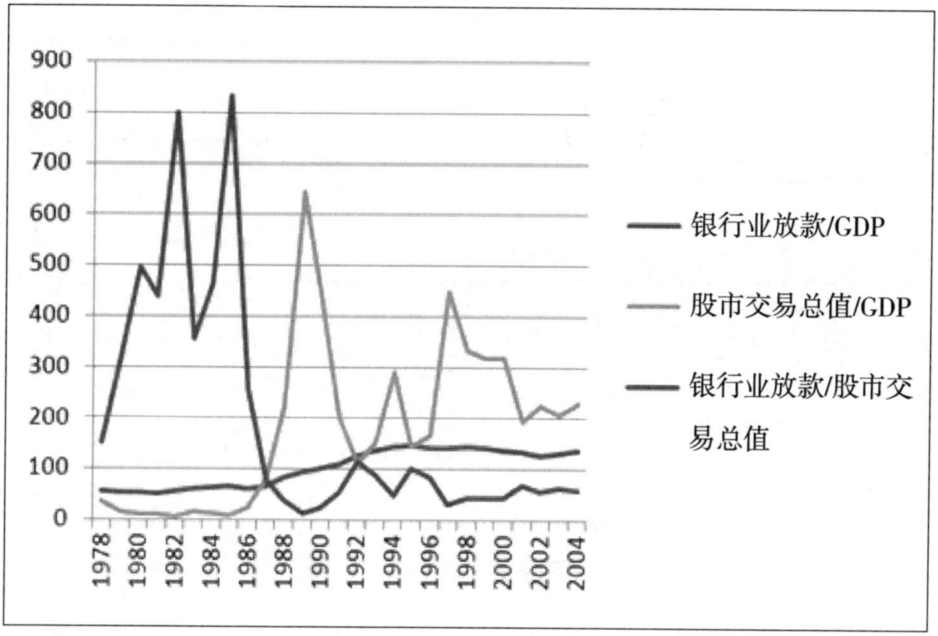

图6.1 台湾金融结构变化

资料来源:（台）《“中央银行”年报》，台“中央银行”编印；（台）《统计月报》，台“主计处”编印。

从金融深化的角度看，台湾的马歇尔比率稳步提升。马歇尔比率（Marshall K）是货币资产与国内生产总值的比率，即：Marshall K = Money / GDP。该比率愈高代表金融部门的发展程度愈高，效率愈好。

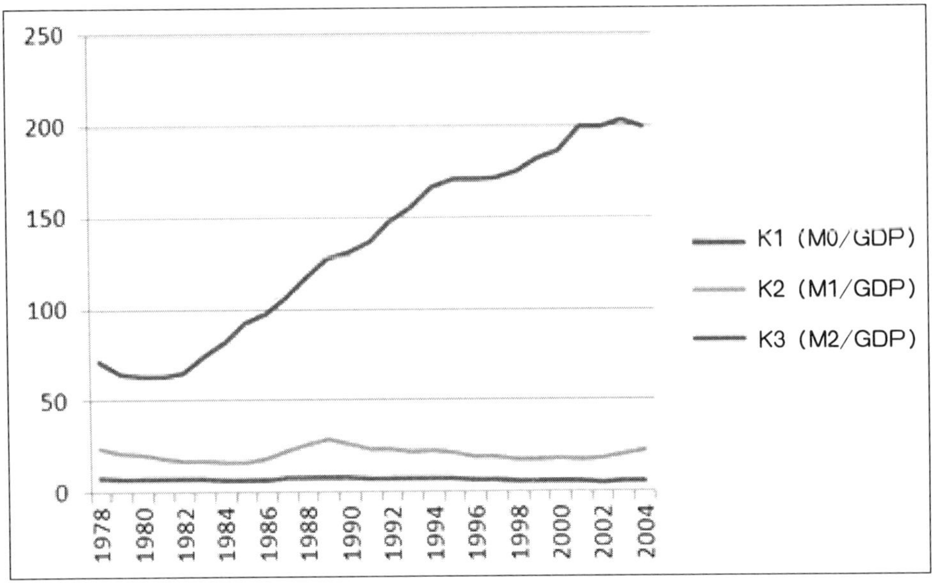

图6.2 台湾马歇尔比率

资料来源:（台）《“中央银行”年报》，台“中央银行”编印；（台）《统计月报》，台“主计处”编印。

由图6.2可见，台湾近30年的马歇尔比率上升幅度相当大，其中K1值已超过200%。马歇尔比率具体指标有三个：K1= M0/GDP；K2= M1/GDP；K3= M2/GDP。其中，M0=流通中的现金，即在银行体系以外流通的现金；M1是狭义货币供应量，M1=M0+个人信用卡循环信用额度+银行借记卡活期存款+银行承兑汇票余额+企业可开列支票活期存款；M2是广义货币供应量，M2=M1+个人非银行卡下的活期存款+机关团体存款+农村存款。台湾马歇尔比率变化显示台湾金融深化程度迅速加深。

二、由中小银行向大银行演变

台湾银行规模也呈大型化趋势，并且是金融改革的核心目标。台湾银行业的国际化与自由化较晚，1991年后台湾当局才开放设立民营银行，随即引起银行业的激烈竞争，银行机构的数量迅速增加。1990年，台湾的本地银行共17家，设立了996家分行，1999年增加至52家银行和2567家分行。银行数量过多导致市场集中度下降，台湾前10大银行资产总额占银行业总资产的比重从1990年的83.02%逐年下降至1999年的58.21%。进入21世纪以后，半导体、光电等资本和技术密集型产业成为台湾的主导产业，这些电子、资讯厂商都通过大规模投资和生产获利，因而常出现大规模融资的需求。加上台湾银行业数量多、规模小、竞争过度等问题凸显，2000年以来台湾先后进行了两次金融改革，除了降低逾放比、消除金融风险外，推动金融业并购和大型化、提升竞争力也是最主要的改革目标之一。近10年来台湾金融业达成了彰银、台开、侨银等多个重大并购案，银行家数从2000年的53家降至2009年的37家，前10大银行资产总额增长了9.1万亿元新台币，是1990-1999年间的2倍，占银行业总资产的比重也从2000年的59.22%回升至2009年的66.37%。①

第三节　台湾最优金融结构

一、台湾产业结构与金融结构的关系

台湾经济发展经验可以验证最优金融结构应与产业结构相适应的规律。台湾在1990年后经济形态发生了巨大变化，开始由追赶型经济向创新型经济转变，产业结构与金融结构也须随之进行根本性的调整。转型前台湾产业结构有两个主要特征：一是以中小企业为主，二是以劳动密集型产业为主。相对应地，台湾金融结构的特征是：以中小银行为主的银行体系和以银行为主的间接金融结构。这是因为中小银行更适于服务台湾中小企业，而银行为中介的金融结构更有利于克服劳动密集型企业经常存在的企业家风险。而在1990年后，台湾产业结构特征发生明显变化：一是大型企业日益居于主导地

① 许振明等，《当前金融改革问题之探讨：金融结构互补性之分析》，（台）"国家研究基金会"，2003年；林惠文，《从美国并购风潮看台湾银行产业之发展》，（台）《商管科技季刊》，2004年，1（4）。

位；二是主导产业向技术、知识密集型产业转变。台湾金融结构发生明显改变的时间滞后于产业结构的变动，由于台湾在从封闭转变为开放的经济体过程中，金融自由化的时间晚于产业自由化，金融改革的效果也远不如产业政策的效果明显，因而当20世纪90年代台湾产业结构已经呈现明显的高级化特征时，台湾金融业才刚开始摆脱政策限制迈入自由化阶段，直到2000年前后台湾金融结构出现了随产业结构相应的变动：一是银行大型化；二是逐步向以资本市场为主的直接金融结构转变。主要原因是大银行更适合大企业，而直接金融结构更适于克服知识密集型企业普遍存在的技术与产品创新风险。

20世纪80年代中后期是台湾经济从以劳力与资本密集型产业为主导向以技术和知识密集型产业为主导转变的关键时期，台湾当局“三化”、“十大建设”等方针的提出，使技术密集型产业蓬勃发展并逐渐成为台湾经济的主要支柱。1992年，台湾中、高技术制造业总产值突破新台币2万亿元，占制造业生产比重超过40%；2000年，接近5万亿元，占制造业比重高达58.4%。［台湾“经济部统计处”和“财政部统计处”对高、中高科技产业的统计依据台湾“财政部”的“进出口商品结构别复分类之修订”认定标准，高科技制造业主要为电子零组件业、电脑通信及视听电子品类、运输工具业（航空器及其零件）和化学制品业（原料药、西药、生物药品、中药、农药及环境卫生用药）；中高科技制造业包括化学材料业、机械设备业、运输工具业（不含航空器及其零件）、电子机械器材设备业、化学制品业（涂料、染料、颜料、清洁用品及化妆品）和精密器械业。］台湾当局在发展技术密集型产业的同时也开始着力扶植知识密集型产业，其标志性政策是1991年出台并实施“促进产业升级条例”，通过选择10大新兴工业进行重点扶植而推动知识密集型产业发展。1991到1996年间，台湾知识密集型产业的名义附加值平均达11.5%，高于同期全体产业的9.9%及非知识密集型产业的8.9%。台湾知识密集型产业的相对规模不断扩大。台湾知识密集型产业占名义GDP比率在1991年为37.7%；1996年增至40.6%，略高于韩国的40.3%，但低于OECD国家平均的50.9%。基本上可以判断，台湾产业结构自1990年代起已经开始向技术和知识密集型产业为主转变。

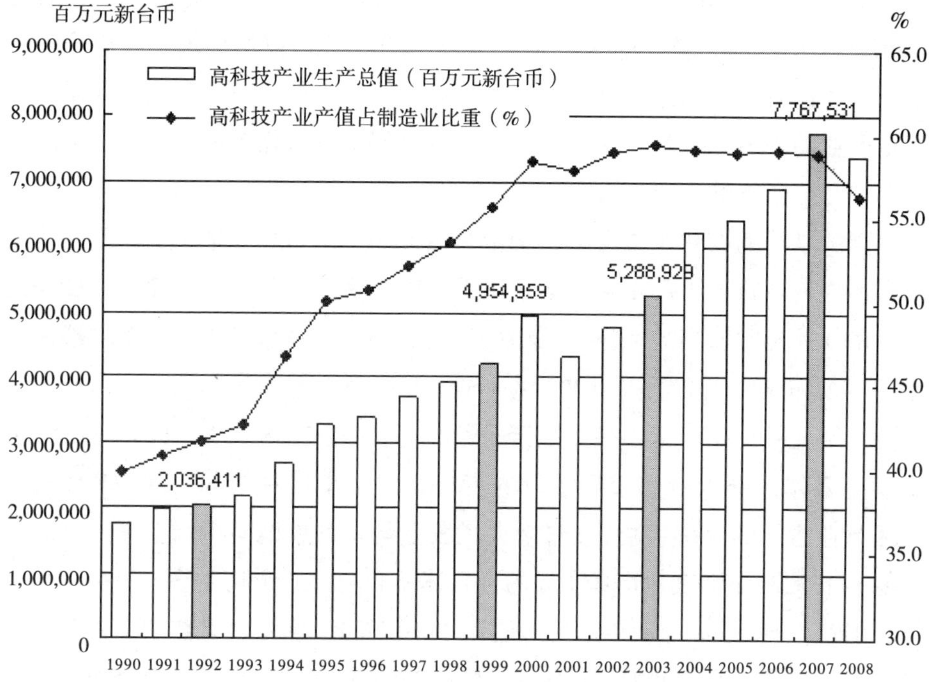

图6.3 1990－2008台湾高技术制造业产值及比重

注：1982－2006年高科技产业产值计电子零组件业、电脑通信及视听电子品类、运输工具业、化学制品业、化学材料业、机械设备业、电子机械器材设备业、精密器械业8个产业；2007年台湾商品目录有所变动，高科技产业计电子零组件业、电脑电子产品及光学制品业、汽车及其零件业、其他运输工具业、机械设备业、电力设备业、化学制品业、化学材料业8个产业。

资料来源：根据台湾地区历年各类高科技和中高科技科技产业生产价值数据计算绘制。1982－2006年数据取自台湾“财团法人经济资讯推广中心”AREMOS经济统计资料库——台湾地区工业生产统计数据库；2007年以后数据来源于台湾“经济部统计处”历年的《台湾工业生产统计年鉴》。

台湾产业结构变动的另一个特征是企业规模大型化。随着经济自由化、国际化的推进，企业为了应对激烈的国际竞争，通过并购等多种途径扩大企业规模，以获取规模经济带来的降低成本、提升竞争力等好处。根据台湾

“中华征信所”的统计，台湾前100大民营制造业的资产总额从1991年的1万亿元新台币增加至2007年的9.5万亿元新台币，各行业均出现企业规模、产量、市场占有率等居绝对优势的龙头企业，如半导体产业的台积电和联电、光电产业的奇美和友达，这些为数不多的大型企业对相关的上、中、下游产业链，乃至台湾整体产业结构变动的影响都是巨大的。

金融结构的变化主要考察金融中介机构和资本市场的地位和作用变化。本文用银行业资产占固定资本形成比重（B1）和全体银行放款余额占GDP比重（B2）来衡量银行在金融体系中的地位，用股市总市值占固定资本形成比重（S1）和股市成交额占GDP比重（S2）来衡量金融市场的地位。由此衍生出两个金融结构指标，一是用银行业资产与股市总市值比重（FS1＝B1/B2）衡量金融体系中银行和市场地位的变化，金融市场规模相对比重FS1>1代表银行业主导的金融市场，FS1增大代表金融体系愈偏向银行主导；反之，FS1<1和FS1减小则表示市场主导的金融体系和愈趋于市场主导。另一个指标FS2用银行贷款余额与股市总交易值比重（B2/S2）衡量金融体系中银行和市场地位的变化，金融市场活动相对比重FS2>1表示银行的金融中介功能是金融市场活动的主体，FS2增大表示金融体系愈偏向银行主导；反之，FS1<1和FS1减小则表示市场主导的金融体系和资本市场金融活动愈趋活跃。

多年来台湾金融体系是典型的银行主导，银行规模指数（B1）从1978年的3.96增长至2009年的13.56，尽管台湾资本市场发展迅速，银行与资本市场规模差距逐渐缩小（FS1值下降），但截至2009年底全体货币机构资产仍为股市总市值的1.68倍（FS1），按存量统计的间接金融仍超过融资总量的75%，银行的金融主体地位没有改变。但从反映金融市场活动的指标FS2来看，2009年台湾股市交易额已上升至GDP的236.9%，自1987年起股市交易额已超过银行贷款余额[①]，FS1从1985年最高8.35下降至2009年的0.59，表示台湾直接金融市场愈来愈发达，金融结构正逐渐由银行主导向市场主导调整。[②]

---

① 1992年（1.14）和1995（1.01）年例外。

② 刘景中,《银行集中度与台湾银行业的获利性及风险》,（台）《经济论文丛刊》, 2008年,36（3）；李纪珠,《加入WTO后台湾金融业的发展》,（台）“国家研究基金会”, 2007年。

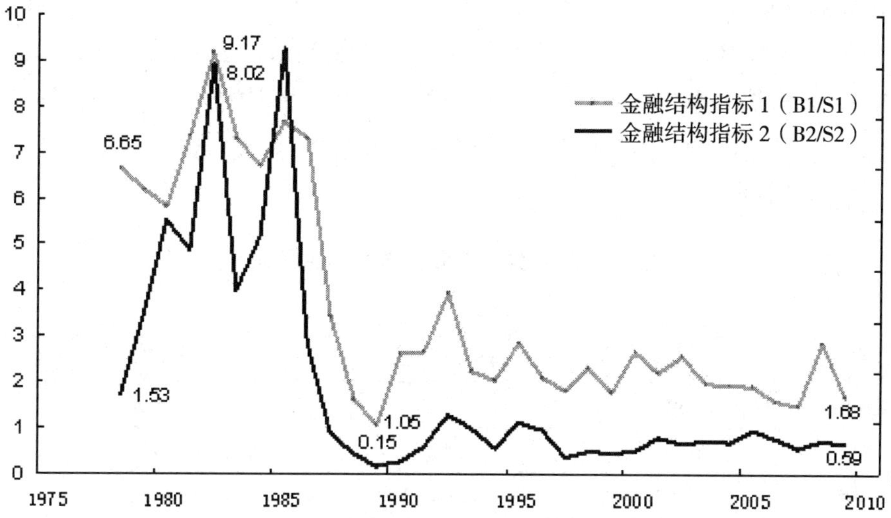

图6.4 台湾金融结构变化趋势

资料来源：整理自台湾“经建会”“Taiwan Statistical Data Book 2009”、台湾“中央银行”《金融统计月报》等。

台湾直接金融比率上升的主要原因有三方面：一是企业规模逐渐扩大，使企业在直接金融市场上的议价能力提升，同时台湾资本市场的发展及新金融商品的开发，不仅提升企业融资的便利性，还降低了融资成本；二是台湾当局在企业上市挂牌及发行证券的审查方面逐步放宽，加上岛内电子产业蓬勃发展，企业投资需求大幅增加，资本市场已成为台湾科技产业发展的主要动力；三是随着台湾资本市场的发展完善，企业可从债券市场获得较便宜的资金，使得其利用发行公司债等直接金融工具筹资的意愿大大增强。

二、台湾最优金融结构的实证分析

为了说明台湾金融结构随产业结构调整而变动的相关关系，特别是验证台湾主导产业向技术、知识密集型产业转变直接导致了金融市场向直接金融结构的转变，本文用台湾1990—2009年间的相关数据构建一个产业结构对金融结构的计量模型。以直接融资占全体融资比重（DF）来衡量金融结构的优化，影响变量包括二、三产业产值占GDP比重（INST）和高科技产业产值占制造业比重（HITE），由于HITE指标代表的是高技术制造业的变动，引入INST有助于将非制造业的技术、知识密集产业变动情况纳入模型，增强模型的解释力。原始数据主要来源于历年台湾《经济年鉴》及台湾“中央银行”的金融统计数据。

表6.1 产业结构与金融结构相关数据

年份	直接金融比重	高科技产值比重	二、三产业产值比重
1990	9.13	39.92	95.97
1991	10.81	40.84	96.35
1992	10.41	41.73	96.55
1993	9.92	42.77	96.51
1994	11.01	46.80	96.63
1995	12.73	50.05	96.67
1996	14.53	50.77	96.95
1997	18.44	52.21	97.58
1998	21.10	53.58	97.64
1999	22.53	55.66	97.56
2000	24.36	58.45	98.02
2001	25.61	57.86	98.15
2002	23.63	59.01	98.30
2003	26.18	59.37	98.40
2004	25.94	59.08	98.40
2005	25.65	59.01	98.34
2006	24.59	59.06	98.40
2007	24.25	58.84	98.50
2008	22.96	56.38	98.30
2009	23.11	57.50	98.45

注：2009年高科技产值比重为估计值。

资料来源：台湾“中央银行”统计资料、Aremos数据库、“经济部统计处”、历年台湾《经济年鉴》。

在Eviews5.0软件中建立金融结构和产业结构的回归方程，结果显示台湾金融结构优化确实与产业结构升级及技术密集型产业结构调整存在正相关性。在99%的置信水平上，高技术产业比重每提升1个百分点，台湾金融市场融资服务中直接融资的比重相应提升0.90个百分点。加入产业结构指标INST后R2从0.93提升至0.95,即解释了近96%的金融结构变化，优化了模型。

$$DF = -28.11 + 0.90 \times HITE$$

（-9.4）（16.00）　　　（Adjust R2=0.93）

$$DF = -393.64 + 0.42 \times HITE + 4.00 \times INST$$

（-3.25）（2.59）　　（3.00）　（Adjust R2=0.95）

为进一步验证产业结构和金融结构优化之间的因果关系，并防止出现伪回归，对变量进行了 Granger 因果检验，并在检验前考察各变量的平稳性。用 ADF 检验法分别对 INST、HITE 和 DF 变量进行单位根检验，结果显示均为不平稳序列，但它们的一阶差分序列在 5%（DF 为 10%）的显著水平都是平稳的，即均为一阶单整序列。协整检验的结果也显示，DF 与 HITE 在 95% 的置信水平上存在长期均衡关系，DF 与 INST 在 90% 的置信水平上存在长期均衡关系。

在序列同阶单整且协整的基础上，可对时间序列进行Granger因果检验，通过验证引入自变量滞后值是否可以提高因变量序列的被解释程度，来说明自变量是否是因变量产生变动的原因。Granger检验结果显示，对于HITE不是DF的格兰杰成因的原假设，相伴概率为0.03，即至少在滞后3阶和95%的置信水平下，可以认为高技术产业比重变化是直接金融比重变化的格兰杰成因。同时，检验也接受了二、三产业比重提升不是直接金融比重提升以及金融结构不是产业结构变动原因的原假设。

表6.2 Granger因果检验

零假设	F检验	概率	结论
HITE does not Granger Cause DF	4.34044	0.03340	拒绝
DF does not Granger Cause HITE	0.35496	0.78672	不拒绝
INST does not Granger Cause DF	1.35433	0.31198	不拒绝
DF does not Granger Cause INST	1.10036	0.39376	不拒绝

总之，本部分以最优金融结构理论为基础分析台湾产业结构和金融结构的关系，通过对台湾产业结构、金融结构演变过程及相关关系的定性和定量研究，得出了台湾产业结构变化决定其最优金融结构向大型化与以直接金融为主转型的主要结论。第一，台湾在1990年后经济形态发生了巨大变化，产业结构与金融结构都进行了根本性调整。产业结构由以中小企业为主和以劳动密集型产业为主转变为大型企业和技术、知识密集型产业日益居于主导地位。这一时期台湾金融结构也发生明显改变，由以中小银行为主的银行体系和以银行为主的间接金融结构向银行大型化和以资本市场为主的直接金融结构转变。第二，台湾不同经济发展阶段的产业结构对金融服务的需求存在系统性差异，因而出现适应不同阶段产业结构的金融结构演变。转型前金融结构以中小银行和间接金融为主，是因为中小银行更适于服务台湾中小企业，而银行为中介的金融结构更有利于克服劳动密集型企业经常存在的企业家风险；1990年后台湾金融结构向大银行与直接金融转型，主要原因是大银行更适合大企业，而直接金融结构更适于克服知识密集型企业普遍存在的技术与产品创新风险。但目前直接金融所占比重还不能满足产业结构转型需要。第三，用台湾1990—2009年相关数据构建产业结构与金融结构的计量模型，回归分析的结果显示，台湾金融结构优化与产业结构升级及技术密集型产业结构调整存在正相关性，高技术产业比重提升是台湾发生由间接金融向直接金融为主的金融结构转变的重要成因。

第七章　台湾金融改革

台湾当局分别在2002年、2004年和2008年发起三次金融改革，习惯上在岛内被称作“一次金改”、“二次金改”、“三次金改”。但事实上，台湾金融改革自20世纪80年代起就在持续进行，“一次金改”和“二次金改”是在民进党执政时期所作的金融改革，“三次金改”则是国民党在台重新执政后继续推动的金融改革，出于多方面考虑，“三次金改”的名称后来并未被台湾当局正式采用，只是民间仍将马英九当局所推动的金融改革称之为“三次金改”。因此，本文先分“前期金融改革”、“一次金改”、“二次金改”、“三次金改”四个部分对台湾金融改革过程予以介绍，后面再分析台湾金融改革的重点与金融结构的演变。

第一节　金融改革的过程

一、前期金融改革

台湾金融体系在20世纪80年代以前一直处在台湾当局的严格管制与保护下，期间只是出于经济发展需要及适应经济环境变迁，台湾当局允许某些金融机构及金融市场建立。但20世纪80年代以后，金融自由化已逐渐在国际社会中成为风尚，加上台湾对外贸易持续巨额顺差，在外汇储备不断增加以及外国要求开放台湾金融市场的压力下，台湾当局才被动采取金融自由化政策，逐步开放本地金融市场。

20世纪80年代初，台湾当局提出金融自由化、国际化和纪律化的改革目标，陆续采取一连串金融改革措施。台湾金融自由化与国际化初期，金融市场开放幅度并不大。

在利率管制解除方面，采取循序渐进方式。主要有1980年、1985年以及1986年逐步撤除银行存放款利率管制。银行业务管制解除方面，1984年放宽本地银行增设分支机构的条件。

台湾外汇市场自1978年7月汇率制度由固定汇率制度改为机动汇率制度以后，逐渐发展成为汇率由市场供需决定的浮动汇率制度。外汇自由化方面，台湾于1987年7月修改“管理外汇条例”，大幅放宽资本管制以及解除经常账的外汇管制。

外汇管制解除后，大量资金流入股市与房地产，导致股价狂飙以及房地产价格暴涨。为解决流动性过剩问题，台湾当局1988年5月开放证券商的设立，推动上市股票总市值与成交值戏剧性地成长。

在引进外资投入资本市场方面，台湾也是采取循序渐进的方式。1990年12月，开放外国专业投资机构经证券主管同意后可直接投资证券；1995年2月，全面取消外资投资总额限制后，投资个股的投资额限制也陆续放宽。1996年3月，全面开放侨外资直接投资证券。

外汇管制的解除，允许境内外资本自由移动，不但导致国际金融市场直接与本地市场竞争，同时台湾金融体系在旧有的法令规章限制下，已无法有效规范不断涌出的新金融行为。新的金融情势迫使台湾金融改革的步调加快。

台湾当局1989年7月修订“银行法”，一方面使银行利率完全自由化，另一方面允许民营银行的设立，开放金融市场给新的竞争者加入。1991至1992年间，16家新银行设立并开始营运，同时台湾当局也核准信托投资公司、大型信用合作社及中小企业银行可申请改制为商业银行，致使商业银行家数倍增。在分支机构增设方面，台湾当局放宽金融机构申设分支机构与中小企业银行跨区设置分行的法令规范以及外商银行登台门槛。

由于银行业存在过度投资的现象，致使银行业的净值报酬率逐年下滑，资产质量严重恶化。根据台湾“财政部金融局”相关资料统计，从1990年到2001年，本地银行净值报酬率由20.79%的高峰降为3.61%，资产报酬率由0.9%的平均水平降为0.26%。逾期放款比率由1995年底的2.88%增至2001年第一季的8.28%。

同时，台湾当局又推动公营金融机构民营化，开放票券金融公司、信用卡公司、证券金融公司及工业银行设立，放宽外商银行设立营业据点条件，批准信托投资公司、中小企业银行及信用合作社改制为商业银行等，更进一步打破了以前的金融寡占形态，并导致证券、票券、保险、租赁、信托及大型制造业集团等非银行企业纷纷进入银行业务领域，造成岛内金融机构的过度竞争。其不良后果，是金融机构获利能力及资产品质降低，资产报酬率与净值报酬率呈持续下降趋势。

此外，总体经济环境恶化更加剧台湾金融机构的困境。1997年亚洲金融危机以来，岛内部分企业采用高度财务杠杆操作，大幅扩张企业信用，造成部分企业产生财务困难。台湾经济增长率大幅下滑则导致岛内企业经营不易，财务状况恶化，进而影响银行债权及资产品质，岛内银行不良资产比率不断升高，包括信用合作社和农渔会信用部在内的基层金融机构逾期放款比率甚至超过20%。为改变这种状况，台湾当局发起了三波金融改革。

二、第一次金融改革

这一波改革是以2000年修正“银行法”和通过“金融机构合并法”为开端，总共出台“银行二法”、“金融六法”和“金融资产证券化法”。改革的主要背景是：台湾银行家数过多且业务同构型过高，造成岛内银行恶性竞争，加之银行创新能力不足，只能仰赖传统存放款利差为主要营业收入来源，在台湾当局频频以政治力干预银行经营，要求银行护盘、纾困，而经济景气始终不振的大环境下，导致银行逾期放款比重不断攀升，问题频传。1999年，本土性金融危机的爆发使台湾当局认识到金融改革的急迫性。2000年，岛内金融环境危机四伏，国际媒体报道台湾可能再次出现类似亚洲金融风暴的银行危机，台湾当局决定进行全面性的金融改革。

继2000年通过“金融机构合并法”与“银行法部分条文修正案”后，台湾当局将2002年订为“金融改革年”， 5月台湾当局提出“挑战二〇〇八：国家发展重点计划”的施政主轴，将金融改革列为六大施政课题之一，并于同年6月通过“金融六法”，包括“金融重建基金设置及管理条例”、“存款保险条例部分条文修正”、“营业税法部分条文修正”、“金融控股公司法”、“票券金融管理法”、“保险法部分条文修正”。同年7 月24 日公布“金融资产证券化法”。

2002年8月21日，台湾当局宣布将第一次金融改革目标定为“二五八计划”，即在两年内将金融机构平均逾放比降至5%以下，平均资本充足率保持在8%以上。“一次金改”以“除弊”为号召，重点在于打销呆帐、改善金融机构体质及重建金融体系。措施主要包括：一是延续1999年实行的将金融营业税由5%调降至2%用于协助岛内金融机构打销呆账，更运用剩下2%的金融营业税收入成立“金融重建基金”，前后两次共计投入2500亿新台币，并通过制定“金融重建基金设置及管理条例”以加速问题金融机构退出市场。二是通过“金融机构合并法”提供优惠措施鼓励金融机构合并，以协助金融机构扩大规模，发挥规模经济效益，鼓励金融机构以合并方式退出市场，实施效果至少有48家经营不善的金融机构退出市场。三是通过“金融控股公司法”允许金融业者跨业经营，以协助金融机构发挥范畴经济效益。四是通过“金融资产证券化条例”，期望能有效提升金融机构资产的流动性及使用效益。五是允许成立资产管理公司，以协助金融机构快速剥离坏账，加速资金回收。

台湾当局用了两年时间以高达1.4万亿元新台币的代价基本取得了“二五八计划”的预期效果。台湾本地银行的平均逾期放款比率由2002年3月的8.04%降到2004年3月的3.31%，2003年平均资本充足率达10%。但从另外角度看，用台湾全部民众的钱去垫银行呆账，减少系统性风险，又没有监督，结果仍是图利财团，因此岛内对“一次金改”是否成功并无一致意见。此外，在推动该计划的过程中，作为首批整顿目标的逾期放款比率最高的农渔会信用部改革并不顺利，民进党当局虎头蛇尾地结束了此次改革行动。农渔会信用部改革方案的重点，是将农渔会信用部从农渔会中抽离出来，然后进行合并，解决基层金融机构逾期放款比率过高的问题，达到“农业归农业、金融归金融”的目标。台湾当局并为此拟定《农业金融法草案》，建议成立“农业银行”。但商业银行接管农渔会信用部的做法引起农渔民的反弹，主要原因在于农渔民为弱势族群，与中小企业相当，很难由银行借贷到资金，亦即农渔民的金融服务未能获得满足。而且，随着近十年来产业结构的调整，农业产值日益减少，人均收入持续下降；尤其是加入WTO之后，农业发展大受影响，农民生活更加困顿，农村经济更见凋敝。此外，农渔会信用部并非单纯的财政金融问题，还具有社会福利的性质，由于改革政策未能顾及这些特殊性，相关配套措施不周全，引发岛内180万农渔民强烈反弹，以致被迫草草收场。台湾金融改革问题丛生，不仅仅是制度设计上存在缺陷和不周，当权者的政治因素考虑也会使金融改革措施发生变质，例如民进党当局急于“绿化”基层金融机构导致激烈的民众反弹就影响了改革成效。

三、第二次金融改革

“二次金改”的计划由“行政院经济建设委员会”于2004年上半年提出，9月20日的“服务业发展会议”中制定方案并开始实施。10月20日，陈水扁在主持完“经济顾问小组会议”之后宣布“二次金改”计划的目标转向扩大金融控股公司规模及公股银行减半。“二次金改”是以“兴利”为口号，重点目标是扩大金控规模（大型化）、提升国际竞争力（国际化）、建构与国际接轨的金融环境（自由化）。具体目标有四：提升3家金融控股公司市场占有率超过10%；公股银行减半为6家；金融控股公司减半为7家；至少一家金融控股公司到海外挂牌或引进外资。其中，前两项限期2005年底前完成，后两项限期2006年底前完成。

“二次金改”要求“限时限量完成金融机构整并”，然而实现进展不顺，并最终以失败告终。台湾当局将公营银行股票卖给民营金融机构的做法，引发岛内各界对民进党当局向特定财团输送利益、贱卖公产的疑虑，民营台湾金融机构展开激烈争夺，金融类股票的股价大幅波动，5000多银行员工失业，走上街头强烈抗议，改革陷入停顿。

“二次金改”中第一次出售公股是2005年由民营的台新金融控股（台新金）购并公营的彰化商业银行（彰银）。台新金融控股是台湾本土性大型企业集团新光集团的下属公司，该金融控股公司下属企业包括台新国际商业银行、台证综合证券公司与台新票券金融公司等。2002年，台新金融控股公司资产总额5557亿元新台币，营业收入423亿元新台币，是台湾第8大金融控股公司。被并购的彰银则是台湾历史最悠久的银行之一，创设于1905年，总资产达1.3万亿元新台币，规模接近台新金的两倍半。彰化银行除在台有169家分行外，在伦敦、纽约、洛杉矶、新加坡、香港、东京均设有分行，在大陆昆山也设有代表处。身为7大行库的一员，彰银是第一家挂牌上市的银行股，却被台新金以366亿元新台币的低价买进。

2005年9月又发生台湾中小企业银行（台企银）流标（出售失败）事件。同时在这段期间，台湾金融股指数连续下跌，甚至出现外资大卖的情况。更严重的是，在标售台企银的过程中遭到银行员工的强烈抵制。台企银工会宣布大罢工，举行示威抗议。台企银标售案引发台湾金融史上第一次银行员工罢工事件，最后更以流标收场。

2006年9月下旬，台湾“财政部”与“金管会”联合召开记者会，宣布“二次金改”的若干方案难以在期限内完成，并强调不会为合并而合并，将以各银行发展需要及合并综效为原则，程序上一定要透明，符合商业惯例，与民营或外资的整并一定在公开竞争机制下进行，并会考虑公司、股东及员工三方权益，这番表态等于宣布了“二次金改”的失败。

“二次金改”的失败有多方面原因：

首先是政商勾结和内线交易扭曲了改革初衷。执政者将“二次金改”作为敛财工具，利用手中权力将公有财产贱卖给特定财团，再从中收取巨额好处费，改革必然变质。事实上，正是由于陈水扁当局借改革之机大搞权钱交易，才使“二次金改”走样，沦为扁家的洗钱工具，相关弊案在2008年岛内政党轮替后逐渐水落石出，也使“二次金改”失败的背后原因真相大白。据台湾尚未最终完成的检调结果，陈水扁家族在“二次金改”前后贪污款项高达10亿元新台币。

而民营金融机构则在“二次金改”期间屡屡上演对公营银行的“蛇吞象”的并购或入股戏码。“二次金改”要求银行家数限期缩减，其直接后果就是特定财团坐大。买下银行是要相当财力才做得到的，因此公股银行的可能买家，短期间内就只有本土大财团以及外资的金融投资大户。国际金融机构由于对各个地区并不十分熟悉，其在全世界各地的布局都是循序渐进的，不可能在短时间内暴起暴落。相对而言，台湾财团则对本地业务熟悉，敢在一两年之内骤然加码。在这种情势下，若要公股银行限期出售，则自然是会落入本土大财团之手。台主要大财团在“二次金改”期间的资产增长率是其它金融机构平均增长率的数倍即有这方面因素。

其次，“二次金改”政策违反市场规律。“二次金改”的思路是“先做大再做强”，但通过并购整合提升金融机构的体质一定要通过市场进行，在行政力量干预下的以弱并强，或弱弱联合，并不能改善金融机构体质。从台湾金融机构的问题看，银行规模小、家数多，的确不容易走向国际、发挥效率，但是金融市场上银行究竟该有几家、每家究竟是什么规模、市占率多少，都是市场上竞争的结果。任何非市场力量的干预，都将严重扭曲市场效率。何况，推动公股银行家数减半更不应该设定期限。这样会影响市场买方的心理，认为可以等到降价求售的机会，公股释股的价格自然好不起来。行政部门为求在时限内达成目标，避免政策跳票，往往不计代价及后果执行减半及合并政策，因此公股掌控的行库就成为被出售及减半的标的。

最后，改革目标未充分考虑国际化因素。“二次金改”提出要创造“小而美、大而好”的银行。作为台湾最大银行的台湾银行，其岛内市占率也只有9%，全世界仅排名第125，因此台湾当局追求提升岛内银行竞争力与规模的思路并不错。但金融产业本身是具有内需性的产业，而台湾的银行与金控的获利仍然来自岛内，倘若没有思考台湾金融业如何国际化，即使金融业大型化，仍然是在岛内厮杀，那么大型化对台经济发展的意义并不大。没有国际化基础的大型化，一旦金融机构本身的公司治理与风险管理不当，也势必严重影响台湾经济的稳定程度。

2008年台湾政权轮替后，台湾当局对“二次金改”重新进行检讨。“财政部长”李述德表示，对“二次金改”的交易行为，若是事后司法判决确定有重大瑕疵或违法时，“财政部”当然要对违法个案收回股权。至于如何执行收回股权问题，先等司法机构追查出有违法“二次金改”个案后，再处理如何执行收回股权问题。

2009年1月9日，台湾当局公布说明“二次金改检讨报告”，提出“二次金改”的关键是陈水扁宣示“限时限量完成金融机构整并”，但行政部门因配合而急促不周延，扭曲了整并提升竞争力的政策。报告认为，“二次金改”中的公股股权管理存在4大疑案：一是彰银办理私募发行特别股案；二是兆丰金控2006年度董监改选案；三是中华开发金控2007年度董监改选案；四是华南金控2007年度董监改选案。有关金融监理的4大疑案，则为：（一）中华开发金控转投资金鼎证券案；（二）中信金控插旗转投资兆丰金控案；（三）台新金控转投资彰化银行之核准及财务监理案；（四）中华开发金控经营权争议案。报告也指出3大疑点：第一，彰银办理私募发行特别股招标过程；第二，修正金控转投资规定；第三，公股管理及金融监理积极度不足，包括“具公股的金控董监改选、公股股权管理迭遭舆论质疑、监理法规修正解释、财务结构监理”4项。

“二次金改检讨报告”还提出台湾金融改革的改进方向：

一是秉持“程序正义、实体合法”原则。未来金融机构整并时将依据双方的资产、净值、营收情形、员工权益、董监事席次安排等各种因素综合考虑后决定最终价格，不是只采单项如资产或净值比较。

二是因事制宜推动整并或释股。以各银行的发展需要，及合并确能提升财务效能及经营综效为考虑原则，合并并非最终目标，而为执行选项。

三是强化公股金融机构管理。台湾当局通过公股代表监督公司经营，并配合主管机关监督、管理，以提升公司的经营绩效。积极加强说明政策执行目的及过程，以利社会大众了解，避免外界质疑。

四是强化金融机构并购案件审查。“金管会”对于审核金融机构并购案件，除考虑并购对金融市场竞争程度、合并前后金融机构资本适足性、财务结构健全性及效益性等因素，金融机构必须提供专业第三人会计师针对评价合理性出具的专业意见书，以确保并购交易价格能充分反映并购双方金融机构价值，避免产生借并购程序实施掏空金融机构资产或进行利益输送的行为。

五是防制不法并购手段。证交所对股市已建立监视制度，其内容包括公布注意异常交易信息、买卖异常证券商的通知及处置作业、重大信息查证处理作业，以及对涉及人为炒作或内线交易者进行查核，通过证交所市况报导系统、电话语音查询系统及新闻媒体公告等讯息，均可作为检调单位的参考依据。

六是建构公平、公正、透明化的金融并购平台。“金管会”将检视近来金融机构整并未成功的案例，并将继续搜集相关并购法制，研议修正金控转投资规定及并购相关法制规定，以建构与国际接轨的公平、公正、透明化的金融并购法制及完善的并购平台。

四、第三次金融改革

2008年5月20日台湾政党轮替，国民党在台重新执政。国民党当局对民进党执政时期推动的“二次金改”进行了检讨与反省，认为“二次金改”虽弊端重重，但通过金融机构整合扩大金融机构规模以提升竞争力仍是正确的方向，因此准备以不同于“二次金改”的做法推动“三次金改”，但最后却高调提出，低调处理。

2008年6月27日，“行政院副院长”邱正雄首度提出台湾当局将推动第三次金融改革，以不限时、不限量、不限对象方案，将配合赋税改革，推动金融机构整并，强化银行竞争力，吸引外商投资。邱正雄说，“三次金改”与“二次金改”理念完全不同，“二次金改”是扩大规模，真正要付诸实行，市场要跨出去，所谓的市场是以全球为市场，来扩大规模，不限岛内。除市场扩大规模外，将做出金融市场良好控管与内部风险控管，新产品让投资人消费者获得好处，且台湾当局对公营银行的管理机制与过去不同，是全新的革新方向，不是以前设限的格局。邱特别强调，为了区别以往民进党当局的“二次金改”，未来的金改政策将称为“第三次金改”，除了不会限制要在一定时间内完成，也没有整并家数限制，国际金融机构也可以参与，并将完全尊重市场机制，还将有完整的配套措施，其中最重要的一环就是配合“税赋改革委员会”各项税改结论，让银行更具竞争力。

8月22日，“行政院二次金改检讨专案小组”召开首次会议，邱正雄提出“三次金改”的重点是“亚太金融中心”计划。该中心具体包括筹资、资产管理和金融服务三个子中心。“三次金改”将通过“三大主轴、两大原则”，即以市场整合、金融创新和诚信为主轴，以人才和法治为原则，在尊重市场机制的前提下推动金融机构整并。“财政部”长李述德表示，“三次金改”的目的是为实现公股银行国际化，包括台湾金控公司释出20%，引进国际资本策略联盟，或董监事为国际人士，提升公股金控竞争力，绝不会重蹈“二次金改”覆辙，绝不是限量限时，也不限对象，不会违反市场机制。李还表示，对两岸金融松绑政策，也可考虑纳入第三次金改。台湾虽已经加入WTO，但因台湾金融机构国际竞争力弱，故有能力向外开拓市场的并不多。相比较而言，大陆算是其中潜力较大且较具竞争力的市场，但因两岸特殊关系，致使台湾金融机构进人大陆市场存在许多障碍。为此，打开两岸金融僵局，也是“三次金改”的重点。

然而，2008年9月美国雷曼兄弟破产使美国次贷危机扩大之后，国际金融危机的阴影也笼罩台湾。自10月起，台湾当局开始对“三次金改”持谨慎态度，不再提及，也可能是只做不说。后来出任台湾“金管会主委”的陈冲公开反对将筹划中的金融改革命名为“三次金改”，因为金改自80年代以来一直持续进行。10月17日“行政院长” 刘兆玄在“立法院”答询时强调，当局对金融改革的立场就是先清理“二次金改”留下来的问题，在相关弊端未除之前，不会有“三次金改”。11月10日，“行政院副院长”邱正雄接受《工商时报》专访时也表示，当局没有喊出“三次金改”的名字，只是外界这样叫起来会觉得是与“二次金改”不同的做法。虽然2009年04月14日台湾副领导人萧万长受访时提到台湾要提升金融业的国际竞争力，也许要靠“第三次金改”，但台湾的“第三次金改”迄今仍在无声中进行。

第二节　金融改革的重点

提升金融机构体质、加速建构金融安全网是台湾金融改革的主要任务。具体包括4个方面：一是整合金融机构，二是强化监督管理机制，三是健全存款保险机制，四是建立有效的金融机构退出机制。

一、整合金融机构

1991年以后，岛内金融机构数量增长过快导致金融业过度竞争，进而造成普遍获利能力下降，国际竞争力严重不足。在1997年亚洲危机冲击下，1998年台湾爆发本土型金融风暴，很多运用高财务杠杆的企业受到重创，不能按时还款，银行体质随着逾期放款比率上升日益恶化。当时台湾银行业主要面临6大弊病：1.银行竞争激烈，规模小，利润下跌；2.关系人交易盛行，银行优先给自己人放款；3.资产品质恶化，逾期放款比率上升；4.银行业务狭窄，无法跨业经营；5.金融机构没有退出机制，不良银行继续存在；6.基层金融机构脆弱，不良贷款严重。因此，台湾当局第一次金融改革以推动金融机构合并为重点，通过9部法律法规解决上述金融问题，改造金融体系。

“一次金改” 前后出台主要法律法规表

类别	法律法规	内容重点	目的
银行二法	“银行法”修正（2000 年 11 月 1 日公布）	1. 修改关系人定义 2. 取消储蓄银行 3. 加入工业银行 4. 银行退出机制 5. 大股东持股上限由 15% 升至 25%	解决弊端1、3、5
	“金融机构合并法”（2000 年 12 月 13 日公布）	1. 鼓励同业异业合并 2. 基层金融机构退出机制 3. 建立资产管理公司（AMC） 4. 租税补贴	解决弊端2、4、5
金融六法	“金融控股公司法”（2001 年 11 月 1 日实施）	1. 跨业经营，异业结盟为主轴 2. 共同行销和业务推广 3. 增加金融机构规模 4. 连接税率制度	解决弊端2、4
	“金融重建基金（RTC）条例”	1. 设置RTC，处理经营不善的金融机构 2. 基金规模1400亿元新台币 3. 优先处理基层金融机构	解决弊端3、5、6
	“营业税法修正案”	2002 年至 2005 年，征收金融业 2% 营业税，作为 RTC 专款专用	解决弊端6
	“存款保险条例修正案”	1. 规定“中央存款保险公司”接受 RTC 委托协助处理不良金融机构 2. 以未来 10 年存款保险费增加的总收入作为 RTC 财源	解决弊端6
	“票券金融管理法”	1. 开放办理债券业务，准许发行公司债 2. 不得签证、承销、经纪和买卖未经信用评等的短期票券	改善票券商体质

	“保险法”	1. 不动产投资比例由19%提高至30% 2. 放宽保险业股票投资标的条件限制	扩大保险业经营范围
	“金融资产证券化法”2002年7月24日公布	增加资产流动性	

资料来源：沈中华，《金融市场——全球的观点》，新陆书局股份有限公司，2009，第406页。

2000年的“金融机构合并法”是为台湾金融机构在激烈的市场竞争环境下提供的一个调整与退场机制，运用市场机能淘汰经营较差的企业，保留整体实力较强的金融机构以适应国际大型金融机构的竞争。该法案的制定是为推动台湾金融机构朝股权集中化、组织大型化与经营多角化等方向发展，努力创造规模经济与范畴经济。然而，实际实施效果却并未达到预期，因为虽然通过一系列法案，岛内银行的金融技术却未同步跟进。例如，台湾当局虽一再鼓励金融机构合并，但业者甚至连合并时资产该如何评价都不了解，且当局既不开放境外银行购买境内银行主权，又不引进境外技术，只好原地踏步。

2001年通过的“金融控股公司法”是继“金融机构合并法”之后的又一重大举措，主旨同样是为减少岛内金融机构家数以增强其竞争力。“金融控股公司法”是仿照美、日金融改革推出的举措。长期以来，国际上并行综合银行和分业银行两种金融制度。以德国为代表的欧洲大陆国家多以综合性银行为主体，业务涵盖融资、保险、证券、投资、信托等领域，甚至直接介入企业运作。以美国为代表的国家实行分业经营和分业监管的金融制度，严禁银行业涉足证券业和保险业。但随着金融创新日新月异，各种衍生金融产品层出不穷，往往融合多种金融工具及业务，使金融、保险、证券的原有行业界线日趋模糊。由欧陆国家综合银行演变而来的金融控股公司大行其道，波及美、日。进入20世纪90年代以后，美国和日本纷纷向金融业整合方向发展。1998年日本正式施行金融控股公司法案，正式解除设立金融控股公司的禁令。1999年美国总统签署金融服务现代化法案，废除银行不得从事证券和保险业务的限制，放松通过金融控股公司直接从事银行、证券及保险业务，并准许原银行控股公司可以申请改为金融控股公司，且允许从事与金融本质相同的业务，以推动金融机构朝综合化方向发展。受该潮流影响，2001年6月台湾通过“金融控股公司法”，目的是通过同业兼并扩大金融机构规模，减少金融机构数量。

“金融控股公司法”的具体目标包括：1. 通过金融经济规模及经济范畴的扩大，强化内部专业分工和经营效率，实现组织、管理及财务运用上的弹性化，实现金融机构综合效益；2. 通过引入金融控股公司制度，实现岛内金融机构与岛外大型金融机构的良性互动，降低岛外筹资成本，并通过与国际性知名金融集团进行策略并购合作，实现金融业的国际化和增强国际竞争力；3. 实现集团内各子公司间业务资源整合，促使持股结构、财务及业务信息透明化，并通过合并监管提升金融监管的效率，确实保护存款人与消费者权益；4. 扩大控股公司投资金融相关业务的范围及持股比例，实现各子公司间共同行销、信息相互运用、共同营业场所及设备使用等；5. 通过集中各类专业人员，创新金融新品种，满足客户多元化需要，提升整体经营效益。

台湾金融控股公司在运作上有以下特点：1. 控股公司的弹性机制。金融控股公司并非跨业经营的唯一选择，条件不具备的金融机构可以选择不设立控股公司。2. 控股公司不参与子公司业务运作。金融控股公司投资非金融相关业务受到严格限制，下属子公司也不得持有控股公司的股份，即不得交叉持股。3. 控股公司的短期资金运用项目、资本充足率和各项财务指标比率有明确规定。4. 凡转换为控股公司的银行、保险公司及券商应以100%股份转换。5. 规定控股公司允许投资的领域：银行业、票券金融业、信用卡业、信托业、保险业、证券业、创业投资事业、经主管机关认定的与金融业务相关的其它领域。

“金融控股公司法”的通过为台湾金融机构壮大自身实力放开手脚，但同时带来监管难度增大等问题。“金融控股公司法”出台短短两年内，台湾共成立了14家金融控股公司。大量金融控股公司出现不但使经济资源过度集中，造成市场垄断，还因业务复杂、公司制度不健全及部门间沟通不顺畅导致金融监督管理难以有效进行。另外，传统商业银行转型为复合式投资银行的过程中，也有许多层面的问题需待克服。如组织架构上，转型所须负担的人事成本和软硬体设备的开销过大等。

截至2009年9月，台湾共有15家金融控股公司，其规模排列顺序如下：

公司名称	合并报表资产总额 （单位:百万元新台币）	集团主要获利来源
国泰金控	4,142,039	寿险
台湾金控	4,126,571	银行
富邦金控	3,012,581	银行、产险、证券
兆丰金控	2,569,997	银行
台新金控	2,374,711	银行
第一金控	1,931,169	银行
新光金控	1,855,473	寿险
华南金控	1,742,392	银行
中信金控	1,663,164	银行
永丰金控	1,076,332	银行
玉山金控	896,791	银行
元大金控	534,579	证券
开发金控	290,905	银行
日盛金控	238,896	证券
国票金控	199,738	票券

资料来源：台湾“金管会”网站资料整理。

二、强化金融监督管理

金融监管即金融监督与管理，台湾称“金融监管”，是指通过立法和管理条例，由金融监管机构依法对金融机构和金融活动进行决策、限制和约束的一系列行为总和。它有三个基本的政策目标：确保整个金融体系的稳定，保护投资者和存款人的利益，促进金融机构安全、高效发展以及市场竞争机制的良好运作。

理论层面，金融业由于存在信息不对称和资讯不完整，市场失灵可能发生。一般企业经营失败波及范围有限，金融机构出问题则会涉及存款人与投资人的权益，波及整个金融业甚至社会，因此对金融业的监管尤其重要。从新制度经济学的角度看，引入金融监管就是为了解决金融合约失灵的问题（Keeler,1984）。按照科斯定理，如果没有交易成本，合约的执行只要法院就行，根本不需要任何监管者（易宪容，1998），但事实上法院执法搜寻证据的成本极高，因此必须引入监管者。金融监管机构的设立和运转也有成本，甚至成本过高会走向制度安排的反面，发生金融监管失灵。如何在市场失灵与金融监管失灵之间寻找一个合适的均衡点，既是维持金融体系稳定发展的关键，也是保证金融体系有效运作的重点。金融监管的具体内容可分三大部分：金融机构内部监管、金融市场自身监管和外部力量的金融监管。金融机构内部监管包括金融机构的风险管理体系、稽核体系及内部控制系统等，属于自我监督约束机制；金融市场自身监管包括存款人、投资人与贷款者对金融机构所构成的监督制裁力量，他们可以通过抛售股票或寻找其它金融机构来迫使经营不善的金融机构退出金融市场；外部力量的金融监管主要是金融主管机关对金融机构与金融市场的监督、管理与检查，由于其具有法律上的强制性与处分权，威力远强于其它性质的金融监管，所以人们一般讨论的金融监管体制主要是指外部力量的金融监管。

实践层面，为谋求金融领域的竞争优势，从发达国家到发展中国家和地区都在努力加强金融监管。发达国家的金融监管体制早已存在，但在普遍进行金融自由化之后，加强金融监管工作有了新的趋势，如通过市场规律解决政府干预的缺陷、加强自有资本规定、改革存款保险制度等。因为金融自由化放松了以前限制竞争的规则，必然会破坏金融体系的稳定性，这就需要加强其它方面的金融规制，于是出现一个“监管—放松监管—再监管”（regulation- deregulation- reregulation）的过程。实行再监管不仅可以弥补放松监管造成的管理缺陷，还可以有效促进市场竞争。以美国为例：1913年美国联邦储备体系建立，美国进入现代金融监管时期；自20世纪60年代起，美国金融业自由竞争加剧，推出一系列金融创新工具和新的金融制度安排，成为美国金融自由化时期；20世纪90年代后，美国开始反思金融体系的风险性，以1992年在联邦储备理事会下成立金融机构监管体系为标志，美国进入金融再监管时期。各国加强金融监管的措施不尽相同，但实行金融监管一元化被越来越多的国家和地区所采用。英国1997年成立金融服务管理局（Securities and Investment Board,SIB），成为单一的金融监管机构。日本1998年设立金融监督厅，2001年更名为金融厅，独立行使对各金融机构的监管权。韩国1998年成立金融监督委员会（Financial Supervisory Commission, FSC），作为最高金融监督管理机构，实际监管工作由下属的金融监督局执行。澳大利亚1998年成立金融管理局（Australian Prudential Regulation Authority, APRA），成为单一金融监管机构。德国2002年立法授权将金融监管职责集中于财政部直属的联邦金融监管局（Bundesbank and German Financial Supervisory Authority, BaFin）,开启一元化金融监管制度。

法律层面，国际清算银行（Bank for International Settlements,BIS）下属的巴塞尔银行监管委员会（The Basel Committee on Banking Supervision）所发布的金融监管通则是国际上最高水平的规章，对金融监管的内容做了权威阐释。巴塞尔银行监管委员会1988年公布巴塞尔协定（Basel Capital Accord），奠定了国际风险基准资本充足率的基础；2004年修正该协定，发布新巴塞尔资本协定（Basel Ⅱ），除修订“最低资本要求”规范外，又加强“监管审查程序”与“市场纪律”功能，形成三大支柱相辅相成的全方位监管架构。

台湾金融监管体制是20世纪80年代随着金融改革的不断深入而发展起来的。台湾最高金融主管部门原为“财政部”，集中了所有金融监管的行政管理权。1981年将原来下设的“钱币司”改名“金融司”，全面负责银行、信托、保险、票券等行业的监管工作。1991年“金融司”升格为“金融局”，保险业监管工作分出来专设“保险司”。于是台湾“财政部”就下辖三个独立机关：“金融局”、“保险司”、“证券暨期货管理委员会”。三个机关职权划分明确，监管对象分别是银行、保险、证券暨期货市场。此外，在台湾金融监管的外部力量中，还有两个辅助力量，即县市政府和会计师。依据有关法规，县市政府对基层金融机构有管理权，但实际上，县市政府既无人力配置，又无正式权力，仅在追究责任时，有主管官员被连带处分。具体分工方面，对银行与票券业的金融检查，包括各家行库、信托投资公司、信用合作社、农渔会信用部、票券金融公司的业务检查，由“财政部金融局”、“中央银行金融检查处”、“中央存款保险公司”三个单位共同负责。对保险业的金融检查由“保险司”负责。对证券业的金融检查主要由“证券暨期货管理委员会”负责，该会又将检查业务委托台湾证券交易所办理，“财政部金融局”和“中央银行金检处”也参与检查。

改革前台湾金融管理制度属于分业监管与分工检查的模式，行政管理权集中于“财政部”，而金融检查权则分属“财政部”、“中央银行”及“中央存款保险公司”。多头马车式的金融监管制度，造成金融信息漏洞而让不法者有机可乘。尤其在2000年、2001年台湾当局分别通过“银行二法”与“金融六法”，岛内金融业可以跨业经营对当时的金融监管制度形成重要挑战。

首先，金融控股公司的营运并未设置有效的防火墙，可能涉及信息外泄及内线交易问题。“金融控股公司法”采取连结税制，金融控股公司如果借连结税制达到逃避纳税的目的，主管机关难以稽核。如果金融监管迟迟不能一元化，不同监管机关之间权责划分不清，将造成推诿责任及拖延时效。特别是如何落实金融控股公司对于所属银行与其他金融机构的控管，以及强制实施填补资本亏损的责任，财金主管机关并无明确规定，单纯依赖金融业者自律无法有效解决问题。 而随着台湾金融业至海外投资及外国金融业在岛内投资所产生的联合财务报表查及监督等问题,也对台湾金融监管制度提出挑战。

其次，台湾金融监管独立自主性不足，因此金融监管工作常易遭受政治特权干扰。一方面形成金融机构违法超贷、高风险贷款投资等问题，致使逾期放款比率不断上升。另一方面，金融机构配合台湾当局金融护盘政策，缺乏自主性金融监管，干预金融业经营。因此“金融控股公司法”虽允许金融业提高多元化经营的幅度，然而无论金融控股公司或银行以转投资方式经营其他金融业务时，仍然受到相当的行政干预。 尤其金融主管机关行政权力过大，且审核作业缺乏透明化，又频频要求银行配合政策纾困，进行股市护盘或救援问题金融机构，造成银行对于改善银行内部结构及提高经营能力的意愿低落。因此建立独立自主且透明化的金融监管委员会已经迫在眉睫。

最后，为提升台湾金融产业的竞争力，并配合国际金融管理整合的趋势，台湾金融管理机关的整合与推动金检一元化的工作势在必行。“金融监督管理委员会”的功能不仅是独立行使金融监督的责任，更能规划金融产业长期发展的蓝图，维护金融稳定及金融业营运公平，促进经济可持续成长。尤其是随着金融商品创新的加速，金融业之间跨业经营越来越多，金融集团逐渐形成，原有的分业管理模式不能满足社会环境的变化需求，整合金融业监督、管理、检查权力的呼声日益强烈。

台湾当局最后确定在“行政院”下成立“金融监督管理委员会”（简称“金管会”），将“财政部”下属的金融局、保险司、证期会与“中央银行”下属的金融业务检查局以及“中央存款保险公司”检查处等机构合并纳入。2004年7月“金融监督管理委员会”挂牌成立，台湾金融监管自此进入监督、管理、检查一元化时代。

台湾金融监管一元化的涵义，首先是金融检查一元化，包括检查权与处分权的统一；其次是监管机关一元化，银行、证券、保险等金融行业之间的监管权责合并，制定法规、营业许可与撤销、监督、管理与处分等权力都集中于“金管会”；最后是金融管理与货币政策管理的一元化，但货币政策历来是“中央银行”的独有职权，因此这一层面存在争议。无论如何，金融监管一元化赋予台湾“金管会”极大的职权，尤其是检查权与处分权的结合，使其成为一个准司法单位，不但可依法独立行使职权，还在设立金融监管基金之后具有财务上的独立运作能力。“金管会”之外，“中央银行”与“农业委员会农业金融局”也还是台湾金融机构的主管机关，因此在执行面仍存在三个单位之间需要业务联系与协调的现象。“中央银行”掌握货币政策，是金融业务的重要主管机关，负责支付系统与外汇等业务的管理，因而对金融机构涉及有关货币、信用、外汇及支付系统等主管业务范围，要履行专案检查职责。“农业委员会农业金融局”是农业金融的主管机构，负责对农、渔会信用部的检查与处分，分由两个独立的机关执行。

受检机构包括金融控股公司、银行业、证券业、期货业、保险业、电子金融交易业与其它金融服务业的机构。检查行使方式以实地检查为主，再配合报表稽核与业务座谈。在一般检查方面，金融机构的总机构至少两年检查一次；对分支机构，依对总机构最近一次检查结果及其它分析资料，办理抽样检查。检查业务执行方面，由原来的分业检查模式转变为功能性融合检查模式，由分工检查方式转变为权责统一的单一机关检查方式，不再按业别分类管理，而将银行业、证券业、期货业、保险业进行监管合并，同时金融检查与金融处分在同一机关执行，事权明确。台湾金融监管的内容可分为制度、政策与业务方面的监管。制度上主要是指金融行政管理，包括金融机构的设立、合并、分支机构增设与经营范围等；政策上主要指货币政策与金融政策制定，包括资金调节、货币控制、信用分配、优惠措施、利率政策与外汇贸易措施等；业务方面，银行主要是信贷业务，票券公司是票券业务，保险公司是保单销售与理赔业务，证券商为证券承销、经纪业务等。这些金融机构都涉及业务范围的规范与财务运作的健全问题，同时也涉及业务人员的资格与能力。

推出“金融监督管理委员会”的目的，是为顺应国际金融服务业的发展趋势，通过金融监管组织的独立与整合，实践金融监管一元化，加强监管力度，强化金融体质，但“金融监督管理委员会”的挂牌运作后，却发现制度安排上存在诸多问题。首先是组织架构问题。从组织架构看，“金融监督管理委员”还是依照过去的做法，按“行业别”安排组织架构，四个业务局各自独立运作，没有功能性整合。这样的机构整合其效果与原来“财政部”的监管并无太大差异，仍难发挥迅速有效的管理功能。其次是部门协调问题。比如，各种票券涉及复杂的税务问题，成立“金融监督管理委员会”前，金融与税务均由“财政部”掌管，一旦发生票券税务问题，“财政部”可以酌情决断。“金融监督管理委员会”成立后，一旦碰上此类问题，“财政部”会倾向捍卫课税权力，而“金融监督管理委员会”则倾向维护金融业者权力，金融、赋税摩擦程度反而高于“金融监督管理委员会”成立前。再次是人员整合问题。整合过程中可能衍生的人才流失、士气低落、功能重复或组织冲突等问题会降低金融监管的品质。最后是负责官员的任命问题。“金融监督管理委员会主任委员”由台湾当局领导人指定，因随意性和党派色彩过重，可能会削弱该机构的专业性。事实上，这一体制产生的结果的确引发各界强烈质疑。

三、健全存款保险机制

受到金融危机的影响，存款保险在金融安定中所扮演的重要角色也逐渐受到各界重视。为维护金融市场信用秩序与保障所有金融机构存款人利益，保证充实的存款保险资金来源是关键所在。若资金不足，不但影响存款人对存保制度的信心，也将拖延问题金融机构的处理，并大幅增加赔付成本。

通常存款保险基金的主要来源是收取保费，或由各银行以特定方式提列准备金。台湾采收取保费的方式。保费制度的优点包括可累积存保基金、将存保制度的负担分配至各要保机构、鼓励要保机构谨慎经营、维持存保组织的日常营运支出等。在保费制度下，费率的订定将决定存款保险基金是否适足，不但必须满足存保制度的需求，且应在金融机构合理负担范围内。一般而言，可分为固定费率与风险（差别）费率两种制度。有鉴于固定费率制度收费容易，风险费率或差别费率制度则不易制定及执行，因此包括台湾在内的多数国家和地区均采取固定费率制度，台湾存款保险费率约万分之五至六。由于固定费率并未反映各要保机构的风险，即使风险增加保费仍然相同，所以相当于间接诱发要保机构从事高风险业务。此外，由于固定费率实际上是由健全机构为从事高风险业务的不健全机构支付高报酬的部分代价，也就形成不公平竞争现象。

美国自从20世纪80年代末期发生储贷协会危机之后，即改采风险（差别）费率。风险（差别）费率最直接的订价方式是对要保机构收取其对存保组织所生的预期损失。这不仅可以反映各银行间的风险差异，并可收取足够收入以支付存款保险的损失成本。这种订价方式可降低长期以来的扭曲及道德风险的发生，并纠正以低风险机构补贴高风险机构的情形，这也成为台湾改革方向。 除此之外，由各国经验显示，当系统性金融危机发生时，为强化存户信心，避免银行挤兑并维持金融体系安定，政府多采取全额保障的存款保险制度。但全额保障制度将引发道德危险，并导致银行管理不当，况且全额保障所需资金来自全体纳税人，因此实施期间不宜太长。

台湾2002年通过“金融重建基金设置及管理条例”和“存款保险条例部分条文修正”后，通过金融重建基金的运作，使经营不善金融机构的存款及非存款债权可获得全额赔付，但在金融体系回归稳定之后仍转换为限额保障。后来在2008到2009年国际金融危机期间，台湾当局也曾对岛内银行实行全额保障的存款保险制度。

四、顺畅金融重建基金运作

为稳定金融秩序及保护存款人权益，同时为处理逾放款过高的问题，台湾当局积极推动银行合并工作，也主导民间银行业者成立民营资产管理公司

（AMC），用以协助处理银行等金融机构加速转让出售及处理逾期放款资产。为解决基层金融机构的坏账问题，台湾当局加速成立公营的金融重建信托公司或称资产再生公司（RTC），对不具清偿能力的“农渔会信用部”及信用合作社的不良债权予以清理。

为让经营不善的金融机构顺利退出市场，强化岛内金融监管制度，为金融业提供优质经营环境，台湾当局参考美、日、韩等国以公共资金挹注方式，于2001年6月27日通过“行政院金融重建基金设置及管理条例”（简称“金融重建基金条例”），并于7月9日公布施行。根据该条例，台湾当局设立了总额度达1400亿元台币的“金融重建基金”，作为彻底改造岛内金融体系的资金，2001年8月正式启动，以行政命令形式由大型公股银行强行接管了36家净值为负的基层金融机构。2005年5月31日通过“行政院金融重建基金设置及管理条例修正草案”，并于6月22日公布施行。金融重建基金条例具有整顿金融市场及稳定金融秩序的作用，是台湾金融业有划时代意义的金融改革法令。

金融重建基金条例的主管机关为“行政院金融监督管理委员会”。执行单位是“中央存款保险公司”。决策单位是“金融重建基金管理会”。管理会设置委员9人至13人，召集人与副召集人各1人，分别由主管机关首长及副首长担任，其余派任委员，由“中央银行副总裁”、“行政院农业委员会副主任委员”、“行政院主计处副主计长”、“中央存款保险公司”董事长担任，并依其本职任免；委员分别由具有法律、经济、金融及其它与管理会办理事项相关领域的专业学识及经验者担任。同一党籍的管理会委员不得超过委员总额二分之一。

基金财源包括政府金融营业税收入及金融业者缴纳的存款保险费收入。其中金融营业税收入方面，包括2002年至2010年期间金融营业税税款。存款保险费收入，则为自2002年1月起10年内增加的保费收入。在上述财源未收足前，可由“中央存款保险公司”向金融机构办理特别融资、向其它金融机构垫借或发行金融债券，并以基金财源作为还款来源。

列入金融重建基金处理的经营不善金融机构有三类：经主管机关或农业金融主管机关检查调整后之净值或会计师查核签证之净值为负数；无能力支付其债务；财务状况显著恶化，可能损及存款人权益，或亏损超过资本三分之一，经限期改善而届期未改善，并经主管机关及基金管理会认定无法继续经营。

基金的保存方式有：现金；存放于信用良好的金融机构；购买政府债券、金融债券、银行发行的可转让定期存单；其它经主管机关规定的方式。基金在处理会计及审计事务时，应符合一般公认会计原则及审计准则。

台湾金融重建基金的做法与美日等国家和地区的不同之处在于：美日是在金融机构已发生多起倒闭并产生金融危机后，才由政府编列预算动用公共资金做事后处理；台湾则是在未有多家问题金融机构倒闭前，即先行通过设置金融重建基金，以弥补存保机制无法完全应对系统性风险的不足，并使问题金融机构的处理因有足够的财源而更具效率，避免和减弱金融危机的冲击。

台湾金融重建基金成立当年金融机构逾放比高达8.16%，其中基层金融更高达16.39%，而金融重建基金成立后立即大规模的接管动作，稳定了当时岌岌可危的金融体系，避免了一场可能发生的金融危机。而随着高雄企银的拍卖成功，正式宣告台湾金融机构退场机制正式启动。搭配台湾当局相关措施，降低总体金融机构逾放比取得明显成效。然而因规模不足导致后续未能再实行大规模的接管动作，限制了金融重建基金发挥更大的效能。但即使金融重建基金的规模顺利扩增，也会提高道德危险发生的几率，稍有不慎，金融重建基金会沦为经营不善的金融机构或其负责人的解套工具。因此，提升金融监管效能，加强银行的风险管理，做好信用调查，及时公布基层金融相关信息，明订完善接管机制，仍是未来需要努力的方向。

第三节　金融改革的目标

一、亚太金融中心的提出与发展

“亚太金融中心”是台湾当前金融改革的目标和重点。如果溯其源头，早在20世纪90年代台湾当局就曾提出过这一目标。当时为使岛内经济进一步国际化、自由化，以利台湾在21世纪的亚太经济格局中占有一席之地，并成为亚太经济网络中的重要联结点，台湾当局在1995年1月推出“发展台湾成为亚太营运中心计划”，将台湾未来发展方向规划为六大中心：制造业中心、海运转运中心、空运中心、电信中心、媒体中心和金融中心。其中“亚太金融中心”的目的，一方面是提高岛内金融机构与金融市场的国际竞争力，另一方面着眼于协助建设其它中心，以求更有效地进行资金调度与运用，促进企业的筹资、投资活动，满足民众的理财需求。2000年民进党上台后，台湾的“亚太金融中心”计划一度搁置，2008年国民党在台重新执政后又再次将其纳入台湾经济发展目标，且将其视为台湾金融改革的一个重要里程碑。

2008年8月14日，台湾“金管会”通过了“亚太金融中心推动计划”，确定了“亚太资产管理中心”、“亚太筹资中心”、及“亚太金融服务中心”三大目标方向，具体包括短期（57）、中期（115）、长期（45）计划共有217个。三大中心各订定有其衡量指标：“亚太资产管理中心”以金融机构的资产管理总额为目标，期望4年后岛内银行、保险、证券业者的资产管理总额，能从11.6万亿元新台币增加为20.6万亿元新台币，相当于新加坡及香港现行20万亿元新台币的资产管理规模。“亚太筹资中心”的衡量指标则包括：上市上柜的家数及市值总额、企业募集资金的总额、金融机构的放款总额、资产证券化的发行总额等。希望4年后，上市上柜家数能由1,260家变为1,741家，上市上柜公司总市值在全球排名能从第19名进到第16名，岛内金融机构放款总额由18.4万亿元新台币升到23.13万亿元新台币。至于在推动“亚太金融服务中心”方面，希望4年后至少要有3家全球前100大金融机构在台设立营运总部。

二、建设亚太金融中心的条件

理论上讲，金融中心是指具有发达的、多功能的金融市场的城市或地区。它是商品经济高度发展的产物，是在发达的工业生产和商品贸易的基础上形成的。金融中心是经济中心的进一步深化，作为一个城市，经济中心，才能发展成为金融中心。一个城市成为金融中心，具体表现是：银行众多，其它金融机构齐全，款项结算和资金融通方便、及时；票据贴现、股票和债券的发行、转手买卖、信托投资、租赁、信息、保险等业务形式灵活多样。作为现代国际金融中心，除了要具备一般金融中心的条件外，还必须政局稳定，允许外国银行设立机构，有较自由的外汇制度，以及作为国际支付手段的货币条件等比较松散的经济政策。随着国际交往日益频繁，国际金融活动发展迅速，形成许多现代重要的国际金融中心，如纽约、伦敦、法兰克福、东京、香港等。国际金融中心的作用包括：为跨国公司在国际间进行资本调动提供条件，促进了国际资本的周转；调节国际收支，促进国际贸易发展；为经济发展提供资金；促进银行信用的国际化发展；起到债权、债务结算中心的作用。

国际金融中心的形成主要有两种模式。一种是历史上逐渐形成的，一般经过地方中心、全国中心到世界范围的金融中心这三个阶段，如伦敦、纽约等国际金融中心。另一种是利用优越的地理位置和实行优惠政策，在不长时间里形成和发展成为国际金融中心，如香港、新加坡等。由于这些金融中心所在地政局稳定、经济发展较快，在地理位置、金融机构和设施、通讯及服务方面具有不可取代的优势，加上当局根据本地区经济发展战略需要，采取特殊政策加以积极引导，从而较快地使这些地区发展成为国际金融中心。台湾“亚太金融中心计划”的目标属于后者，即发挥自身优势，将台北建设成为以资金运筹为重点的国际性的区域金融中心。具体目标包括：符合国际规范的金融体制，资金进出完全自由化；与国际主要金融市场衔接，加深台北金融市场的国际化程度；配合其他营运中心的发展需要，提供相关金融服务；成为台商海外投资贸易活动的资金调度中心；充分发挥现有票券、债券、股票市场的比较优势；继续推动建立筹款中心；发展成为金融资产管理中心。

作为国际金融中心，一般须具备以下条件：政治、经济环境相对稳定，能切实保证外国资本的利益，提高对外国银行和投资者的吸引力；有宽松的金融环境。实行自由外汇制度或外汇金融管制较松，外汇调拨比较灵活，在存款准备金、税率、利率等方面没有严格的管制，银行监管合乎世界水平，非居民参与金融活动不受歧视；银行机构比较集中，信用制度比较发达，管理制度比较健全，资金供求转移比较便利，拥有高度发达的内部金融市场；拥有较完善的现代化国际通讯设施，地理位置便利，能适应国际金融业务发展的需要；有一支国际金融专业知识水平较高和丰富银行实务经验的专业人员队伍，能提供效率极高的服务。

建设台北成为“亚太金融中心”的构想起源于香港回归，台湾当局判断主权移交会影响香港金融业的发展，所以计划发展台北金融以取代香港在本区域的金融地位。然而经过十几年的发展，与1995年台湾当局推出“亚太金融中心”计划时的条件相比，台北与香港在金融业方面的距离很难说是缩小了，甚至可能是拉大了。香港的金融实力与地位还在继续增强，而台湾“亚太金融中心”的进程却严重滞后。在香港的外资银行超过114家，分行超过1500家，这个庞大而高度发达的业务网络足以保障资本运作顺畅。在世界股票市场排名第10位的香港交易所在全球股市大起大落的震荡中始终保持平稳运作。作为世界七大外汇交易市场之一，香港外汇交易所没有任何外汇管制，香港还是全球最开放的保险业中心之一。为适应全球经济一体化的趋势，香港将原有的联交所、期交所及三家结算公司合并成控股公司，成立了香港交易及结算所有限公司，并将业务逐步向全球延伸。《证券及期货条例》的通过使证券市场环境更加公平、透明，进一步巩固了香港国际金融中心的地位。以集资额计，香港创业板已成为亚洲第二大二板市场。此外，香港证券业的电子化和无纸化已经迅速实行。

1995年台湾推动“亚太金融中心计划”时具有一定的优势条件：由于外贸增长迅速，储蓄急剧积累，民众拥有雄厚金融资产；台湾的GDP及人口规模比香港及新加坡大；拥有充足的外汇储备，具有对外资本输出的能力；台湾制造业规模较大，会带动资金需求；在东亚地区拥有广泛的贸易与投资网络，有条件成为众多跨国企业的区域总部所在地；地理位置适中，与欧洲、日本、中国香港及新加坡外汇市场都能在上班时间立即进行交易。

而目前推动新计划则面临更多不利因素，包括：国际金融危机冲击全球，台湾公股银行民营化等金融改革困难重重，台湾金融业比重仍较低；国际银行网欠缺；国际金融业务人才不足；外资公司进入当地资本市场筹资困难；本地企业赴境外资本市场筹资困难；股票市场内线交易严重；金融交易保密性差。除这些技术性因素外，台湾还在政局稳定性、机构独立性、市场成熟性等方面远远落后于香港等国际金融中心。同时台北还面临上海建设金融中心的挑战。上海有良好的经济大环境和广阔的金融市场，税率、物价、人工都很便宜，作为金融中心的可塑性非常高。在上海成立分支机构的外国金融机构的数目超过了台湾，上海的经济增长速度也远超台湾。上海建造国际机场、摩天大楼、海底隧道、磁悬浮列车，作为金融中心的基础建设已初具规模。美国花旗集团副总裁威廉·罗兹早有预言：上海未来可望与纽约一样发展成为区域金融中心。

在这种形势下，台湾当局对“亚太金融中心”的内涵与目标是否需要调整为建设“具有台湾特色”的区域金融中心是值得思考的问题。无论对金融中心的定位如何，两岸金融开放无疑将成为台湾发展金融中心的必要条件。英国《金融时报》驻台特派员席佳琳认为，“谈到区域或国际金融的时候，就很难去想象，台湾要跟美国、欧洲或亚洲其它的国家合作，可是偏就不理会中国，这好像在金融业行不太通。”麦肯锡台湾区分公司总经理计葵生也认为台湾需要解除两岸金融往来与经济往来的限制：“如果这个不开放、不改变的话，台湾要成为一个金融中心的机会，基本上可以说是零。”①

三、台湾建设亚太金融中心的努力方向

台湾当局曾在2004年9月提出“区域金融服务中心推动方案——金融服务业”的发展规划，目标是将台湾发展成区域金融服务中心，内涵共包括五大策略：

一是健全总体金融环境。整合相关金融服务法令规章及制度，拟定“金融服务业法”、鼓励金融创新；金融商品审查采负面表列方式、扩大金融业规模与竞争力；提升营运效率、加强金融人才培育；提高金融专业水平、建立与国际接轨的金融租税环境；增强国际竞争力、加速金融法规松绑；推动金融自由化、强化风险管理；推动金融纪律及信息透明化等措施。

二是建立区域筹资中心。循序扩大两岸金融业务往来；强化国际金融业务分行扮演区域筹资中心的功能；吸引国际金融保险集团来台经营金融相关业务；发展保险业成为亚洲区域保险集团；强化股票市场、协助国内外企业及机构筹资；扩大债券市场、促进企业融资管道；建立短期利率指标等措施。

三是推动资产管理中心。利用市场丰沛资金发展财富管理业务；有效运用保险及退休资金协助发展台湾经济；研议保险业管理自有基金；扩大证券

① （台）张绍台等，2005，《台湾金融发展史话》，台湾金融研训院，第340–341页。

期货相关事业相互兼营、提升经营及资金运用效率；研议开放境外基金相关业务；研议建立有价证券私募交易平台，提供流通管道；扩大期货经理事业业务范畴，提供对委任人的服务；积极推动退休基金管理相关业务；研议制定“资产管理法”的可行性；研议建立货币市场各种商品的造市者；扩大票券发行市场规模等措施。

四是发展多样化金融服务。发展投资银行业务；推动证券化市场，发展固定收益金融产品，加速发展台湾债券市场；鼓励保险商品发展与创新；推动保险业电子商务；加强营销通路管理；建置“信息交换平台”，简化证券市场交割对账流程，提升结算交割效率；研议建置“股东会委托书平台”，以落实公司治理，保障投资人权益；发展期货商品，提供多元化避险管道；积极扩大换汇市场；研议建立91天期“国库券”利率期货；顺应国际发展趋势，进行结算机构整并及其结算的款项集中通过“中央银行”清算；放宽证券公司与票券公司从事衍生金融商品规定等措施。

五是强化金融市场体质。配合国际规范调整，持续更新银行资本适足管理及信息揭露规定，并强化金控、银行风险管理制度；加速推动金融机构整并；完成金融重建基金条例及存款保险条例修正，透过立即纠正措施加速问题金融机构退出市场，强化金融体系健全稳定；破产法、重整制度现代化；以平衡债务人及债权人权益、增进债权确保、加强投资及授信债券的可预测性；建立保险业退场机制；强化预防保险业清偿危机的预警机制；建置完善的保险数据库；强化专家功能，提升有价证券质量；加强信息质量，提升公开信息观测站运用效率；强化证券商及期货商风险管理制度及资本适足规范；健全债券型基金的发展；研议适度规范附条件交易市场、结构型金融商品的风险控管等措施。

与20世纪90年代初提出的“亚太区域金融中心计划”相比，“区域金融服务中心”同样是以放松管制、开放市场为目标，但侧重点有所不同：1991年的“亚太区域金融中心计划”主要是以开放间接金融为重点，其中包括开放民营银行、民营票券金融公司的设立，是以开放金融机构的设立为目标；而2004年的“台湾区域金融服务中心计划”则是以促进金融机构的合并为目标，期望能够创造出领导性银行，使其市场占有率达到10%以上。此外，直接金融业务也是二次金改的重点，包括资产管理业务、个人退休基金管理业务，扩大保险业成为亚洲区域保险集团，及健全债券型基金的发展等。

依据台湾金管会的主张，台湾需要至少三家领导性银行，主要是因为目前银行市场过度竞争使得市场价格机能混乱。由至少三家市场占有率高的银行来产生价格领导机能，才能有理性的定价机制。另外引进外资持有并经营一家规模较大的金融机构可提升岛内银行的经营管理技能，使台湾的金融技术水准与国际接轨。但实际数据显示，金融市场出现金融服务超额供给的原因，在于企业外移，而致企业金融萎缩。因此如何扩大金融市场规模，使得金融服务的需求增加，以消除超额供给，应是金融政策的思考重点。且从经济福利的观点而言，完全竞争的金融市场对于消费者的福利最大，因为金融服务费用低廉，利率成本下降。此外，台湾的金融机构同构型太高、缺乏创新。虽然因企业金融缩小，各银行朝消费金融方向扩充，但在消费成长有一定限制下，仍不能解决岛内银行的金融服务需求不足的问题。①

因此，台湾建设亚太金融中心的努力方向应包括：第一，开放两岸金融，扩大金融市场规模。松绑两岸金融往来，使台湾的金融机构，包括金融控股公司、银行及证券业能够在大陆设点经营，例如入股大陆的银行，将能使台湾的金融发展出现积极效果。第二，建立区域筹资中心。由于两岸诸多制度上的差异，为适应不同地区的财报会计准则，建立境外股票市场或成立类似香港红筹股的机制势在必行。第三，开放资产管理以及财富管理公司的业务。由于现行资产管理公司仅止于处理银行打销呆账的担保品，因此应扩大其经营基金管理业务，像个人、法人以及企业员工的退休金基金理财，以成为名副其实的资产管理公司。第四，为配合劳退基金新制的实施，以及消除“劳保局”的垄断机制，建立民营的退休基金管理公司。第五，为发展投资银行业务，应放宽商业银行经营投资银行业务，促使商业银行发展为综合性银行。第六，扩大外汇市场规模。扩大经营外汇业务机构，开放外汇指定银行以外的金融机构与外汇经纪公司外汇买卖，以扩大市场参与。

---

① 许振明,《台湾金融改革与金融发展前景》，台“行政院经济建设委员会”委托研究报告，2005年。

第八章　两岸金融交流

第一节　两岸金融交流与合作的发展

两岸金融合作是两岸经济交流与合作持续发展的关键与瓶颈。两岸经济交流规模不断扩大，尤其是台商在大陆投资额的迅猛增长，以及两岸人员往来的不断增多，需要一个合法且有效率的两岸金融制度安排，能够满足两岸资金流动日益频繁且规模不断扩大的需求。然而，相对于两岸贸易与投资的快速增长，两岸金融交流与合作却严重滞后。2008年国民党重新执政后，两岸金融交流与合作迎来新的历史机遇，先后在货币兑换、资本市场开放等领域取得一系列突破，如何加强两岸金融交流与合作、促进两岸经济共同发展、迎对全球金融危机，已经成为当前两岸经济交流与合作中的重点议题。

一、货币往来

（一）两岸通汇

两岸通汇是两岸金融各项业务中最早遇到的问题。1987年，台湾当局开放岛内民众赴大陆探亲，两岸经贸、社会、文教等各种交流活动由此展开，汇款需求也随之出现。台湾当局对两岸通汇采取逐步放宽的做法，使两岸通汇发展呈现阶段性特点。

第一阶段，1987年到1990年，完全地下金融阶段。该时期台湾当局严格禁止两岸金融往来，不允许岛内银行及金融机构受理大陆汇款业务，台湾民众对大陆的汇款业务需要经香港进行，一般是先将款项汇至香港某银行，再由香港红十字会转汇到大陆，费时费力。因此该时期两岸金融往来基本处于“地下”状态。

第二阶段，1990年到2001年，两岸间接通汇阶段。该时期虽仍有大量地下通汇，但已经存在间接通汇的合法渠道。1990年5月，台湾当局批准并委托华南银行与渣打银行合作，经由第三地转汇办理对大陆的间接汇款业务。通汇路线是：华南银行——岛内外资银行——中介地银行——中介地大陆银行——大陆银行，比正常的通汇程序多出3个环节。而且，该渠道汇款仅限私人汇款，商务汇款在该时期仍在禁止之列，未经台湾主管部门批准，岛内任何银行、金融机构不得与人陆金融机构从事业务往来。

1991年起间接通汇范围开始扩大，业务部门由单一银行向多金融机构发展。7月台湾当局通过“现阶段金融机构办理对大陆地区间通汇作业要点”，规定经台湾“中央银行”指定办理外汇业务的银行及邮政储金汇业局办理对大陆地区的个人间接汇款业务；汇款金额依“民间汇出款项结汇办法”办理，即以每人每年汇出300万美元为上限（后调整为500万美元）。8月台湾“交通部”正式通过“邮政机构办理大陆地区间接汇款作业要点”，于8月23日起在台湾12个邮局实施，11月1日起又新增5个邮局开办此业务，以后开办邮局不断增加。其汇款采取电汇和信汇两种方式，币制一律以美元为单位，并由美国花旗银行台北分行、香港分行及香港住友银行担任中间媒介。继华南银行及邮政储金汇业局开办大陆汇款业务后，1991年8月台湾华侨银行和美国信浮银行合办对大陆地区电汇、信汇和票汇业务。此后，世华银行、第一银行、彰化银行、上海银行及台湾银行等相继与外商银行签约，合作开办海峡两岸间接汇款业务。

两岸经贸的快速发展迫使台湾当局正视台商在大陆经营的需求，放宽金融机构的通汇业务，并正式承认两岸金融交流的合法性。1992年 5月，工商银行厦门市分行首先受理厦门的一位台商给台湾彰化县电汇一笔美元，支付进口原料款项，并通过厦门工商银行海外代理行转汇台湾，实现了两岸转汇业务。此后，海峡两岸之间此类间接商业汇款业务日益增多。1993年4月，台湾当局制定“台湾地区与大陆地区金融业务往来许可办法”，规定岛内银行海外分支机构可以与外商银行在大陆的分支机构及大陆银行海外分支机构进行业务往来，以协助大陆台商解决资金调度困难。该“许可办法”首次以法规形式承认了两岸金融交流。同年7月22日，台湾当局又发布“台湾地区金融机构办理大陆地区间接汇款作业准则”，不仅扩大岛内金融机构办理对大陆间接汇出款的范围，并开放岛内金融机构办理大陆间接汇入款业务。1994年8月，台湾当局指定一批岛内银行的海外分行与大陆银行的海外分行在第三地开展直接业务往来，但业务范围限制在收受客户存款、汇兑、签发信用证、信用证通知、进出口押汇相关事宜及代理收付款等。1995年7月20日，台湾当局发布“台湾地区银行办理大陆地区间接进出口外汇业务作业准则”，开放外汇指定银行（DBU）及国际金融业务分行（又称为“境外金融中心”，OBU）可以与大陆银行海外分支机构办理进出口押汇、托收等业务。

第三阶段，2001年至今，局部直接通汇阶段。迫于形势需要，又出于鼓励台商资金回流及掌握台资流向的考虑，台湾当局逐步开放两岸直接通汇。2001年6月，台湾当局修订“台湾地区与大陆地区金融业务往来许可办法”，开放岛内银行OBU与外资银行在大陆的分支机构、大陆银行的海外分支机构直接通汇。同年11月，台湾当局允许岛内银行OBU及海外分支机构直接与大陆银行及其海外分支机构进行直接金融业务往来。开放范围包括：收受存款、办理汇兑、签发信用证、信用证通知、进出口押汇及托收、代理收付款及同业往来等。台湾有10多家银行的OBU获准与大陆银行直接通汇、签署合作或代理协议、交换环球银行金融电讯协会密码（SWIFT CODE），但这些业务到次年7月才正式启动。继OBU之后，2002年台湾当局批准岛内银行的DBU与大陆银行直接通汇。2月15日，台湾当局修正公布“台湾地区银行办理大陆地区进出口外汇业务作业准则”与“台湾地区金融机构办理大陆地区汇款作业准则”，规定DBU与邮汇局可办理对大陆地区直接汇款业务，但汇款项目限于赴大陆商务所需费用、支付大陆地区出版品、广播电视节目制作费用、分摊两岸通信费用以及经主管机关许可办理的直接经贸往来项目等，直接投资汇款则不能通过岛内银行DBU进行。2003年4月，台湾第一银行等20多家岛内银行DBU开始办理两岸直接通汇业务，两岸直接通汇再次取得突破。但是，同年4月30日，台湾当局修正的“外汇收支或交易申报办法”规定，两岸通汇不能使用人民币和新台币，且对外汇使用额度也有限制，即“公司、行号每年累积结购或结售金额不得超过5000万美元；团体、个人不得超过500万美元”。

2007年，为提升OBU与海外分支机构的国际竞争力，台湾当局除了开放办理大陆地区境内交易产生的外币应收账款收买业务，也将授信业务的对象扩大到外商企业在大陆地区的分支机构，以吸引台商与外商利用OBU作为两岸资金调度的中心。但并未开放大陆企业使用台湾地区银行OBU，且对大陆台商的授信上限，仍保持在OBU与海外分支机构资产净额的30%，并由银行自行管理授信风险。

大陆方面，2002年7月中国人民银行正式批准大陆的银行与台湾地区银行开展直接通汇业务。7月11日中国工商银行宣布全面受理公司客户和自然人与台湾地区银行各类结算通汇业务。工商银行经中国人民银行批准与台湾合作金库等22家银行及12家外商银行在台分行交换了结算控制文件，正式建立代理关系，从而开通了大陆商业银行与台湾银行直接通汇的渠道。与此同时，中国银行、中国建设银行、中国农业银行等先后与台湾多家银行签署代理协议，建立直接通汇关系。7月13日，工商银行厦门分行与台湾彰化银行率先完成一笔台商向台湾的直接汇款业务，这是海峡两岸50余年来第一次直接通汇业务。随着大陆大部分商业银行与台资银行建立代理行关系，改变了过去海峡两岸的汇款和贸易结算均采用经第三地银行转汇的间接通汇局面。

局部的两岸直接通汇实现后，两岸汇款总额已从2001年6 月的5.82亿美元，增至2008年2月的167.05亿美元，7年间大幅增长了27倍。对银行业而言，汇款收入也增长了27倍。由于OBU承做直接通汇可享有免受外汇条例限制、存款利息免税、高隐密性等优点，因此自2002年开通以来，台商利用OBU进行直接通汇的金额每年都出现两位数的增长，OBU已经成为台商进行海外与大陆资金调度的重要渠道。截至2007年底，共有31家岛内银行和16家外资银行承做两岸汇款与进出口外汇业务，全年金额为2098亿美元，较上年增长了27%，OBU与海外分支机构办理大陆台商授信的总余额也达到了10.35亿美元。台湾本地银行OBU的竞争实力因两岸直接通汇而大大增强，台湾本地OBU对两岸汇款业务的占有率从2001年的27.95%，大幅增加为2005年的46.47%，而外资银行OBU和业务量占有率则由72.05%降为53.53%。另据台湾“中央银行”统计，两岸直接通汇后，2007年底岛内银行OBU资产已达912.8亿美元，海外资产为576.4亿美元，合计共1489.2亿美元。这对民众而言，大大缩短了海峡两岸之间通汇时间，节省了中间环节的手续费，还可方便台商节税与资金调度。据估计，台湾与大陆大城市的通汇时间可在24小时达到，中等城市也在2–3天达到，较间接通汇节省一半以上的时间。同时每笔通汇手续费节省15–20美元，一年总计节省费用超过5000万美元。

同时也应看到，这种局部直接通汇仍存在很大局限。首先，两岸间的直接通汇限于贸易和非贸易项下，不包括直接投资、有价证券投资或未经许可事项为目的的汇款，非商品与劳务汇款金额仍受相关限制。其次，通过OBU通汇的企业或个人，必须在OBU内设有账户，才能进行两岸直接通汇，岛内其它广大企业及个人则无法通过OBU直接通汇。再次，已经获批的DBU直接通汇的银行仅占台湾岛内银行的50%左右。最后，局部直接通汇只能使用外币，这对台资企业及往来两岸的民众造成了货币兑换损失和结算成本升高的后果。出现以上状况是因为两岸通汇目前还停留在银行之间交换密码的初级阶段，双方尚未互相开立账户、建立同行关系，后端的汇款和清算业务仍须取道外国银行进行。

根据海峡两岸关系协会与海峡交流基金会2008年11月4日签署的协议，两岸直接通邮已在12月15日实施。此后，两岸直接通汇将在2009年2月底开办实施，民众可通过两岸24000多个邮局直接办理汇兑。台湾汇出仍限制每笔3万美金，总额不限；大陆汇至台湾，一般民众一天以1万美金为上限，一年不得超过50万美金。两岸邮政机构办理直接汇兑业务，原本还希望自行操作，不必再由其它银行办理，简化作业流程，也节省手续费。但台湾“中华邮政公司”评估后认为，初期两岸邮政直接汇兑业务量不大，自行操作不符成本，还是沿袭目前做法委托花旗银行经手较划算，所以手续费暂时也无法降低，电汇费用仍为每笔新台币500元，信汇为每笔400元。由于两岸尚未签署金融协议，先起跑的两岸邮政汇兑业务仍采美元计价。但从发展趋势看，两岸通汇将随着两岸直接汇兑业务的增多与人民币币值的走强最终采用人民币计价。

（二）货币兑换

在两岸隔绝的40年间，大陆使用人民币，台湾当局发行和流通新台币，双方互不承认对方的货币，也不存在货币兑换问题。但随着两岸经济交流的开展，货币兑换问题逐渐浮现。

1. 大陆沿海积极推动两岸货币兑换

在大陆，新台币原本不能作为合法的流通手段与有价证券。然而随着两岸民众交往的日益密切，新台币在大陆沿海一些地方得以局部使用与流通，台商之间甚至常以新台币作为支付手段。有鉴于此，1988年中国银行厦门分行、福州分行与马江支行开始开办新台币兑入业务，对新台币的汇率主要是银行内部按美元标准折算。福州马尾港建成后，开设中国银行办事处，正式挂牌新台币汇价，成为合法的贸易结算工具。在此基础上，国家外汇管理局批准中国银行指定分支机构于2004年1月1日开始在福州、泉州、漳州、莆田、厦门等福建沿海5地市办理一定范围的新台币兑出业务。由于不对外挂牌、不公开宣传，兑换价格内部厘定、利率不浮动，此项试点业务远远不能满足两岸投资贸易的汇兑需求。2005年，福建省公布实施《福建省对台湾地区旅游外汇管理暂行办法》，并经中国人民银行批准，同意福建省旅行社在与台湾地区旅行社之间开展业务往来中，可以自行兑换货币与进行人民币结算等业务。台湾地区旅行社和从事对台小额贸易的台湾贸易机构，可以在福建省内各商业银行开立人民币临时存款账户，用于日常团费结算及从事其他合法经营活动；台湾旅行社的人民币收入，可以在境内使用，也可按照规定携出或兑换成可自由兑换货币汇出或兑换成新台币现钞携带出境。

2. 台当局从限制到有限度允许两岸货币兑换

在台湾，当局于1991年承认人民币为有价证券，也即确立了人民币的合法性，但规定不能在台湾岛内流通，也不能作为支付手段，更不能自由兑换。根据当年7月出台的“台湾地区与大陆地区人民关系条例”第38条规定，“大陆地区发行之币券，不得进出入台湾地区。但于进入时自动向海关申报者，准予携出。主管机关于必要时，得订定办法，许可大陆地区发行之币券，进出入台湾地区。”第92条规定，“违反第38条第1项规定，未经申报之币券，由海关没收之。” 在这种情况下，海峡两岸经贸往来主要以美元作为支付与结算手段，但也间接形成人民币与新台币之间的汇率，而且海峡两岸本身货币对外汇率的变动也会对对方汇率的变动或经贸关系产生影响。

2001年两岸加入世贸组织（WTO）后，台湾当局不得不调整两岸经贸政策，开始研究评估人民币在台合法兑换及大陆地区票券及有价证券如何定位的问题。事实上，台湾岛内私下的人民币兑换与使用已逐渐开始。随着大陆经济的迅速发展，人民币逐渐成为强势货币，岛内民众开始私下接受人民币作为其使用与流通的手段，不仅在岛内旅游景点、杂货店、银楼与旅行社等私下使用人民币，而且岛内的非法兑换与交易也很盛行。据报道，海峡两岸之间存在着“地下金融渠道”即所谓的“地下汇款公司”，一般是由台湾母公司将新台币汇到指定账户，然后在大陆台商所在地取得人民币，通过“一手交新台币，一手交人民币”的方式完成通汇，而且经多年运作已形成互信与畅通的渠道。中国人民银行估算目前在大陆流通的新台币约100亿元，台商估算更高达新台币500亿元。由于新台币与人民币直接结汇困难，台商通过正常通道往往要经历“新台币—美元—人民币”两次汇兑，损失好几个百分点，这笔费用每年超过12亿元人民币。

2003年8月，台湾当局开放岛内银行OBU办理以美元交割的人民币无本金交割远期外汇（NDF, Non-deliverable Forwards）与无本金交割汇率期权（NDO, Non-deliverable Option）业务，这是台湾当局首次开设人民币相关业务，适用对象仅限于OBU客户，即境外法人。2004年3月，台湾当局允许岛内民众携带人民币入岛，限额为6000元，但仍不准金融机构进行兑换。5月，台湾当局同意台资银行的香港分行从事人民币业务。年底，台湾当局在金门、马祖地区以“试点定额”方式进行新台币与人民币的小额兑换，仅供大陆游客兑换旅费，台湾民众暂不适用。2005年10月，台湾当局开放金门、马祖地区金融机构试办新台币与人民币兑换业务，凡符合“小三通”入出境规定的金马民众、台湾本岛民众或大陆旅客，均可向在金马地区许可的金融机构，或是委托办理的行业，兑换新台币与人民币，每次以2万元人民币为上限。在兑换人民币业务具体操作上，台湾银行与土地银行的金门与马祖分行的人民币抛补或结算，供应金马地区银行所需人民币现钞的运送任务，都是由香港汇丰及美国银行负责，台湾银行也可将多余的人民币卖回外商银行。截至2007年底，台湾“中央银行”核准办理人民币现钞买卖业务的业者共有4家金融机构下属12个据点；金马金融机构合计买入人民币6612万元，卖出人民币39063万元，分别占其买入及卖出外汇比例的72%和63%。这项业务开通后，马上显现出人民币兑换业务巨大的市场潜力。

3. 两岸货币兑换进程迈出新步伐

在金门、马祖的试点经验基础上，2008年国民党当局开放人民币在本岛的兑换业务。6月12日，台湾“立法院”三读通过“两岸人民关系条例”中的第38条和第92条修正案，为开放人民币兑换提供了“法源”依据。修正后的第38条规定，“大陆地区发行之币券，除其数额在行政院金融监督管理委员会所定的限额以下外，不得进出台湾地区，但其数额逾所定限额部分，旅客应主动向海关申报，并由旅客自行封存于海关，出境时准予携出。”“在签订双边货币清算协定或建立双边货币清算机制后，人民币在台湾地区的管理准用管理外汇条例有关规定。”修正后的第92条规定，双边货币清算协定签订或机制建立前，人民币在台湾地区的管理及货币清算，由台湾“中央银行”会同“金管会”订定办法。若违反规定进行兑换、买卖或其他交易，即可没收之，而金融机构及外币兑换处违反规定，可处新台币30万元以上、150万元以下罚款。

此次开放的具体规定是，人民币兑换每次以2万元人民币（约8.8万元新台币）为限。初期只开放一般个人（大陆人与外国人），身份和兑换用途不限；但公司和法人户不在开放兑换之列。台湾“中央银行”另公布14家金融单位、约1240家分行可供申请兑换人民币业务，另外还有15家百货公司与46家旅馆可购买人民币。14家可从事兑换人民币业务的金融单位包括：台湾银行、合作金库商业银行、台湾土地银行、“中国信托商业银行”、元大商业银行、国泰世华商业银行、兆丰国际商业银行、台湾中小企业银行、彰化商业银行、上海商业储蓄银行、第一商业银行、台北富邦商业银行、华南商业银行以及金门县信用合作社。分属这14家银行的1240家分行可进行人民币兑换业务，各分行是否办理买、卖人民币之双向业务，由各金融机构自行决定。操作上人民币等同外币，每笔结售金额超过等值新台币50万元，就必须申报。

（三）货币清算

台湾当局开放人民币在岛内的双向兑换，使两岸货币兑换的进程又向前迈进一大步。此举不仅有利于扩大两岸金融交流与合作，还对两岸经贸交流和人员往来有重要意义。但同时，台湾当局开放人民币在台双向兑换后，两岸民众的货币需求虽然得到部分满足，但因两岸尚未建立货币清算机制，各银行进口的人民币现钞几乎都靠香港汇丰和美国银行专案进口，货源并不是很充足，不能完全保证人民币供应量。大陆方面目前也存在新台币的抛补与结算机制单一的问题。中国银行是唯一一家获批可以办理新台币兑入和部分兑出业务的大陆银行，主要依靠定期将兑入新台币押送境外卖出的单一渠道，新台币业务的资金筹措、运用渠道较为匮乏。而且中国银行的新台币业务功能单一、网点较少，没有开办设立新台币户、办理新台币存款、国际结算等业务。此外，大陆对新台币的管理与外汇不同，仅将其视为表外记货币，不公开挂牌兑换，价格缺乏弹性，也需寻求改进办法。从通汇角度看，由于人民币和新台币未建立清算机制，后端的汇款及清算作业仍须取道外商银行，借用美元清算。台湾当局已于2008年6月底开放人民币在台双向兑换，至2009年7月底，大陆月均累计卖出人民币3.59亿元，买入人民币3.12亿元。由于台湾银行机构都是通过第三地银行取得人民币现钞，但如果持续推动两岸货币自由兑换，就必须面对两岸货币清算机制问题。在建立两岸货币清算机制之前，可考虑两岸外汇合作机制。截至2009年7月底，大陆外汇储备为2.13万亿美元，台湾为3211亿美元，两岸可考虑建立换汇合作机制或成立外汇基金，当两岸金融出现问题时可以互相帮助，也有利于两岸金融的发展。

二、资本往来

（一）台商融资

随着两岸经贸交流不断发展，大陆不仅是台湾第一大出口市场和第一大贸易伙伴，还是台商的第一大投资地。据台湾方面估算，包括以第三地名义进入大陆的台资，实际台商在大陆投资超过1000亿美元，占台商对外投资总额的60%以上。据大陆方面的不完全统计，截至2007年底，大陆主要银行为大陆台资企业提供融资贷款累计有7000多亿元人民币，涉及台资企业6300多家次。

投资大陆的台商主要有债权融资和股权融资两大类融资渠道。

第一类是债权融资方式，也是台商最主要的融资渠道。债权融资方式包括综合授信，专案开发贷款，自然人担保贷款，抵押、权利质押、抵押加保证，个人委托贷款，无形资产担保贷款，票据贴现融资，金融租赁，典当融资等多种型式。具体资金来源主要有四个渠道：

一是地下金融。早期到大陆投资的台商多为中小企业，其资金多为来自台湾的自有资金。因两岸长时间内无法直接通汇，后来虽然可以局部直接通汇，但很多中小型台资企业不是台资银行OBU支持对象，也不够外资银行贷款审查条件，就只能依靠地下金融度过融资难关。一般对“地下金融活动”的定义是“一切逃避税负与管制的金融活动”，或“非法定金融机构所从事的金融活动”。目前两岸地下金融汇款方式很多，其中多通过银楼、钱庄等地汇款，台商小额汇款手续费单一收费，较一般金融机构便宜，且当日即可收到，对小台商资金调度相当便利。较通行的地下金融程序是：大陆地下钱庄接到客户汇款委托后，先扣除百分之一手续费，再将收到的客户受托款项，汇往台湾或香港地下钱庄。台湾或香港地下钱庄在收到汇款后，再将这笔资金汇入一家在两岸都有生意的企业。该企业抽取手续费后，再通过大陆银行帐户，将资金汇入大陆地下钱庄。

二是外资银行。外资银行融资审查标准高，台资中小企业多因财务不透明难以利用该渠道，台资中大企业经常采用这种解决办法。包括汇丰、花旗、荷兰及渣打银行等外资银行早已在大陆展开布局，汇丰在大陆约20%的业务是以台商为服务对象。大陆实行宏观调控之初，汇丰银行就针对台商提供免受地域限制的整批授信服务，例如台商在大陆的若干家子公司不需个别在大陆进行融资，可藉由在台的母公司一次申请，达成“台湾一次购足、大陆买单提款”的金融服务，颇受台资中大企业欢迎。

三是台资银行OBU（境外金融中心）。台资银行OBU大都以台商为主，大陆台商所占比率不低。2002年台湾当局允许岛内银行OBU及海外分支机构直接与大陆银行及其海外分支机构进行直接金融业务往来后，OBU成为台商寻求的融资渠道之一。但台资银行授信部门对台商融资审查也日趋谨慎严苛。

四是大陆银行。在大陆多是通过大陆亲戚人头办理公司登记，向大陆国有商业银行申请融资。但在大陆实施宏观调控后，该渠道日益困难，而且因为国有商业银行贷款的授信决策并不完全建立在企业资信因素上，扶持地方经济、帮助国营企业脱困、发展重点产业经常是影响授信决策的重要因素，台资中小企业在这些方面处于不利位置。大陆中小企业信用担保体系包括信用担保、互助担保和商业担保等三种具体模式，也难以为台商所用。信用担保，是以政府为主导，设立不以盈利为主要目的具有法人实体资格的独立担保机构（企业法人、事业法人、社团法人），实行市场化公开运作，接受政府机构的监管；互助担保机构是中小企业为缓解自身贷款难而自发组建的担保机构，它以自我出资、自我服务、独立法人、自担风险、不以盈利为主要目的和主要特征；商业担保机构是一般以企业、社会组织为主出资组建，以独立法人、商业化运作、以盈利为目的和同时兼营投资等其他商业业务为特征，从事的中小企业直接担保业务只是其业务之一。一般而言，中小型企业通过投资担保公司的保证，再向银行取得融资，也不失一个可行的融资渠道，但对难以提供担保的项目就会很麻烦。比如，台商在大陆贷款，如果大陆银行要求不动产抵押，即使银行允许台商可提供台湾地区不动产作为担保品，在当前台湾对大陆政策下，连认证都有问题。

为协助大陆台商解决融资难问题，大陆方面早在20世纪90年代初，就曾安排台资企业固定资产专项配套资金，为台资企业解决30多亿元人民币的资金需求。此外，大陆的银行对台资企业的贷款融资一直给予积极的支持。2005年9月7日，国台办与国家开发银行在北京签署《关于支持台湾同胞投资企业发展开发性金融合作协议》，宣布将在5年内对台商释出300亿元人民币开发性贷款，解决台商在大陆融资渠道不足的问题。12月，公布了《台资企业国家开发银行贷款暂行办法》。随后中国农业银行厦门分行与厦门台资企业协会签约，提供厦门台企三年人民币300亿元贷款。2006年7月10日，国台办与华夏银行在北京签署《支持台资企业发展合作协议》，华夏银行承诺未来五年将提供台商人民币200亿元融资额度。随后，华夏银行南京、上海、福州、苏州等分支行代表也分别与12家台资企业代表签署授信协议。根据国台办公布的《国台办与华夏银行共同推动台资企业授信业务操作流程》，华夏银行承诺将在实际操作与审批程序上，优先处理台商贷款申请案件。华夏银行提供的五年200亿元融资额度，主要将用于台资企业大型建设项目的配套流动资金贷款、中小型企业生产过程中的短期资金贷款、扩大再生产过程中的中长期贷款，以及企业与农民到大陆投资的农业贷款项目。与国家开发银行提供台商300亿元人民币的贷款相比，台商普遍认为这次通过比较商业化且有做中小型贷款的华夏银行放款，效果更好，对中小企业台商会有帮助。第一批签约的台商包括高科技业、加工业、服装业，遍及各行各业、有大有小。华夏银行也根据各家业者需求，给予短期或中长期贷款，贷款利率和一般商业银行同一水平。2008年12月初，国台办主任王毅在两岸经贸文化论坛上宣布，工商银行、中国银行、开发银行等大型银行，将会联合提供给台商1300亿元的新增贷款，以协助中小企业渡过本次金融海啸的袭击。

第二类是股权融资方式，具体可分为在大陆股市上市、返台上市及香港股市上市。企业股票上市的最主要目的在筹集资金，供营运使用。至于要在哪里上市，则要看当地金融市场所提供的便利性、自由度与成本高低。从两岸三地的资本市场来看，香港的金融部门最完善，法令与配套及资金自由度都最高，再加上与大陆建立“更紧密经济伙伴关系（CEPA）”，香港资本市场将成为台商筹资的重要渠道。但在香港上市的成本较高，且香港股市没有涨跌幅限制，企业上市的风险较大。从上市成本来看，台湾、大陆股市相较于香港股市较低。从上市基本条件看，大陆股市在资金、营利要求上较台湾、香港为高。若论市场成交金额、周转率与本益比，平均来看台湾股市有一定优势。

一是大陆上市。2001年底大陆允许包括台资企业在内的外资企业在大陆发行A股并上市。2003年浙江国祥制冷股份有限公司在上海证券交易所正式挂牌上市，成为首家在大陆A股上市的台资企业，也使在大陆股市融资成为台商又一重要的融资渠道。然而在大陆上市并不容易，甚至有筹备多年的台商企业临到上市前功亏一篑。为逃避大陆的营业所得税，一些台商过去习惯做两本帐，一旦准备上市，这些过去的“黑资料”都会成为公司为上市难以解决的问题。除了财务不够透明，企业的布局形式也是上市中的问题。很多台资企业在大陆各省都设有分公司，究竟该由哪家分公司代表上市形成极大问题，大陆至今也未有允许控股公司上市的先例。再者，证监会对母公司与旗下子公司之间的交易往来金额占整体营收比重有极严格的限制，不少台商企业都是因为过不了这关而无法上市。等到审查全数通过后，台商还得将合资的公司体制改成股份有限公司。根据证监会的规定，股份有限公司发起人中，半数以上必须是居住在大陆当地的法人，一些拥有绝对多数股权的台商，在这个阶段常会因为不愿释出股权给其他大陆企业而决定中止上市计划。

二是返台上市。台商回台上市的方法主要有五种：其一，借壳上市（柜），利用收购已上市（柜）公司股权，达到上市（柜）目的，例如顶新集团以巨资收购味全，顶新集团间接成为台股上市公司；其二，以台湾母公司直接申请上市（柜），大陆或海外子公司再以独立公司名义在海外上市，例如灿坤公司在台上市后又在深圳B股挂牌上市；其三，发行台湾存托凭证（Taiwan Depository Receipt，简称TDR），已有美德医疗、福雷电、泰金宝、东亚科技与万宇科等五档TDR上市挂牌。但台湾主管机关规定，台商必须在其认可的证交所（不包括香港、深圳与上海等证交所）挂牌，才能申请发行TDR，同时台商发行TDR所募集资金必须全数留在台湾，不得汇出；其四，回台投资控股公司并申请上市，但上市后仍会面对台湾主管机关对投资大陆的限制；其五，回台设立营运总部，并以营运总部申请上市，存在的问题是，营运总部设立标准过高、在台设立营运总部上市后赴大陆投资会受到限制、台湾当局禁止在台募集资金汇往大陆。但由于台湾当局的政策性障碍，台商返台上市并不积极。另外，在回台上市的资格门槛上，不仅提出在台设立营运总部的严格条件，还附加了三类不适合回台上市的台商，排除掉以下三类台商：上市上柜公司的子公司（如宝成投资的裕元）、上市上柜公司股东个人投资（如外传王永庆投资的漳州电厂），及已在海外上市但在台无上市母公司（如国祥制冷）。总的来说，台湾上市门槛高、管理部门查税紧、自身规模不够大、缺乏有关配套措施和限制过多等因素令多数台商无意返台上市。

三是香港上市。台资企业在香港上市有几个好处：第一，香港资本市场很健全，在香港上市的企业透明度最高，对台资企业国际化的帮助很大。第二，香港资金进出大陆或台湾都没有任何限制，尤其在大陆与香港签署CEPA后，香港资金通过香港银行进入大陆更为方便。第三，香港股市规模大，流动性好，企业融资方便。第四，香港股市本益比高，对于上市企业募集资金的帮助很大。另外，香港行政效率也比较突出。香港推动国际化极具成效，不论申请上市条件及程序，或是外汇管制及募资用途的审查及管理，乃至律师、会计师及通路平台等周边条件的配合度，香港都比台湾领先。大陆台商赴香港上市的趋势明显，到2004年6月底，香港上市公司中有台资背景的企业共26家，其中主板18家，创业板8家。香港上市台资企业中市值最高的是宝成集团转投资的裕元工业，市值超过300亿港元；第二名与第三名分别是康师傅控股与冠捷科技，市值分别约为100亿港元与77亿港元。

（二）陆资入台

在台商蜂涌投资大陆的同时，大陆企业赴台投资的项目和金额却微乎其微，几近于零，这种不正常的经济局面主要是台湾当局的限制性政策所致。出于利用大陆资金促进岛内经济发展的需求，以及面对两岸加入WTO的压力，台湾当局进入21世纪后开始考虑如何分行业、分步骤、渐进地放宽大陆企业赴台投资。

台湾当局开放大陆企业赴台投资大体分为以下几个阶段：

第一阶段，达成松绑共识。加入WTO前，台湾当局未雨绸缪，预做开放陆资入岛的讨论和规划。2001年8月，台湾当局召集相关部门与人士召开“经济发展谘询委员会议”，达成“循序开放陆资来台”的共识：“1. 开放陆资来台投资土地及不动产；2. 配合加入WTO，开放陆资来台从事事业投资；3. 逐步开放陆资来台从事证券投资，并以QFII制度对陆资作有效管理。”

第二阶段，开放计划出台。加入WTO后，台湾当局立即出台方向性的相关政策计划以缓解来自各方的压力。2002年1月，台湾“陆委会”宣布分阶段开放大陆企业赴台从事服务业投资清单，并比照WTO其它会员处理。台湾当局以加入WTO承诺清单专案为基础，确定对大陆开放投资范围与项目，一个重要条件是大陆资本持股占1/3以上的外资企业，可赴台投资相关服务业。第一批计划开放的服务业项目为58类，占加入WTO承诺开放项目的一半以上，但多为竞争激烈、利润微薄的行业。

第三阶段，进行政策试探。2002年8月，台湾“内政部”公布“大陆地区人民在台湾地区取得设定或移转不动产物权许可办法”正式开放大陆企业到岛内投资房地产。投资主体为“陆资公司”。按照台湾“两岸人民关系条例”，不管是大陆民众设立的大陆企业，或包括台商在内的外商依大陆法律成立的大陆外资企业，统称“陆资公司”。投资项目主要包括：1. 大陆企业在台业务人员所用住宅、从事工商业活动所需厂房、营业场所或办公室等不动产的取得或转移；2. 开发与经营观光旅馆、观光旅游设施及体育场馆等；3. 住宅及大楼的开发与经营；4. 工业厂房的开发与经营；5. 工业区及工商综合区的开发与经营；6. 其它政策许可的投资专案开发与经营。由于刚刚开放相关政策，还有许多限制性规定：1. 对大陆企业在岛内投资不动产或专案开发实行“总量管制”，即对投资金额与开发面积设置一定标准；2. 投资开发项目不得变更用途，并在投资计划期限内完成；3. 大陆企业或个人在台投资不动产，每次在台停留10天，可延长一次，但一年内总停留时间不得超过一个月。

第四阶段，多年停滞观望。台湾当局出台开放陆资入岛的试探性政策后，由于措施不配套，限制过多，大陆居民在台购置房地产的申请寥寥无几，通过审批的更是只有一件，毫无实际意义。台湾当局也出于政治考虑，迟迟没有实质性动作。2003年台湾“经济部”开始研究“大陆地区人民来台投资许可办法”，台湾“陆委会”也制订了“大陆地区人民来台从事商务活动之规划方向”，但都限于纸上谈兵，从其研拟草案中的诸多限制性规定可见一斑。如“经济部”针对开放大陆企业在台设立分公司或办事处制订的许可办法草案，限定这些分公司仅能经营本业及不动产。其中，大陆企业申请来台设分公司，必须出具大陆授权单位名称，供主管机关参考，且须提拨一笔专门在台使用的资金，以利在台资金周转。

第五阶段，开放曙光再现。2008年“大选”前，陆资入岛问题又被国、民两党候选人提出，台相关政府部门也重新讨论具体操作办法，这让人们重新看到开放的曙光。“陆委会”表示，“开放大陆人士来台投资不动产政策的确要朝向开放方向调整”，为提高效率，倾向不修法，“直接以简化行政程序方式处理”。例如购房者不必交代资金来源，房贷比率也可提高。台湾当局相关部门讨论，开放大陆人士来台购买不动产可向台湾地区银行贷款，并取消现行法规要求大陆人士来台购买不动产需说明资金来源的限制等行政松绑措施。贷款部分，由于当局不再追查资金来源，融资成数比当地低，最高可能不超过五成，自有资金汇入需占一半。目前私募基金也是在台无住所人士，在台并购企业都是向银行借贷，因此金融机构需要有一套无住所人士在台借贷的风险控管机制。只要银行能做好控管，因有不动产抵押品，金管会原则上同意配合政策放行。另外，按照胜选的国民党候选人马英九的主张，未来将开放陆资入岛，吸引台商资金回流。对大陆资金赴台投资不动产与生产事业采取“原则开放、例外限制”的方式，“适度放宽”大陆资金投资岛内股市。开放大陆居民赴台投资，开放陆资赴台投资房产，禁止炒作。同时，将目前“海外基金投资大陆股市超过0.4%要下架”的规定改为“负面表列”，鼓励资金回流台湾。

第六阶段，正式开放陆资。2008年12月底，台湾“经济部”拟定“大陆地区人士来台投资许可办法”草案。2009年4月底第三次“陈江会谈”达成关于大陆企业赴台投资原则性共识后，台湾当局于5月12日通过“大陆地区人民来台投资许可办法”及“大陆地区来台投资设立分公司办事处许可办法”，对陆资企业的定义、投资领域、投资形式做出规定，并于6月底公布，7月1日正式实施。

主要内容如下：一是“陆资企业”认定标准。大陆投资人所投资事业股份或出资额合计超过投资企业股份总数或资本总额三分之一以上者，即认定为“陆资”；大陆企业在第三地区投资的公司股份或出资总额超过30%或对第三地区公司具有控制能力者也视为“陆资”。二是大陆投资主体与出资种类。大陆投资主体包括自然人、法人、团体及其在第三地区投资并具有控股性的公司。大陆企业投资出资种类包括：现金，自用机器设备或原料，专利权、商标权、著作财产权、专门技术或其他智慧财产权，其他经台主管机构认可的投资财产。三是大陆企业投资形态。主要包括在岛内进行独资、合伙（合作与合资）经营，设立分公司与办事处、投资参股台湾企业、收购台湾公司股权等。四是大陆企业投资范围。总计开放的投资产业为192项。（1）制造业计64项，主要包括电子被动元件、家电产品、资通讯、生技制药、运输工具、机械、纺织成衣、橡胶、家具与体育用品等。（2）服务业计117项，主要为运输、旅游观光、食品及日用品批发零售、工商服务等。（3）公共建设计11项，主要为空港与港口设施建设，但不允许大陆企业承包工程。五是设立专门的“防御条款”与“后续查核机制”。（1）禁止大陆企业投资的领域包括：经济上具有独占、寡战或垄断性地位的项目；政治、社会、文化上具有敏感性或影响“国家安全”的项目；对岛内经济发展或金融稳定有不利影响的项目。（2）台主管机关“必要时”可要求大陆企业“限期申报资金来源或其他相关事项”；实际投资额超过8000万新台币的投资项目应在会计年底终了6个月内提供经会计师签证的财务报表与股东名单，供主管机关查备，并赋予台主管机关调查权。（3）限制大陆军方投资或具有军事目的的企业投资。（4）“陆资”企业投资持股比例不得超过50%，并且不得超过台方最大股东，以防止大陆企业掌控投资企业。（5）大陆企业在台投资上市（柜）公司股票若单次或累计投资股份在10%以上者，视为直接投资。六是其他配套措施。放宽大陆民众在台居留期限，有房产者每年最长可停留4个月；个人可以购置自用住宅，但三年内不得出售与转让；有条件贷款与办理融资；企业可购买办公大楼、厂房与员工宿舍等。

对于陆资入台问题，大陆方面则一直是两岸双向投资的积极推动者。胡锦涛总书记2008年12月31日在纪念《告台湾同胞书》发表30周年座谈会上的讲话中就明确提出："鼓励和支持有条件的大陆企业到台湾投资兴业。"2009年5月17日，国家商务部和国台办正式发布《关于大陆企业赴台湾地区投资或设立非企业法人有关事项的通知》，明确了大陆企业赴台投资的办理程序。国台办主任王毅当日还在海峡论坛大会上的讲话中表示：大陆主管部门近期将有序组织电子、通讯、生物医药、海洋运输、公共建设、商贸流通、纺织、机械、汽车制造业等行业的骨干企业赴台投资考察，依据双方确定的优先领域，进行企业洽商与项目对接，推动赴台投资取得实际进展。同时还将鼓励和支持符合条件的大陆机构、企业单独或与台资企业合作，在台湾举办培训会、洽谈会、展览展销会、商务合作等活动。

（三）股市开放

海峡两岸的资本市场萌生后都有一个不断开放的过程，但在两岸政治关系及市场自身发展进程的影响下，双方长期以来都没有向对方开放，这一状态直到近年才有所改变。

大陆资本市场向台湾企业及投资者开放经历了两个阶段，第一阶段从1990年到2003年，是台湾企业上市大陆B股阶段。大陆的两个证券交易所（简称"证交所"）上海证交所与深圳证交所于1990年12月先后营业，但不允许台、港、澳投资者参与。1992年，推出人民币特种股票（B股），在沪、深两市分别以美元和港元计价交易，允许台、港、澳投资者参与，以鼓励境外投资人投资大陆企业，该市场2001年后也对大陆民众开放投资。1993年，厦门灿坤成为第一家在大陆深市B股上市的台湾企业。这个时期有部分台湾投资者参与大陆股票市场的炒作，但总体而言并不成功。

第二阶段从2003年迄今，是台湾企业上市大陆A股阶段。1998年12月，大陆第一部规范证券发行与交易行为的法律《证券法》颁布并于次年7月实施，由此确认了大陆资本市场的法律地位，大陆资本市场日益完善。2001年10月，当时的外经贸部和证监会联合发布《关于上市公司涉及外商投资有关问题的若干意见》，允许合格的台湾企业在大陆证券市场上市。2002年11

月，大陆出台《合格境外机构投资者(QFII)境内证券投资管理暂行办法》，规定境外投资公司、基金公司、保险公司、投资银行等，在等值5000万美元到8亿美元的人民币额度内，可直接投资大陆A股。与此同时，证监会、财政部和国家经贸委联合下发的《关于向外商转让上市公司国有股和法人股有关问题的通知》，允许上市公司台湾投资者转让上市公司国有股和法人股。2003年12月30日，浙江国祥制冷股份有限公司在上海证券交易所正式挂牌上市，成为首家在大陆A股上市的台资企业。截至2008年7月底，大陆沪、深两市有国祥制冷、汉钟精机、晋亿实业、深圳信隆等8家台资企业成功上市。

台湾投资者进入大陆资本市场主要有三种渠道：一是借人头开户方式进入大陆股市，但由于缺乏法律保障，存在一定风险；二是在大陆设立公司，以法人身份直接进入股市操作，但需要有较雄厚的资金，因为注册资金至少需要500万元新台币；三是以间接方式购买大陆境内基金，掌握资金较少或不愿冒股市较大风险的投资者偏好此种方式。台商可以用自己名义开户合法炒作B股，但炒作A股通常是借大陆民众身份证开户。2001年2月大陆开放境内居民买卖B股之前，台商在沪市B股开户数有3700多户，B股对境内居民开放后，台商开户数达到8000至9000户，加上借户买卖A股的台商在内，数量应该不下万人，资金估计高达20—30亿美元。台商炒股资金一般是从台湾以各种名义汇出美元，通过香港、美国等地中转后进入大陆股市。炒股台商对资金中转的安全性要求很高，很少通过地下钱庄通汇。这个时期很多台湾投资者分享了大陆资本市场迅速发展的成果。2006年9月大陆以《合格境外机构投资者（QFII）境内证券投资管理办法》取代原来的《暂行办法》后，台商又成为QFII进入大陆股市的重要渠道。据报导，此前境外资金多半借道香港入境，而现在则借助庞大的台资企业进入大陆市场，首期投资额通常小于台资企业注册资本，空缺部分由境外基金出资，在支付必要的入境成本及支付给台资企业1-2%的费用后，可以合法地进入大陆股市。

台湾证券交易所于1962年正式开业，证券柜台买卖中心于1994年正式成立。从1983年起，台湾当局开始分阶段开放侨资与外资投资岛内资本市场，1990年底开始允许合格境外机构投资者赴台投资，并于2003年取消了QFII投资岛内的各种限制，将实施了12年的QFII许可制度改为“一次登记，永久有效”制度。2006年，台湾当局开放不具专业资格的一般境外法人及自然人（NON-

QFII）直接投资岛内证券，基本实现对外资投资岛内证券的全面开放。

然而，长期以来，台湾当局一直以安全为由严防大陆资金入岛，包括进入台湾资本市场。不但严格禁止大陆资金直接投资台湾股市，只允许含极小比例大陆资金的海外公司赴台投资，且要求QFII须提交不含大陆资金声明，还以各种规定严格限制台湾基金对大陆与港澳股市的投资规模。

2008年国民党重新执政后，台湾当局开始积极筹划松绑两岸资金往来，逐步对大陆开放岛内资本市场，并允许岛内资金涉入大陆股市。6月起推出“调整两岸证券投资方案”等一系列将陆续实施的多项举措：

一是开放大陆资金间接进入台湾股市。规定“外资机构”（含基金与非基金）申请投资台股时，不必出具“不含陆资声明书”，这意味着陆资可以通过基金形式间接投资台湾股市。但依台现行规定，陆资持有单一上市柜公司股权超过10%时，必须做大股东申报；50天内买进单一公司股权超过20%时，要做公开收购；外资买金融股持股超过5%时，应申请大股东“适格性审查”。7月底，台湾通过了“海外企业来台上市松绑及适度开放陆资投资岛内股市方案”，预计将在10月开放大陆合格境内投资者（QDII）投资台湾的股市和期货市场，这被视为台股对大陆资金进行的首次“门户开放”。关于该政策的实施效果，台湾当局估计，在目前未与大陆签订证券监管备忘录（MOU）的状况下，以大陆规定的QDII可投资单一国家或地区占其净值的3%计算，对台股投资最大额度为337亿元新台币（约人民币75亿元），不会对台湾资本市场产生重大影响。

二是放宽台、港资本市场间的资金流动。开放台港ETF（股指基金）相互挂牌，但台湾ETF赴港挂牌须得到主管机关核准。由于岛内已有投资信托公司表示有意愿到香港发行ETF及挂牌，台当局估计开放后半年内，赴港上市交易的规模将有30亿元新台币。股指基金（Exchange Traded Funds，简称ETF）又被称为“指数股票型基金”，是以被动的方式管理、同时又可在交易所挂牌交易的开放式基金。对ETF基金份额，投资者可以像封闭式基金一样在交易所二级市场进行交易，也可以像开放式基金一样申购、赎回。不同的是，它的申购是用一揽子股票换取ETF份额，赎回时也是换回一揽子股票而不是现金。这种交易制度使该类基金存在一二级市场之间的套利机制，可有效防止类似封闭式基金的大幅折价。ETF交易价格取决于它拥有的一揽子股票的价值，即“单位基金资产净值”。

三是允许部分香港上市企业在台筹资。开放香港交易所挂牌企业赴台第二上市（或上柜）及发行TDR（台湾存托凭证），但排除在大陆注册登记及陆资直接或间接持股超过20%或有主要影响力的外资企业。加上香港，目前台当局共核定了19家证券市场，在这些市场中，上市满6个月的企业就可申请赴台第二上市（柜）及发行TDR。存托凭证（Depository Receipts，简称DR）：又称“存券收据”或“存股证”，是在证券市场流通的代表境外公司有价证券（一般代表公司股票或债券）的可转让凭证。TDR即为台湾存托凭证，是面向台湾投资者发行并在台湾证券市场交易的存托凭证。以股票为例，台湾存托凭证是这样产生的：境外上市公司为使其股票在台湾流通，就将一定数额的股票委托某一中间机构（通常为一银行，称为“保管银行”或“受托银行”）保管，由保管银行通知境外的存托银行在当地发行代表该股份的存托凭证，之后台湾存托凭证便开始在台湾证券交易所或柜台市场交易。对投资者而言，存托凭证是由存托银行签发的一种可转让股票凭证，证明一定数额的境外某公司股票已寄存在该银行在境外的保管机构。

四是放宽基金投资大陆与港澳股市。将投资大陆股市的基金岛外投资上限由原来的0.4%放宽到10%，将投资标的为港澳H股与红筹股的基金投资限制完全取消。

五是放宽岛内券商投资大陆证券期货业。将岛内券商投资大陆证券期货业的总金额比例由券商净值的10%调到20%。鉴于大陆证券公司规模越来越大，台当局取消原本限制券商持有大陆证券公司股份总额不得低于该公司已发行股份总额25%的规定。

三、机构往来

不同经济之间的汇兑、融资、结算、投资都涉及到金融机构的互设问题。20世纪90年代，两岸金融往来虽有初步发展，但互相都未向对方开放金融机构的设立。为应对加入世贸组织（WTO），台湾当局自2000年起开始调整岛内金融机构赴大陆投资的政策。2001年两岸先后加入WTO后，大量台湾制造业企业投资大陆，台湾金融服务业也对投资大陆有很高的热情，两岸均出台开放台湾金融机构在大陆设立代表处并开办相关业务的政策，但受制于两岸未签署金融监管备忘录，此后相当长时期内没有实质性进展。

（一）银行机构

2001年6月，台湾“财政部”修正“台湾地区与大陆地区金融业务往来许可办法”，正式开放台湾银行赴大陆设立代表处。2006年11月台湾当局通过“台湾地区与大陆地区人民关系条例第36条条文修正草案”，解除台湾银行业与相关金融机构投资大陆限制，修正条文规定，经“金管会”许可，台湾金融机构可以与大陆地区事业单位直接业务往来；台湾银行业与金融机构投资大陆，不受第35条规定限制；相关施行细则由“金管会”订定。

2001年中国大陆加入WTO时，承诺在金融领域对外开放，对台湾金融机构基本上比照外资金融机构依法对其进行管理。外资银行到中国大陆投资的条件是，在提出申请的前一年，总资产必须超过200亿美元；并且只有在中国设立办事处3年以后，才可以将办事处升格为分行；入世后外汇业务取消地域及客户限制；入世后每年增加一定数量城市向外资银行开放人民币业务，5年后对外资银行办理人民币业务不再有地域限制；入世2年内外资银行可以对国内公司开展人民币业务，5年内外资银行可以对国内个人客户开展人民币业务。同时，外资金融机构进入大陆受到2002年2月1日起实施的《中华人民共和国外资金融机构管理条例》的规范。

大陆迄今共批准8家台资银行在大陆设立办事处，2家台商合资银行，15家台资证券公司在大陆设立25个办事处，11家保险公司在大陆设立了15家办事处、1家台湾保险经纪人公司与4家保险合资公司。台湾当局长期以来对大陆金融机构进入岛内态度谨慎，一直未批准已获中国人民银行批准的浦东发展银行、工商银行香港子公司（工行亚银）、福建兴业银行与深圳招商银行等4家银行提出赴台设立办事处的申请。

台湾地区银行若在大陆设分行，可直接以台湾母行信用评等来调度资金，在资金成本上较易与大陆地区银行或外资银行竞争，不过，目前彰化银行、国泰世华银行、土地银行、第一商业银行、合作金库银行、“中国信托商业银行”、华南银行等 7 家已在大陆设办事处的台资银行，均因自身原因或两岸未签署金融监管协议而未能将办事处升格为分行。除这种途径外，台湾银行业在大陆经营还有两种选择方式：间接参股与直接参股。直接参股比间接参股有更高的经营主导权，但台湾现阶段两岸金融政策只开放可以间接参股大陆银行，富邦香港银行（富邦金控的香港子银行）参股大陆厦门商业银行率先走通间接参股大陆银行的方式，开放直接参股成了台湾业者的下一个希望。台湾符合大陆要求资产超过100亿美元的银行多达21家，一旦政策放行，中大型上市银行及金控几乎全都有资格参与。

（二）证券机构

2000年9月，台湾“财政部”修正“台湾地区与大陆地区证券及期货业务往来许可办法”，正式开放台湾证券业赴大陆设立办事处。2004年，台湾当局“陆委会”通过决议，开放净值70亿元新台币以上的证券商赴大陆开设子公司。2005年2月，经修正的“两岸证券期货业务往来许可办法及证券商管理规则”生效，意味着多年来架设在当地券商与大陆间的樊篱被拆除，赴大陆投资名正言顺。3月，台湾“经济部”修正“在大陆地区从事投资或技术合作服务业经营项目”，将证券业由“禁止赴大陆投资类”改列“一般类”。

大陆规定，入世时中外合资基金公司外资持股比例不超过33%，3年内不超过49%；3年内允许外资证券公司设立合营公司，外资持股比例不超过1/3，合资的证券公司可从事承销A股，承销与交易B股、H股、政府债券与公司债券，以及基金的发起与管理。由于不允许外资证券公司在大陆设立独资公司，所以外资进入证券领域受到2002年7月1日起生效的《中华人民共和国外资参股证券公司设立规则》的规范。

台湾证券商自上世纪90年代就开始积极在大陆布局，迄今已有15家台资证券公司在大陆设立25个办事处。主要证券商布局情况如下：

元大证券。规模与绩效均为岛内龙头券商，2009年岛内证券经纪业务市场占有率为12%，融资融券业务市场占有率为20%，遥遥领先于其它券商。1994年在香港成立元大京华香港分公司，初期以服务台商为目标，积极拓展业务网络，并积极与世界知名证券集团合作发展国际业务，积极为进军大陆做准备。在上海、北京设有代表处。

群益证券。曾为岛内第二大券商，获多家国际知名金融专业杂志连续评选为台湾“最佳证券公司”，并被选为岛内“证券公司第一品牌”。1993年成立香港子公司，1997年成立群益国际控股有限公司上海代表处，成为台湾第一家获准在大陆设代表处的券商。

宝来证券。2008年岛内第二大券商。在香港设有分公司和子公司，在上海设代表处，与道富环球资产管理公司进行大中华区域的策略联盟。

富邦证券。2008年岛内第三大券商。在香港设有子公司，结合港基银行、台北富邦银行香港分行的资源积极拓展香港业务。在上海设代表处，并与上海银河证券进行策略联盟。

中信（凯基）证券。2008年岛内第四大券商。1994年成立凯基金融亚洲有限公司，转投资香港凯基证券并于1997年开业。1999年收购海裕证券与海裕期货，年底凯基金融亚洲有限公司取得香港主板及创业板的承销业务执照，业务延伸至两岸三地。在北京设有代表处。

元富证券。2007年岛内第四大券商。是大中华区少数有香港H股、大陆B股证券与投资业务的全功能台资证券商。在香港设立子公司，在上海设有代表处和上海元富投资顾问公司。在深圳设有代表处，与大陆南方证券进行策略联盟。

其它如兆丰、大华、台证、日盛、统一、永丰金、金鼎等证券商均在上海及大陆其它城市设有代表处。

（三）保险机构

2000年底，台湾当局开放台湾保险业赴大陆设立办事处。2002年8月，台湾“经济部”修正“在大陆地区从事投资或技术合作服务业经营项目”，正式开放台湾保险业赴大陆设立分公司或子公司。2003年10月，台湾“立法院”对“两岸关系条例”进行第8次修正，对于两岸交流放弃先前“原则禁止、例外许可”的规范架构，调整为“原则许可、例外禁止”。

大陆规定，2001年外资非寿险公司可设立办事处，或以51%股份设立合资公司；2年内，可设立独资的子公司。入世时，外资寿险公司可持有50%的股份设立合资公司；入世时，准许与从事高商业风险、再保险及国际海运等业务的外资公司，以不超过持有50%股份的方式设立合资公司，3年内，外资股权可增加至不超过51%。5年内，外资寿险公司可设立独资的子公司。申请之前1年底，除保险经纪人外，其资产总额不得低于50亿美元。保险经纪人资产总额不得低于5亿美元；1年内，总资产不得低于4亿美元；2年内，不得低于3亿美元；4年内，不得低于2亿美元。外资保险公司进入大陆受到2002

年2月1日生效的《中华人民共和国外资保险公司管理条例》的规范。

到目前为止，4家在大陆筹建合资公司的台湾保险公司分别是台湾国泰人寿、新光人寿、台湾国泰世纪产物保险及台湾人寿。根据大陆的外资保险业管理条例中所谓的“五三二条款”，即外资保险公司，不论产险或寿险，都要同时符合3个条件才能申请在大陆设立子公司：（1）母公司资产规模至少50亿美元；（2）要在原地区经营保险公司超过30年；（3）要在大陆设立办事处超过2年。台湾最大的产险公司富邦产险资产规模都不到20亿美元，因此台湾保险公司只能以合资模式在大陆经营业务。

表8.1 台湾在大陆投资的金融机构

行业		机构	代表所在地
银行业		彰化银行（2002）	昆山
		世华银行（2002）	上海
		土地银行（2002）	上海
		第一商业银行（2002）	上海
		合作金库银行（2002）	北京
		中国信托商业银行（2002）	北京
		华南银行（2002）	深圳
		协和银行（合资，1995）	宁波
		华一银行（合资，1997）	上海
保险业	寿险业	国泰人寿（与东方航空公司合资）	北京、成都
		台湾人寿（与厦门建发集团合资）	北京
		新光人寿（与海南航空公司合资）	北京、上海
		富邦人寿	北京
		国泰人寿保险有限责任公司（合资）	上海、苏州
	产险业	国泰产险（国泰金控下国泰人寿、产险合资成立）	上海
		富邦产险	北京、上海
		中央产物	广州、上海
		新光产物	苏州
		明台产险	上海
		友联产险	上海

证券业	元大京华证券	北京、上海
	金鼎证券	京、沪、深圳、成都
	元富证券	深圳、上海
	群益证券	上海
	宝来证券	上海、北京、广州
	兆丰证券	深圳、上海、北京
	凯基证券	深圳、上海
	统一证券	上海
	永丰金证券	上海
	富邦证券	上海
	建华证券	上海
	日盛证券	上海
	大华证券	上海
	台证证券	上海
	京华山一	北京

资料来源：参考国台办、海基会、银监会、证监会、保监会网站资料整理。

第二节　两岸金融交流与合作的现状

一、两岸签署金融监督管理备忘录

2009年11月16日，大陆方面银行业监督管理机构代表刘明康、证券及期货监督管理机构代表尚福林和保险监督管理机构代表吴定富分别与台湾方面金融监督管理机构代表陈冲签署了《海峡两岸银行业监督管理合作谅解备忘录》、《海峡两岸证券及期货监督管理合作谅解备忘录》和《海峡两岸保险业监督管理合作谅解备忘录》。两岸银行、证券及期货、保险业监管合作备忘录的顺利签署，标志着两岸金融监管机构将据此建立监管合作机制，为进一步深化两岸金融业交流与合作创造了积极条件，预示着两岸金融合作将进入实质阶段，有利于促进两岸金融业的优势互补和共同发展，有利于进一步优化大陆台资企业的融资环境，在两岸金融合作历程上具有重要意义。

（一）概念与意义

两岸签署的金融监管备忘录也被称为“金融监管MOU”。对于MOU（Memorandum of Understanding），大陆称“谅解备忘录”或“备忘录”，台湾称“了解备忘录”。MOU实质上是记录谈判双方协商结果的文件，其签署意味着双方建立了某种信息交流机制，其内容可涵盖双方金融机构信息交换及保护、平时联系、协助请求、举行会议、市场准入及优惠措施等。MOU交换的信息主要是金融监管信息，不包括个人账户数据。此前台湾已经和34个国家和地区共签署了39项金融MOU。此次两岸签署的金融监管MOU，包括银行业、证券期货业、保险业共 3 项。两岸金融监管MOU没有英文版本，只有中文繁体版本与简体版本。MOU将在双方各自完成相关准备后生效，预计60天。

两岸金融交流与合作起步晚，进展慢，已成两岸经济关系发展的制约与瓶颈。两岸签署金融MOU，代表封闭多年的两岸金融市场即将开放，两岸金融交流与合作取得实质性突破，迈入新阶段，这不仅符合两岸金融机构与民众的期待，也是两岸关系发展至今的必然要求。

一是两岸关系和平发展的需要。胡锦涛总书记的“六点意见”中明确提出“两岸关系和平发展”思想，并指出：“建立具有两岸特色的经济合作机制，以最大限度实现优势互补、互惠互利。”两岸金融合作机制是“具有两岸特色的经济合作机制”中的重要组成部分，通过机制化的合作，台湾金融机构可以充分发挥专业人才、市场经验、金融创新等方面的优势，大陆金融机构则在网络、客户、资本和品牌等方面具有显著优势，双方可以实现优势互补，共同抓住历史机遇，实现互利双赢。两岸金融机构获利的同时，也可以更好地服务和满足两岸经济交流与人员往来的金融需求。

二是两岸经济发展形势的需要。经过30年发展，两岸经济关系中贸易和投资关系得到巨大发展，金融关系却近于停滞，成为三角形中的最短边，制约了经济关系的总体发展。据商务部统计，从1978年到2008年，两岸年贸易额从0.5亿美元增长到1292亿美元，年均增长83倍，远远超过其他区域经济的发展速度。截至2008年底，两岸贸易额累计达8573亿美元，超过澳大利亚的经济规模。大陆累计吸收台湾直接投资477亿美元，如果把经过第三地到大陆的台商投资也算在内，台商在大陆实际投资金额约1000亿美元左右，相当于新西兰的经济规模。然而两岸巨额的贸易和投资都是在两岸金融交流不能正常进行的条件下发生的，这种扭曲的资金流动方式已经到了必须改变的时候。

三是两岸经济发展动力的需要。作为特许行业的金融业开放离不开两岸公权力的互动，两岸经济关系已经发展到需要公权力介入的新阶段。两岸经济30年来的快速发展，基本上是依靠民间自发的市场力量驱动，而自2008年国民党在台重新执政后，由于台湾当局改变了长期以来的消极或抵制的态度，两岸经济关系终于进入民间与官方互动都很热络的新阶段，两岸经济关系发展也转为市场驱动与政策推动并重的“双引擎时代”。1979年以来，大陆对台经贸政策大体经过鼓励贸易、吸引投资、法制保障、全面正常化四个阶段，但态度上始终是不遗余力地推动两岸经济关系的发展；台湾当局的大陆经贸政策经过蒋经国后期“不接触、不鼓励、不干涉 ”的“三不”政策、李登辉前期的“务实、稳健、前瞻”政策、李登辉后期的“戒急用忍”和“南向政策”、陈水扁前期的“积极开放、有效管理”政策及后期的“积极管理、有效开放”政策，基本上都未跳脱消极被动的态度，也不可能通过与大陆进行公权力的互动、从而主动做出推动两岸经济关系发展的政策措施。直到马英九上台后，将其大陆经贸政策由“鸟笼政策”改为“活水政策”，台湾当局对两岸经济关系的态度才转趋积极，两岸才有可能通过公权力的互动与协商发挥政策对发展两岸经济关系的引导作用，而不是只能做操之在我的部分。金融业的高监管特点决定两岸金融合作的制度安排是两岸公权力互动的首要经济议题。

四是台湾金融产业发展的需要。台湾金融机构过多导致生存环境恶化，由于岛内金融市场不足，金融业者普遍面临“不缺钱，缺投资机会”的窘境。截至2009年4月，台湾本地一般银行37家，中小企业银行1家，在台外国银行32家，信用合作社27家，农会信用部264家，渔会信用部25家，境外金融中心63家，产物保险公司21家，人寿保险公司30家。以银行为例，由于数量过多，而存放款市场有限，竞争者同质性过高，金融业务扩张幅度有限，造成岛内银行业竞争白热化，使存放款利差逐渐缩小，利润率降低，而不良资产率上升。加之作为金融机构重要服务对象的岛内制造业企业已大量移至大陆，台湾对外投资中70%以上集中在内地，台湾金融服务业更需要有大陆市场的入场券。

五是大陆台商融资难题的需要。大陆台商融资难的问题存在已久，虽然大陆方面采取专项贷款等多种协助台商融资的措施，但多数中小企业台商仍面临筹资困难的问题。这一方面是因为台湾当局对台商投资大陆的金额设有上限，台商在大陆的子公司无法从台湾母公司获得更多资金，另一方面是台资银行在大陆迟迟无法升格及承作人民币业务，使台商无法从台资银行取得资金。当然，两岸未开放互设金融机构，也造成大陆银行对台商企业的征信不易，且台商在大陆无法使用岛内资产做抵押，大陆银行自然不会为不符合担保标准的台商提供贷款。因此，大陆台商的发展需要两岸金融合作突破瓶颈，以提供更多的筹资渠道，并解决相关的征信问题。

（二）内容与方式

根据最新版“巴塞尔资本协议”，MOU应该包括“信息交换”、“信息保密”、“共同监管”、“事后联系与互访”、“危机处理”5个部分。这次两岸签署的金融MOU，即涵盖这5项内容。信息交换指的是对金融机构进行合并监管所需信息和金融监管法规制度相关信息进行信息交换，但不包括客户账户数据。信息保密是指对于所取得的信息，仅能供监管目的使用，并应予保密。共同监管指的是双方可以对已方金融机构在对方境内的分支机构进行检查。事后联系与互访是指双方可举行会谈，并鼓励进行人员交流互访。危机处理指的是一方金融机构在对方境内的分支机构发生经营困难时，双方应协调共同解决所面临的问题与障碍。

MOU是对两会签署的相关协议的落实。2009年4月26日，海协会、海基会在南京签署《海峡两岸金融合作协议》，建立了两岸金融合作的框架。随后，经过两岸金融监督管理机构的充分协商沟通，双方对签署金融监管合作备忘录涉及的业务性、技术性问题达成一致意见，同意在信息交换、机构设立、危机处理、人员培训和交流等方面开展合作，以确保对互设机构实施有效监管，维护两岸金融市场的稳定发展。MOU的签署只是在两会授权下，由两岸金融主管部门领导签订的操作规范。因此，此次签署MOU采取“专差传递”的方式，即双方均派专人递送MOU正本，16日下午4点半到机场，约定晚间6点同时签署，之后交专差带回。

（三）影响与前景

两岸签署金融监管MOU对台湾的好处包括：其一，对金融监管机构而言，签署MOU让双方监管机关建立了制度性的对话机制，降低金融服务业者的管制成本与政策不确定性，使两岸经贸关系正常化再进一步。台湾金融监管机关也可依MOU约定，取得台金融业在大陆地区的财务业务信息，有效掌握金融业在大陆地区的经营状况。其二，对台湾金融业而言，MOU的签署给予台湾金融服务业更大的发展舞台，银行业将可申设大陆分行、子行、参股，证券业将可参股大陆券商。两岸签MOU后，台湾银行业及证券期货相关事业就可以在大陆投资或设营运据点，在大陆投资的广大台商及经营大陆市场的企业，将因此获得台湾金融服务业的支持。台湾金融机构赴大陆做生意，不仅协助台商解决资金问题，更可刺激岛内金融产业发展，在岛内创造更多就业机会。其三，对金融产品投资人而言，MOU签署后大陆QDII投资台股规模上限将由目前的3%提高至10%，约千亿元新台币，有利于活跃台股，且可让投资机会变多，满足多元化投资需求；保险公司则能迅速提供台湾民众在大陆地区的保险服务；一般民众及厂商也可享受更便捷的两岸汇款、货币兑换及资金融通等服务。此外，未来台湾当局将开放陆资银行在岛内设立分行，届时台湾民众则可以开设人民币存款帐户，方便岛内民众。

两岸签署金融监管MOU对大陆的好处包括：签署MOU原则上意味着陆资银行将可赴台投资，但还需要台当局有配套措施，例如修改相关法规将大陆金融业赴台投资由禁止类改为许可类。台湾立法部门要求，在两岸未签署ECFA并将金融服务业纳入早期收获清单、且两岸金融业还不能同时分别办理人民币及新台币业务之前，台湾金融主管部门不得批准陆资银行在台设立营业据点。MOU从签署到正式生效的60天缓冲期内，台湾金融主管部门将重点做3件事情：整合两岸金融规范、重新设计陆资直接投资台湾金融机构的管辖权、研究松绑陆资赴台投资细节。早在MOU签署前，已表态要赴台设点的陆资银行，共有中国银行、工商银行、招商银行、兴业银行与北京银行 5 家。

MOU与ECFA（两岸经济合作框架协议）密切相关。MOU虽让台湾金融业可以进入大陆市场，但由于大陆金融市场的市场准入门槛较高，台资金融机构并没有优势，因此需要通过市场准入谈判要求大陆给予超外资的优惠待遇，这个谈判需要在ECFA协商中进行，即只有在ECFA早期收获确定给予台资金融机构超WTO待遇后，台湾金融业才具有在大陆市场翱翔的翅膀。包括台湾金融业关心的参股、放宽业务限制等，都将列入ECFA谈判，下一步解决。

两岸金融业合作前景广阔。台资金融机构虽然进入大陆市场较晚，但却独具台商在大陆多年扎根的客户基础，以及ECFA中可望获得的超WTO待遇等有利条件。大陆在企业金融及消费金融业务上，都有台资金融机构可以切入的立足点，规模比台湾大几十倍。且大陆的机会比台湾大，以存放利差为例，岛内利差仅 1 个百分点，大陆利差则高达2.5到3个百分点，利润更高。目前大陆台商的银行贷款依赖陆资银行比重不到30%，主要是因为陆资银行对中小型台商的风险控制及征信不易，而以为中小企业融资见长的台资银行，则可在大陆市场大显身手，并有望成为有意发展台商客户的陆资银行策略结盟首选。双方可循模式包括两岸三地资产相互鉴价、征信平台合作等。陆资银行提供人民币货款来源，台资银行则扮演台商客户及陆资银行的中介桥梁，一方面解决中小台商因缺乏合格资产贷款利息偏高问题，另一方面两岸银行可洽商合理的利润分配，开创新的获利来源。在消费金融方面，除了已定居在大陆的台湾人客户外，发卡超过19亿张的银联卡市场也很有吸引力。后续开放银联卡在台提款、授权台资银行发卡，也能创造全新商机，台资大型发卡行也可藉由与陆资银行合资信用卡公司的方式，直接切入当地信用卡市场，抢得先机。

截至2009年底，台湾已有8家银行在大陆设立办事处，其中7家已达分行申设条件，包括国泰世华、彰化、土地、华南、第一银行、合作金库银行及“中国信托商银”，台北富邦银行则根据CEPA模式，透过子行参股厦门商银。证券业也有15家公司在大陆设立办事处,保险业有4家在大陆开展经营，包括国泰人寿、台湾人寿、新光人寿及国泰产险。事实上，早在MOU签署数月前，岛内大型银行内部即进行相关准备工作，除敲定分行落脚处，还包括分行人员调整、内部作业规章、建置信息系统等。岛内国泰、中信、富邦等3大民营金控的布局策略稍有不同，国泰金控表示将以办事处升格分行为优先考虑，中信金控偏好申设子行，富邦金控则是参股与分行双头并进。总之，两岸金融大交流与大合作的序幕已经拉开，两岸金融市场相互开放的时代已经到来。

二、两岸对外资金融机构的管理规定

在经济全球化、金融自由化的大背景下，2001年两岸先后加入WTO，承诺对金融服务业的法规限制进行松绑。当前，两岸都已度过了WTO允许的过渡期，大陆已履行承诺，在一定程度上开放外资金融机构进入大陆市场；台湾在上个世纪90年代即开始进行金融自由化改革，目前台湾对除中国大陆外其他地区均履行了WTO关于金融服务业的承诺，其金融自由化程度高于大陆。但其对于两岸金融往来单方面的限制明显违背WTO的相关规定，导致两岸金融合作水平严重滞后于经贸关系的发展水平。

（一）大陆方面对于外资金融机构的管理规定

2006年12月，大陆5年的入世缓冲区已经结束，大陆全面执行WTO的承诺，各项涉外金融法规成为规范外资金融机构进入大陆的主要手段。大陆并未专门针对两岸金融交流与合作进行立法，而是把台湾银行、证券、保险等机构视同外资进行规范。

第一，银行业。

1. WTO的主要承诺。（1）所有地域与客户限制将于入世后5年内取消，只根据审慎标准颁发许可证，取消一切现有的限制外国银行所有权、经营及法律形式的非审慎措施，包括有关内部分支机构和许可证的限制；开放金融租赁业务和汽车租赁业务。（2）入世后外汇业务取消地域及客户限制。（3）入世后每年增加一定数量城市向外资银行开放人民币业务，5年后对外资银行办理人民币业务不再有地域限制。入世后2年内外资银行可以对国内公司开展人民币业务，5年内外国银行可以对国内个人客户开展人民币业务。为了履行这些承诺，2001年底，中国人民银行修订颁布了《外资金融机构管理条例》及其实施细则，逐步开放对外资金融机构业务、客户对象和地域限制，为台资银行来大陆拓展业务提供了有利条件。

2. 现行管理办法。2006年12月11日，《中华人民共和国外资银行管理条例》开始施行，《外资金融机构管理条例》同时废止，该条例最突出的特点是解除了外资银行在大陆境内经营人民币业务的地域和客户对象经营限制，取消了任何限制所有权、运营、分支机构和牌照的措施，是经过5年调整期后，大陆开始兑现银行业入世承诺，全面开放内地银行业的一大举措。《条例》第72条规定，“香港特别行政区、澳门特别行政区和台湾地区的金融机构在内地设立的银行机构，比照适用本条例。国务院另有规定的，依照其规定”，为台湾银行机构在大陆的设立于经营业务范围提供了法律依据。

《条例》对外资金融机构的设立和经营人民币业务进行了如下规定：（1）拟设外商独资银行的申请人应具备下列条件：a. 为商业银行；b. 在中华人民共和国境内已经设立代表处2年以上；c. 提出设立申请前1年年末总资产不少于100亿美元；d. 资本充足率符合所在国家或者地区金融监管当局以及国务院银行业监督管理机构的规定。（2）拟设中外合资银行的股东，其中外方股东及中方唯一或者主要股东应当为金融机构，且外方唯一或者主要股东还应当具备下列条件：a. 为商业银行；b. 在中华人民共和国境内已经设立代表处；c. 提出设立申请前1年年末总资产不少于100亿美元；d. 资本充足率符合所在国家或者地区金融监管当局以及国务院银行业监督管理机构的规定。（3）拟设分行的外国银行的，应当具备下列条件：a. 提出设立申请前1年年末总资产不少于200亿美元；b. 资本充足率符合所在国家或者地区金融监管当局以及国务院银行业监督管理机构的规定；c. 初次设立分行的，在中华人民共和国境内已经设立代表处2年以上。（4）对于经营人民币业务，《条例》第34条规定，外资银行营业性机构经营人民币业务的，应当具备下列条件，并经国务院银行业监督管理机构批准：a. 提出申请前在中华人民共和国境内开业3年以上；b. 提出申请前2年连续盈利；c. 国务院银行业监督管理机构规定的其他审慎性条件。

第二，保险业。

1. WTO的主要承诺。（1）入世时，外国非寿险公司可设立办事处，或以51%股份设立合资公司；2年内，可设立独资的子公司。入世时，外国寿险公司可持有50%的股份设立合资公司；入世时，准许与从事高商业风险、再保险及国际海运等业务的外国公司，以不超过持有50%股份的方式设立合资公司，3年内，外资股权可增加至不超过51%。5年内，外资寿险公司可设立独资的子公司。（2）申请之前1年底，除保险经纪人外，其资产总额不得低于50亿美元。保险经纪人资产总额不得低于5亿美元；1年内，总资产不得低于4亿美元；2年内，不得低于3亿美元；4年内不得低于2亿美元。

2. 现行管理办法。我《外资保险公司管理条例》规定，申请设立外资保险公司的外国保险公司，应当具备下列条件：（1）经营保险业务30年以上，并在中国境内已经设立代表机构2年以上；（2）提出设立申请前1年年末总资产不少于50亿美元；（3）所在国家或者地区有关主管当局同意其申请。其中第39条规定“香港特别行政区、澳门特别行政区和台湾地区的保险公司在内地设立和营业的保险公司，比照适用本条例”。

第三，证券业。

1. WTO的主要承诺。（1）入世时，外资代表办事处可成证交所特别会员；（2）入世时，中外合资基金公司外资持股比例不超过33%，3年内不超过49%；（3）3年内，允许外国证券公司设立合营公司，外资持股比例不超过三分之一，合资的证券公司可从事承销A股，承销与交易B股、H股、政府债券与公司债券以及基金的发起与管理。同时不允许外资证券公司在大陆设立独资公司。

2. 现行管理办法。由于目前大陆并不允许外资证券公司在大陆设立独资公司，所以外资进入证券领域受到1999年、2002年出台的《外资证券类机构驻华代表机构管理办法》和《外资参股证券公司设立规则》的规范。具体到台资券商的准入方面，《管理办法》第29条规定，“香港特别行政区、澳门特别行政区和台湾地区的证券类机构及在中国注册的中外合资证券类机构在境内设立代表处，比照适用本条例”，《设立规则》的第26条也做了类似规定。

其中外资参股证券公司的股东应符合条件如下：（1）所在国家具有完善的证券法律和监督管理制度，其证券监管机构已与中国证监会签订证券监督合作谅解备忘录，并保持着有效的监管合作关系；（2）在所在国家或者地区合法成立，至少有一名是具有合法的金融业务经营资格的机构；境外股东自参股之日起3年内不得转让所持有的外资参股证券公司股权；（3）持续经营5年以上，近3年未受到过所在国家或地区证券监管机构和司法机关的重大处罚；（4）近三年各项风险监控指标符合所在国家法律的规定和证券监管机构的要求；具有完善的内部控制制度；（5）具有良好的声誉和经营业绩。

经过近10年的金融服务业开放进程，大陆金融自由化程度已明显提高，根据中国人民银行的统计数据：截至2009年底，共有13个国家和地区的银行在华设立了33家外商独资银行、2家合资银行，有24个国家和地区的银行在华设立了71家分行；上海、深圳证券交易所各有38家和22家境外证券经营机构直接从事B股交易；有15个国家和地区的53家境外保险公司在华设立990余家营业性机构。

（二）台湾方面对于外资金融机构的管理规定

1. WTO的主要承诺

银行业。（1）开放“国外消费”，但非台湾岛内金融业者不得在岛内从事招揽及促销活动，并以该国法律授权或取得执照的机构所提供服务为限。（2）自2000年1月1日起，允许外资银行在台分行得应客户要求，提供关于开设海外存款账户业务及移转资金至此等账户开户相关资料。（3）允许外资投资或设立商业银行、外国银行分行、银行国际金融业务分行、外汇经纪商、信用卡机构、票券金融公司及信托投资公司。

证券业。放宽境外投资者从事如下业务：（1）通过集中交易市场、柜台交易或其它方式，为自己或客户从事期货交易法规范之衍生性商品及可转让证券之交易，除不许跨国提供服务外，其余无限制。（2）参与各种有价证券之发行（短期票券除外），含承销及募集之代理业务，以及提供与该发行相关之服务，证券业务仅包括经纪、承销及自营业务。（3）资产管理（如现金或资产组合管理、各种型态之共同投资管理、退休金管理、保管、存托及信托业务。（4）金融资产（包括有价证券、衍生性商品及其它可流通金融工具）的清算服务。（5）金融信息的提供、传输及处理，以及由其他金融业者提供相关软件。证券投资顾问、中介及其它附属业务，除不许跨国提供服务外，其余无限制。

保险业。（1）直接保险：a. 开放跨国提供海运船舶及航空机体保险，包括其所运载货物及衍生责任，以及国际转运货物。b. 开放个人纯寿险的“国外消费”，但岛外业者不得在岛内进行促销及推广等活动。c. 开放外资投资经营寿险、非寿险业务，但其组织型态限于分公司、子公司、合资或办事处；外国相互保险公司净值达新台币20亿元以上的，才允许赴台设立分公司。（2）开放再保及转再保业务。（3）保险中介服务：a. 开放跨国提供海运船舶及航空机体保险，包括其所运载货物及衍生责任，以及国际转运货物保险中介服务； b. 开放外资设立商业据点从事保险代理人、经纪人、公证人及保险业务员业务（4）开放保险附属服务（核保、理赔及精算等服务）。

2. 对中国大陆的特殊限制

1992年7月，台“立法院”通过“台湾地区与大陆地区人民关系条例”（以下简称“两岸关系条例”），它的出台标志着台湾当局大陆政策系统化、规范化和“法制化”的开始，从此两岸金融往来受到“两岸关系条例”的规范。台当局对两岸金融往来的法规限制有两个方面：一是台当局对台湾金融业赴大陆投资及从事两岸金融往来的规定；二是台当局对大陆金融业赴台湾投资的规定。

（1）对金融业赴大陆投资及从事两岸金融业务往来的法规规定

1993年3月，依照当时“两岸关系条例”第35条的授权，台湾“经济部”正式出台了“在大陆地区从事投资或者技术合作许可办法”。以该“许可办法”为法源，台湾“经济部”制定了“在大陆地区从事投资或技术合作服务业经营项目”，银行业、证券业、保险业赴大陆投资受其制约。同时，台当局对两岸金融领域的业务往来实施严格管制，并分别于1993年4月、1994年9月、1996年10月根据“两岸关系条例”第36条的授权，由台湾“财政部”依次发布了“台湾地区与大陆地区金融业务往来许可办法”、“台湾地区与大陆地区保险业务往来许可办法”、“台湾地区与大陆地区证券及期货业务往来许可办法”。随着两岸经济关系的日益密切及加入WTO后的现实压力，台湾“财政部”在2001年及2002年密集对上述3个“许可办法”进行修订。2003年10月，台湾“立法院”对“两岸关系条例”进行第8次修正，对于两岸交流放弃先前“原则禁止、例外许可”的规范架构，调整为“原则许可、例外禁止”。调整岛内金融机构来大陆的政策。

第一，银行业。2001年6月，正式开放银行来大陆设立代表处。2006年11月台湾当局通过“台湾地区与大陆地区人民关系条例第36条条文修正草案”，解除台湾银行业与相关金融机构投资大陆限制，修正条文规定，经“金管会”许可，台湾金融机构可以与大陆地区事业单位直接业务往来；台湾银行业与金融机构投资大陆，不受前条(第35条)规定限制；相关施行细则由“金管会”订定。

第二，证券业。2000年9月，正式开放台湾证券业来大陆设立办事处。2004年，开放净值70亿元新台币以上的证券商来大陆开设子公司。2005年3月，将证券业由“在大陆地区从事投资或技术合作服务业经营项目”中的

“禁止赴大陆投资类”改列“一般类”。

第三，保险业。2000年底，台湾当局开放保险业来大陆设立办事处。2002年8月，台湾“经济部”修正“在大陆地区从事投资或技术合作服务业经营项目”，正式开放台湾保险业来大陆设立分公司或子公司。

（2）对大陆金融业赴台湾投资的规定

多年来两岸经贸取得了长足发展，但在投资关系方面，基本上是台湾方面的人、物、资金等生产要素单向流入大陆，而大陆资金则无法入岛投资。两岸加入WTO之后，台湾方面虽然没有从根本上改变原有对陆资入岛投资的限制，但进行了一定的调整。2003年10月，台湾“立法院”对“两岸关系条例”进行修订，其中有关两岸投资关系最重要的变动之一，即是参照侨外投资核准制度，适度开放大陆人民、法人、团体、其他机构或其于第三地投资的公司，经许可在台湾从事投资行为。修订后的“两岸关系条例”增设了第73条第1、3款，规定：“大陆地区人民、法人、团体、其他机构或其于第三地投资的公司，非经主管机关许可，不得在台湾地区从事投资行为”，“第一项规定投资人之资格、许可条件、程序、投资之方式、业别项目与限额、投资比率、结汇、审定、转投资、申报事项与程序、申请书格式及其他应遵行事项之办法，由有关主管机关拟定，报请行政院核定”。经过以上调整，在“法律”层面，台湾方面突破了原有“单向性”的两岸投资关系立法模式，开始有条件地允许大陆地区人民、法人、团体、其他机构或陆资公司对台投资。但是，由于台湾行政部门一直未颁布相关的配套“子法”，开放陆资对台投资只是停留在“母法”的宣示层面。2004年6月，台湾当局“陆委会”确立了陆资对台投资的“三不原则”：一、不得超过侨外资来台投资范围；二、不得投资禁止台商赴大陆投资项目；三、不得投资台当局目前正在推动发展的新兴产业。“三不原则”的出台表明，台当局开放陆资对台投资，宣示性意义大于实质性意义，大陆金融机构作为陆资的一部分自然受到台当局上述限制。

三、两岸金融机构合作的互补潜力

台湾金融市场化和对外开放时间比大陆早，在金融创新与管理、人才培养和金融机构内部控制等方面优于大陆，金融机构的整体竞争力较强，但近年来岛内金融机构普遍受到本地市场狭小、服务对象转移等问题的困扰。依托经济的高速发展，大陆金融业发展迅速，市场广阔，两岸金融机构有着巨大的合作空间。两岸金融业的互补、互惠正演化为两岸金融发展的内在动力和需求，

（一）台湾银行业优劣势

台湾银行业在诸多方面与大陆相比存在一定优势：

第一，金融业发展较为完善。金融业整合已经取得一定成果，金融人才、商品、网络连接较为先进，市场开放及法规建立完善，银行财务报表公正透明。

第二，较具国际化视野。因开发时间较早，台湾银行业普遍较具国际化视野，业务上与国际接轨度高，有些甚至已接受外资入股或早已引进欧美金融系统。

第三，以台商客户群为基础。台湾银行业凭借其与台商岛内母公司建立的业务往来关系，充分了解台商运营及信用状况，具有与大陆台商往来的天然优势。同时，岛内银行历经了协助制造业转型的过程，有宝贵实战经验。目前岛内已建立“金融联合征信中心”机制，拥有长期提供台资企业资本金、辅助产业升级的发展和经验，掌握大量台资中小企业的背景信息，是大陆银行及大陆其他外资银行所无法比拟的。

但台湾银行近年来的发展过程中也面临一些问题：

第一，金融机构数量过多、规模偏小、竞争过度。自上世纪90年代起，台湾地区便积极推动金融自由化及国际化，陆续核准新银行成立，金融机构家数迅速增加，金融市场由过去政府管控较多的寡占市场进入完全竞争市场。以本地银行总行为例，据台“金管会”银行局统计，其数目由1993年的41家增加到2001年的53家。在实施金融合并改革后，到2009年本地银行总行数目只减少了28%，仍有37家。本地银行分行数目不减反增，从1993年的1382家增加到2009年的3279家。虽然经过两次金融改革后，银行机构数量有所减少，但整个银行体系还是存在数量多、规模小、同质性高、缺乏创新能力、不具国际竞争力等问题。

第二，运营绩效差。逾放比是指金融机构逾期放款占全体放款的比率，此比率越高代表该金融机构放款品质越差。1997年亚洲金融危机后，台湾银行业受到重创，逾放比快速攀升，2001年甚至达到8.2%。金融改革后虽情况有所好转，但由于台湾银行业务竞争激烈，资金过剩，部分银行为争取客户，不惜降低授信条件，授信品质的管制逐渐放松。

表8.2 台湾金融机构逾放比例

单位：%

时间	总体逾放比例	本地银行	外资银行在台分行	信用合作社	农渔会信用部
1997	4.18	3.71	1.07	6.19	10.68
1998	4.93	4.37	1.65	7.55	13.10
1999	5.67	4.88	3.20	10.54	16.03
2000	6.20	5.34	3.22	12.45	17.90
2001	8.16	7.48	3.53	11.66	19.33
2002	6.84	6.12	2.36	10.34	18.62
2003	5.00	4.33	1.51	6.91	17.57
2004	3.28	2.78	1.03	3.17	14.46
2005	2.19	2.24	0.75	2.09	10.92
2006	2.08	2.13	0.69	1.55	8.13
2007	1.79	1.84	0.74	1.29	6.25
2008	1.52	1.54	1.20	1.24	5.16
2009	1.15	1.57	1.15	1.33	5.17

资料来源：台湾“金管会”银行局。

另外，由于缺乏金融创新，台湾银行仍以传统的存放款利差为主要盈利，中介业务相对滞后，盈利渠道单一使得银行业盈利能力不断下降。从衡量银行微观营运绩效指标的资本报酬率（ROA）和净值报酬率（ROE）来看，台湾本地银行的资本报酬率和净值报酬率一直在低位波动，均远低于国际平均水准，甚至在2002年和2006年均为负值。

表8.3 台湾银行资产报酬率与净值报酬率

单位（新台币亿元，%）

年份	平均资产	平均净值	税前盈余	资产报酬率（ROA）	净值报酬率（ROE）
2000	201020	15614	966	0.48	6.19
2001	212578	15975	576	0.27	3.60
2002	219189	15096	–1046	–0.48	–6.93
2003	229190	14324	505	0.22	3.52
2004	246232	15083	1554	0.63	10.30
2005	259161	17285	787	0.30	4.55
2006	280402	17351	–727	–0.26	–4.19
2007	282489	18135	389	0.14	2.15
2008	295446	18079	344	0.12	1.90
2009	298,652	18,671	839	0.28	4.49

资料来源：台“金管会银行局”。

第三，客户群逐渐萎缩。一方面，基于生产成本及市场的考虑，越来越多的台湾制造商将生产基地向大陆转移，使得台银行服务的客户逐渐减少；另一方面，台湾海岛经济的市场容量有限，上世纪90年代后，由于泡沫经济的破灭及人均收入增长缓慢，台湾民众的消费扩张速度减慢，相应银行业的客户群萎缩。

第四，登陆时间晚，竞争力下降。（1）外资银行的压力。外资金融机构登陆较早，以跨国公司为主要客户群，并与中资银行展开各种合作、人才本土化及金融创新，台湾银行丧失先机；（2）与大陆银行相比逐渐丧失优势。本世纪初，台湾银行各指标尚普遍领先于大陆银行，但由于在大陆的台湾银行机构受台当局限制，迟迟不能升格为分行或成立子公司，随着大陆银行的快速发展，在大陆市场的优势逐渐丧失；（3）大陆台商忠诚度下降，大陆台商因融资需求压力，在台湾银行迟迟无法登陆时，只能与其他银行建立伙伴关系，台资银行先天的优势逐渐消失；（4）人才流失。大批台资银行优秀人才出走，给岛内金融业带来巨大损失。

（二）大陆银行业优劣势

大陆银行的优势在于：第一，整体经济环境有利于银行发展。大陆经济及产业快速增长，部分城市金融发展进步迅速，国际金融机构争相进驻，金融往来需求高，为金融业的发展创造了良好的环境；第二，政府支持力度大。政府积极引进境外投资者，并对银行业改革给予政策支持，有力推动了大陆银行业竞争力的提高；第三，外资银行进入门槛高，对本地银行的发展有一定保护作用；第四，国有商业银行规模庞大，网点众多，深入地方，是其他外资银行所不具备的重要竞争力所在。

但大陆银行也存在一定的问题：第一，金融业发展较为落后。金融发展极不均衡，落差较大，信用文化薄弱、法律基础薄弱；第二，公司治理及风险管控偏弱，呆坏账不明确；第三，网络连接及使用落后，全国金融业务联网仍有待发展，征信系统仍在健全中；第四，大陆台资企业需要金融服务支持，而大陆银行目前缺乏在金融全球化背景下开展各项金融创新业务、防范金融风险和现代商业银行治理理念。

（三）台湾证券业优劣势

台湾证券业起步和发展要早于大陆，在制度、市场运作以及国际化等方面具有优势，经验比大陆丰富，与大陆相比其优势在于：

第一，对外开放时间早，抗风险经验丰富。台湾资本市场发展较早，证券业经历金融风暴以及多次大涨跌，风险掌控能力强。如上世纪80年代中后期，股票市场曾从不足千点上涨至万点，而后又跌回2000点，台股当时面临本币大幅升值、巨额贸易顺差、热钱大量流入等经济大环境，证券业在其中累积了宝贵的风险控制及管理经验。

第二，资本市场完善。证券市场发展时间较久，台湾证券业集中交易市场开设时间长，累积了大量的资金、技术、人才，构建了相对完善的资本市场。

第三，市场结构合理。台湾针对不同的市场有不同的上市标准要求，成立了兴柜股票交易市场，满足不同类型企业募集资金的要求。特别针对在台湾创业不久、风险较高的科技类公司，灵活的上市标准提供了良好的资本筹集渠道。

第四，经营模式灵活。2000年岛内“金融机构合并法”和2001年“金融控股公司法”通过后，台湾相继成立了14家金融控股公司，整合了90多家银行、证券、保险等金融机构，通过兼并收购，构建内部资本市场，实现了资源优势互补和资源整合，提高了资源利用效率。

但台湾证券市场属于浅碟型市场，其发展也面临一定困难。

第一，发展速度趋缓。证券业与股票市场的荣枯息息相关，其获利主要来自经纪、自营、承销等业务。与全球其它股市相比，近年来，台湾股市的上市公司市值与成交值的排名都在下降，分别由2004年的全球第15位和第10位，下降到近年来的第20名左右，2008年台股成交总值甚至低于1998年的水平，发展速度显然偏慢。受股市低迷影响，岛内证券业发展速度也相应趋缓。

第二，市场规模小、竞争激烈。与大陆市场相比，台湾证券市场规模明显偏小，上市资源缺乏，2008年7月，台湾上市公司家数仅为712家，市值总额5850亿美元，与大陆沪深股市相比具有不小差距。近年来，台湾证券商为争取业务纷纷进行企业并购或策略联盟，但由于证券业本身是高度竞争的产业，各证券商所提供商品及服务差异性有限，进入障碍不高，创新又易模仿，多数证券商只能以降低手续费作为削价竞争的手段，不仅压缩了行业利润空间，营运也出现波动。台湾证券商数量近两年呈现负增长，市场分散与拥挤现象显著。

第三，外资证券机构带来巨大压力。目前台湾证券机构在大陆只能设立代表处，从事咨询、联系与市场调查等非经营性活动，两岸证券业合作主要限于客户资源共享和业务经验交流，以及技术援助、培训及咨询顾问等服务。而外资证券公司早已通过QFII或合资方式投资大陆，抢占大陆市场先机。尤其是大陆与香港签订CEPA，放宽香港证券业进入大陆市场，台湾证券公司面临巨大竞争压力。

（四）大陆证券业优劣势

与台湾证券机构相比，大陆的优势主要在于：

第一，市场规模庞大。自1987年第一家券商成立至今，依托经济高速发展，大陆证券业成长迅速。2007年上海证交所的股份市值规模超越了香港，成为日本以外亚洲第一大股票市场，大陆证券市场开始在国际上扮演着举足轻重的角色。据证监会统计，截至2008年底，在大陆上市的企业数为1625家，股票总市值高达121366亿元，总股本为24522亿股，总成交金额为23588亿元，投资开户人数为10450万户。

第二，资金充沛。大陆证券市场庞大的商机吸引了众多投资者的参与。2009年1-11月大陆境内证券市场筹资累计3809.15亿元，沪，深股市股票基金成交总额达483871.72亿元。与此同时市场中介机构和机构投资者不断增加，并吸引了众多外资的关注。

但大陆证券业发展还存在一定差距：

第一，国际化程度较低。大陆券商“走出去”较晚，仅有个别大型券商，如国泰君安、海通、中银国际等在香港营业，多数券商在国际发展经验、业务管理、风险管控等方面存在不足。

第二，上市公司单一、质量参差不齐。大陆证券市场还存在许多结构性的问题，如上市公司仍以国有企业为主体（国有上市公司占90%以上），民营企业较少，上市公司素质参差不齐，公司治理结构也不尽合理。另外，国有股及法人股的流通受限制，金融商品单调，许多衍生性商品尚未开放，投资者保护机制尚不完善，直接金融比率较低。

第三，经营模式落后。大陆券商为分业经营模式，2005年大陆修改《证券法》，放宽证券业、保险业、信托业的相互融合，逐渐转向分业体制下的混业操作。而台湾金融分业经营、混业管理的方式、产品交叉行销的概念均比大陆先进，其金控架构的设立为未来大陆金融产业的发展方向之一。

第四，市场体系不够完善。台湾证券市场由交易所、柜台市场和兴柜市场构成，形成了较为完善、多层次的市场体系；而大陆A股市场则由于股权分置改革和市场政策的限制，导致OTC场外交易机制等创新举措迟迟无法推出，无法形成多层次、满足不同投资者和融资者需求的市场体系。

第五，券商竞争力差。虽然目前大陆证券公司的资本实力和盈利状况已有所提高，但业务竞争力仍然较差。受制于资本市场发展水平，大陆证券公司在市场准入、市场运行以及创新业务种类和规模方面都受到严格的监管限制，其收入高度依赖传统业务。另外，证券公司的整体资本实力仍然偏弱，风险管理技术和风险管理能力还处在发展的初期阶段，对公众的信息披露也有待进一步提高。

（五）台湾保险业优劣势

台湾保险业已经相当成熟，在亚洲市场极具竞争力，其优势在于：

第一，市场成熟度高。保险深度是指一国或者地区全部保费收入占该国或者地区GDP的比例，保险密度是指国或者地区的人均保费收入，这两者是判断一个保险市场发展程度的重要指标。据瑞士再保险公司的统计，2008年大陆的保险深度为3.3%，而台湾为16.2%，居亚洲最高位；保险密度方面，2008年中国大陆平均每个人所交的保险费是105美元，而台湾是2788美元。从统计数据可以看出，台湾的保险深度和保险密度明显高于大陆，台湾的保险市场成熟度高于大陆。

第二，开放程度高。台湾保险业早在上世纪90年代中期就实现了保险市场的对外全面开放，而大陆直到2004年底才实现全面对外开放，滞后台湾10年。台湾保险业在对外开放过程中积累了宝贵经验，经营理念和手段都形成了相对成熟的模式，具有竞争优势。

第三，以台商为特定服务对象。台湾保险业在大陆市场为台商提供保险服务具有优势，首先，品牌优势，台商较熟悉台湾保险公司的品牌和服务，同等条件下会优先选择台湾保险公司的服务；其次，网络优势，台湾保险公司可利用其营业网络为台商提供跨海峡服务，促进资本、货物的流通；第三，服务优势，台湾保险公司充分了解台商对保险服务的要求，其服务更有针对性。

第四，人才优势突出。台湾保险业在过去的几十年中已经培养了一大批保险营销、业务管理、投资理财及保险精算方面的人才。从上世纪90年代开始，许多大陆保险公司聘请台湾保险公司的专家为本地保险业务员授课，或聘请他们担任核保、核赔、计算机、资信、销售体系等方面的主管、顾问等工作，至今台湾保险业人才在大陆仍占据许多保险公司的重要地位。

但同时，台湾保险业发展存在一定局限：

第一，规模小。根据《中华人民共和国外资保险公司管理条例》，台湾保险公司在大陆设立营业性机构需要满足“532”条款，其中要求母公司资产规模至少50亿美元，但台湾最大的财产保险公司富邦财产保险公司的资产规模都不到20亿美元，保险企业规模限制了台保险公司在大陆的进一步发展。

第二，竞争激烈。台湾保险市场趋近饱和，业者竞争激烈，利润微薄，必然要寻找新的生存空间。特别是保险中最重要的寿险，受到近年来台湾人口负增长的影响，以及诸多台商及白领出走成潮，寿险市场不断萎缩。除了保险总量难有新突破外，岛内保险业者还面临业界以外对保险市场的激烈争夺，这使得保险业者的竞争压力更加巨大。

第三，外资保险公司的威胁。在大陆市场，台保险业面临外资保险公司的竞争压力巨大。早在1992年《上海外资保险机构暂行管理办法》公布后，美国友邦保险公司、日本东京海上火灾保险公司等外资保险公司就已经进驻上海开展业务，而台湾保险业受台当局意识形态影响，进入大陆市场步伐迟缓，丧失先机。另外，目前台资保险公司在大陆的业务范围狭窄，目前主要以了解市场行情、兼营少许中介业务为主。

（六）大陆保险业优劣势

大陆保险业的主要优势在于：一方面，经济快速发展，带动保险业成长。2001年加入WTO后，大陆保险市场对外开放，外资合资保险公司大批成立，此后5年中国保险业年平均增长达到35%，远远超过金融业同期15.8%的增长水平。另一方面，内需市场庞大。目前大陆发展市场广阔，投保率较低，保险市场不成熟在另一方面意味着有着巨大的发展空间。

大陆保险业发展与台湾市场相比有许多不足：

第一，产品种类单调。台湾保险产品发展较为全面及均衡，储蓄型及保障型产品兼顾，企业年金险也在逐步发展。而大陆地区仍以传统的储蓄型产品为主，具保障性质的伤害险及医疗险产品仍有较大的发展空间。

第二，销售渠道落后。台湾地区银行保险、电话行销、网络行销，甚至电视购物频道销售保险，均在保险市场占有一席之地。而大陆保险市场现阶段仍以保险营销员及经纪人代理人等传统方式为主。

第三，资金运用渠道缺乏。台湾地区保险业资金运用渠道十分多元化，包括有价证券、放款、项目运用及公共投资、海外投资、保险关联事业等。大陆保险业资金运用渠道除以往的存款、债券及基金以外，也已开放保险业资金投资股票市场，但资金运用范围仍有待逐步放宽。

第三节　两岸金融交流与合作的前景

一、两岸金融一体化的内涵

金融一体化是经济一体化的重要组成部分。WTO框架下的金融一体化主要包含两层含义：一是金融服务业的开放，即金融服务部门互相享有市场准入和国民待遇；二是金融市场的相互开放。

Ballasa（1962）最早分析了金融市场一体化在市场分割状态、资本管制等方面的制度性障碍。Syvester C.W.Eijffinger和Jan Lars.Oxelheim（1990）认为，金融一体化是各国金融环境的依赖关系，这种依赖关系存在着两种状态，一种状态是金融环境的相互依赖，另一种状态是单方面依赖，即这些国家的金融市场只会受到外部影响。Peter.J.Montiel（1994）将金融一体化分为弱式金融一体化与强式金融一体化两种形式。前者是指不存在任何金融资产流动障碍，金融资产具有高度流动性的状态，但它允许不同国家或地区间的金融资产是不完全替代的；后者则意味着不同国家或地区的同种金融资产的价格完全相同并且具有完全的替代性，即不存在任何形式的偏好差异,金融资产的一价定律是成立的。

J.G.Lemmen（2003）提出，完全的金融一体化意味着不存在任何诸如资本控制以及其它法律、管制和机构等方面的壁垒，投资者可以进行自由的投资组合和调整。Baele et all（2004）将金融一体化定义为提供金融工具或服务的市场充分的一体化要求所有的市场参与者都面临同样的市场规则，有同样参与市场的机会，在进行经营活动时一律平等。金融一体化通常具有资本自由流动和一体化的金融服务两个特征。资本的自由流动就要求金融市场开放，但即使实现资本自由流动后，仍然可能还没完全金融一体化，因为金融服务难以达到一体化，金融系统中仍存在许多障碍，如不同的税收系统、差异的公司法、证券法、不同的交易系统、外汇的汇率、国家风险、语言的差异等。David.Dickins（2007）认为，金融一体化主要体现在资本项目在成员国金融市场上自由流动和外国金融机构能够自由经营一国内部的金融市场，金融一体化的主要效果在于提高成员国的经济福利。

朱新蓉（2002）认为，金融一体化可以解释为金融资产收益率在全球均等化的内在机制和实现过程，包括金融机构设置全球一体化、金融交易全球一体化、金融管理全球一体化。金融一体化要求各国放弃一定的经济主权，它是国际化、全球化形式和内容的纵深发展,是更高级的发展阶段，而国际化与全球化的内在机制也是一体化。

元惠萍、陈浪南（2002）认为，金融一体化既指一体化的过程，也指一体化的结果或状态。就过程而言，它包括旨在消除各国地区经济单位之间的差别待遇的种种举措；就状态而言，则表现为各国地区间各种形式的差别待遇的消失。同样，一体化可指实现目的的手段，同时也是最终目的。

张凤超（2005）从地理经济学的角度出发，认为金融一体化是金融地域系统特有的内在规律，它认同了金融地域系统内部金融核心与金融腹地的金融产业成长要求，揭示出金融产业扩散效应所引导的地域带动，并以实现金融地域系统的金融资源效率最大化为最终目标。从金融一体化的理论基础看，其生成机理主要是三种要件综合作用的结果，即金融核心的离心扩散冲动、金融腹地接受辐射的欲望以及金融产业空间梯度。他主张金融一体化是金融产业一体化，是金融中心向金融支点的金融产业辐射①。

杜莉（2006）认为，金融一体化的驱动因素主要来自市场力量、集体行动和公共机构的行动，其优势主要表现在分摊风险、改善资本分配和促进经济增长等方面。欧元区的金融一体化主要由货币市场、债券市场、股票市场和银行业等四个领域的一体化构成，当前欧盟金融市场一体化取得进展但程度不均衡，货币市场实现高度一体化，债券市场依然存在分割现象，银行业一体化发展较为缓慢。

刘建江（2006）认为，金融一体化是指一国地区在金融开放的基础上，其金融活动与世界其它国家或地区相互影响、相互渗透而形成一个联动整体的发展态势。单一国家的金融一体化首先表现在本国积极参与国际金融活动而融入国际金融市场，其次表现为外国金融经济主体参与本国金融活动，促

① 张凤超，《金融一体化理论的建构》，《东北师大学报》，2005 年第 4 期。

使本国金融市场与外国金融市场的进一步融合。金融一体化是一个不断深化的过程，逐步涉及到所有的金融领域，包括各国金融制度与金融监管的国际化与趋同化、金融市场一体化、区域货币一体化等诸多方面，银行业与证券业、保险业业务相互渗透，成为统一的金融服务业主体。金融一体化不仅意味着国内、国外经济主体可以不受任何限制地进行金融资产交易活动，即金融资产具有高度的流动性，而且意味着国内、外金融资产具有高度的替代性。

胡再勇（2007）认为金融一体化主要有三个不同方面的含义：一是在完全金融一体化的不同市场上，同样特点的金融工具的回报率是一样的，即不存在套利机会；二是金融一体化程度越高，则两个市场之间的交易量越大，包括资本流动和金融服务的贸易流动；三是随着金融一体化的进展，货币替代的程度越高，资产以不同货币标价的替代性也越高,或者说汇率和利率更易协调变动，同时货币当局执行独立货币政策的能力逐渐被削弱。

简言之，本文倾向于将金融一体化理解为不同地区间金融产业与金融市场以及货币不断融合以提升整体金融效率的过程。

二、研究文献与实施阶段

两岸金融交流并未随1980年代两岸经济往来的恢复而同步启动，基本上2008年前两岸金融交流与合作进展极为有限且发展缓慢，2008年后虽取得快速进展，但仍处于两岸金融合作的初期阶段，因此相关研究也多围绕两岸金融与合作的前期议题展开，而对两岸金融一体化这种长远规划少有系统全面的论述。

台湾及海外学者主要研究方向包括：两岸金融业合作的机会、前景等方向性研究，如Lee Jih.chu(2007)[①]、薛琦（2002）[②]、简淑绮等(2009)、李纪珠(2006)等；两岸金融合作的模式与策略分析，如许振明（2003）、许振明

① Lee Jih.chu，*The Challenges and Opportunities for Taiwan and China in the Financial Sector after Entry into the WTO*，*Economic Reform And Cross-strait Relations: Taiwan And China in the WTO 2007*，World Scientific.

② 薛琦（2002），《加入 WTO 对两岸金融服务业之挑战与机会》，“加入世贸组织对大陆金融产业的影响”研讨会，财团法人范馨香法学基金会。

（2006）、林建甫、吴孟道（2009）等；两岸银行业、证券业等金融子业合作研究，如李纪珠（2001）、李纪珠（2002）、胡俞越等(2008)[①]、徐志文(2007)[②]、李锡坤(2008)[③]等。主要研究综述如下：

简淑绮、李慧萍(2009)[④]从规模、财务、利润结构、国际化程度等方面对两岸金融业进行比较，进而就台资银行登陆和大陆银行入台发展作SWOT优劣势分析，为两岸签署MOU后金融业合作提供参考建议。

李纪珠(2006) [⑤]对两岸金融业发展历程与现况、两岸金融业合作进展和逐步建立金融合作机制的情况进行系统的梳理、分析并指出，若不展开与大陆的金融合作，台湾不仅会错失发展机会，更面临金融机构无竞争力而产生的金融安定问题。

许振明（2003）[⑥]探讨了如何在两岸经贸往来日益密切的背景下，加强双方金融往来，包括两岸开放银行至大陆设立分行、台商股市筹资、两岸金融监管与金融改革技术合作等，使两岸互蒙其利。

许振明（2006）[⑦]对两岸金融合作提出的建议是尽早建立人民币与台币的兑换机制、建立中小企业台商融资辅导体系和信用担保体系。

林建甫、吴孟道（2009）[⑧]指出，金融海啸的冲击更加深两岸金融合作的必要性，建议从建立两岸外汇合作机制、两岸台商纾困平台、建构中小企业融资体系及中小企业信用保证基金、搭建联合征信信息分享平台、金融人员训练及金融专业证照相互认证等方面推动两岸金融合作。

---

① 胡俞越、黄剑、赵亮 (2008),《海峡两岸期货市场相互开放探讨研究报告》,台湾期货业商业同业公会。

② 徐志文 (2007),《两岸期货市场之比较研究》，台湾政治大学经营管理硕士学程硕士论文。

③ 李锡坤 (2008),《两岸证券合作监管备忘录发展之研究》,台湾政治大学经营管理硕士学程硕士论文。

④ 简淑绮、李慧萍，《签署两岸金融监理备忘录（MOU）对两岸金融业竞合关系之影响》，http://www.mac.gov.tw/public/Attachment/0127945672.pdf。

⑤ 李纪珠 (2006),《1986 年以来两岸金融产业的合作与发展》,《两岸经验 20 年：1986 年以两岸的经贸合作与发展》，高希钧、李诚、林祖嘉主编，台湾天下远见出版社。

⑥ 许振明（2003),《经贸全球化下的两岸金融政策合作之探讨》，厦门大学台湾研究院“台湾经济与两岸经贸关系研讨会”论文。

⑦ 许振明（2006),《从台湾金融发展经验谈两岸金融合作》，2006 两岸经贸论坛研讨会论文。

⑧ 林建甫、吴孟道（2009),《国际金融危机与两岸金融合作》,台湾“财团法人国家政策研究基金会”。

吴孟道（2009）[①]认为，台湾银行业积极进入大陆最重要的原因是抢占中小企业台商客户群体，合库融资平台与富邦异地抵押贷款的模式，启示了两岸应搭建更高层面的合作机制，降低融资风险。

李纪珠（2001）[②]对台湾银行业赴大陆的动机、赴大陆设据点可实行的模式、潜在业务机会，以及可能面临的困难与风险进行深入分析。

李纪珠（2002）[③]借鉴外资银行在大陆的发展经验及客源定位，分析台资银行投资大陆的机会与挑战，以及可能面临的风险。

大陆学者从不同角度对两岸金融交流与合作展开研究，例如巴曙松(2006)、华蓉晖(2008)对两岸金融合作的现状、意义和前景进行了探讨；邓利娟（2002）、邓利娟（2010）、章和杰（2010）、贺瑛（2008）、严谷军(2001)等主要进行两岸金融合作的策略研究，包括可行途径、模式及优劣势分析等；两岸金融法制研究是黄晓晴(2008)、刘冰、刘嘉平（2009）、郑定、柴荣(2005)等学者研究的重点。主要研究成果综述如下：

巴曙松(2006)[④]认为，两岸金融合作明显滞后于贸易往来，台资企业在大陆地区的生产、投资、运营等都缺乏更便捷有效的金融支持，抓住当前有利时机适时推进两岸金融直接、高效、便捷的合作将是对两岸经济都有利的共赢选择。

华蓉晖（2008）[⑤]指出，两岸金融合作的障碍主要是台湾当局对金融领域的开放一直非常谨慎，但大陆金融体制相对滞后和金融法规的不完善，也给两岸金融往来的进一步发展带来一定的负面影响，此外，两岸金融交往还受限于两岸金融的发展水平、金融制度和会计制度不同，金融市场国际化和市场化的进程不一致。两岸应吸取全球金融危机的教训，积极稳妥地构建合作共赢的框架，包括友好的合作监管模式、危机后评级新标准下的创新金融

---

① 吴孟道（2009),《从合库与大陆银行的融资平台看两岸金融合作》，台湾“财团法人国家政策研究基金会”。

② 李纪珠（2001),《台湾银行业赴大陆据点的机会与挑战》，第七届两岸金融学术研讨会论文。

③ 李纪珠（2002),《大陆金融改革及台湾银行业登陆的机会与挑战》，台湾“经建会”委托研究。

④ 巴曙松（2006),《两岸金融合作：现状与前景》，2006 两岸经贸论坛研讨会论文。

⑤ 华蓉晖（2008),《全球金融危机的教训对两岸金融合作的启示》，2008 海峡两岸金融研讨会论文。

工具、统一使用国际银行业会计准则等。

邓利娟（2002）[①]认为，两岸可通过采取更加开放的两岸金融政策、促进台湾银行以多种灵活的模式对大陆投资、采取灵活措施，方便新台币在大陆地区的兑换与流通、开辟厦门为两岸金融合作实验区、尽快建立两岸金融监管当局的交流机制等措施推动两岸金融交流与合作。

邓利娟（2010）[②]对现阶段两岸金融合作的主要障碍与加快两岸金融合作进程的可能途径作了深入分析，提出“ECFA＋早期收获”模式和面向台湾的“金融特区”模式，以福建为主体的海峡西岸经济区可作为这两种模式“先行先试”的区域载体。

章和杰（2010）[③]就两岸金融业发展现状、台湾金融业的竞争力及其赴大陆投资的SWOT战略和发展趋势进行了深入分析。

贺瑛（2008）[④]认为，两岸金融合作遭遇诸如金融制度、会计制度、法律体系、监管体系、清算体系、市场运作等方面的瓶颈，可以通过上海、香港、台北两岸三地的金融中心建设这一载体，从组织架构、体系构建、标准制定、业务合作四方面推进金融共同市场运作。

严谷军[⑤]提出，在WTO的框架下，应积极发挥港澳在两岸金融交往中的中介作用，推动两岸互设金融机构，并加强货币兑换和资本市场方面的合作。

黄晓晴(2008)[⑥]指出，两岸为履行加入WTO承诺，都对金融法律法规进行了相应的修改和扩充，从而使两岸金融交流朝着“准双向准直接”的新方向发展。然而由于台湾单方面设限行为，目前两岸金融业交流还存在诸多阻碍。

刘冰、刘喜平（2009）[⑦]认为，目前两岸金融交往起主导作用的仍是位阶较低的法规和政策，建议完善两岸金融相关法制，设立位阶更高的专门性和专业性兼具的指导法规。

---

① 邓利娟（2002），《两岸入世后金融交流与合作问题的探讨》，《台湾研究集刊》，2002 年第 3 期。
② 邓利娟（2010），《现阶段加快两岸金融合作进程的可能途径》，《台湾研究》，2010 年第 1 期。
③ 章和杰（2010），《台湾金融业赴大陆投资的优劣势分析》，《台湾研究》，2010 年第 1 期。
④ 贺瑛（2008），《两岸金融合作新构想》，2008 海峡两岸金融研讨会。
⑤ 严谷军，《加入 WTO 后发展两岸金融关系的策略研究》，《武汉金融》，2001 年第 4 期。
⑥ 黄晓晴（2008），《入世后两岸金融法律的新发展》，《世界贸易组织动态与研究》，2008 年第 12 期。
⑦ 刘冰、刘喜平（2009），《两岸银行业合作与发展的法律之路》，《两岸法苑》，2009 年第 2 期。

郑定、柴荣(2005)①在回顾台湾当局调整两岸金融往来法律进程的基础上,分析了两岸金融合作的障碍,设计了两岸金融合作的法律制度。

智佳佳（2009）对两岸金融一体化做了较为集中的论述，她将两岸金融一体化划分为5个阶段：一是基础阶段，即两岸金融交流合作实现正常化，两岸把焦点转到服务两岸经贸上来，同时也创造了推动两岸金融一体化合作的必要条件。具体体现为两岸开展金融合作，推动金融机构互设，实现两岸直接通汇，货币兑换和货币结算正常化，为促进两岸贸易、投资提供便利的金融服务。二是初级阶段，即两岸按照关于金融服务贸易的市场准入原则、国民待遇原则、最惠国待遇原则、透明度原则和逐步自由化原则，逐步放宽市场准入限制，互相开放金融市场，促进金融资源的自由流动。这个阶段的金融一体化合作几乎囊括了金融领域所有的营利性业务，逐步体现出金融市场独立于实体经济对两岸经济合作交流的贡献。但由于该阶段措施是在框架下开展的，不具备排他性，因此只能称之为两岸金融一体化的初级阶段。三是发展阶段，即相当于欧洲共同市场状态的金融一体化水平，两岸通过实施多轮谈判，援引“WTO一体化例外”规定，签订两岸金融合作协议或实施一定的政策安排，互相提供排他性的优惠措施待遇，开展两岸金融一体化合作，使资本要素和金融服务自由流动，并形成较大的离岸金融市场。双方的经济合作关系也因此紧密相依，不可分割，经济依存度不断提高，发展到两岸经济金融联系合则两利、分则两伤的程度。四是高级阶段，即两岸金融一体化发展到货币同盟阶段，在经贸互相依存度提高到一定程度的情况下，双方政府签订一定的协议，创立两岸货币合作基金来共同防范国际金融危机的冲击，通过制定汇率波动的指导线等措施建立相对固定的汇率制度，避免两岸贸易投资环境受到汇率波动的影响，并因此推进必要的经济政策协调和经济指标的趋同化。五是最高阶段，即通过两岸交流合作的不断发展和市场经济的自然选择，最终选择了其中一种货币，实现单一货币，并推动建立统一的中央银行，对外实行统一的货币政策。这是两岸金融一体化的最高发展阶段，在某种意义上也与国内外学者所述的“中元”的内涵和实质基本一致。

① 郑定、柴荣,《两岸交往过程中的金融法律问题研究》,《台湾研究集刊》2005年第1期。

本文基本同意上述划分，但认为从两岸金融一体化的战略规划上可以简化为正常化、机制化和共同化三个阶段。

正常化阶段即为前述第一和第二阶段，也就是两岸作为WTO成员，需要实现加入WTO时所作的金融开放承诺。21世纪初，两岸先后加入WTO时各自对WTO成员做出了不同程度的经济开放的承诺。按照WTO规范，该承诺适用于WTO的所有成员，即每个成员均应给予所有其它成员“最惠国待遇（Most Favored Nation, MFN）”（注：WTO文件明确说明该术语包括国家和地区，无主权意涵），不应歧视任何WTO成员。但因特殊的政治背景，两岸在实现金融领域的开放时均未涵盖对方。两岸金融往来正常化首先要向对方实现与其它WTO成员同等待遇的承诺。

机制化阶段即前述第三阶段，两岸通过签署相关协议实现互相给予对方比对其它WTO成员更为开放的政策。截至2009年3月，总共153个WTO成员间共签署并报备了421个RTA，相互提供比当初加入WTO时所承诺的更优惠的关税减让条件，即“超WTO协议（WTO-Plus Agreement）”。两岸商签的两岸经济合作框架协议（ECFA）就是包括金融开放在内的关于相互给予“超WTO协议”条件的协议，根据该协议以及后续补充的相关协议，两岸金融可以互相提供排他性的优惠待遇，促进两岸的资本与金融服务的自由流动。该阶段的内容可以与上阶段的合作内容同时讨论进行。

共同化阶段即前文所述第四和第五阶段。两岸金融市场相互完全开放，金融产业实现要素完全自由流动，相互提供同质的金融服务，货币经由组建货币同盟进而发展出单一货币，同时必然要组建统一的中央银行，实行统一的货币政策。这也是两岸金融一体化的最高目标。

三、总体构想与推动方向

（一）两岸货币一体化

货币一体化是金融一体化的最重要内容之一。货币一体化按合作程度高低可分为区域货币合作、区域货币联盟和货币区三个层次。区域货币合作（regional monetary cooperation）是指有关国家或地区在货币问题上实行协商、协调和共同行动；区域货币联盟（regional monetary union）是指有关国家或地区通过法律文件或协议就倾向金融的某些重大问题进行合作；货币区（currency areas）是货币一体化的高级表现方式，指在区域内实行单一共同货币或几种可无限兑换的货币，其特点是某种货币在成员货币中占主导地位，并作为该区域货币汇率的共同基础，成员货币间名义汇率相对固定，而对外采用联合浮动汇率形式，甚至统一为单一货币。

实践中货币一体化的模式有欧元模式和美元化模式两种。欧元模式是通过协议建立起典型的单一货币。自1970年代布雷顿森林体系瓦解后，欧洲国家改变了与美元的固定汇率制，通过实行联合浮动的欧洲汇率机制（EERM），逐步寻求新的汇率和货币模式。1999年欧洲货币联盟（EMU）正式启动，欧盟15国中的11国率先加入欧元区，欧元诞生，并开始进入流通领域。2002年欧元的现钞和硬币全面流通，完全取代原有各国货币，标志着欧洲货币一体化的完成。美元化模式则是在一些发展中国家美元最终直接取代当地货币并充当区域货币的地位，具体形式包括三种：事实美元化、过程美元化和政策美元化（张宇燕，1999）。前二者实际上是一种民间自发的美元化，即一国居民在其资产中持有相当大比重的美元资产，而政策美元化则是官方美元化，即官方承认的美元替代其主权货币的过程。其最高形式是一国全面放弃本位货币，以美元作为交易、结算、计价及储备货币，如巴拿马等拉美国家；中级形式是本币的发行必须有十足的美元准备，美元与本币固定汇率，如中国香港和阿根廷的货币局制度；初级形式是单一的钉住美元的汇率制度。[①]

欧元模式与美元化模式的区别包括：第一，欧元模式的货币合作程度更深。欧元已完全取代欧元区国家原有货币，成为唯一的区域货币；但美元仅在极少数国家成为唯一官方货币，多数美元化国家仍实行“双重货币”政策，美元远未成为区域共同单一货币。而且，欧元的诞生也更符合逻辑进程，欧元区经历了“自由贸易区—关税同盟—经济同盟—货币同盟”的发展历程，遵循了由低级到高级的历史发展过程。第二，欧元模式的约束力更强。欧元化有一系列协议和条款作保障，欧元成为欧元区唯一的法定货币；

① 陈浪南、白淑云等，《粤港澳金融一体化研究》，广东人民出版社，2009，第91–92页。

美元化虽出现更早，影响范围更早，但缺乏成熟的合作协议和条约。第三，欧元区各成员国虽有经济规模差别，但经济水平大体相当，彼此是平等合作的关系；美元化则是在发展中国家推行，依赖于美国这个强大的经济体，是弱势经济对强势经济的依赖关系。第四，欧元区的建立是成员国在共同利益的基础上，通过有效的协调机制长期构建完成的；而众多拉美国家的美元化动机往往是为缓解国际清偿危机和货币危机被动采取的手段。第五，欧元区规定了严格的财经纪律和趋同条件，同时设立合作基金减少成员国之间的经济差距；美洲地区的美元化国家仍停留在货币一体化的初级阶段，宏观经济政策协调尚未真正开始。第六，欧元区组建了欧洲中央银行作为欧元的管理机构；美元化国家多无独立的货币管理机构安排美元化进程，也未在成员国之间建立统一的中央银行。

通过比较可以发现，欧元模式可能更适合两岸货币一体化选择。首先，有深度的更紧密货币整合符合两岸经济合作的现实需要。1979年以来，两岸经济往来从无到有，逐步加深，并发挥出巨大的互补优势，成功地实现互利双赢。在此前景下，两岸进行更密切的经济合作是两岸民众利益的需求，于是才有签署两岸经济合作框架协议之举，这也是遵循了由低级到高级的逻辑发展进程。此后，两岸金融合作成为下一步推动两岸经济合作的重中之重，缺乏深度的金融合作将成为抑制两岸经济合作继续加深的瓶颈。欧元区通过深度货币整合实现区域内生产要素自由流动为两岸金融合作提供了有益借鉴。其次，美元化模式多在经济水平相差悬殊的经济体间运用，而两岸经济发展水平已经迅速拉近，人民币成为强势国际货币的趋势日益明显，要求经济水平大体相当的欧元模式更符合两岸现状。最后，两岸以共同利益为基础，最终目标与欧元区一样是实现经济高度整合，区域内生产效率最大化，这完全可以通过与欧元区类似的有效的协调机制长期构建完成两岸货币一体化，进而加速两岸经济一体化。

两岸货币一体化的过程，基本是在人民币先与香港和澳门实现货币一体化的基础上，再完成与新台币的整合。港澳货币一体化已经具备坚实基础[①]，港元

① 严谷军，《两岸四地货币一体化前瞻》，《上海金融高等专科学校学报》，2001年第2期。

与澳门元实现一体化之后，人民币再成为可自由兑换货币，就可以考虑人民币与港币实行固定汇率，形成稳固的固定汇率制下的货币联盟。在各方面条件逐步具备的前提下，再实现内地与港澳之间的单一货币的货币联盟[①]。以类似的方式和程序，再创造有利的经济、政治条件，推动人民币与新台币的一体化，最终完成两岸货币的整合。短期目标，需要两岸先建立货币清算机制，为两岸货币的可自由兑换创造条件。

（二）两岸股市一体化

两岸股市一体化的远期目标，是两岸股市的高度联动和证券资源及服务的自由流动。一是两岸建立统一的硬件及软件系统、交易系统和清算系统，降低市场参与者的成本，推进参与者的跨境交易。二是建立统一的证券交易法规与金融监管部门，允许证券商在两地从事经纪、承销、自营等业务，实现证券投资资本在两岸股市间的自由流动。三是两岸编制统一的市场指数，促进两岸金融资源配置效率，并体现两岸股市交易的竞争力和公平性。

两岸股市一体化的中短期目标，重点是消除市场差异，放宽市场管制，逐步取消各种壁垒。一是开放证券公司互设机构，可在两岸从业；二是两岸相互先后逐步开放对方机构及散户投资人在本地股市投资，为此，大陆股市应先完成股权分置改革并统一A股和B股；三是两岸企业可在对方股市上市融资，先期可允许已有的上市公司在对方股市二次上市，以确保上市公司的透明度和稳定性；四是两岸股市交易所进行联网，使两岸股市投资人可在本地股市从事对方上市公司股票的交易；五是大陆证券交易所与台湾、香港证券交易所合编两岸三地ETF指数（指数股票型基金），并相互挂牌交易，并共建两岸三地交易平台，在此平台进行股指交易，不断扩大交易规模，最终达到真正融合的目标。

（三）两岸银行一体化

两岸银行一体化的远期目标，是两岸制定银行业监管、资本流动、信用与清算等方面的法规，建立跨区域的银行合作机制，形成单一的银行业市

---

① 何问陶、黄莹，《人民币与港澳货币一体化的可行性分析》，《开放导报》，2005 年第 3 期。

场，两岸银行可在区域内自由设立任何机构并提供银行服务，两岸消费者可以根据自己的偏好自由选择其中任何一地的金融产品，两岸银行资金投资可在两岸自由投资。

两岸银行一体化的中短期目标，是两岸降低和取消市场准入壁垒，在两岸经济合作协议框架下逐步放宽银行业市场准入条件，允许对方银行以多种形式进入本地金融业市场，逐步放宽银行业经营业务，允许两岸银行进行策略联盟，实现银行间共同的货币流通系统、结算系统和区域信用体系，构建覆盖两岸的资源共享、信息完备、使用便捷的个人信用系统和企业信用系统，同时加强两岸金融监管的配合与协调，建立区域内统一的监管标准和金融风险的监测预警及应急处置机制。

（四）两岸保险一体化

两岸保险一体化的远期目标，是形成两岸单一的保险市场，即两岸保险经营机构可在两地自由设立任何保险经营机构和提供保险服务，两岸消费者也可根据自己的偏好自由选择任何一家保险机构的保险产品，保险资金投资可在两岸间自由流动。具体包括：一是统一两岸保险监管标准，二是统一保险业法律规则，三是共建保险业电子商务平台，两岸保险公司可通过电子商务系统进入对方市场，完成保险的定价、承保和理赔。

两岸保险一体化的中短期目标，主要是两岸相互放宽市场准入条件。逐步放宽对方保险机构进入本地市场的方式及业务范围，建立和不断完善两岸保险同业公会，通过同业公会和协议法规促使两岸保险执业标准和监管标准逐步趋同，共同推出对两岸保险机构组建策略联盟的鼓励政策，发挥各自在研发、风险管理、风险评估、理赔服务、销售网络等方面的优势，使两岸保险业能在两岸保险市场先期整合中受益。

第九章　ECFA 后的台湾产业与金融

第一节　两岸经济合作框架协议的签署

1979年以来，两岸经济交流与合作从无到有，从小到大，对两岸各自经济的影响也日益增强。从双方经济发展的需要出发，在已有的两岸经济交流与合作的成果基础上，两岸顺应经济全球化与区域经济一体化的世界发展潮流，通过不断探索和完善的两岸特色的协商机制，于2010年6月29日签署了两岸经济合作框架协议（ECFA），为两岸经济交流与合作及台湾产业与金融的发展开辟了新的时代。

一、两岸经济往来的发展进程与特点

（一）两岸经济交流与合作的发展阶段

台湾经济很早就与大陆经济密切交流。据《台湾通史》记载，宋代以后两岸贸易增多，元明以后则不断有大陆东南沿海的移民至台湾，不但为台湾带来劳动力、资本等生产要素，还带来农耕技术与管理方式。尤其是“明郑”以后，台湾的经济制度与政治制度更是全盘自大陆复制，使台湾经济快速发展，“余粮栖亩，庶物蕃盈”，“能以弹丸之岛，颉颃中原也”。[①]即使是在荷兰殖民台湾的38年和日本殖民台湾的50年间，两岸贸易仍未中断，但日据时期台日贸易急剧增长，两岸贸易比重下降，自1897年至1944年，台湾对大陆的出口和进口占出进口总值比重，分别由66%和45%降至27%和24%。[②]

① 连横，《台湾通史・农业志》，九州出版社，2008年，第398页。

② 李家泉主编，《台湾经济总览》，中国财政经济出版社，1995年，第10页。

1949年至1979年

1949年5月20日，国民党退守台湾后颁布“台湾地区戒严令”，使二战后尚未完全恢复的两岸经济关系倒退至隔绝状态，这是两岸经济关系发展史上少见的30年。两岸虽没有直接的经济往来，但间接贸易，即两岸通过香港进行的转口贸易却一直存在，多由台湾“物资局”操办。从20世纪50年代到70年代，两岸贸易的主体是大陆商品对台湾的输出，且仅限台湾人民生活必须的大陆中药材等土特产品，数量很少；而台湾商品输入大陆的数量更是微不足道。1973年两岸经香港转口贸易额约8,539万港元，全部为大陆对台湾单向的出口贸易，但1970–1973年平均每年增幅达52.7%。从1974年起，台湾对大陆开始有少量转口输出，但数量有限，仅占两岸贸易不到0.1%的比重。同期大陆对台湾出口快速增长，1974年突破1亿港元，1978年又突破2亿港元。这一时期，大陆对台湾转口输出绝大多数是中药材，由台湾“中信局”统一进行采购；台湾对大陆转口输出主要是合板、合成纤维等产品。

表9.1 1979年以前两岸贸易统计

单位：万港元、%

年度	台湾经港对大陆转口输出		大陆经港对台湾转口输出		两岸经港转口贸易总额	
	金额	比重	金额	比重	金额	比重
1970	–	–	1,025	100.00	1,026	100.00
1971	–	–	1,441	100.00	1,441	100.00
1972	–	–	4,529	100.00	4,529	100.00
1973	–	–	8,539	100.00	8,539	100.00
1974	5	0.05	10,553	99.95	10,558	100.00
1975	7	0.07	12,930	99.93	12,946	100.00
1976	1	0.01	19,210	99.99	19,211	100.00
1977	15	0.10	14.277	99.90	14,292	100.00
1978	24	0.11	21,891	99.89	21,915	100.00

资料来源：《香港经济贸易统计汇编》，转引自段承璞《战后台湾经济》。

1979 年至 2008 年

1979年元旦，全国人民代表大会常务委员会发表了《告台湾同胞书》，首倡两岸“尽快实现通邮、通航”，“发展贸易，互通有无，进行经济交流”，此后两岸隔绝的经济关系开始松动。1979–1987年两岸间接贸易仍有较大发展，但台湾对大陆转口输出逐渐由次要地位转变为占主要地位，台湾经港转口至大陆的商品大幅增加，相对而言大陆经港输往台湾的商品增幅较小。据台统计，两岸贸易从1979年的0.76亿美元增至1987年的15.2亿美元，其中台湾对大陆转口输出在两岸间接贸易中的比重由27.6%提升至80.9%，年增长率高达125.6%。这一时期，大陆对台湾输出商品仍有50%是中药材，其次为生鲜或冷藏鱼类；台湾出口至大陆则主要是合成纤维、黑白电视机、自行车、摩托车、手表、阳伞等消费日用品和家用电器。台湾当局在岛内外要求“三通”的强大舆论压力下，对两岸间接贸易的态度虽然有些松动，但其僵硬立场基本上没有变化。1985年4月，台湾当局对两岸贸易提出三项基本原则：不与中共通商；台湾进出口企业不得与中共设在其它国家、地区的机构人员接触、商谈交易、签约或进行其他商业行为；台湾出口产品转运其他地区，事实上无法管制，故不加以任何限制。同时也规定大陆所产棉花、煤炭及铁砂等农矿产品均不准进口，供医疗用的中药，除“未有代用品”外一律禁止进口。在台湾当局对大陆经贸政策的限制下，两岸贸易发展速度有限。

表9.2　1979–1987年两岸贸易统计

单位：百万美元、%

年份	贸易总额	出口金额	出口增长率	进口金额	进口增长率
1979	76.0	21.0	–	55	–
1980	320.0	242.0	1,052.4	78	41.8
1981	460.0	384.8	59.0	75.2	–3.6
1982	278.5	194.5	–49.5	84	11.7
1983	291.3	201.4	3.5	89.9	7.0
1984	553.3	425.5	111.3	127.8	42.4
1985	1,102.7	986.8	131.9	115.9	–9.3

1986	955.5	811.3	-17.8	144.2	24.4
1987	1,515.4	1,266.5	51.2	288.9	100.3

资料来源：于宗先（2008），《两岸经济关系与世界经济》。

1987年台湾当局宣布台湾解严，允许与大陆间接贸易，两岸经第三地的转口、转运、过境贸易蓬勃发展，同时开放台湾居民赴大陆探亲，掀起了台商投资大陆的热潮。两岸贸易由1988年的27.2亿美元增加至1999年的258.4亿美元，台湾对大陆出口占其总出口比重也由3.6%提升至17.4%，但由于台湾限制超过40%的大陆商品输入，造成两岸贸易的不平衡，1999年台湾对大陆顺差已高达171.1亿美元。这一时期，大陆进口台湾消费品的比重明显下降，而台商投资大陆带动台湾工业原材料、半成品、零组件及机械设备输往大陆的数量大幅增加，比重高达90%；大陆土特产品输出至台湾的比重也逐渐萎缩，而以农工原料和半成品为主。虽然台湾当局逐步开放对大陆农工产品的进口，但总体上采取“宽出严进”的大陆贸易政策，开放初期只用“正面表列”允许少量大陆产品进口，1996年7月改为工业产品由负面列表、农产品由正面表列的正负面两表并列方式管理,1998年4月才放宽用“负面表列”统一管理，但禁止输入台湾的大陆商品超过4500项。1987年后台湾当局开放对大陆直接投资，虽然有包括投资规模和产业类别等诸多限制，但岛内投资环境恶化与大陆改革开放带来的巨大商机使台商“西进”投资日益热络，截至1999年底台湾统计的赴大陆投资项目和金额分别达22,134件和145亿美元，事实上许多投资大陆的台商还采取在香港或维尔京群岛设立子公司等迂回手段，逃避台湾当局对投资大陆的各种管制，台商赴大陆投资的规模远超过统计数字。1996年后，台湾高科技企业掀起新一波对大陆投资热潮，但李登辉执政后期采取“戒急用忍”的大陆政策，对两岸经济关系发展造成了一定程度的损害。

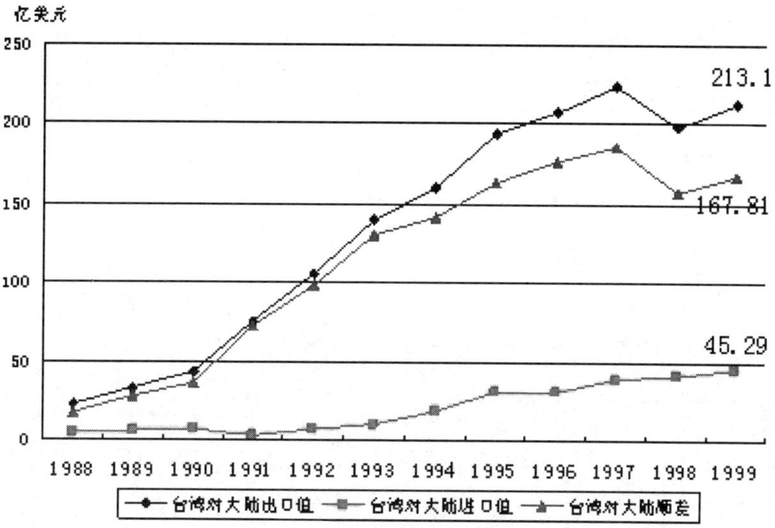

图9.1 1988—1999年两岸贸易统计

资料来源：根据台“陆委会”两岸经济统计计算绘制。

表9.3 历年大陆实际利用台资情况

年份	实际利用台资金额（亿美元）	实际利用外资总额（亿美元）	台资占比（%）
1995	31.6	481.3	6.57
1996	34.8	548.1	6.35
1997	32.9	644.1	5.11
1998	29.2	585.6	4.99
1999	26.0	526.6	4.94
2000	23.0	593.6	3.87
2001	29.8	496.7	6.00
2002	39.7	550.1	7.22
2003	33.8	561.4	6.02
2004	31.2	640.7	4.87
2005	21.6	638.1	3.39

2006	21.4	670.8	3.19
2007	17.7	783.4	2.26
2008	19.0	924.0	2.06
2009	18.8	900.33	2.09

资料来源：商务部网站。

表9.4 历年两岸贸易与台湾对大陆依存度

年份	台湾对大陆出口额（亿美元）	台湾总出口额（亿美元）	台湾对大陆出口依存度（%）	台湾自大陆进口额（亿美元）	台湾总进口额（亿美元）	台湾对大陆进口依存度（%）
1991	69.28	765.63	9.05	11.26	631.42	1.78
1992	96.97	821.22	11.81	11.19	723.53	1.55
1993	127.28	859.57	14.81	10.16	773.93	1.31
1994	146.53	943.00	15.54	18.59	856.98	2.17
1995	178.98	1133.42	15.79	30.91	1040.12	2.97
1996	191.48	1175.81	16.28	30.60	1029.22	2.97
1997	205.18	1241.70	16.52	39.15	1149.55	3.41
1998	183.80	1125.95	16.32	41.11	1052.30	3.91
1999	212.21	1237.33	17.15	45.26	1111.96	4.07
2000	261.44	1519.50	17.21	62.23	1407.32	4.42
2001	240.61	1263.14	19.05	59.02	1079.71	5.47
2002	294.46	1353.17	21.76	79.47	1132.45	7.02
2003	353.58	1506.00	23.48	109.62	1280.10	8.56
2004	449.60	1823.70	24.65	166.79	1687.58	9.88
2005	517.73	1984.32	26.09	199.28	1826.14	10.91
2006	636.62	2240.17	28.42	247.83	2026.98	12.22
2007	742.79	2466.77	30.11	280.19	2192.52	12.78
2008	739.82	2556.29	28.94	314.16	2404.48	13.07
2009	542.5	2036.77	26.64	244.31	1744.14	14.01

资料来源：台湾《两岸经济》月刊、《进出口贸易统计月报》。

两岸经济关系正常化发展是大势所趋，尽管2000年民进党在台湾执政后其两岸政策摇摆不定，但两岸经济联系进一步紧密，经贸关系稳步前进。尤其台湾于2002年正式加入WTO，根据WTO规范采取了一系列降低关税、减少非关税贸易限制措施及开放服务业市场等经济自由化措施。其大陆经济政策也迫于WTO压力作了部分调整，2002年根据“分阶段扩大开放大陆物品进口”原则开放2,167项大陆物品进口,2002-2005年共开放2,778项。大陆对台湾输出因台限制放宽大幅增加，由2000年的62.3亿美元增加至2007年的280.2亿美元，年增长率达24%，2007年两岸贸易总额突破1,000亿美元，台湾对大陆贸易顺差达462.3亿美元。这一时期台湾对大陆出口贸易也大幅增长，主要是台商赴大陆投资带动机器设备、原材料与关键零组件出口至大陆，货品结构受到台商在大陆投资的产业结构由劳力密集产业转向技术密集产业影响，高科技产品贸易比重提升。台湾统计的核准投资大陆项目数量与金额2007年底分别达3.1万件和550.4亿美元，已接近台1952年来对外投资（中国大陆除外）总金额553亿美元。21世纪以来两岸经济关系发展是经济规律作用的结果，虽然民进党当局不断紧缩两岸政策，将“有效管理、积极开放”调整为“积极管理、有效开放”，加大管理力度且减少开放程度，推动“南向投资”代替“西进大陆”，但两岸经济往来进一步紧密的趋势明显，并反方向增大了台湾当局放宽大陆政策的压力。

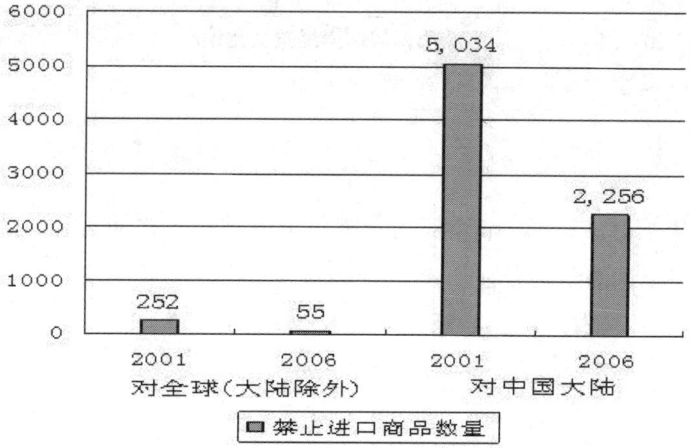

图9.2 台湾加入WTO前后对全球及大陆贸易进口管制

注：台湾限制输入货品包括管制输入货品、有条件准许输入货品和委托

查核输入货品，此处指管制输入货品。

资料来源：根据台湾《输出入货品分类表》、《限制输入货品、海关协助查核输入货品汇总表》等计算绘制。

2008年迄今

2008年国民党在台重新执政后，两岸两会恢复协商，迄今举行了4次会谈，签署了12项协议和1项共识，范围涉及两岸“三通”、陆资赴台投资、共同打击犯罪、食品安全、农渔业合作、产品标准认证等，两岸经济关系发展进入一个新的时期。

表9.5 近年大陆地区惠台措施统计

时间	会议	惠台措施
2005.4.26 ~ 5.3	连战和平之旅	3项
2005.5.5 ~ 13	宋楚瑜搭桥之旅	3项
2006.4.14 ~ 25	两岸经贸论坛	15项
2007.10.17	两岸农业合作论坛	20项
2007.4.28 ~ 29	第三届两岸经贸论坛	13项
2008.12.20 ~ 21	第四届两岸经贸文化论坛	10项
2009.5.15 ~ 22	首届海峡论坛	8项

资料来源：本研究整理。

2008年第4季起，两岸经济受到国际金融危机的严重冲击，两岸贸易与投资均出现罕见的负增长。

表9.6 近年两岸贸易与投资增长率比较

年度	两岸贸易增长率（%）	台商投资大陆增长率（%）
2006	18	-0.7
2007	15.4	-45
2008	3.8	7
2009	-17.8	-1

资料来源：本研究整理。

但在两岸共同努力下，两岸经济合作仍取得很多重要成果：两岸“大三通”基本实现，客运与货运开通定期航班；“陆资入岛”开放192项产业，两岸初步实现双向投资；两岸开放大陆居民赴台旅游，并将规模限制提高至日均3000人；两岸签署金融合作监管备忘录后将展开实质性的金融合作；加紧推动两岸经济合作框架协议。

（二）两岸经济互动的特征

第一，两岸经济地位彼消此长

过去半个世纪全球经济形势发生了巨大的变化，台湾等“四小龙”经济也创造了世界瞩目的经济发展奇迹。然而90年代以后，台湾经济增长率逐渐下滑，不仅落到“四小龙”之末，更遭到来自发展中国家及地区的强劲追赶。随着中国大陆改革开放的深化和经济发展的加速，两岸经济实力和国际经济地位出现明显的彼消此长现象。

大陆改革开放30年来经济实力显著增强，1978–2009年GDP由3,645亿元人民币增加到33.5万亿元人民币，名义增长率达15.8%,年均实际经济增长9.8%，是同期世界经济年均增速的 3 倍多。2008年即使受到国际金融危机的严重冲击，大陆经济也仍保持9%的经济增长，GDP突破3万亿美元，人均GDP突破3000美元。大陆GDP总量排名从1978年的世界第10位迅速上升到2010年的第2位，仅次于美国，而且对全球经济的影响力正不断扩大。大陆贸易规模成长速度更快，已经由1978年的世界第32成长为2009年的世界第一。外汇储备由1978年的16亿美元增加到2009年底的2.4万亿美元，总量多年来高居世界第一。中国大陆也是近20年来吸引FDI最多的发展中国家。国际金融危机爆发后，大陆经济增长率保持8%不仅是全球经济重振信心的重要来源，更具有引领全球经济由谷底回升的关键性意义。2008年全球GDP增加值中28.7%来源于中国大陆，2009年全球经济衰退幅度因中国大陆的经济正增长得到改善。诺贝尔经济学奖得主、芝加哥大学商学院教授福格尔预测，30年后中国大陆将占有全球40%的GDP，人均收入将达到8.5万美元。

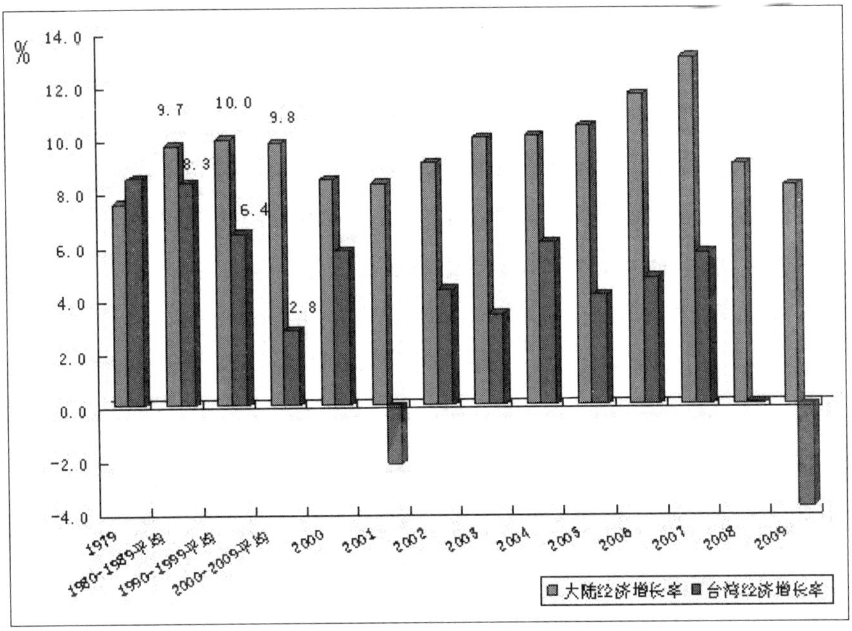

图9.3 两岸经济发展比较

资料来源：根据《中国统计年鉴》、台湾《经济年鉴》计算绘制。

相对于大陆经济的快速发展，近20年来台湾经济则经历了从高速增长转为中速增长，再转变为低速增长的过程。从90年代起台湾经济发展趋缓，2000—2008年民进党执政期间经济年平均增长仅4.4%，人均收入10年来基本没有提升，出口增长率也从90年代前的二位数增长下降到近10年的平均5.3%。岛内投资环境恶化，不仅吸引FDI成效不佳，甚至岛内企业纷纷出走寻找更有利的投资地。近30年来海峡两岸的经济实力发生了翻天覆地的变化，在总体发展趋势上则呈现“台降陆升”的格局。

第二、两岸经济互动长期民热官冷

30年来，两岸经济往来从无到有，由小到大，蓬勃成长，日渐壮大，然而这种繁荣景象的另一面，却长期呈现“民间热、官方冷”的特点。两岸同胞对加强两岸交流有强烈要求，两岸业者也希望两岸尽快就经济议题进行协商，大陆方面始终积极推动两岸经济关系发展，然而在两岸贸易与投资数量不断取得突破的同时，由于台湾当局的消极与抵制，“三通”、开放人员及资金往来等两岸经济议题的谈判却一直进展缓慢，事实上也对两岸经济关系发展起到制约作用。台湾当局长期以来不愿意与大陆就两岸经济议题展开协商并签署相关协议的考虑，包括军事安全、政治安全、经济安全、社会安全等方面，然而这些理由大多数是站不住脚的①。直到2008年台湾局势发生积极变化，台湾当局抛弃了原有的封闭意识和政策，正式提出“搁置争议，追求双赢”，“两岸走向双赢的起点，是经贸往来与文化交流的全面正常化，我们已经做好协商的准备。”②此后，两岸经济关系终于进入民间与官方互动都很热络的新阶段，两岸经济关系发展也由原来主要单纯依靠民间自发的市场驱动，转为与政策导向并重的双轮驱动时代。

第三、政治氛围影响两岸经济互动

两岸政治氛围对两岸经济互动的热络程度有直接影响。一般说来，两岸政治关系紧张，两岸经济互动也会放慢或止步，而两岸政治关系缓和则明显会带来两岸经济互动的频繁和加深。李登辉在台执政前期，两岸政治气氛缓和，“汪辜会谈”也取得一系列成果，两岸贸易往来和台商赴大陆投资也快速增长。李登辉在台执政中后期操弄访美和岛内直选等议题，引发大陆军事演习，两岸关系紧张，经济互动也受到波及，1996年李登辉提出的“戒急用忍”政策和“南向政策”直接影响台商赴大陆投资的增长速度。及至1999年李提出“特殊两国论”，两岸关系降至冰点，两岸经济开放的各种政策纷纷暂停或延后。民进党执政早期，大陆对陈水扁当局“听其言，观其行”，两岸经济往来一度有较快推进，但随着陈水扁以“公投绑大选”等议题严重破坏两岸政治关系，两岸经济往来也再次陷入低潮，连已经开始试行的“春

---

① 国务院台湾事务办公室，《以民为本 为民谋利 积极务实推进两岸“三通”》，2003年12月17日，http://news.xinhuanet.com/zhengfu/2003-12/17/content_1235571.htm。

② 马英九就职演说全文，(台)《联合报》，2008年5月20日。

节包机”在2004年也陷入停顿。整个民进党执政期间，两岸经济呈现明显的“间接、单向、不平衡”的特点，大陆商品、资金、人员被禁止或严格限制进入台湾，两岸经济互动始终是一种非正常往来。民进党当局坚持防范大陆、管制两岸经济的立场，在贸易、投资、金融等经济领域设限，阻碍了两岸经济关系的发展。2008年国民党在台重新执政后，在“一个中国、反对台独”的基础上，两岸政治关系得到明显改善，两岸经济往来的管制也开始大幅放宽，两岸政治氛围与两岸经济交流出现良性互动。

（三）两岸经济相互依赖的程度

其一，两岸贸易在台湾对外贸易中的地位。两岸贸易占台湾对外贸易的比重不断提高。近20年来，台湾对外贸易地区结构变化的最显著特征是“脱美入亚”。台湾外贸在20世纪80年代以前高度依赖美国，1987年台湾对美国的贸易依存度仍为35.3%，但2007年已降至12.6%。同时大陆、东盟等亚洲经济体则迅速崛起，并在台湾外贸结构中的地位日益重要，目前已分别成为台湾第一大与第二大出口市场，2007年台湾出口市场有67%集中在亚洲市场。这种结构性转变的深层次原因，不仅仅在于亚洲经济的迅速发展，更重要的是全球贸易形态已由消费驱动转为投资驱动。

在消费驱动时代，贸易内容以消费品为主；而在投资驱动时代，贸易内容则以投资品为主。因此，在消费驱动时代，收入水平越高的地区贸易额也会越大。美国作为世界上收入水平首屈一指的国家，自然会成为全球贸易中心，对其他地区的贸易水平产生重要影响。而在投资驱动时代，出口产品中极大比例是机械设备、零组件等中间产品，投资愈旺盛的地区，其贸易额也愈大。台湾企业的对外投资多集中在祖国大陆和东南亚地区，这也是这两个地区贸易比重不断增加的主要原因。

台商赴大陆投资规模不断扩大，带动两岸以机器设备、零组件、半成品为主的商品贸易快速发展，也使台湾经济对大陆的依赖程度不断提升。1980年至2008年台湾对大陆出、进口额分别增长了314倍和412倍；台湾对大陆顺差增加了267倍。台湾外贸对两岸（含香港）贸易的依赖度已达28.9%，其中出口依存度高达41%。随着两岸经济关系的深化，中国大陆已成为台湾地区最大的贸易伙伴、出口市场、顺差来源和第二大进口来源地。

其二，台商在大陆投资在台湾对外投资中的地位。台商在大陆的投资不仅为自身发展找到了最佳机会，同时对台湾产业结构的转型升级创造有利条件。20世纪80年代中后期，在台湾以IT产业为代表的新兴产业崛起过程中，正赶上大陆开始向着开放型经济转变，廉价优质的劳动力、丰富的自然资源和土地为台湾“夕阳产业”提供了理想的转移场所。两岸的比较优势不同，发展阶段不同，台湾企业在大陆获得了巨大发展。与此同时，产业外移为台湾产业结构升级提供了空间和契机，台湾企业开始由劳动密集型向资本密集型、技术密集型演变，中上游企业转而生产和出口高附加值、高技术含量的原材料及零部件产品，供给大陆的下游企业，从而大幅提高了国际竞争力。台湾对大陆的投资不仅直接带来两岸贸易量的扩张，而且通过刺激产业链条上各个生产环节和相关服务行业的繁荣，间接推动了台湾经济发展。据统计，台湾对大陆出口额的65%来自于大陆台商回台采购，对大陆投资占对外投资总量的比重从1991年的9.5%上升到2004年的67.2%，13年时间增长了6倍。

其三，两岸贸易和投资在大陆经济中的地位。台湾因素在大陆经济发展中有重要影响。2009年，两岸贸易占大陆外贸比重4.8%，台商在大陆累计投资金额占大陆吸引境外投资累计金额的比重达5.2%。台商赴大陆投资，同时引进大量资金、技术与管理人才，对大陆经济发展及产业升级具有关键作用；台资企业也对大陆外贸出口与外汇增长有很大贡献。商务部《2005外商投资报告》排名前30位的出口外商投资企业中，约一半是台商以开曼群岛或维尔京群岛等第三地名义转投资的，如鸿海、广达、华硕等。台湾是大陆第七大贸易伙伴、第九大出口市场、第五大进口来源地和第五大境外投资来源地。

其四，台湾在大陆经济发展中的角色和定位。台湾在未来中国经济发展中可以扮演更重要的角色。通过发挥台湾优势，可以提高台湾在两岸经济共同发展中的地位与作用，同时为台湾经济发展提供强大的推动力。一是促进大陆经济体制进一步完善，为推动加工出口企业转型为内销企业提供借鉴与参考；二是作为大陆企业“走出去”的目的地与中继站；三是将台湾技术与人才优势与大陆的资源优势更好地结合；四是发挥在两岸产业链中的独特地位；五是以台湾先发优势为大陆相关产业与技术升级提供借鉴与渠道，如两岸共同构建全球性技术和人才网络，加强核心技术的合作研发，与发达国家与跨国公司建立产业转移和外包的新分工关系等。

二、两岸经济合作框架协议（ECFA）的签署

（一）ECFA 的推动过程

经过 20 多年的快速发展，两岸经济关系已经发生结构性变化，如何以某种制度化、机制化的安排为两岸经济持续稳定发展提供保障被提上讨论日程，尤其是岛内学术界和工商界的呼声日渐强烈。为顺应民意，2008 年台湾领导人马英九在执政前的竞选期间提出签署两岸经济合作协议的设想，其思路是，当选后将“在九二共识基础上恢复两岸协商”，协商内容以“经济议题优先”，“第一步要做的是要签一个综合性经济合作协议，把我们关心的项目都纳进来。”由于萧万长先生此前提出的“两岸共同市场”在选战中已被民进党污名化，马英九强调两岸共同市场只是长期的“未来愿景”，目前台湾要做的是跟大陆签署“综合性经济合作协议”，实现两岸经贸关系正常化。

2008 年 5 月 20 日国民党在台重新执政后，马英九当局多次公开表示希望能与大陆签署两岸“综合性经济合作协议（Comprehensive Economic Cooperation Agreement，CECA）”，目的是避免台湾被边缘化，并通过两岸经贸正常化，追求两岸经贸双赢。12 月 20 日，贾庆林主席在第四届两岸经贸文化论坛开幕式上表示，大陆“十分重视”台湾方面倡议的协商签署“两岸综合经济合作协议”的设想，也愿意予以“认真研究”。这是大陆在两岸签署经济合作协议问题上第一次，也是最高层级的回应。12 月 31 日，胡锦涛总书记在纪念《告台湾同胞书》发表 30 周年座谈会上的讲话中明确提出，两岸可以签定“综合性经济合作协议”，建立“具有两岸特色的经济合作机制”，以最大限度实现优势互补、互惠互利。这是大陆在该问题上最权威、最明确、最有力的表态，态度积极开放并极富善意。

2009 年 2 月起，台湾当局正式启动筹备两岸签署经济合作协议的布署，但遭到岛内部分绿营人士的强烈阻挠，民进党主席蔡英文、台联党主席黄昆辉以及李登辉等人带头反对，民进党并印制歪曲协议性质与内涵的说帖大量散发。反对者的理由，一是感觉 CECA 在名称上与大陆同香港签署的 CEPA 相似，担心被“矮化”；二是臆测开放大陆产品后会“严重冲击台湾中小企业及传统产业”，加剧失业；三是担忧台湾经济对大陆的依赖程度加深，成为“附庸”；四是抱怨执政党没有与在野党充分沟通取得共识，缺乏“监督

制约”。为此，国民党当局在 2 月底将协议名称修改暂定为“经济合作架构协议（Economic Cooperation Framework Agreement，ECFA）”，最终名称由两岸协商确定。

马英九对这一调整的解释是为避免人们在名称上产生混淆，该协议“绝对不是像港澳模式的 CEPA”，和一般的 FTA“也不会一样”。按照台湾“陆委会”的说法，该协议是两岸“特殊经济协议”，是否报送 WTO“由两岸来谈”，但“不会违背 WTO 的精神”。名称中去掉“综合”、增加“架构”，是为突出协议内容庞大，需要先确定架构，循序渐进，而非“一步到位”。在签订原则上，马提出“三不三要”：“不会矮化主权、不会开放大陆劳工来台、不会新增农产品开放项目；要凝聚共识，要循序渐进、要广结善缘”。台湾经济主管部门也提出“先易后难、循序渐进、双轨推进、风险管理”等四大原则。另外马强调，全世界有 230 个自由贸易协定，没有一个因此就成为对方附庸，过去两岸包机协议，台湾也没有“被矮化”。

在马英九多次公开进行政策宣示后，国民党表态全力支持，党主席吴伯雄要求全党全力配合，呼吁民进党放弃反对立场。台湾立法机构蓝营代表也纷纷表态支持。3 月 2 日，马英九主持召开最高层五人小组会议，定调协议“不涉主权”，台湾立法机构可“事前参与”而非“先审后签”。台湾经济主管部门已拟妥相关说帖，并于 3 月份开始在台湾各地针对不同群体举行上百场大小规模的研讨会，广邀各界参与以凝聚共识。

2009 年 5 月，两岸两会及相关部门各自委托学术机构对 ECFA 的影响进行研究评估。7 月，台湾“经济部”委托中华经济研究院所作的《两岸经济合作框架协议之影响评估报告》出炉。9 月，中国商务部委托商务部国际贸易经济合作研究院、南开大学、对外经贸大学联合研究组共同推出《两岸经济合作协议研究报告》。两份报告评估结果均显示 ECFA 对两岸双方经济都是整体有利的。又经过两个月的共同研究，11 月两岸同步公布共同研究结果。

2010 年 1 月两岸专家组第一次在北京协商 ECFA，不到 5 个月的时间，两岸经过 10 次内部沟通，3 次公开协商，终于在 6 月 29 日签署了两岸经济合作框架协议（ECFA）。国台办副主任郑立中感慨：ECFA 牵涉部门之广泛、内容之丰富、问题之复杂、时程之紧凑、协调之艰难，在两岸协商史上极为少见。

（二）ECFA 的文本内容

《海峡两岸经济合作框架协议》全文如下：

序言

海峡两岸关系协会与财团法人海峡交流基金会遵循平等互惠、循序渐进的原则，达成加强海峡两岸经贸关系的意愿；

双方同意，本着世界贸易组织（WTO）基本原则，考虑双方的经济条件，逐步减少或消除彼此间的贸易和投资障碍，创造公平的贸易与投资环境；通过签署《海峡两岸经济合作框架协议》（以下简称本协议），进一步增进双方的贸易与投资关系，建立有利于两岸经济繁荣与发展的合作机制；

经协商，达成协议如下：

第一章 总则

第一条 目标

本协议目标为：

一、加强和增进双方之间的经济、贸易和投资合作。

二、促进双方货物和服务贸易进一步自由化，逐步建立公平、透明、便利的投资及其保障机制。

三、扩大经济合作领域，建立合作机制。

第二条 合作措施

双方同意，考虑双方的经济条件，采取包括但不限于以下措施，加强海峡两岸的经济交流与合作：

一、逐步减少或消除双方之间实质多数货物贸易的关税和非关税壁垒。

二、逐步减少或消除双方之间涵盖众多部门的服务贸易限制性措施。

三、提供投资保护，促进双向投资。

四、促进贸易投资便利化和产业交流与合作。

第二章 贸易与投资

第三条 货物贸易

一、双方同意，在本协议第七条规定的“货物贸易早期收获”基础上，不迟于本协议生效后六个月内就货物贸易协议展开磋商，并尽速完成。

二、货物贸易协议磋商内容包括但不限于：

（一）关税减让或消除模式；

（二）原产地规则；

（三）海关程序；

（四）非关税措施，包括但不限于技术性贸易壁垒（TBT）、卫生与植物卫生措施（SPS）；

（五）贸易救济措施，包括世界贸易组织《关于实施1994年关税与贸易总协定第六条的协定》、《补贴与反补贴措施协定》、《保障措施协定》规定的措施及适用于双方之间货物贸易的双方保障措施。

三、依据本条纳入货物贸易协议的产品应分为立即实现零关税产品、分阶段降税产品、例外或其他产品三类。

四、任何一方均可在货物贸易协议规定的关税减让承诺的基础上自主加速实施降税。

第四条 服务贸易

一、双方同意，在第八条规定的“服务贸易早期收获”基础上，不迟于本协议生效后六个月内就服务贸易协议展开磋商，并尽速完成。

二、服务贸易协议的磋商应致力于：

（一）逐步减少或消除双方之间涵盖众多部门的服务贸易限制性措施；

（二）继续扩展服务贸易的广度与深度；

（三）增进双方在服务贸易领域的合作。

三、任何一方均可在服务贸易协议规定的开放承诺的基础上自主加速开放或消除限制性措施。

第五条 投资

一、双方同意，在本协议生效后六个月内，针对本条第二款所述事项展开磋商，并尽速达成协议。

二、该协议包括但不限于以下事项：

（一）建立投资保障机制；

（二）提高投资相关规定的透明度；

（三）逐步减少双方相互投资的限制；

（四）促进投资便利化。

第三章 经济合作

第六条 经济合作

一、为强化并扩大本协议的效益，双方同意，加强包括但不限于以下合作：

（一）知识产权保护与合作；

（二）金融合作；

（三）贸易促进及贸易便利化；

（四）海关合作；

（五）电子商务合作；

（六）研究双方产业合作布局和重点领域，推动双方重大项目合作，协调解决双方产业合作中出现的问题；

（七）推动双方中小企业合作，提升中小企业竞争力；

（八）推动双方经贸社团互设办事机构。

二、双方应尽速针对本条合作事项的具体计划与内容展开协商。

第四章 早期收获

第七条 货物贸易早期收获

一、为加速实现本协议目标，双方同意对附件一所列产品实施早期收获计划，早期收获计划将于本协议生效后六个月内开始实施。

二、货物贸易早期收获计划的实施应遵循以下规定：

（一）双方应按照附件一列明的早期收获产品及降税安排实施降税；但双方各自对其他所有世界贸易组织成员普遍适用的非临时性进口关税税率较低时，则适用该税率；

（二）本协议附件一所列产品适用附件二所列临时原产地规则。依据该规则被认定为原产于一方的上述产品，另一方在进口时应给予优惠关税待遇；

（三）本协议附件一所列产品适用的临时贸易救济措施，是指本协议第三条第二款第五项所规定的措施，其中双方保障措施列入本协议附件三。

三、自双方根据本协议第三条达成的货物贸易协议生效之日起，本协议附件二中列明的临时原产地规则和本条第二款第三项规定的临时贸易救济措施规则应终止适用。

第八条 服务贸易早期收获

一、为加速实现本协议目标，双方同意对附件四所列服务贸易部门实施早期收获计划，早期收获计划应于本协议生效后尽速实施。

二、服务贸易早期收获计划的实施应遵循下列规定：

（一）一方应按照附件四列明的服务贸易早期收获部门及开放措施，对另一方的服务及服务提供者减少或消除实行的限制性措施；

（二）本协议附件四所列服务贸易部门及开放措施适用附件五规定的服务提供者定义；

（三）自双方根据本协议第四条达成的服务贸易协议生效之日起，本协议附件五规定的服务提供者定义应终止适用；

（四）若因实施服务贸易早期收获计划对一方的服务部门造成实质性负面影响，受影响的一方可要求与另一方磋商，寻求解决方案。

第五章 其他

第九条 例外

本协议的任何规定不得解释为妨碍一方采取或维持与世界贸易组织规则相一致的例外措施。

第十条 争端解决

一、双方应不迟于本协议生效后六个月内就建立适当的争端解决程序展开磋商，并尽速达成协议，以解决任何关于本协议解释、实施和适用的争端。

二、在本条第一款所指的争端解决协议生效前，任何关于本协议解释、实施和适用的争端，应由双方通过协商解决，或由根据本协议第十一条设立的“两岸经济合作委员会”以适当方式加以解决。

第十一条 机构安排

一、双方成立“两岸经济合作委员会”（以下简称委员会）。委员会由双方指定的代表组成，负责处理与本协议相关的事宜，包括但不限于：

（一）完成为落实本协议目标所必需的磋商；

（二）监督并评估本协议的执行；

（三）解释本协议的规定；

（四）通报重要经贸信息；

（五）根据本协议第十条规定，解决任何关于本协议解释、实施和适用的争端。

二、委员会可根据需要设立工作小组，处理特定领域中与本协议相关的事宜，并接受委员会监督。

三、委员会每半年召开一次例会，必要时经双方同意可召开临时会议。

四、与本协议相关的业务事宜由双方业务主管部门指定的联络人负责联络。

第十二条 文书格式

基于本协议所进行的业务联系，应使用双方商定的文书格式。

第十三条 附件及后续协议

本协议的附件及根据本协议签署的后续协议，构成本协议的一部分。

第十四条 修正

本协议修正，应经双方协商同意，并以书面形式确认。

第十五条 生效

本协议签署后，双方应各自完成相关程序并以书面通知另一方。本协议自双方均收到对方通知后次日起生效。

第十六条 终止

一、一方终止本协议应以书面通知另一方。双方应在终止通知发出之日起三十日内开始协商。如协商未能达成一致，则本协议自通知一方发出终止通知之日起第一百八十日终止。

二、本协议终止后三十日内，双方应就因本协议终止而产生的问题展开协商。

本协议于六月二十九日签署，一式四份，双方各执两份。四份文本中对应表述的不同用语所含意义相同，四份文本具有同等效力。

附件一 货物贸易早期收获产品清单及降税安排

附件二 适用于货物贸易早期收获产品的临时原产地规则

附件三 适用于货物贸易早期收获产品的双方保障措施

附件四 服务贸易早期收获部门及开放措施

附件五 适用于服务贸易早期收获部门及开放措施的服务提供者定义

海峡两岸关系协会 财团法人海峡交流基金会

会长 陈云林

董事长 江丙坤

（三）ECFA的后续内容

第一，两岸经济合作委员会。

两岸经合会的成立宗旨应是构建两岸特色经济合作机制、推动两岸经济关系进一步朝制度化与自由化方向发展、充分实现互惠双赢。两岸经济合作框架协议于2010年6月29日签署、并于9月12日正式生效。按照双方约定，货物贸易、服务贸易、投资保障、争端解决四大协议将在ECFA生效后的6个月内展开协商，即2011年3月12日前两岸将就ECFA重要议题开启谈判，谈判主体则须在此前确定。从两岸签署ECFA的经验看，是两岸两会先将该议题交给各自委托的研究机构，分别进行各自研究和共同研究，研究评估结果出来后，由两岸相关主管部门官员及专家组成的专家组经过多次协商，敲定ECFA文本后由两岸两会签署协议。从这一模式及思路出发，未来两岸签署ECFA后的越来越多且日益繁杂的相关经济协议也可由两岸专家组进行协商后由两岸两会签署，而在某种意义上，两岸经合会的成立即是将这个专家组制度化与常态化，当然，经合会的功能应该比这个专家组更广泛细致，可能也不仅限于处理ECFA后续相关业务问题，还将为两岸经济交流与合作的不断深入与创新提供新的平台。因此，性质上两岸经合会是两岸双方根据形势发展需要、在两会框架下首次共同组成的工作机构和联系机制，它既是两会商谈不断深化的产物，也是两岸关系和平发展的成果，其成立归根结底是为进一步推动两岸经济关系发展。

两岸经合会的具体职能主要是协商并落实两岸经济合作框架协议的各项目标，致力于解决实际问题。根据ECFA第十一条“机构安排”的规定，双方成立“两岸经济合作委员会”，由双方指定的代表组成，负责处理与本协议相关的事宜，包括但不限于：完成为落实本协议目标所必需的磋商；监督并评估本协议的执行；解释本协议的规定；通报重要经贸信息；根据本协议第十条规定，解决任何关于本协议解释、实施和适用的争端。此外，委员会可根据需要设立工作小组，处理特定领域中与本协议相关的事宜，并接受委员会监督。委员会每半年召开一次例会，必要时经双方同意可召开临时会议。与本协议相关的业务事宜由双方业务主管部门指定的联络人负责联络。

两岸经合会的组织结构是在两岸两会架构下设置两岸经济合作委员会，委员会下设若干工作小组，由工作小组处理与ECFA有关的特定领域事宜，委员会对各小组进行任务部署、指导与监督。大陆海协会与台湾海基会是两岸目前唯一得到官方授权的处理和协商两岸各种问题的民间组织，并在“九二共识、反对台独”的政治基础上于2008年恢复了制度化协商，两岸经合会定位于两会架构下的组织平台是体现两岸特色的重要内容。委员会的组成及操作应务实、灵活、有效。第一，在两岸政治难题尚未破解的前提下，应充分认识到两岸关系的特殊性，务实处理委员会的人员组成及操作方式，而不能完全照搬一般区域经济合作协议中的国际惯例。第二，双方为委员会指定的代表既可以是相关主管官员，也可以是民间专业人士，官员层级以符合两岸经济协商的实际需要为原则，灵活处理。第三，委员会要能有效协商和解决两岸经济合作过程中出现的各种问题，因此人员组成及操作要具体而有针对性。工作小组的设置可按货物贸易、服务贸易、投资保障、经济合作等方面协商内容划分，也可采取其他分类方法设置更多的小组，以便应对实际中的各种复杂问题。

两岸经合会的运作方式应坚持“平等协商、善意沟通、互惠双赢、公开透明”的原则。两岸经合会根据需要每六个月召开一次例会，也可就重要议题召开临时会议，同时下设工作小组，针对不同议题可同时展开协商。无论是委员会还是工作小组，双方既可依照相关主管部门指定人选，也可直接指定具体的专家或联络人，但双方的人员构成和层级应体现“平等协商”。就具体协议议题而言，经合会进行沟通协商的目的是为更好地落实ECFA的各项内容，让两岸人民与企业能尽早收获ECFA带来的实质利益，因此在这一共同目标下，双方均应考虑到对方的需求和难处，相互包容，适当让利，充分体现“善意沟通”。各项协议落实的结果必然是发挥ECFA为两岸经济与民众带来的好处，实现“互惠双赢”，这也是两岸成立经合会的根本目的。两岸经合会在协商各种经济议题时，其过程及结果应做到“公开透明”，消除各界疑虑，寻求最佳方案，提升整体效率。

第二，货物贸易、服务贸易、投资保障、争端解决四大协议。其中投资保障协议最为优先，有望被列入今年底的第六次陈江会谈的内容。签署该协议的难点大体包括：一是台湾方面对投资促进内容不够积极，希望先以投资保护内容为主，则两岸双向投资的不对称、不平衡格局还将维持相当长时间，而大陆方面认为岛内市场对陆资扩大开放更加急迫，否则《台湾同胞投资保护法》及《实施细则》就已基本解决保护大陆台商的问题；二是台资定位仍需探讨，大陆长期以来对台资实行“同等优先、适当放宽”的外资政策，但在投保协议里如何对投资人进行界定仍待厘清；三是仲裁机构、规则、地点及落实等各方面问题尚有不少分歧。此外，内容主要包括关税减让、原产地规定、贸易规则、产业标准及产业合作的货物贸易协议，以及服务贸易和争端解决机制都是下一步需要讨论的内容。

第三，两岸产业合作。由台湾方面率先提出的两岸产业搭桥专案自2008年12月正式启动以来，推动成效与预期效果有些差异。未来难点主要包括：一是如何构建和实施更有效的两岸产业合作机制，原有的产业合作咨询小组和工作小组是否需要并入两岸经合会的工作小组，“搭桥”角色是否需要由官方和民间共同扮演，以充分推动和利用两岸产业合作的基础研究；二是确定产业合作目标，设法避免“台资企业找市场、大陆企业找资金”的产业合作短视目标，真正通过优势互补的产业合作形成具有全球竞争力的组合；三是推动两岸产业合作的顺序应该是先开放市场准入还是先开启两岸营商环境对接，不能将两岸产业合作简单地理解成大陆向台企开放市场，两岸在共同制定标准、推动技术创新等方面需要一系列制度整合。

第四，两岸金融合作。该议题与两岸产业合作同为ECFA中的两岸经济合作内容。其难点，一是两岸金融市场准入条件，虽然金融业开放已经列入ECFA早期收获清单中，但双方均认为对方的开放程度不如预期，台湾业者不满大陆未给予台资金融企业与港资完全相同的待遇，而大陆业者则对台湾仅将银行业列入ECFA早收清单中且对后续开展各种业务存在重重限制感到失望，未来两岸加大市场开放还有较大空间。但无论如何，2010年9月12日ECFA生效后两个月大陆批准了6家台资银行在大陆设分行，台湾则批准2家陆资银行在台设代表处，是为两岸金融市场进一步开了个好头。二是两岸货币清算机制有待完善，7月中国人民银行授权中银香港为台湾人民币现钞业务清算行只解决了两岸货币现钞清算，台商则希望能通过人民币存款、汇款业务可以与大陆厂商直接使用人民币结算，但人民币与新台币间的汇兑交易与大陆金融体制改革进程密切相关，很难一步到位。三是两岸金融监管合作急待加强，包括两岸组建专门机构，进行两岸金融信息发布、金融风险联合监测预警、共同应急处置等。

三、签署两岸经济合作框架协议的影响

（一）对两岸经济的影响

两岸签署经济合作协议之前，大陆、台湾和美国方面都作了相关的评估报告。商务部委托商务部国际贸易经济合作研究院、南开大学、对外经贸大学联合研究组2009年9月所作的《两岸经济合作协议研究报告》（简称“大陆研究”）。该报告运用可计算一般均衡（CGE）模型进行了模拟分析，模型的假设前提是在中国大陆、日本、韩国分别与东盟建立自贸区，在实现产品零关税基础上，按照两岸贸易自由化程度由高到低，设置了4种方案，评估签署两岸经济合作协议对大陆经济各项指标的影响。台湾“经济部”委托中华经济研究院2009年7月所作的《两岸经济合作框架协议之影响评估报告》（简称“台湾研究”）。该报告依据各国评估自由贸易区通常采用的GTAP模型进行仿真。美国彼得森研究所（Peterson Institute）2009年9月所作的中长期评估报告《中台经济自由化之意涵》（简称“美国研究”）。综合以上报告得出以下结论：

1．对GDP影响

两岸签署经济合作协议将对两岸经济增长产生正面影响，台湾GDP的增长受惠程度高于大陆。

大陆研究显示，两岸签署经济合作协议后相互实施关税减让对大陆的GDP增长具有正面影响，增长率将提高0.63–0.67个百分点，其中包含了三个10+1的影响，特别是大陆与东盟自由贸易协议所获得的收益。如果扣除掉这些因素的影响，只考虑两岸经济合作协议对大陆经济的影响，大陆GDP增长率将提高0.36–0.4个百分点。

台湾研究显示，贸易自由化对于台湾经济发展具有正面效果。以GTAP模拟，若台湾暂不考虑解除目前对大陆农工产品的进口限制，而仅调降现已开放的农工产品之进口关税至0，则经济成长率将提高1.65个百分点；若维持农产品不进一步开放且现行开放进口的农产品也不降税，仅完全解除工业产品的进口限制且关税降至0，则经济成长率将可提高1.72个百分点。

美国研究显示，两岸签署经济合作协议后对两岸长期经济增长均有利，

其程度视台湾是否加入更广泛区域经济合作而定。如果台湾参与东盟10+1，那么到2020年其GDP将在ECFA推动增长4.5%的基础上再提升约0.5个百分点。如果台湾加入东盟10+3，则其产出将额外再增加约0.5个百分点。如果台湾签署ECFA，竞争对手韩国及日本不与大陆签署FTA，那么台湾受益最大。一旦台湾签署ECFA后参与东盟10+1，那么它能否加入东盟10+3对其GDP的影响微乎其微。对大陆而言，台湾参与东盟10+1将促进大陆GDP 0.4个百分点。东盟10+3的成立将给大陆带来更多的利益，推动其GDP增长1个百分点，但台湾是否加入东盟10+3对大陆经济影响则很小。

表9.7　台湾只签署ECFA时两岸2020年GDP的变化（以2004年为基准）

单位：十亿美元（%）

	两岸签署ECFA	东盟10+3成立两岸未签ECFA	东盟10+3成立两岸签署ECFA
台湾	21（4.5）	–3（–0.73）	17（3.7）
大陆	5（0.09）	35（0.63）	41（0.75）

资料来源：Daniel · Rosen,Zhi · Wang,*The Implications of China-Taiwan Economic Liberalization*,2009.

表9.8 当台湾参与更多区域经济协定时两岸2020年GDP的变化

单位：十亿美元（%）

	台湾加入东盟10+1	台湾加入东盟10+1和+3	台湾加入东盟10+3
台湾	24（5.1）	19.4（4.1）	20.8（4.2）
大陆	20（0.4）	55.6（1.03）	52.5（0.97）

资料来源：Daniel · Rosen,Zhi · Wang,*The Implications of China-Taiwan Economic Liberalization*,2009.

2．对外贸影响

两岸签署经济合作协议对两岸贸易及双方的对外贸易均会产生促进作用。大陆研究显示，两岸签署经济合作协议后，两岸关税减让和贸易障碍的消除将有效促进大陆对外进出口贸易的发展，大陆进口、出口也将可能获得增长。更重要的是，两岸贸易自由化也极大地促进了两岸之间的贸易发展，在不考虑台湾参与东盟自贸区的情况下，两岸间22类商品的贸易额均有所增长。其中，大陆对台出口增长较快的商品是谷物、纺织品、动物及动物制品、基础金属、汽车及配件；自台进口增长较快的商品是谷物、服装鞋类、皮革制品、汽车及配件、动物及动物制品。无论是否考虑台湾参与东盟自贸区的情形，大陆贸易条件均有一定程度改善。

台湾研究显示，两岸签署经济合作协议后，台湾总出口量上升4.81–4.99个百分点，总进口量上升6.95–7.07个百分点。由于自台湾销往中国大陆大部分工业产品的关税降为零，台湾将较日、韩等竞争对手国更早取得进入中国大陆市场的优势，进而取代日、韩的地位。以主要石化原料为例，2007年中国大陆进口总值约763亿美元，台湾占15 %，韩国占20 %，日本占18 %；如将中国大陆的平均进口关税6.17%降为零，将有助于台取代日韩原有38%的市占率，约380亿美元。以机械产品为例，2007年中国大陆进口总值约1,177亿美元，台湾占5.8%，韩国占9.2%，日本占21%，东盟占14%；如将中国大陆的平均进口关税7.85%降为零，将有助于台湾取代东盟及韩国原有23%的市占率，约270亿美元，并有机会挑战日本在中国大陆市场之地位。两岸如果不签署经济合作协议，东盟10+1形成对台湾总体经济的静态影响为：台湾GDP将下降0.04%，其中出口将减少0.28%，进口减少0.56%；在动态仿真下，GDP将小降0.18%，其中进口将减少0.41%，进口减少0.60%。

美国研究认为，对台湾而言，最有利的策略应是先签署ECFA，之后参与其他区域自贸协定获得额外收益。这点从表3与表4的比较中可以看出来。比如，如果台湾能依次参与区域经济整合，并最终加入东盟10+3，到2020年其出口将在ECFA推动出口成长270亿美元的基础上再增加70亿美元，进口也由ECFA推动的360亿美元增加70亿美元。其对台湾贸易顺差的影响几乎相同——随着台湾能更好地在某些领域利用在国外生产的优势，贸易顺差将会有一定的下降。对大陆而言，其外贸状况并不随着台湾是否参与其他区域经济协定而发生显著的变化。大陆从东盟10+3中获得的收益比从ECFA中要多，一旦大陆签署ECFA和实施东盟10+3自贸协定后，台湾是否参与东盟10+3协定对大陆的经济利益几乎没有影响。

表9.9 两岸贸易依存度的变化比重

单位：%

	2008	2020	两岸签署ECFA	东盟10+3成立两岸未签ECFA	东盟10+3成立两岸签署ECFA
台湾出口到大陆	41.1	52.0	62.0	51.3	61.2
大陆出口到台湾	2.72	3.3	4.3	3.2	4.2
台湾自大陆进口	14.3	19.5	23.0	20.1	23.5
大陆自台湾进口	11.2	12.0	15.1	11.3	14.2

资料来源：Daniel · Rosen,Zhi · Wang,*The Implications of China-Taiwan Economic Liberalization*,2009.

3．对福利影响

通常情况，自由化程度越高越有利于整体经济和福利增长。大陆研究显示，两岸签署经济合作协议后，大陆福利水平均有所提升，约在90亿美元至93亿美元。台湾研究显示，两岸签署经济合作协议后台湾社会福利将增加77.1亿美元，最重要的贸易余额将因此增加17.6–17.8亿美元。台湾签署协议后3年，外商在台的直接投资（FDI），平均每年流入的金额约在146~240亿美元之间。美国研究显示，两岸签署经济合作协议后均将获得更多的贸易顺差和福利。当东盟10+3实施时，大陆将获得更多的福利与收益，这可从贸易条件与有效吸收这两个变量看出。台湾的收益则在仅参与东盟10+1和把其对手日韩排除在大陆自由贸易区外时达到最大。

表9.10 当台湾只签署ECFA时两岸2020年贸易与福利指标的变化

（以2004年为基准）

单位：十亿美元（%）

	两岸签署ECFA		东盟10+3成立；两岸未签署ECFA		东盟10+3成立；两岸签署 ECFA	
	台 湾	大 陆	台 湾	大 陆	台 湾	大 陆
贸易余额	–9	7	0	21	–9	28
出 口	27 （6.5）	39 （1.7）	–4 （–1.0）	78 （3.0）	22 （5.3）	116 （5.0）
进 口	36 （11.1）	32 （1.9）	–4 （–1.3）	57 （3.3）	31 （9.6）	88 （5.2）
贸易条件	3.84	0.1	–0.15	0.31	3.63	0.45
有效吸收	15.8 （4.1）	4.8 （0.09）	–2.6 （–0.7）	33 （0.6）	12.8 （3.3）	39.7 （0.8）

资料来源：Daniel · Rosen、Zhi · Wang,*The Implications of China-Taiwan Economic Liberalization*,2009.

表9.11 当台湾参与更多区域经济协定时两岸2020年贸易与福利指标的变化

（以2004年为基准）

单位：十亿美元（%）

	台湾加入东盟10+1		台湾加入东盟10+1及东盟10+3		台湾加入东盟10+3	
	台 湾	大 陆	台 湾	大 陆	台 湾	大 陆

外贸余额	−10	13	−10	33	−8	32
出口	33（7.9）	44（1.9）	27（6.5）	123（5.3）	35（8.3）	121（5.2）
进口	43（13.2）	31（1.8）	37（11.5）	90（5.2）	43（13.2）	89（5.2）
贸易条件（%）	4.05	0.09	3.80	0.57	4.02	0.54
有效吸收	17.8（4.5）	19（0.4）	14.5（3.7）	54（1.0）	15.6（4.0）	51.5（1.0）

资料来源：Daniel · Rosen、Zhi · Wang,*The Implications of China-Taiwan Economic Liberalization*,2009.

4．对就业影响

两岸签署经济合作协议对两岸就业均有正面意义。大陆研究显示，随着两岸间投资及进出口贸易的增长，将带动大陆就业率增长。台湾研究显示，两岸签署经济合作协议后，台湾目前约1,010万的总就业人数可望增加25.7~26.3万人，有效降低总失业人口数。创造就业的途径是多样的，比如，过去由于多数零组件出口至中国大陆必须课征关税，致使终端产品制造商要求零组件供货商必须并同至大陆投资。一旦中国大陆大部分工业产品关税降为零后，将有助于整体供应链根留台湾，并藉由“三通”采国际贸易方式供应客户。例如中国大陆机车零组件关税由约10%降为0后，各零组件卫星工厂将可改由台湾出货，便能继续创造台湾的就业机会。

5．对产业影响

两岸产业受两岸签署经济合作协议的影响不同，但受益产业占多数。大陆研究显示，两岸签署经济合作协议后，各产业部门受益和受损程度会有所不同。在自由化程度最高的方案中，两岸关税减让对大陆各产业产出的影响都不是很大，主要原因是大陆经济规模较大，对台出口占大陆总出口的比重较低。从具体产业看，大陆22个产业部门中，两岸贸易自由化将提高13个产业的产出水平，其中电子产品、基础金属、汽车及配件、其他交通工具（铁路机车、航天器、船舶等）、其它农产品等行业是产出增幅前五位，分别增长7.14%、4.44%、3.56%、1.85%、1.37%。其它9个行业的产出将小幅下降，食品、纺织品、纸制品和印刷品、化工、林产品等产业产出降幅均在1%以内。而其他制成品（羽毛、陶瓷、珍珠等）、木制品、服装鞋类、皮革制品4个产业产出降幅在1%–3%之间。

台湾研究显示，两岸签署经济合作协议后，石化、机械、纺织（中上游）及自行车等产业将获正面效益，汽车、钢铁等产业则是属负面效益项目，未来工业局将采取关税配额方式，才能调整成有竞争力项目。大陆台商以往为降低生产成本，部分机器设备及原物料改在当地采购。中国大陆进口关税降为零后，自台湾进口相对成本降低，台商自可增加自台湾采购之数量，同时因质量较佳及成本降低，将有助于台商在中国大陆竞争力之提升。由于相同产品自台湾销往中国大陆之关税较自欧、美、日等地直接出口更优惠，同时因为台湾对智慧财产权保护较为周全，加上两岸开放“三通”，以及政府补助企业在台设立研发中心的优惠措施，将有助于欧、美、日企业选择将台湾作为进入中国大陆市场的门户，优先与台商合作研发及生产，将区域研发、生产或营运总部设在台湾，让台湾成为跨国企业“全球创新中心”及“亚太经贸枢纽”的首选。由于“三通”货物及人员流通之便利性，配合双边货品关税降低及非关税障碍消除等贸易自由化效果，将可重新塑造台湾成为兼具转口、物流配销、终端产品加工等全功能运筹中心的机会。同时搭配台湾当局放宽台商赴大陆投资之限制、鼓励台商回台上市等激励措施，将可促成台湾成为台商运筹帷幄的“营运总部”。

美国研究显示，两岸签署经济合作协议后，如果台湾加入东盟10+1或10+3，台湾受益最大的产业是皮革与运动产品、纺织品、部分食品业和农业。但台湾糖业受冲击最大，其次为果蔬业。但这些产业很有可能被排除在自由贸易区的领域之外。只要两岸已实施ECFA，无论台湾是否加入东盟10+1或10+3，不会再有其它的产业受到的冲击超过2.7%。对大陆产业而言，台湾参与更多区域经济协定的影响较小。如果台湾加入东盟10+1或+3，到2020年，大陆产业增长几乎均不超过0.8%。少数部门，尤其是皮革与运动品产业、糖业在台湾参与东盟协定后将有小幅度缩减。考虑到两岸经济体大小差别较大，尽管这些经济影响不大可能促使大陆改变政策决议，但需要注意的是，大陆相同百分比变动造成的产值变动要比台湾大得多。同时该研究还提出：首先，对于台湾而言，与大陆签署ECFA和加入东盟自贸区且在日韩还没实施类似措施的前提下，收益最大。而对大陆来说，在东盟10+3一体化全面实施的条件下，收益最大。台湾是否参与东盟10+3对大陆影响很小。至于台湾在签署ECFA后寻求签署的台美FTA是否会给台湾带来比本章分析的区域一体化还要多的额外收益，答案很可能是否定的。其次，对产业部门的影响仅仅局限在一定的水平上，尤其是农业被排除在自由贸易的范围外。第三，台湾因自由贸易受惠的产业并非高科技产业，而是一些传统产业，如皮革与运动产品行业等。第四，农业对台湾而言不仅仅是个敏感的部门，它其实是个真正具有实际比较优势的产业。台湾作为大中华地区唯一同时具有有效管理制度与耕种空间的成员，有发展高附加值的有机农产品中心的潜力。最后，从大陆的角度看，是否揽括或排除台湾参与更多的区域经济协定对其经济静态影响微乎其微。但动态影响则不同，包括模型估计的长期结构调整，政治风险的下降等。

表9.12 2020年两岸各产业变动百分比

部门	两岸签署ECFA	台参与东盟+1	2相较于1变动百分比	部门	两岸未签ECFA东盟+3成立	台湾加入东盟+1和+3	4相较于3变动百分比	部门	两岸签署ECFA东盟+3成立	台湾加入东盟+3	6相较于5变动百分比
	1	2			3	4			5	6	
台湾受益产业											
皮革和运动产品	3.8	63.0	57.0	皮革和运动产品	–0.8	65.2	66.6	皮革和运动产品	3.2	65.8	60.6

其它加工食物	−3.0	6.9	10.2	纺织业	−2.1	36.2	39.2	其它加工食物	−3.3	8.5	12.1
纺织业	27.1	38.5	9.0	化学橡胶与塑料制品	−0.7	26.5	27.4	其它谷物	−9.5	−0.9	9.5
其它谷物	−9.3	−2.2	7.8	石化煤炭与其它矿产品	−0.7	12.3	13.1	纺织业	24.8	36.7	9.5
牲畜	−0.3	6.7	7.0	机动车辆与零部件	−2.0	7.7	9.9	牲畜	−0.4	7.9	8.3
非谷物作物	1.7	6.3	4.6	牲畜	−0.1	7.0	7.1	非谷物作物	0.5	5.4	4.8
台湾受损产业											
糖	−2.3	−62.2	−61.3	糖	0.8	−61.9	−62.2	糖	−1.4	−61.9	−61.3
果蔬	−1.5	−6.9	−5.5	电子设备	0.1	−15.0	−15.1	果蔬	−1.6	−7.6	−6.1
肉奶	−1.3	−3.9	−2.7	果蔬	−0.1	−7.2	−7.0	矿产品	−1.1	−2.9	−1.9
电子设备	−13.3	−15.1	−2.0	其它轻型设备	1.2	−4.7	−5.8	肉奶	−1.3	−2.4	−1.1
矿产品	−1.2	−2.1	−0.9	交通设备	0.9	−4.4	−5.3	电子设备	−13.1	−14.0	−1.0
机械设备	6.2	5.3	−0.8	肉奶	−0.1	−3.9	−3.8	油气	−1.1	−1.6	−0.5
大陆受益产业											
电子设备	0.7	1.5	0.8	交通设备	0.9	2.6	1.7	电子设备	2.9	3.7	0.7

交通设备	1.2	1.8	0.7	机械设备	0.7	2.1	1.5	机械设备	1.5	2.1	0.6
机械设备	0.8	1.4	0.6	电子设备	2.2	3.7	1.4	交通设备	2.1	2.6	0.5
机动车辆与零部件	0.4	1.0	0.5	金属及制品	0.4	1.4	1.1	金属及制品	0.9	1.4	0.5
金属及制品	0.6	1.1	0.5	机动车辆与零部件	−1.0	−0.1	0.9	机动车辆与零部件	−0.6	−0.2	0.4
矿产品	0.4	0.7	0.4	服饰	1.7	2.5	0.9	矿产品	0.8	1.2	0.3
大陆受损产业											
糖	0.0	−2.7	−2.8	皮革和运动产品	0.5	−1.6	−2.1	皮革和运动产品	0.4	−1.5	−2.0
皮革和运动产品	0.0	−2.1	−2.1	非谷物作物	1.0	−0.4	−1.4	非谷物作物	0.5	−0.4	−0.9
非谷物作物	−0.4	−1.4	−0.9	肉奶	1.6	0.2	−1.3	肉奶	1.1	0.2	−0.8
肉奶	−0.4	−1.2	−0.8	牲畜	−0.3	−1.2	−0.9	糖	−4.0	−4.6	−0.7
牲畜	−0.4	−0.9	−0.5	纺织业	0.2	−0.6	−0.8	纺织业	0.0	−0.6	−0.6
其它加工食物	−0.1	−0.5	−0.4	糖	−4.0	−4.6	−0.7	其它加工食物	0.7	0.2	−0.5

资料来源：Daniel · Rosen、Zhi · Wang,*The Implications of China-Taiwan Economic Liberalization*,2009.

（二）对两岸政治的影响

1．对台湾政局的影响

两岸签署经济合作框架协议（ECFA）对岛内政局产生多重影响，以正面效应为主。一是国民党在岛内政治攻防中占据主动。ECFA的签署有力推动了两岸关系的和平发展，作为国民党执政以来的主要政绩，有利于其赢得民心。马英九在2009年台湾“八八水灾”后连续受“美牛事件”等风波冲击，民意支持度迅速下滑，直到2010年4月与民进党主席蔡英文进行了关于ECFA的辩论后才开始止跌回升，6月底ECFA的正式签署更是巩固了马英九的民意支持度。二是民进党调整大陆政策的压力增大。民进党已意识到两岸开放的不可逆转性，党内出现调整大陆政策的声音，主张客观理性地对待日益密切的两岸关系，在大陆政策上有更积极的作为。尤其是在“双英辩”失利后，民进党更是认识到ECFA深得岛内民心，是不可阻挡的历史趋势，被迫调整立场，改为不反对ECFA的签署，并且即使重新执政，也不会改变“前朝政策”。

长期来看，两岸签署经济合作框架协议有利于对台湾当局的政治倾向产生影响。首先，通过两岸经济合作建立和增进两岸政治互信。大陆通过释出单方面的惠台经济措施以及与台湾当局通过协商签署符合台湾经济利益的相关协议，均是通过经济手段向台湾方面表达善意，对建立政治互信起到推动作用。其次，通过两岸经济合作影响台湾当局经济政策制定。中国大陆在世界经济中的地位日益提升，大陆市场成为台湾经济发展的重要依托。90年代以来，历届台湾当局在制定经济发展战略时都无法忽略大陆因素。现阶段两岸经济合作协议的签订进一步加强了大陆对台当局政策制定的影响力。不断深化的经济依赖使切断两岸政治联系成为不可能。再次，两岸经济合作是岛内选举政治的重要议题。两岸议题是每次台湾“大选”前政治人物必然操弄的议题。ECFA的签署使两岸经济关系向前发展成为主流民意。

2．对岛内民意的影响

两岸签署经济合作协议符合岛内民众期待，积极影响大于消极影响。第一，台民众普遍支持两岸更密切交流。民调显示，两会协商成果、MOU和ECFA等议题得到岛内多数民众的肯定；51.7%的民众支持两岸更密切交流，57%的民众赞成两岸在马任期内进行承认彼此存在，互不开战、往和平方向走的政治谈判。台民众融入大陆的意愿提升，表示愿到大陆工作的台居民，从2006年的36%上升至38%；愿意让下一代到大陆受教育的比例，也从28%升至29%。第二，两岸民众的相互理解程度正在提升。指标1：台湾民众认为大陆政府不友善的比重在下降。台湾政治大学选举研究中心所作的定期民调结果显示：台湾民众认为大陆政府对台湾当局不友善的比重由2004年7月的70.4%下降为2009年9月的45.1%；台湾民众认为大陆政府对台湾民众不友善的比重由2004年7月的48.7%下降为2009年9月的38.7%。其它多家机构所作的相同指标的民调结果显示趋势相同。①指标2：台湾民心指数对两岸关系乐观程度在上升。台湾《远见》杂志自2006年6月起每月发布“台湾民心指数”调查结果，其中反映岛内民众心理的“两岸关系缓和指数”有明显提升，由2006年10月的51.2上升至2009年10月的61.2。②指标3：两岸民众对对岸领导人的好感度在上升。台湾《远见》杂志近年来的连续民调表明，台湾民众对国家主席胡锦涛的好感度在上升，有好感的民众比例由2005年6月的不到20%上升至2009年6月的30.4%；而没好感的民众比例则由2005年6月的接近60%下降至2009年6月的44.2%。③大陆民众对台湾领导人的好感也发生巨大变化。2004年11月，87%的大陆民众对台湾领导人陈水扁没好感（表示气愤）；④2009年6月，71.5%的大陆民众对台湾领导人马英九有好感，没好感的只有15.2%。⑤

3．对两岸关系的影响

两岸签署经济合作协议会增强台湾民众与大陆的利益联系，进而对两

---

① 资料来源：台“陆委会”网站：www.mac.gov.tw。

② 资料来源：台《远见》杂志民调中心。

③ 资料来源：台《远见》杂志民调中心，《远见》杂志，2009年6月号。

④ 资料来源：台《中国时报》2004年11月12日，由北京中国社会调查所（SSIC）调查。

⑤ 资料来源：台《远见》杂志民调中心，台《联合晚报》，2009年6月30日。

岸关系产生积极影响。首先是影响大陆利益群体的政治倾向。两岸经过30年经济交流与合作，已经在岛内形成具有一定规模的大陆利益群体，其利益来源或投资，或贸易，或服务对象在大陆，出于经济利益考虑，主流政治主张必然是发展两岸经济关系。发展两岸经济关系为两岸民众的相互了解与信任提供了更多机会。其次是影响岛内政治人物的政治立场。岛内政治人物出于自身利益考虑，或直接的大陆利益，或与大陆有关的利益集团的压力，在两岸问题上不得不认真对待大陆提出的政策主张，可能会提出向大陆政策靠拢的折衷方案，或放弃原来的“台独”激进主张。再次是影响岛内普通民众的命运认同。通过经济利益的联结，互利双赢的经济格局会增强两岸民众的命运认同。从经济命运认同，再逐步发展到文化、社会和政治认同，使两岸民众深切认识到两岸同胞是血脉相连的命运共同体，中国是两岸同胞的共同家园。

现实情况也表明，随着两岸经济关系的不断发展，岛内大陆利益群体成为支持两岸和平发展的中坚力量。指标 1：有大陆利益的岛内绿色台商转向支持两岸关系和平发展。最有代表性的是2005年3月长期与绿营保持深厚关系的奇美集团创办人许文龙发表支持一中的“退休感言”，震撼岛内政商界。在两岸经济关系不断发展的形势下，其它很多有大陆利益的重量级台商也相继淡出绿色阵营或转向促统，并高调支持“三通”。宏碁集团创办人施振荣公开表示支持统一的看法，并以退出“国政”顾问团运作的动作，逐渐与绿营渐行渐远。长荣集团董事长张荣发与台塑集团董事长王永庆联袂发表两岸应尽速“三通”的声明。曾与绿营互动密切的广达董事长林百里对外界表明不管政治只管经济的立场，避免与“台独”沾边。指标 2：迫使台湾当局出台有利于两岸关系发展的举措。多年的两岸经济交流与合作所形成的岛内大陆利益群体，要求不断发展两岸经济关系，迫使政治上主张“台独”的民进党当局也不得不在2004年和2008年“大选”前出台有利于大陆台商及两岸关系发展的举措，例如扩大“小三通”、扩大补助教育经费、扩大货运包机为双向、开放台商医院健保给付、开放银行业借道间接参股陆资银行及放宽OBU业务等。

（三）对其它地区经济、政治的影响

1. 对港、澳的影响

过去两岸没有实现“三通”，一直通过香港、澳门等地进行转口贸易和客运，两岸直航已经对香港和澳门转运贸易造成一定冲击，两岸若签署经济合作协议无疑将对港澳，尤其是香港造成更明显的负面影响。但总体来看，两岸经济整合乃至台湾在亚太区域内的经济整合，未来对香港造成的冲击都是有限的，甚至还可能带来香港经济上升的空间和机会。一是香港和台湾产业发展的方向和优势有明显差异，香港以金融、物流、旅游和商业服务业为主，而台湾经济主要依赖制造业尤其是高科技制造业。香港拥有明显的比较优势，这是台湾难以企及的，两岸经济整合不会影响香港的竞争力。二是模型估计结果显示，两岸签署ECFA仅使香港经济出现小幅衰退（–0.3%），而且出口受到影响的产业主要是纺织业和橡胶、塑胶等化学制品业，这些都不是香港重要的产业部门，对香港经济的影响有限。

但另一方面，两岸关系和解对香港而言并不完全是负面影响，也可能带来更大的发展机会和上升空间。由于地理位置优势和基础设施日臻完善，香港作为大陆南部台商制造业转运点的地位不会改变。而且，香港能借机发展两岸企业所需更高端的商业服务，如商业仲裁等。因此，香港受到两岸经济自由化的冲击也有限，香港作为区域金融中心的地位不会改变。截至2008年3月台湾已有54家企业在港股上市，2007年1月至2008年3月台湾在香港所有非陆资的IPO中比重达40%，其目的明显是为规避台当局对台商投资大陆40%的限制。2008年7月台当局放宽了投资大陆的限制，台湾通过香港迂回投资大陆的资金有所减少，但台湾欲取代香港的金融地位，成为区域金融中心仍不被看好。

2. 对日本、韩国、东南亚的影响

在两岸签署经济合作协议对周边区域经济体的影响力模型中，仅香港和新加坡由于过去扮演转运贸易和区域经济中心角色会出现GDP的小幅衰退（均为–0.3%），对周边其它国家（地区）则基本为正面效应，尤以越南受益最明显（GDP增长约0.7%）。主要原因是台湾人均收入约16500美元，是东南亚区域除新加坡（人均收入39000美元）外最富的地区，要素禀赋差异形成台湾

与东南亚其它发展中国家间的经济互补性，双方都将通过贸易受益。

上述静态效应分析也没有考虑周边经济体由于两岸关系改善而提升的地缘经济优势，事实上，两岸经济自由化为区域经济发展带来长期性的正面的动态效应更为显著。经济意义上，两岸资源流动自由化将使区域内被政策干预所扭曲的经济关系恢复正常，反映各经济体间潜在的要素禀赋和比较优势，各国（区）出口、需求和就业都将随之发生变化。政治意义上，两岸自由化减少了区域内可能的政治风险，区域内经济财富的增加被用于扩大再生产而不是投入防御国家（地区）安全与风险。

表9.13 两岸签署经济合作协议对周边经济体GDP的影响（2020年）

单位：十亿美元、%

	两岸ECFA			东盟+3			两岸ECFA及东盟+3		
		金额	增长率		金额	增长率		金额	增长率
受益经济体	东南亚其他国家	1.6	0.8	韩国	15.1	1.4	东南亚其他国家	3.0	1.5
	越南	0.6	0.7	东南亚其他国家	1.4	0.7	韩国	13.3	1.2
	南亚	9.4	0.4	日本	33.1	0.7	韩国	1.1	1.2
	印度尼西亚	1.36	0.3	越南	0.5	0.5	南亚	17.0	0.8
受损经济体	香港	–0.8	–0.3	菲律宾	–0.5	–0.2	香港	–1.1	–0.4
	新加坡	–0.5	–0.3	香港	–0.3	–0.1	菲律宾	–0.3	–0.2

资料来源：Daniel · Rosen、Zhi · Wang,*The Implications of China-Taiwan Economic Liberalization*,2009.

3．对美国、欧洲的影响

两岸关系的改善和经济自由化没有改变美国在台海问题上的关键地位和作用，但过去认为只有美国能维护台海和平的观念逐渐发生转变。由于长期对立的两岸关系改善，但未来发展仍具很大的不确定性，美与两岸的关系变得更加复杂。美国可能由过去仅在亚太安全领域内扮演重要角色，转型成全面参与亚洲发展事务。

经济方面，近十年来台湾与美、欧的贸易关系已呈弱化趋势，进出口比重均下滑。两岸签署经济合作协议后将逐步解除关税壁垒，但台湾与美国、欧盟仍存在贸易障碍，而且美欧产品在台湾市场遭遇的关税障碍高于台湾产品在美欧市场的关税，两岸调降关税可能带来显著的贸易转移效果，增加台湾对大陆进出口贸易但同时排挤对其他国家（地区）的进出口。如上表模型结果显示，台湾若与大陆签署ECFA并同时加入东盟＋1和东盟＋3，将可能造成欧盟15国GDP衰退0.1%。未来美、欧等地可能加快与台湾商签FTA的步伐，消除两岸签署经济合作协议可能带来的负面影响。

表9.14 台湾加入东盟+1或东盟+3对周边经济体GDP的影响（2020年）

单位：十亿美元、%

	台湾加入东盟+1			台湾同时加入东盟+1与东盟+3			台湾加入东盟+3		
		金额	增长率		金额	增长率		金额	增长率
受益经济体	越南	2.1	2.2	越南	2.6	2.8	越南	2.5	2.7
	东南亚其他国家	3.3	1.6	东南亚其他国家	4.6	2.2	东南亚其他国家	4.5	2.2
	泰国	2.9	1.0	南亚	27.6	1.2	韩国	13.0	1.2
	南亚	19.3	0.9	韩国	13.0	1.2	南亚	26.8	1.2
受损经济体	韩国	−10.7	−1.0	香港	−0.8	−0.3	香港	−0.9	−0.4
	香港	−0.3	−0.1	欧盟15国	−7.9	−0.1	菲律宾	−0.1	−0.1

资料来源：Daniel · Rosen、Zhi · Wang,*The Implications of China-Taiwan Economic Liberalization*,2009.

第二节　ECFA 后的台湾产业与金融发展

一、ECFA后的两岸经济关系发展路径

两岸经济合作框架协议（ECFA）得以签署，除因两岸关系迎来重大转机、进入和平发展轨道外，还有世界经济发展潮流的深刻背景。经济全球化与区域经济一体化是当今世界经济发展的两大趋势，并由此带来两个层次的经济开放：第一层次，在经济全球化潮流下，世界上超过150个国家或地区加入了世界贸易组织（WTO），对其它所有WTO成员进行一定程度的经济开放；第二层次，在多边谈判进展有限的困境下，区域经济一体化潮流随之兴起，WTO成员间通过以自由贸易协议（FTA）为主的区域贸易协议（RTA）形式进行更优惠的关税减让和经济开放。

两岸虽同为WTO成员，但因特殊的政治关系和背景，双方经济相互开放程度落后于对其它WTO成员的开放程度，其中主要是台湾对与大陆进行经济交流与合作的限制较多，很多方面连第一层次的入世承诺（WTO Agreement）都未实现。实现这一目标的过程可以称之为“两岸经济关系正常化”，在此基础上进而推动实现第二层次的经济开放（WTO-Plus Agreement）的过程则可称之为“两岸经济关系自由化”。而在推动这两个目标的过程中必然需要制度性、机制性的规范，这也是推动“两岸经济关系正常化和自由化”的框架和平台，因此这个同步进行的基础性构建目标也被称为“两岸经济关系制度化与机制化”。两岸签署经济合作框架协议（ECFA）是两岸经济关系制度化与机制化的标志性事件，是两岸经济关系发展史上的重要里程碑。未来加强和深化两岸经济合作的重点还应沿着两岸经济关系的正常化、制度化、机制化、自由化的方向继续推进。

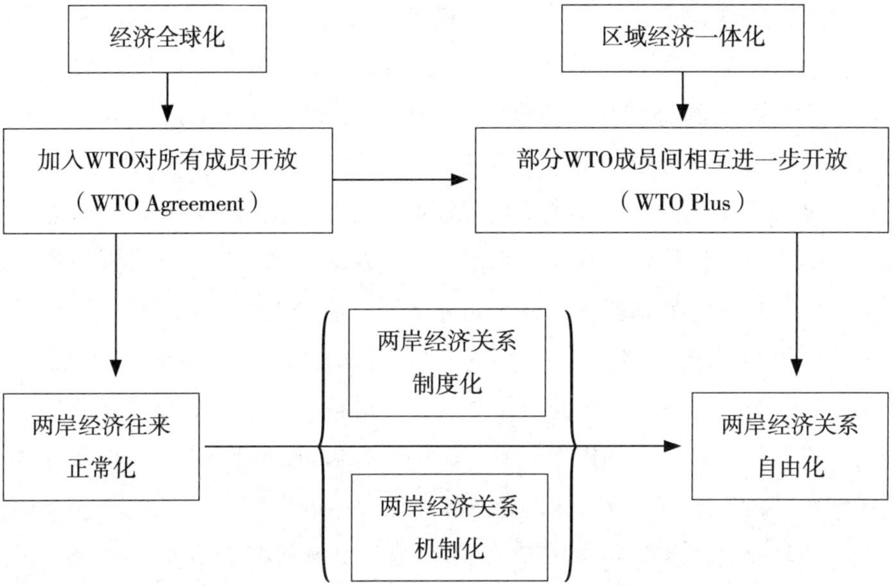

图9.4 两岸经济关系深化的世界经济背景

（一）两岸经济往来正常化

两岸经济往来正常化，主要指改变两岸经济往来因政策限制造成的间接、单向、局部的不正常状况，实现直接、双向、全面的两岸经济往来格局。1979年以前的30年间，两岸经济基本处于隔绝状态，是在特殊历史、政治条件下进行的严格政策限制。大陆发表《告台湾同胞书》、明确倡议两岸开展经济文化交流后，两岸经济往来从无到有，从小到大，政策限制也逐步放松，这是两岸经济关系正常化的开端。在两岸经济往来正常化的进程中，大陆率先提出并大力推动两岸实现包括通航、通邮、通商在内的“三通”，并单方面大幅开放对台贸易与投资，政策松绑的速度和程度远远走在台湾前面。2008年以来，随着两岸关系实现历史性转折，大陆不断加大推动两岸经济合作的力度，台湾也相继实施了有利于两岸经济关系发展的政策，双方在“九二共识”基础上推进协商，共同促成了两岸全面直接双向“三通”、两岸签署金融监管备忘录（MOU）和两岸经济合作框架协议（ECFA）等成果，某种意义上两岸经济往来的正常化已经“基本实现”。

但从WTO的角度看，两岸相互放松经济限制政策尚未达到入世时承诺的标准。21世纪初，两岸先后加入世界贸易组织（WTO），各自对WTO成员做出了不同程度的经济开放的承诺。按照WTO规范，该承诺适用于WTO的所有成员，即每个成员均应给予其它所有成员“最惠国待遇（Most Favored Nation, MFN）”（注：WTO文件明确说明该术语包括国家和地区，无主权意涵），不应歧视任何WTO成员。目前，大陆对与台湾的贸易及投资往来基本完全开放，与其它外资相比还有“同等优先，适当放宽”的原则，而台湾方面的政策限制仍较多。以开放商品进口为例，台湾对大陆以外的WTO成员开放了99%以上的入世时承诺的商品进口，但对自大陆进口的商品却分为禁止进口、有条件进口、允许进口三类，其中有条件进口和允许进口种类合计不超过80%。截至2010年1月1日，台湾准许从大陆进口的农工产品共8,625项，占全部商品总数10,867项的79.37%，其中农产品开放62.26%（1,427项），工业产品开放83.94%（7,195项）[①]。再以开放大陆企业赴台投资为例，两岸投资长期呈现单向特征，自2009年6月30日台湾实施开放陆资政策以来至2011年4月底，台湾先后四次累计对陆资开放产业247项，其中制造业开放比例占42%、服务业42%、公共建设项目24%，仍远未达到台入世承诺的开放项目数；陆资赴台投（增）资金额约1.5亿美元，仅占同期台吸引岛外投资的1%左右，约为台商赴大陆投资总额的0.1%。因此从“双向”的角度看两岸经济关系正常化还有较长的路要走。

（二）两岸经济合作制度化

两岸经济合作制度化，是指对两岸经济活动予以规范，制定双方共同遵守的办事规程或行动准则。正常化是解除不合时宜的政策限制的过程，制度化则是建立符合双方利益需要的行事规范的过程，二者大体可以理解为“破”和“立”的关系，即破除障碍和确立规范。两岸经济由长期隔绝到相互往来，必然存在规则、标准等多方面的制度差异和制度空白，需要通过协

① 台湾“经济部”网站 http://cweb.trade.gov.tw。

商寻求可以共同遵守的制度化安排。

首先需要建立两岸经济议题协商的制度化安排。自2008年6月两岸两会恢复协商以来，已经形成每年举行会谈的常态化、制度化模式，以两会为主的稳定的两岸经济协商制度日益成熟，并将在此基础上形成并完善多层次的经济交流的沟通与协商制度，包括两会协商制度、政党交流制度、行业协会协商制度、专家交流制度、企业合作论坛、民间交流论坛等。海协与海基会的两会协商制度是目前两岸唯一官方正式授权的专门协商平台。国民党与共产党建立的两岸经济文化论坛平台成为海峡两岸之间一种特殊的经济协商制度。特别是国民党在野期间，这一协商制度在两岸经济合作过程中起到了两会不能起到的独特作用。行业协会协商制度是在两会商谈无法恢复的情况下，两岸双方采取的权宜性措施，对于务实解决两岸交流中迫切需要解决的问题发挥了特殊的作用。如2005年两岸在解决台商春节包机问题上创造了“澳门模式”，即由两岸行业协会组织出面，相关官员以民间行业代表或顾问身份参加，就两岸航运或包机等问题进行协商，并达成共识，然后各自分别安排。

其次是功能性议题的制度化安排，即针对两岸经济往来中某一重要问题或事项进行制度化安排。内容包括：投资保障协议、避免双重征税协议、贸易争端处理机制、产业标准的共同制定及知识产权保护等。例如两岸两会签署的《海峡两岸渔船船员劳务合作协议》、《海峡两岸农产品检疫检验合作协议》、《海峡两岸标准计量检验认证合作协议》、《海峡两岸食品安全协议》、《海峡两岸共同打击犯罪及司法互助协议》、《海峡两岸金融合作协议》等，即属于两岸经济合作功能性议题的制度化的范畴。

此外，两岸经济合作制度化还包括区域合作以及产业合作的制度化安排。区域经济合作制度化既有诸如海峡西岸经济区等大区域经济合作，也包括平潭综合实验区等某些实行特殊政策的经济特区和先行先试综合试验区的制度化建设。产业合作制度化的内容，既有目前两岸积极推动的“产业搭桥计划”的制度化安排，同时也广泛涵盖两岸农业、制造业和服务业的全面合作，如精致农业、旅游业和金融服务业等产业合作的制度化安排。

（三）两岸经济关系机制化

两岸经济关系机制化，是指将两岸经济交流与合作中的各种经济政策与经济活动纳入有明确发展方向的有机系统内，构建出一个符合两岸关系特色、适应两岸共同发展需要的经济合作机制。两岸经济合作机制化构想的概念最早在1980年代初即有学者提出。1993年4月“汪辜会谈”期间，海协向海基会提出“设立两岸经济交流与合作会议制度”的建议，是较早提出建立两岸经济合作机制的公开主张。2002年1月24日，国务院副总理钱其琛在纪念江总书记八项主张提出七周年的会议上首次正式提出“两岸经济合作机制”的概念。2008年12月31日，胡锦涛总书记在纪念《告台湾同胞书》发表30周年座谈会上的讲话中首次明确要求建立“具有两岸特色的经济合作机制”。

两岸特色经济合作机制是一种开创性的制度创新，在研究和探索过程中应充分参考、借鉴和吸收人类历史上已有的区域经济一体化的尝试和经验，同时也应认清在政治背景、经济关系、发展规律等方面的特殊性。两岸政治关系特殊，使两岸经济一体化虽然本质上是国内区域经济一体化，但又具有一些国际区域经济合作的形式与特点；两岸经济关系特殊，使两岸需要在经济关系尚未实现完全正常化的情况下同时推进经济合作制度化；两岸经济一体化规律特殊，决定两岸经济一体化的进程将呈现不同阶段的特征交叉推进。

“两岸特色经济合作机制”的目标包括：促进和加快两岸经济一体化进程、最大限度发挥两岸经济优势互补；发挥政治外溢效果，为两岸解决政治议题创造有利条件；推动两岸关系和平发展，塑造两岸命运共同体；为两岸经济合作注入深层的中华文化内涵。建立和完善“两岸特色经济合作机制”需要把握以下原则：以“九二共识”为政治基础；符合区域经济一体化的基本规律；互利双赢，充分发挥两岸经济互补优势；循序渐进建立和完善两岸特色经济合作机制；突出两岸特色，维护民族利益。两岸特色经济合作机制的主要特征有：两岸经济关系正常化与制度化进程相结合；互利互惠与适度让利措施相结合；官方推动与市场主导相结合；特区试点与全面合作相结合；两岸经济共同发展与亚太区域经济合作相结合。

“两岸特色经济合作机制”是在国家重新统一前的两岸关系和平发展阶段，由中国国家主体与台澎金马单独关税区建立的旨在推动两岸经济关系发展的具有一系列自身特色的经济合作机制。该机制至少应包括两大主要组成部分："两岸特色的经济合作机构"与"两岸特色的经济合作协议"。前者是要在两岸特殊的政治环境下，在平等协商、善意沟通、互惠双赢、公开透明的原则基础上成立和运作能够推动两岸经济合作与发展的组织机构。后者是在两岸关系特定发展阶段，为适应两岸经济共同发展需要，并得到两岸各界支持的条件下签署的两岸间经济合作的制度规则。

在"两岸特色的经济合作机构"方面，目前两岸已在两会架构下建立了以"两岸经济合作委员会"为主导的平台，推动ECFA的细化与落实。依ECFA第11条的授权，两岸于2011年1月6日由双方指定的代表组成"两岸经济合作委员会"（简称"经合会"），作为"功能性经贸磋商及业务沟通平台"，在两岸两会架构下运作。经合会的功能包括：完成为落实ECFA目标所必需的磋商；监督并评估ECFA的执行；在争端解决协议未生效前，根据两岸经济合作架构协议第10条授权规定，协助解决关于ECFA的解释、实施，以及适用的争端。两岸经济合作委员会第一次例会于2月22日在台湾桃园举行，会议就经合会工作小组设置、启动《海峡两岸经济合作框架协议》后续协议磋商、总结和评估框架协议早期收获计划执行情况等议题深入交换意见，达成多项共识。会议决定成立经合会第一批工作小组，包括货物贸易、服务贸易、投资、争端解决、产业合作、海关合作6个工作小组，负责相关协议的磋商，推动相关领域的合作。会议宣布启动货物贸易、服务贸易以及争端解决等3个后续协议的商谈，全面启动了ECFA后续协商。两岸成立并开始运作经合会是双方共同落实两岸经济合作框架协议的重要一步，构建了两岸经贸领域制度化协商的新平台，启动了推动两岸经济合作发展的新机制。双方代表按照先易后难、循序渐进的思路，可以妥善处理两岸经济关系发展中存在的问题与框架协议实施后出现的新问题，稳步推进两岸经济合作框架协议后续工作不断取得新成果，有效发挥框架协议对两岸经济共同发展的促进作用，推动实现两岸经济正常化、自由化，使两岸经济合作成果更广泛地造福两岸同胞，造福中华民族。

在"两岸特色的经济合作协议"方面，目前两岸已于2010年6月29日正式签署了两岸经济合作框架协议（ECFA），目的是促进两岸经济共同发展，增进两岸同胞共同福祉，最大限度地实现优势互补，最大可能地追求互利双赢。事实上，两岸签署经济合作框架协议，的确有利于在现有基础上更为迅速全面地深化两岸经济合作，有利于为两岸人民谋得更多和更实在的利益，有利于台湾经济提升竞争力和扩大发展空间，有利于两岸共同应对世界经济发展趋势。根据两岸研究单位有关“两岸经济合作框架协议”研究的共同结论与建议，两岸经济合作框架协议的签署，对两岸经济发展均有正面的效益。台湾的中华经济研究院研究结果显示：签署两岸经济合作架构协议，虽对台湾不同产业带来不同程度的正、负面影响，但整体而言，将促使台湾的GDP增长，并对福利、贸易、就业、产值等总体经济产生正面效益。两岸签署经济合作框架协议对提升台湾经济竞争力、避免边缘化尤其重要。2010年“中国—东盟自由贸易区”启动后，中国大陆与东盟约90%的商品陆续实现零关税，台湾出口产品的40%以上集中在大陆，在日、韩也加紧与大陆商签FTA的形势下，两岸如不签署经济合作框架协议，台湾产品在大陆的竞争力将面临东南亚与日、韩产品的两面夹击，前景堪忧。相反，该协议如能顺利签署，则对台湾依照其经济发展战略成为跨国企业的“全球创新中心”及“亚太经贸枢纽”和台商运筹经营的“营运总部”将有重要意义。

（四）两岸经济开放自由化

两岸经济开放自由化是指努力实现商品（货物与服务）和生产要素（劳动力、资本、技术、信息）在两岸间自由流动。货物贸易自由化是双方通过协商谈判，降低关税，取消其他贸易壁垒和歧视待遇，扩大市场准入度。服务贸易自由化是贸易自由化在服务领域的具体表现，但涉及范围更广，包括运输、旅游、教育、金融、通讯等行业，有些涉及到一个国家或地区敏感性行业和意识形态领域，因此开放难度更大，不确定因素更多。生产要素实现自由流动则需要经济发展水平相差不大等更严格的前提条件。两岸经济开放自由化基本上是遵照WTO规则进行协商谈判。

从性质上看，世界贸易组织（WTO）对成员间的经济合作协议一律称为“区域贸易协议（Regional Trade Agreement, RTA）”。依据协议的实质内容，WTO对RTA主要分为4类：一是对部分贸易商品进行关税减让，称“部分范围（Partial Scope, PS）”；二是对大多数贸易商品关税减让，称“自由贸易协议（Free Trade Agreement, FTA）”，绝大多数RTA均属此类；三是协议内容含有服务业合作，则称“经济整合协议（Economic Integration

Agreement, EIA）”；四是关税领土合并，对外实行共同的关税和贸易限制，称为“关税同盟（Custom Union,CU）”。有些学者主张两岸经济开放自由化是双方签署FTA，也有学者提出两岸经济合作机制需要在WTO已有框架基础上进行创新①。

事实上，两岸经济关系自由化有鲜明的两岸特色，是两岸间为推动经济发展共创双赢的特殊的经济合作安排。两岸签署的经济合作框架协议，既不同于以往WTO成员间签署的一般性FTA，也不同于中国大陆与港澳地区签署的CEPA。其特色突出表现在：第一，两岸是在尚未完全实现经济正常化的条件下同时推动经济自由化。目前全球400多个RTA均相互提供比当初加入WTO时所承诺的更优惠的关税减让条件，即“超WTO协议（WTO-Plus Agreement）”，而两岸是在逐步实现WTO承诺的同时展开“超WTO协议”的谈判，这与一般FTA谈判在实现了WTO承诺的基础上进行“超WTO协议”谈判的内容不同。第二，早期FTA内容仅限于货物贸易关税减让，近年来服务贸易和投资内容也经常出现在FTA内容中，但经济合作内容仍较少见，而两岸经济合作框架协议内容不仅涵盖货物贸易、服务贸易和投资，还包括有规划指导、有政策支持、有产学研一起参与的新型产业合作与各种经济合作，远比一般意义上的FTA复杂和丰富。第三，由于两岸关系特殊，虽同为WTO成员，商签两岸经济合作框架协议的过程中要体现“血浓于水”的同胞情义，即在平等互利的基础上要照顾对方的关切。正是在这种特殊环境下，大陆提出在就两岸经济合作框架协议的谈判中会有五个方面的特色②：一是两岸在早期收获中提出希望对方降税的产品，无论是金额还是在各自出口中所占的比例，大陆方面都会少于或低于台湾方面；二是大陆方面选择对台湾降税的产品时，将尽可能选取能惠及台湾中小企业和广大基层民众的相关产品；三是大陆方面提出希望台湾方面降税的要求时，将尽量不影响台湾的弱势产业；四是大陆不会要求台湾方面进一步扩大大陆农产品入岛；五是大陆无意对台湾实施劳务输出。除了要符合两岸关系特色外，两岸经济合作框架协议还

---

① 唐永红、邓利娟，《当前两岸经济合作机制创新的空间与路径》，《台湾研究》，2005 年 6 期。

② 国台办主任王毅 2010 年 3 月 30 日接受台湾《旺报》专访的讲话。

要适应两岸共同发展需要，并需得到两岸各界支持，受到国际社会欢迎。

总之，长期而言，两岸经济关系将沿着两岸经济关系的正常化、制度化、机制化、自由化的方向持续前进，尽管如果岛内政局发生变化会对两岸经济关系发展造成障碍，但两岸经济关系日益密切终将是大势所趋，民心所向。青山遮不住，毕竟东流去。两岸经济关系发展需要同全球经济关系发展的潮流相一致，未来两岸经济关系的密切程度可望像香港与内地一样，并由此带来两岸人民福祉的共同提高。

二、ECFA 后的两岸产业合作

（一）台湾产业发展中的结构性问题

台湾产业层面普遍存在三方面的问题制约了台湾经济的发展。首先是产业结构中服务业发展欠缺。目前台湾经济已经进入后工业化阶段，服务业产值占GDP比重近3/4，本应替代制造业扮演拉动经济增长的龙头角色，但因台湾服务业竞争力不强，加上过去民进党当局对两岸经贸限制措施，使其无法通过拓展大陆市场获得新的空间，一直以内需为导向，在岛内发展潜力有限。与制造业相比，台湾服务业的特点是：低实质成长、低投资比例、低劳动投入、低研发投入、低国际竞争力、低产业关联度，只在名义上拥有高利润及高GDP比重。 因此在国际金融危机冲击下，台湾服务业无法充当扩大内需的主导产业。鉴于台湾对外投资的70%以上在大陆，其中绝大部分是制造业企业，台湾服务业也需要跟随服务对象拓展经营领域，增强自身实力。

其次是产品结构中高科技电子产品比重过高。台湾经济过度依赖半导体、面板等少数产业，国际金融危机与全球半导体、面板产业的周期性衰退发生共振，对台湾经济影响更大。以2008年为例，台湾出口产品中电机设备及零件超过30%，光学照相仪器占20%，资通讯产品合计占台湾出口的半数以上，而其它重要出口产品如塑胶制品、机械用具、有机化学品、钢铁及人造纤维等，占出口比重均低于10%。[①]国际金融危机席卷全球时，台湾因出口

① 《金融海啸后台湾产业再出发》，《台湾经济研究月刊》，2010 年第 1 期社论。

高度集中于资通讯产品及产业，无法随外部环境改变而快速调整结构，以致受到严重冲击。由于制造业的明星产品单一，台湾产品出口竞争力近年出现下降势头，2000–2008年，台湾产品在美国市场占有率从3.43%降至1.71%，在大陆的市场占有率从11.2%降至9.3%。

最后是产值结构中附加价值较低的制造环节仍占主流。在产品价值链生产的“微笑曲线”中，台湾企业仍多集中在利润较低的加工制造环节，较少涉入高利润的研发与销售环节。即使在近年来台湾企业在研发部分有显著提高的形势下，由于“微笑曲线”实际上是“斜嘴角”，真正高利润的销售部分是台湾企业普遍的软肋。在国际金融危机中，台湾制造业缺乏自有品牌、核心技术与销售渠道、仍以代工为主的生产模式弊端暴露无遗。危机爆发后，金融去杠杆化使台湾厂商上游客户资金失血，订单急剧下降甚至中断。台湾面板、内存（DRAM）厂商产能利用率降至30–40%左右，而韩国三星等拥有自主品牌及下游产业链的厂商，面板产品产能利用率一直维持在80%上下。同时，在国际金融危机对世界市场的资通讯产品消费形成冲击的背景下，高收入消费者因价格敏感度低和品牌忠诚度高而选择了日本商品，低收入消费者则选择了知名度中等但价格较低的韩国商品，而台湾产品则因欠缺品牌形象和技术而出口滑坡最大。

（二）开展新型两岸产业合作

两岸签署和落实经济合作框架协议后，两岸应“以互补互利、共同发展为目标，大力推动两岸新型产业合作”[①]。“两岸产业合作新型化”的内涵主要是“三有三新”，即有规划指导、有政策支持、有产学研一起参与，以及开拓新领域、新方式、新布局的两岸新型产业合作。“有规划指导”是指未来两岸产业合作需要通过两岸相关单位的沟通与协商，对两岸产业合作进行有针对性的规划和引导，避免完全由企业自发进行合作的盲目性；“有政策支持”是指两岸产业合作要符合两岸的产业政策，既要顺应大陆加快转变经济发展方式的战略，也要适合台湾推动“黄金十年”加速进行产业结构转

① 2009 年 10 月 25 日，国务院台办主任王毅在题为“促进两岸产业与经济交流合作”的两岸关系研讨会开幕式的讲话中首次提出“两岸新型产业合作”。

型升级的需求，在两岸产业政策的支持和鼓励下，强化两岸具备优势互补的产业合作，提高台资企业与大陆企业及大陆市场的结合程度；“有产学研一起参与”是要充分发挥两岸产业界、学术界及相关研究部门的多方智慧，对两岸的智力资源进行有效调动和整合，更好地进行两岸产业政策对接，圆满地推动两岸新型产业合作。

两岸产业合作的新领域、新方式和新布局是适应两岸产业结构发展形势的时代要求。

第一，两岸产业结构的发展阶段决定了两岸产业合作需要开拓新领域。与台湾已处于后工业化阶段相比，中国大陆尚处在工业化进程中，工业在经济中的地位较重，而服务业尚未得到充分发展。台湾服务业产值占GDP比重虽已高达3/4，但却长期呈现低就业比重、低实质成长、低投资比例、低劳动投入、低研发投入、低国际竞争力、低产业关联度等特点，也急需突破瓶颈，服务对象向外延伸。台湾当局最近提出未来经济发展重点是服务业的扩大化与精致化，同时制造业也由过去的代工、制造型产业转型升级为营运、管理、创新、智慧、服务型产业。因此两岸拓展以服务业为主轴的产业合作新领域有着广阔前景。例如，目前两岸已优先选择了城市食品物流、无线城市、半导体照明等三个产业作为试点进行合作，其特点即为两岸间优势互补明显且原有合作欠缺深度。以城市食品物流业为例，大陆传统批发市场和农贸市场的渠道仍占主导地位，食品、特别是农产品生产分散，物流设施相对落后，管理水平不高，而台湾则在这些方面有较多值得大陆借鉴的经验。台湾服务业在大陆服务业市场增长潜力大于制造业产品市场的背景下，也可利用大陆市场迅速扩大经营版图。台湾连锁、餐饮等服务业比发达经济在大陆更具优势，台湾金融服务业也具有百万大陆台商的基本市场。台湾服务业在大陆市场以外，还可与大陆服务业合作，共同承接全球服务转移和外包，迅速进入国际服务业分工格局，两岸服务型企业在建立境外品牌、技术中心和市场营销渠道等方面加强合作，可以共同提高两岸服务型企业的国际竞争力。

此外，全球经济、科技发展日新月异也要求两岸产业合作不断开拓新领域。例如，低碳经济是世界发展潮流，发展绿色能源产业也成为两岸产业合作的重要领域。台湾当局视其为“台湾产业新的生命力”，并制定了技术突围、关键投资、环境塑造、出口转进及内需扩大等五大策略，计划以此为基础实现2025年二氧化碳排放量回到2000年的水平。大陆则提出要以节能增效和生态环保为重点，加快发展绿色经济、循环经济和节能环保产业，推广应用低碳技术，积极应对气候变化，实现产业升级和结构优化。节能环保产业是今年两岸产业搭桥专案计划交流的重点，将有几场搭桥会为两岸产业合作提供契机。以LED照明为例，台湾领导人近日表示将在岛内全面更换路灯为LED灯以刺激该产业发展，同时大陆也在推动“千城万盏”计划，双方可通过产业合作共同快速发展。2010年2月台湾工研院照明检测实验室与北京国家电光源质量监督检测中心共同签订合作检测协定，正式启动两岸互相认证机制，在互相认可LED灯具测量标准后，台湾厂商销往大陆LED灯具检测成本及与时间大大节省，加速产品上市，帮助台湾产业切入大陆市场，未来还可努力将两岸标准推广成为全球标准，奠定两岸相关产业在全球LED照明市场的潜在利基。

第二，两岸产业的发展水平各异要求两岸在产业合作中尝试和扩大新方式。两岸产业分工方式复杂，既有产业间分工，也有产业内和产品内的垂直分工和水平分工，还有特征较模糊的混合型分工，因此未来产业合作方式也必然是复杂多样的，需要突破已有的合作方式。其一，对于两岸均处于萌芽期的新兴产业，如生物科技产业，两岸可考虑采取联合研发的方式，加强资金、技术、信息与人员交流，合作制定产业标准，加速产业技术的吸收、消化与创新，实现资源整合。其二，对于两岸均处于快速成长期但一方领先的产业，如台湾设计、制造技术较领先的半导体产业，可考虑通过深化和细化双方在研究、制造与管理等不同环节的分工，同时发挥良性竞争，加强自身已有优势，带动对方水平提升，为下一步合作奠定基础。其三，对于台湾已处于成熟期而大陆仍处于快速成长期的产业，如信息电子产业，可考虑采用合作生产模式，加强产业内和产品内分工，并借助大陆庞大的内需市场建立和发展自有品牌，改变原有低利的代工模式，在产品营销、市场掌控、产品设计、物流、人际关系、通路布局、策略规划、资金取得、财务规划、风险管理及库存调控等方面加强专业知识和技术水平，扩大经营版图。其四，对于两岸均处于稳定成熟期的产业，如家用电器产业，可考虑通过两岸大型家电集团的相互投资、技术学习或策略联盟，加快技术升级，扩大市场和产能，也可通过融资收购方式整合双方产能，提升产品的国际市场竞争力。

第三，两岸经济发展形势将加速两岸产业合作的新布局。空间经济学的最新理论研究表明[①]，产业集聚中心主要有两大类，一是新兴产业集聚地，以知识密集为特征，二是成熟产业集聚地，多为投资人预期的产物，以劳动密集为特征，二者的形成原因各不相同，后者主要受投资人预期影响较明显。台商在大陆的集聚现象较为明显的长三角、珠三角和环渤海等地区主要是劳动密集型产业或价值链生产过程中的劳动密集环节，未来将向新兴产业集聚地转型，而大陆其它地区也需要更多的较具规模的成熟产业集聚地。全球范围看，世界经济发展呈现雁行分布，创新型经济因研发力量储备较丰裕，技术和产业创新的概率较高，易于形成以知识密集为特征的新兴产业集群；模仿创新型经济紧随其后，受制于产业结构的发展阶段，其原创性不如领先型经济，但可以通过节约成本和改进工艺两种主要途径进行模仿创新；模仿创新型经济在生产规模化的过程中，将技术和资本物化到机器和流水线上，操作变得简单，产品变为劳动密集型，并向劳动力具有比较优势的追赶型经济投资，形成成熟产业集群。中国大陆长期以来属于典型的劳动力具有比较优势的追赶型经济，但随着资本日益丰裕和劳动力价格逐步提高，生产要素价格改变，国家提出“自主创新”的发展战略，加速了向创新型经济的转变，并因研发力量的储备增强具备了形成新兴产业集聚地的基本条件。台湾经过半个世纪的发展由追赶型经济演变为模仿创新型经济，并正在努力向创新型经济迈进，其知识密集型产品的生产比重在90年代后期已经超过非知识密集型产品。2010年4月16日，台湾立法部门三读通过“产业创新条例”为岛内形成以知识密集为特征的新兴产业集群提供了有利条件。台商到大陆投资主要是基于降低生产成本和市场布局的考虑[②]，这使台湾成熟产业大量外移，目前以“台湾接单、大陆生产”为特征的“三角贸易”在台湾制造业

① 梁琦，《空间经济学：多学科的整合与创新》，《经营管理者》2009 年 18 期；梁琦，《产业集聚论》，商务印书馆，2004 年；藤田昌久、克鲁格曼、维纳伯尔斯，《空间经济学：城市、区域与国际贸易》，麻省理工学院出版社，1999 年。

② 李非，《台湾高科技产业与两岸产业合作趋势》，《厦门大学学报》，2003 年第 1 期。

中的产值比重较高，已超过50%，而电脑、电子产品制造业更高达80%，说明台湾已不具备成熟产业集聚地的条件；而新兴产业集聚地则需要有更强大的人才、资本和技术储备，台湾当局需要在开放大陆技术人才、资金和机构入台方面采取更开放的措施才能为这一目标提供基础条件。总之，未来两岸产业合作将展开新一轮布局，两岸在形成以知识密集为特征的新兴产业集群的过程中既竞争又合作，共同推动两岸经济关系向前发展。

两岸产业具有很强的互补性和巨大的合作潜力，但过去两岸产业合作主要由企业自发进行，两岸产业政策尚未对接，也缺乏有针对性的规划和引导；另外，两岸具备优势互补的产业尚未实现有效合作，资源配置未能发挥最佳效益；台资企业与大陆企业及大陆市场的结合度尚不高。未来两岸新型产业合作应是有规划指导、有政策支持、有产学研一起参与产业合作，加强在政策、市场、技术、标准等方面的合作，互利双赢，促进两岸产业共同发展。

当前大陆发展新兴战略性产业的方向包括：一是高度重视新能源产业发展，创新发展可再生能源技术、节能减排技术、清洁煤技术及核能技术，大力推进节能环保和资源循环利用，加快构建以低碳排放为特征的工业、建筑、交通体系。力争走在全球新能源汽车发展的前列，推动中国汽车工业跨越发展。二是着力突破传感网、物联网关键技术，及早部署后IP时代相关技术研发，使信息网络产业成为推动产业升级、迈向信息社会的“发动机”。三是加快微电子和光电子材料和器件、新型功能材料、高性能结构材料、纳米技术和材料等领域的科技攻关，尽快形成具有世界先进水平的新材料与智能绿色制造体系。四是运用生命科学推动农业和医药产业发展，积极发展转基因育种技术，努力提高农产品的产量和质量，突破创新药物和基本医疗器械关键核心技术，形成以创新药物研发和先进医疗设备制造为龙头的医药研发产业链条。五是探索空间、海洋和地球深部，有效进入并和平利用空间，加强海岸带可持续发展研究，促进海洋资源合理开发和海洋产业发展，提高地球深部资源探测水平，挖掘和利用好各种资源。

2009年初，台湾当局也提出未来将投入大量资源，辅助六大关键新兴产业的发展。一是生物科技产业，作为新兴产业之首，带动其它新兴产业发展。在成功推动半导体产业和平面显示器产业成为年产值突破万亿元新台币的“兆元产业”之后，台湾面临支柱产业的断代问题，一直推动的生技产业等均无法成为新一代的支柱产业。2007年7月台湾公布了“生技新药产业发展条例”，是台湾首次就个别产业提出的投资奖励法案，有效适用年限至2021年。台湾当局为生技产业制定了“生技起飞钻石行动计划”，已经编列66.56亿元新台币作为“生技起飞计划”的推动预算，为打造“兆元”生技产业不断努力。

二是观光旅游业。2008年台湾观光旅游总收入达4022亿元新台币，观光外汇收入是增长最快的部分。预计到2012年，台湾观光外汇收入将达到90亿美元，占GDP比重超过2%。台湾当局认为观光业发展潜力大，将其列入六大新兴产业重点发展。2009年4月9日，台湾“行政院”通过“观光拔尖领航方案”，计划推动拔尖、筑底、提升等三大行动方案、六大主轴及15项执行计划，在2009-2012年间投入300亿元发展观光业，创造5500亿元观光收入，增加40万就业机会，吸引2000亿元民间投资，同时引进至少10个国际知名连锁饭店品牌进驻台湾。此外，台湾也在规划利用“三通直航”契机，积极开发大陆旅游市场，预计到2012年大陆将成为台湾最大的观光旅客来源地。

三是绿色能源产业。台湾发展绿色能源已有相当时日，但由于成本偏高及地形限制等因素影响，绿色能源占能源总供给的比重一直很低，目前仅LED照明与太阳光电初具产业规模，其余如风力发电、生质燃料、氢能与燃料电池等，无论产业规模或应用市场均处于萌芽阶段。为充分发掘绿色能源产业的潜力，台当局于2009年4月出台了“绿色能源产业旭升计划”，计划在2015年使其成为“兆元产业”，完成产值11580亿元。当前以初具规模的LED照明产业和太阳光电产业为发展的重点，同时引导其它具潜力的绿色能源产业进入产业周期成长期。

四是文化创意产业。知识经济时代，文化产品的生产、传播、消费等，能够达到提供就业、增加出口、提高税收、创造财富等目的，文化创意产业正逐渐成为核心的经济发展动力之一。2002-2007台湾文化创意产业营业额年增长率约7.73%，对台湾经济的贡献不断增加。2009年5月，台湾当局发布“文化创意产业发展方案”，规划建设台湾成为“亚太文创产业汇流中心”。“文化创意产业发展方案”从台湾文化创意产业现有的13项次产业中，选择了电视、电影、流行音乐、数字内容、设计及工艺产业等六项产业，制定旗舰计划并重点推动，力争到2014年使六项旗舰产业总产值突破兆元。

五是精致农业。台湾当局于2009年5月提出“精致农业健康卓越方案”，预计将在2009-2012年间投资242亿元，达成精致农业1589亿元产值，把台湾打造成“健康无毒岛”、“卓越农科岛”、“乐活休闲岛”。精致农业方案以发展民众共享的健康农业、科技领先的卓越农业、安乐时尚的乐活农业为三大主轴。

六是医疗照护产业。台湾发展医疗照护产业已具有很强的国际竞争优势，主要表现于医疗体系健全、就医方便且效率高、医疗服务品质好且费用合理、具有先进的医疗资讯技术等。2007年瑞士洛桑国际管理学院对55个受评国家（地区）的“世界竞争力评比”显示，台湾医疗保健基础建设排名世界前列（第13名）。台湾规划“健康照护升值白金方案”对产业增值与就业的贡献，即通过4年内增加投资864亿元，带动产业在2012年产值达到3464亿元，并增加31万人的就业机会。“健康照护升值白金方案”将从服务产业、加值产业和制造产业三大主轴，带动总体医疗照护产业的发展。

20多年来，台商赴大陆投资带动了两岸产业交流合作，但目前两岸产业合作的潜力还有待充分发挥，彼此优势也需要更有效整合。一是两岸产业合作迄今主要由企业自发进行，两岸产业政策尚未对接，也缺乏有针对性的规划和引导；二是两岸具备优势互补的产业尚未实现有效合作，资源配置未能发挥最佳效益；台资企业与大陆企业及大陆市场的结合度尚不高。因此，两岸应充分发挥各自优势，深入挖掘合作潜力，以互补互利、共同发展为目标，大力推动两岸新型产业合作。

开展新型两岸产业合作，既要顺应大陆加快转变经济发展方式的战略，也要适合台湾产业结构转型升级的需求。为了转变粗放型经济发展方式，近年来大陆致力于调整产业结构，2009年9月将新能源、新材料、信息产业、新医药、生物育种、节能环保和电动汽车等列为新兴战略性产业重点扶助发展。台湾则于2009年初即提出重点发展观光旅游、医疗照护、生物科技、绿色能源、文化创意、精致农业等六大新兴产业，推动产业结构转型升级。两岸推动新型产业合作应重点选择符合双方经济发展战略的绿色、环保等相关产业加强合作。

开展新型两岸产业合作，既要加强两岸在产业链不同环节上的分工，也要推进在研发、营销和建立共同标准、创设民族品牌方面的合作。新兴产业的发展与市场竞争力的强弱，相当程度取决于其规格、标准的设定，因而欧美等发达国家均致力于在产业萌芽期抢先制定美规、欧规等。台湾因为市场规模小和代工模式，缺少自创品牌，标准制定也落于人后；大陆虽然市场潜力大，但发展起步较晚，竞争力不强，因而缺乏标准优势。两岸发展新型产业合作，需要改变过去跟随欧美产业发展轨迹，以欧美品牌和标准代工生产为主的规律，结合两岸技术与市场优势，推进在研发、营销和建立共同标准、创设民族品牌等方面的合作。

开展新型两岸产业合作，既要大力拓展两岸市场，更要积极拓展国际市场，共同增强在国际市场的竞争力。以光电产业为例，目前大陆液晶电视市场由几大本土品牌和日韩品牌占据，但大陆本土品牌不像日韩品牌能自主供应面板，因此若两岸合作将可能促成上下游产业整合（互相持股，或者设立合资厂生产面板），提升与日韩厂商的竞争力，扩大在大陆与国际市场的占有率。两岸半导体、NB、LED、太阳能、汽车电子等诸多领域也存在同样广阔的合作空间。

开展新型两岸产业合作，既要充分发挥企业和行业协会的重要作用，更要在政策上予以必要支持与沟通。2008年以来两岸“产业搭桥”正逐步推进产业政策对接，针对性地规划和引导两岸中草药、太阳光电、汽车电子、通讯等15项产业加强交流与合作，迄今已促成接近100家两岸企业或协会签订合作或意向书，为两岸推动新型产业合作提供可资借鉴的经验。

（三）大陆台商转型升级

大陆台商经营有几个典型特点：一是中小企业为主；二是加工贸易形态，投资生产模式为“台湾接单—大陆生产—出口欧美”，两头在外；三是劳动密集型居多，利用大陆廉价的劳动力等资源获取利润；四是传统制造思维，缺乏自有品牌，缺乏根基，市场门槛低，竞争激烈。目前面临困境：一方面，大陆投资环境发生显著变化。大陆东南沿海劳动力、土地等生产要素价格的攀升，人民币的持续升值，新劳动合同法、两税合一等宏观经济政策的调整，使台商在大陆的经营成本大幅度上升；另一方面，国际金融危机给台商带来严重冲击。国际金融危机导致欧美市场外需锐减。这对以出口为导向、严重依赖欧美市场的大陆台商来讲，其经营活动面临前所未有的困难与挑战。

一是转型内销。国际金融危机后，欧美国家以“高消费、高举债”刺激经济增长的发展模式遭受重创，欧美消费市场急剧萎缩，于此同时，大陆经济保持高速增长，内需市场受到越来越多国家与地区的重视。在这种情况下，台商要进行市场方面的转型，抓住大陆内需市场，从外销为主转向内销，创造自有品牌。

二是产业梯度转移。大陆东、中、西部经济形成经济发展的梯次落差，中西部地区在生产成本和政策环境等方面仍具有相当的优势，为台商转型进行产业布局提供了很大空间。对于大陆沿海地区的台资传统产业和中小企业而言，向具有低成本和政策优势的中西部地区转移成为一种方向性选择。

三是技术升级。对于珠三角和长三角地区已形成产业群聚和完整供应链电子和机电产业而言，大规模的工厂搬迁并不现实。关键是创新研发，同时提升产品附加价值，下一个阶段大陆将成为台资高新产业主要销售市场和技术研发基地。台资技术研发的重点也应随着产业转移到大陆，集两岸人才、技术优势，共同研发拥有自主知识产权的核心技术，合作研讨行业标准，提高两岸企业的国际竞争力。

2007年以来中国大陆调整加工贸易产业政策，先后颁布《企业所得税法》、《加工贸易禁止类商品目录》、《劳动合同法》、《调整部分商品出口退税率通知》、《加工贸易限制类商品目录》、《外商投资产业指导目录》、《企业所得税法实施条例》等经贸法规，对投资大陆的台商造成了一定程度的冲击，加上大陆地区土地、劳动力成本上升带来的投资环境恶化等因素影响，导致不少大陆台商出现营运成本上升和经济难度加大等问题。大陆台商转型升级压力增大，许多较难转型的台商已经从大陆撤资、转移到东南亚或回流岛内，据估计，2009年台资回流金额超过1万亿元新台币，其中很大比重是大陆台资回流。

台商对大陆投资是两岸经济关系的主体，对大陆经济发展有很大的贡献，也是台湾对外投资布局重要组成部分。帮助台资企业实现转型升级，支持台资企业在大陆持续发展是两岸经济关系稳步发展的必然要求。针对台商面临的严峻形势，大陆已经出台提升出口退税率、扩大中小企业融资、确定加工贸易梯度转移的重点承接地等政策，东莞、昆山等台资企业比较集中地区的地方政府也出台了帮助台资企业转型升级的各项扶持措施。

两岸关系改善后，两岸经济合作面临更好的发展时机。大陆将继续实行“同等优先，适当放宽”的政策，积极鼓励台商到大陆投资经营；逐步改善投资环境，加大对台商转型升级的支持力度。

三、ECFA后的两岸金融合作

2010年6月29日，海协与海基会领导人在重庆签署了《海峡两岸经济合作框架协议》（ECFA），在ECFA平台上两岸可以进一步加强金融交流与合作。

（一）扩大金融业市场准入

ECFA包括文本和附件，在五个附件中，服务业早期收获计划列出了两岸金融服务业的早期收获清单，为两岸金融开放提供了方便。

在早期收获清单中，大陆金融服务部门的开放承诺包括银行、保险、证券及期货等方面。

第一，银行业方面包括：

1. 台湾的银行比照大陆“外资银行管理条例”的有关规定，在大陆申请设立独资银行或分行，提出申请前应在大陆已经设立代表处1年以上；

2. 台湾的银行在大陆的营业性机构申请经营人民币业务的条件为：提出申请前在大陆开业2年以上且提出申请前1年盈利；

3. 台湾的银行在大陆的营业性机构申请经营大陆台资企业人民币业务的条件为：提出申请前在大陆开业1年以上且提出申请前1年盈利；

4. 台湾的银行在大陆设立的营业性机构可建立小企业金融服务专营机构；

5. 为台湾的银行申请在大陆中西部、东北部地区开设分行设立绿色通道；

6. 主管部门审查台湾的银行在大陆分行的有关盈利性资格时，采取多家分行整体考核的方式。

第二，保险业方面包括：允许台湾保险公司经过整合或战略合并组成的集团，参照外资保险公司市场准入条件（集团总资产50亿美元以上，其中任何一家台湾保险公司的经营历史在30年以上，且其中任何一家台湾保险公司在大陆设立代表处2年以上）申请进入大陆市场。

第三，证券及期货方面包括：1.对符合条件的台资金融机构在大陆申请合格境外机构投资者（QFII）资格给予适当便利；2.尽快将台湾证券交易所、期货交易所列入大陆允许合格境内机构投资者（QDII）投资金融衍生产品的交易所名单；3.简化台湾证券从业人员在大陆申请从业人员资格和取得执业资格的相关程序。

台湾金融服务部门在早期收获清单中的开放承诺仅限于银行业方面，即大陆的银行经许可在台湾设立代表人办事处满1年可申请在台湾设立分行。根据台湾“台湾地区与大陆地区金融业务往来及投资许可管理办法”，大陆银行可在台设立一处办事处或分行，如果是参股，大陆银行参股台湾单一金融机构最高持股5%；大陆银行累计参股同一台湾金融机构最高为10%。

1. 申请办事处的条件为：申请前3年无重大违规；申请前1年在全球银行资本或资产排名前1000大；已在OECD会员国设立分支机构并经营业务2年以上。

2. 申请分行的条件为：申请前5年无重大违规；申请前1年在全球银行资本或资产排名前200大；在台设立代表处2年以上且无违规；已在OECD会员国设立分支机构并经营业务5年以上。

3. 申请参股的条件为：申请前5年无重大违规；申请前1年在全球银行资本或资产排名前1000大；已在OECD会员国设立分支机构并经营业务5年以上。

ECFA签订后，8月26日台湾当局通过“银行、金融控股公司及其关系企业投资大陆地区事业管理原则”。主要规定有：

1. 银行、金融控股公司（金控）得依两岸许可办法，参股投资大陆地区金融机构。银行持股50%的子公司、金控直接间接控制的关系企业，不得投资大陆地区金融机构。

2. 银行、金控得通过持股100%子公司，投资大陆地区融资租赁公司或其它经主管机关核定的金融机构以外的金融相关事业。投资以1家为限，持股比率不得低于该被投资事业已发行有表决权股份总数25%。

3. 银行持股50%的子公司，投资大陆地区非金融机构以外的金融相关事业，对每一事业的投资金额不得超过该被投资事业实收资本总额或已发行股份总数5%。金控子公司投资大陆地区非金融机构以外的金融相关事业，持股比率合计不得超过该被投资事业已发行有表决权股份总数15%。金控及其子公司仅有创投投资时，不受持股比率15%限制，但金额不得超过新台币

5000万元。

4. 台湾地区银行或第三地区子银行赴大陆地区设立分行、子银行或参股投资，及台湾地区银行持有已发行有表决权股份总数或资本总额超过50%的子公司赴大陆地区投资，其累积指拨的营业资金及投资总额合计数，不得超过申请时该银行净值的15%。台湾地区金控赴大陆地区参股投资及其直接或间接控制的关系企业（不含台湾地区银行与其持有已发行有表决权股份总数或资本总额超过50%的公司及第三地区子银行）赴大陆地区投资，其投资总额不得超过申请时该金控净值的10%。

5. 台湾的银行、金控通过持股100%子公司投资金融机构以外的金融相关事业，应由银行、金控代向台湾"金管会"申请，经"金管会"核准后再向"投审会"申请。银行、金控之子公司投资其它事业，无须向"金管会"申请，依"在大陆地区从事投资或技术合作许可办法"直接向"投审会"提出申请。

两岸金融开放与各自对外资金融开放的比较如下：

第一，银行业。2006年12月11日开始施行的《中华人民共和国外资银行管理条例》规定：

1.设立外商独资银行的申请人应具备下列条件：a. 为商业银行；b. 在中华人民共和国境内已经设立代表处2年以上；c. 提出设立申请前1年年末总资产不少于100亿美元；d. 资本充足率符合所在国家或者地区金融监管当局以及国务院银行业监督管理机构的规定。

2.拟设中外合资银行的股东，其中外方股东及中方唯一或者主要股东应当为金融机构，且外方唯一或者主要股东还应当具备下列条件：a. 为商业银行；b. 在中华人民共和国境内已经设立代表处；c. 提出设立申请前1年年末总资产不少于100亿美元；d. 资本充足率符合所在国家或者地区金融监管当局以及国务院银行业监督管理机构的规定。

3.拟设分行的外国银行应当具备下列条件：a. 提出设立申请前1年年末总资产不少于200亿美元；b. 资本充足率符合所在国家或者地区金融监管当局以及国务院银行业监督管理机构的规定；c. 初次设立分行的，在中华人民共和国境内已经设立代表处2年以上。

4.外资银行营业性机构经营人民币业务的，应当具备下列条件，并经国务院银行业监督管理机构批准：a. 提出申请前在中华人民共和国境内开业3年以上；b. 提出申请前2年连续盈利；c. 国务院银行业监督管理机构规定的其他审慎性条件。

可见，大陆对台湾银行业的开放条件优于一般外资。在银行设立及申请经营人民币业务的各项条件审查中，台资均比一般外资缩短一年，且考查盈利性资格时采取的多家分行整体考核的方式也更为宽松，这两方面的优惠待遇与内地和港澳签署的CEPA中给予港澳银行的待遇相同。此外，允许台湾的银行可在大陆建立小企业金融服务专营机构、及为其设立绿色通道的优惠权利均为台湾银行业所独享。

第二，保险业。根据《中华人民共和国外资保险公司管理条例》，在大陆申请设立外资保险公司的外国保险公司，应当具备下列条件：1. 经营保险业务30年以上，并在中国境内已经设立代表机构2年以上；2. 提出设立申请前1年年末总资产不少于50亿美元；3. 所在国家或者地区有关主管当局同意其申请。

保险业市场准入条件与ECFA早收清单中大陆对台湾保险业的开放条件相比较，大体相同，但允许台湾保险公司可以通过整合或策略合并组成的符合条件的集团，即台湾保险业者对“532条款”可以获得从宽认定，金控母公司和子公司可以合并计算年限或资本额，仍比一般外资保险公司的市场准入条件更为优惠。

第三，证券业。目前大陆并不允许外资证券公司在大陆设立独资公司，外资参股证券公司的股东应符合条件如下：

1. 所在国家具有完善的证券法律和监督管理制度，其证券监管机构已与中国证监会签订证券监督合作谅解备忘录，并保持着有效的监管合作关系；

2. 在所在国家或者地区合法成立，至少有一名是具有合法的金融业务经营资格的机构；境外股东自参股之日起3年内不得转让所持有的外资参股证券公司股权；

3. 持续经营5年以上，近3年未受到过所在国家或地区证券监管机构和司法机关的重大处罚；

4. 近3年各项风险监控指标符合所在国家法律的规定和证券监管机构的要求；具有完善的内部控制制度；

5. 具有良好的声誉和经营业绩。

证券、期货业市场准入条件也多了“给予适当便利”的弹性优惠。目前台湾已有7家业者申请QFII资格，大陆审批QFII资格需证券监督管理委员会和外汇管理局同意，程序较为复杂，但大陆许诺给予台湾业者申请时程上的便利，缩短时序。

至于台湾对大陆金融业的开放方面，在ECFA早收清单中只有银行业一项，这与台湾加入WTO时的金融业市场准入承诺相去甚远。《台澎金马单独关税区服务业特定承诺表及最惠国待遇豁免表》规定，台湾允许外资投资或设立商业银行、外国银行分行、银行国际金融业务分行、外汇经纪商、信用卡机构、票券金融公司及信托投资公司。

1. 商业银行条件：除特许外，同一人持有同一银行股份不得超过其已发行股份总数的5%，且同一关系人持股总数不得超过其已发行股份总数的15%；

2. 外国银行分行条件：外国银行符合业绩条件，或其资产或资本在全球银行中排名前500名，可在台湾申请设立第一家分行；

3. 银行国际金融业务分行条件：国际金融业务分行不得办理外币与新台币间的交易与汇总业务，且不得办理直接投资公司股票及不动产业务，国际金融业务分行的客户限于非居民及办理外汇业务的银行；

4. 外汇经纪商条件：单一岛内或岛外金融机构投资的股权限于10%，金融机构以外的单一岛内或岛外投资者的股权限于20%，外国货币经纪商投资不受上述限制。

两岸金融交流与合作的最终目标，应符合两岸经济活动的实际需要。随着两岸经济与人员的交流由单向转变为双向，并且规模不断扩大，两岸金融市场的开放也需要随之扩大和延伸。目前最重要的是台湾金融市场应考虑比照外资待遇向大陆金融机构开放。两岸经济往来正常化之后，越来越多的大陆游客和企业进入岛内，金融需求与日俱增，而台湾方面在要求大陆给予岛内金融机构“超外资”的投资经营优惠待遇的同时，却坚持对大陆金融机构进入岛内进行比外资机构严格得多的限制，这既不合情，也不合理。对大陆进行有别于其它WTO成员的歧视性开放，在与大陆就市场开放进行谈判协商时“只要不给”或“多要少给”，都不符合WTO规则与精神；以大陆金融机构规模过大为限制理由，更难以解释未对美、日等规模更大的金融机构做出特别限制的做法；即使是以“审慎渐进”原则作为逐步开放的理由，金融开放“正常化”的节奏过慢也会受到各方质疑。因此，即使大陆金融机构未必有兴趣或实力投资岛内，台湾方面仍应在法规方面放弃歧视性规定，提供公平开放。从循序渐进的角度出发，台湾对大陆金融机构开放的第一阶段目标，可先以WTO承诺为标准，向大陆金融机构提供与外资相同的开放待遇；第二阶段随着两岸ECFA内容的深入和不断完善，双方可提供对方“超外资”的投资经营的优惠待遇。与此同时，大陆对台开放金融市场也应继续降低准入门坎，如可考虑进一步降低台资银行在大陆设立分支机构的资产要求，为台资银行投资大陆提供更便利条件。

（二）建立和完善两岸货币清算机制

两岸货币清算机制是在两岸银行间对货币往来形成的债权债务关系进行计算和结清的方式与途径。货币清算机制的内容包括：指定清算机构，明确清算的债权债务项目；规定清算的程序和办法，以及清算货币和汇率；等。建立两岸货币清算机制的好处主要包括：其一，方便人民币与新台币之间的货币兑换。两岸经济及人员往来日益密切和频繁，货币兑换需求日增，只有建立两岸货币清算机制才能保证充足的货币供应，如仍通过外商银行专案进口货币，不仅货源不稳定，且现钞新旧不齐；其二，降低货币兑换成本。建立两岸货币清算机制可以免去人民币与新台币通过美元兑换的汇差损失和手续费用，据估算这部分费用每年高达数十亿元人民币；其三，抑制和堵塞两岸地下金融漏洞。没有两岸货币清算机制人民币与新台币直接结汇困难，导致相对方便快捷的地下金融汇兑泛滥，难以控管，且易出现大量假币；其四，有利大陆台商经营。建立两岸货币清算机制一方面可以降低大陆台商通汇成本，有助解决融资问题，并方便资金回流台湾，另一方面可以建立两岸远期外汇市场，提供两岸贸易往来的外汇避险渠道；其五，促进台湾经济发展。建立两岸货币清算机制方便货币兑换，可直接刺激大陆旅客赴台人数与消费水平，拉动岛内旅游业、餐饮业和金融业发展。尤其可以带动台湾金融业发展人民币离岸业务等新功能，促使台湾建立完整的金融服务平台，以期成为亚太资金调度中心。此外，建立两岸货币清算机制除特定的经济功能外，还对推动两岸经济关系正常化和制度化有积极意义。

目前两岸建立货币清算机制仅限于现钞收兑。大陆方面中国银行分别于1988年和2004年定点开办新台币的兑入及兑出业务。台湾方面2005年在金门、马祖地区试办新台币与人民币兑换业务，2008年开放人民币在台湾本岛的兑换业务。两岸于2009年4月26日签署并于6月25日生效的《海峡两岸金融合作协议》中明确了两岸将逐步建立货币清算机制的方向，并加快了合作步伐。2009年9月24日，台湾17家银行在香港的19家分行和中国银行香港子行签订协定，可承做人民币存款、汇款、跨行人民币结算等业务。而在《海峡两岸金融合作协议》中，两岸已同意先由商业银行等适当机构，通过适当方式办理现钞兑换、供应及回流业务。其后，人民银行与台湾方面协商确定利用香港人民币业务清算平台向台湾方面提供人民币现钞清算服务的安排，并得到香港金融管理局的支持。

2010年7月13日，中国人民银行行长周小川与中国银行（香港）有限公司（简称“中银香港”）董事长肖钢签署了《关于向台湾提供人民币现钞业务的清算协议》，授权中银香港为台湾人民币现钞业务清算行。根据协议，中银香港将与台湾方面许可的台湾商业银行的香港分行签订人民币现钞业务协议，由这些分行作为交易主体，通过其总行向台湾当地的金融机构提供人民币现钞供应与回流服务。同日，中国人民银行与香港金融管理局签署了合作备忘录，双方同意就香港人民币业务清算行办理台湾人民币现钞业务的情况，加强交流并交换相关业务数据等信息，在各自职责范围内对有关业务进行监管并相互配合。台湾地区经许可的金融机构可以与现钞业务行的台湾总行进行人民币现钞买卖，藉此为台湾当地个人客户提供人民币现钞兑换服务。新的安排与台湾方面原有的安排最根本的不同点是，中银香港是经人民银行授权的人民币业务清算行，有关授权可以确保中银香港为台湾人民币现钞业务提供公平、及时、准确、专业的人民币清算服务，从根本上解决目前台湾人民币现钞货源不稳定、残旧钞多、兑换成本高等问题。更为重要的是，这一安排将进一步为两岸人员往来提供便利，也为逐步建立和完善两岸货币清算机制和加强两岸货币管理合作奠定了基础。大陆方面通过香港人民币清算行为台湾提供人民币现钞清算服务，主要有两方面考虑：一是中国大陆仍实行资本账户管制，出于管理上的需要，目前境外人民币清算服务主要通过香港人民币清算行进行；二是香港已有一套较为完善的人民币业务管理办法，有关业务的启动、运作、拓展及风险管理都较容易安排。

自此，台湾在取得人民币现钞方面转为从中银香港进货，更加直接便捷，且无缺货之虞。截至7月12日，岛内金融机构买入人民币81亿元（约新台币380亿元），卖出109亿元（约新台币512亿元），缺口达28亿元，而《关于向台湾提供人民币现钞业务的清算协议》生效后台湾就能从中银香港取得人民币现钞，平均每兑换人民币2万元，银行约可省下新台币1,000元成本，反映在牌告汇价上，民众和厂商均可受惠。但两岸货币清算业务仍存在某些问题，使两岸货币清算机制有待进一步完善。尤其是两岸经济往来日益密切的形势下，台湾的银行虽可向中行香港无限量取得人民币现钞，但这种现钞清算只能满足小额人民币的兑换，台商则希望能通过人民币存款、汇款业务可以与大陆厂商直接使用人民币结算。而且，随着台湾对陆资企业赴台投资的限制放宽，越来越多的大陆企业和人员将往来两岸，开设直接汇款及存放款的人民币帐户需求日增，而按现行台湾方面的规定，大陆人士虽可在台开立银行帐户，但还不能开立人民币帐户，这对日益增多的大陆在台人士及企业相当不便。

中国人民银行副行长胡晓炼2010年表示，未来启动货币清算机制大体应分三步，第一步实现人民币现钞的收兑，第二步是开放人民币与新台币间的汇兑交易，第三步是开放人民币存放款业务。这意味着两岸将分阶段逐步协商推动建立和完善货币清算机制。

下一步的人民币与新台币间的汇兑交易涉及大陆金融体制改革进程，很难一步到位。一般说来，两个经济体的银行间清算可以通过连接“全球银行间金融电信协会系统（SWIFT）”后签署相关协议并确定兑换汇率完成。但在签署协议时需要对银行系统对接、确定清算系统支付平台及汇率利息等技术性问题与监管合作问题进行协商，这与本国或本地区的金融体制与政策密切相关。根据传统国际金融学中“不可能三角”的观点，对于一个开放经济体来说，“资本自由流动”、“独立的货币政策”和“汇率稳定”这三项政策目标，不可能同时实现，一般只能同时实现其中两项。小型的开放市场经济体可以为了实现汇率目标而放弃内部货币政策，如实行完全浮动汇率制且资本项目开放的台湾；大陆则不可能放弃自身的货币政策目标，同时又要实行稳定且更加灵活的汇率制度，对资本自由流动的开放必然受到限制。2005年以来，大陆遵循“主动性、渐进性、可控性”原则进行人民币汇率形成机制改革，形成以市场供求为基础、参考一篮子货币进行调节、有管理的浮动汇率制度，同时资本项目有限开放，如果过快实现以人民币计价的两岸汇兑交易，会形成资本流动漏洞，冲击到大陆的金融体制与政策。因此，下一步两岸建立和完善货币清算机制将与大陆金融体制改革的总体进程同步进行，预计将会在包括货物贸易、服务贸易和转移支付在内的经常项目下先实现汇兑和贸易结算业务，随着大陆资本项目开放程度逐步提高，才能实现包括人民币存放款业务的货币清算机制。

（三）通过合作解决两岸企业融资问题

债权融资和股权融资是两大主要融资渠道，前者主要通过银行，后者主要通过资本市场。从两岸银行互设分行的角度看，2010年9月16日大陆银监会已批准台湾的土地银行、第一银行、彰化银行、合作金库4家银行在大陆设分行，另有华南银行、国泰世华银行、中国信托银行的申请还在审核中；大陆的中国银行和交通银行在台设立办事处的申请也在台湾“金管会”审核中。从利用资本市场的角度看，台资企业在大陆可以在A股和B股上市筹资，陆资企业在台湾目前还不能通过IPO上市，只能以TDR在台第二上市。按照台湾当局现行规定，在核定的包括香港交易所在内的16家证券市场中，上市满6个月的企业就可申请赴台第二上市发行TDR，但排除在大陆注册登记、及陆资直接或间接持股超过30%或有主要影响力的上市企业。换句话说，陆资持股30%以上，并在第三地注册挂牌上市的公司，即“红筹股”可以在台发行TDR，而在大陆注册的陆资公司仍未开放赴台第二上市。“红筹股”陆资企业若申请在台第一上市仍须专案审查，目前并无公司申请。

两岸资本市场双向开放已经取得初步成果。2010年9月8日，江苏扬子江船业集团在新加坡注册发行的股票“扬子江船业”以TDR方式在台上市，成为第一家同时在新加坡和台湾两地挂牌上市的陆资企业。该企业是新加坡证券交易所中市值最大和盈利最多的陆资企业，在台湾证券交易所上市当天开盘即涨停。在该股票的带动下，可能有更多的“红筹股”陆资企业在台第二上市，这对企业和股市都有好处。对企业来说，不但可扩大筹资范围，更可提升企业知名度，拓展合作伙伴；对股市来说，可以增加交易对象的多样性，提升股市活力，有助台股拉升行情，增强对股票投资人的吸引力。

两岸资本市场合作程度加深并逐步形成双向开放格局将是未来发展趋势。随着陆资企业赴台投资不断增多，在岛内上市筹资的需求也会出现。台湾资本市场的开放程度有待进一步提高，最终实现允许陆资企业在台第一上市，这对企业和台股是个双赢的选择。在此之前可先完善现有开放政策的配套措施。例如，台湾交易所正研拟成立TDR的交易特别专区，交易标的及规则有别于一般交易规范，以消除信息不对称问题。为此还将与包括大陆在内的相关交易所建立信息披露自动同步申报系统，对两地同时挂牌的公司在当地披露重大信息时该系统会同步公布。

相对于为数尚少的陆资在台企业而言，大量在大陆经营的台资企业仍存在融资难问题，其中主要是中小台资企业融资难的问题。一是融资渠道少。中小企业以民营企业为主，创业资金主要来源于个人积蓄或家庭集资，外部融资来源主要是民间借贷、内部集资、甚至占用客户资金，银行资金只占中小企业融资的10%。大约只有30%的合格中小企业得到过银行贷款。二是融资成本高。中小企业向银行借贷的利率一般比大型企业借贷利率上浮，以渣打银行中小企业“无抵押贷款”为例，利率水平约18%，是一年期基准贷款利率7.47%的两倍以上。民间借贷利率更高，且不透明，估计在15-30%，甚至更高。大陆银行利率本来就高于台湾，对中小企业台商贷款利率按政策还要上浮，台资企业感到成本过高。三是融资条件差。大陆实施宏观调控对中小企业影响会先于其它企业，银行信贷条件也随之恶化。

台商融资难的核心是有无确切的担保品或债信，其中又涉及到相当复杂的征信等技术问题。一是成份与背景复杂；二是自身缺乏必要的实质担保品；三是台商与大陆融资银行间的信息不对称；四是财务报表不透明；五是大陆银行未参与台商投资方案评估。从更深层次看，两岸关系发展状况与双方金融体制对台商融资问题产生深刻影响。2008年前，不少台商在投资大陆前通过复杂方式绕过台湾当局设置的障碍，在大陆投资后又力图避免暴露经营真实情况，以致在大陆银行系统面前信用缺失。2008年后两岸关系良好发展，有利于台商公开从事在大陆的投资经营，但目前两岸征信仍存在障碍。从金融体制看，两岸银行体系无论是经营管理，还是各项业务服务，都有着明显的不同，中小型台商，尤其是投资大陆时间不长，经营成绩尚不突出的台资企业，仍保留了信赖与依赖岛内长期来往的银行系统的习惯，与大陆银行体系之间不了解，不习惯与大陆银行系统打交道，对大陆的融资条件与项目也不了解或不熟悉。另一方面，大陆银行体系也存在一些体制性问题：一是服务积极性不够；二是条块分割，征信困难；三是求稳怕担风险的意识强烈；四是在法令法规中有限制性规定。

为解决台资企业在大陆经商经营融资问题，大陆方面出台多项举措积极协助解决台商融资困难问题：一是政策鼓励大陆银行协助解决台资企业的融资问题。2007年，银监会出台《银行开展小企业授信工作指导意见》，适用于大多数中小台资企业，是促进台资企业融资的重大制度性突破，在很大程度上降低了台商融资的门槛。2008年5月，国台办等部门提出“支持和帮助台资企业转型升级与产业转移”报告，提出将协助大陆金融机构加强为台资企业融资服务。2008年9月1日，中国人民银行表示要加强对金融机构的引导。2009年2月，国台办组织银行机构在东莞与苏州分别召开台商融资贷款银行见面会，号召银行积极解决中小企业融资难的问题。二是为台商融资提供专案融资贷款。20世纪90年代初，大陆有关方面就安排台资企业固定资产专项配套资金，提供了总计达30亿元人民币的资金安排。2005年9月7日，国台办与国家开发银行在北京签署《关于支持台湾同胞投资企业发展开发性金融合作协议》，宣布将在5年内为台资企业提供300亿元人民币的开发性贷款，解决台商在大陆融资困难问题。据统计，2006–2008年，国家开发银行为台资企业提供贷款239项，合计226.8亿元人民币。2006年7月10日，国台办与华夏银行在北京签署《支持台资企业发展合作协议》，华夏银行承诺未来5年内为台资企业提供200亿元的融资额度，到2008年为113家台资企业提供授信77.7亿元人民币。2008年12月中国工商银行决定在今后2至3年内为大陆台资企业包括中小企业安排500亿元人民币的融资；中国银行决定在3年内为包括中小企业在内的台资企业提供500亿元人民的融资；国家开发银行在原有专项支持台资企业300亿元人民币基础上，3年内再追加300亿元人民币的融资，大陆提出今后3年内为台资企业提供总额达1300亿元人民币的融资。三是地方政府积极与银行合作，解决台商融资问题。福建省政府出台了《关于扶持中小企业经营发展的若干意见》、《关于推进闽台金融合作先行先试的工作方案》等，为台资企业在技术创新、融资担保等方面提供政策支持。广东省出台了《广东省支持港澳台资企业应对国际金融危机和加快转型升级若干政策措施》，为台资企业加大财政支持，减免企业税费，提供适当融资。重庆市成立了注册资本金为10亿元人民币的台资企业融资担保公司，对落户重庆的台湾信息产业园、台湾农民创业园、台商工业园的台资企业给予支持。2008年底上海银行未来两年提供台商人民币50亿元的融资额度，协助台商度过金融风暴。浙江省允许省市台资中小企业以“打包贷款、统借统还、抱团增信”方式进行融资，建立浙江省台资中小企业信用担保机制。

在两岸经济合作框架协议签署后的新形势下，应充分利用台资银行在大陆设立分行并逐步可以经营人民币业务的契机，拓展大陆台商融资途径，加强相关配套制度建设，全面拓宽融资思路，为台资企业在大陆良好稳定发展创造更为有利的条件。

一是依法引导和规范大陆台资企业的经营活动。尽快出台和完善包括台资企业在内的外资企业在大陆投资融资的相关法律法规，规范台资企业授信业务和授信风险管理，遏制和打击恶意逃废债行为，加大对企业破产、逃废债的惩处力度，加强对企业做假帐的检查和惩罚，规范企业财务报表，增强企业经营的透明度和真实性，提高银行对台资企业提供信贷的信心。同时通过金融机构与工商、税务、海关、公安等部门间相互配合、信息共享、各尽其责，建立防范外资企业逃废债的长效机制，实现对企业经营的全方位监控。

二是加强对大陆台资企业的扶持力度。对因市场条件变化而陷入经营困难的台资企业，建议政府在税收、补贴、项目建设等各方面给予更多的优惠措施和扶持政策，给予企业强有力的支持，政府、银行、企业联手合作，为企业创造良好的生存发展环境。银行可成立类似“台商业务部”、“台胞服务中心”的专门机构，引进有经验的岛内银行界人才，研究和执行相关融资扶持政策，并广泛宣传推广，增强与台商互动。

三是加快融资担保体系建设。建议由发改委、财政部、税务总局、银监会和国台办及台商行业组织等部门、机构，联合就台资企业融资担保问题进行专题调研，并形成有针对性的指导意见。一是尽快出台“台资企业信用担保体系建设意见”；二是设立“台资企业发展专项资金”，每年从台资企业缴纳的税款中抽出，用于台资企业融资中的担保或贴息；三是大力发展民营担保公司，与从财政列支的政府担保公司不同，民营担保公司按照“高风险高收益”的原则进行市场运作，融资效率可能会更高，其资金来源包括自有资金、台商协会基金、银行贷款等；四是开辟对台特色金融服务区，对相关担保政策先行先试，积累经验。

四是进行融资方式创新。除固定资产外，知识产权和所有稳定现金流均可纳入抵押范围，如订单、商品、品牌、应收账款、存货、信用证及其项下的买方融资、卖方融资等产品,银行对具体操作进行仔细研究。还可设立台资企业融资租赁经营机构，通过收集台资企业的需求、自行购置相关设备、最后将设备转租给企业用于生产的方式，直接解决需要购置设备的台资企业的融资问题。

五是建立和完善信息共享机制。两岸签署ECFA后，大陆银行也可进入岛内，有条件获取台湾企业征信资料，对银行掌握大陆台商的岛内经营状况有重要价值。在此基础上，可考虑建立健全银行业协会的信息共享平台，定期公布高风险台资企业信息，实现银行间信息共享。同时监管部门应督促银行加强对高风险台资企业付款资金的监控，特别是对付款用途、收款人等项目加强审核。

六是银行可采取更加灵活的融资策略。一是价格差异化。对不同的台资企业客户实行不同的利率和收费标准，争取优质客户。根据不同的信用等级、业务量等标准对台资企业客户实行差别化定价，在收费标准上增量递减收费，在效益优先的原则下通盘考虑贷款利率、服务收费和业务手续费的标准之间的匹配。二是产品差异化。根据不同台资企业客户的不同需求，对现有的产品与服务进行组合或产品开发，为台资企业客户提供针对性强、全面的个性化服务。

七是通过深化两岸经济交流为克服大陆台商自身问题创造条件。通过两岸经济合作委员会等机制，敦促台湾当局放宽台商投资大陆的政策限制，使台商可以放心公开直接在大陆投资，免去因通过第三地注册多个公司导致企业组织构架复杂，以便大陆银行掌握台资企业真实的组织情况、对外负债、资金流动性、技术水平、行业地位、可持续发展能力以及母公司对大陆企业的支持力度等。

八是银行组织针对台资中小企业融资政策的培训辅导。通过培训辅导，使台资企业了解大陆金融运行政策、制度，对银行信贷投放的领域、重点、贷款品种、贷款条件、企业信用评级、贷款申请方式、审查方式有所掌握，同时也提升银行在台商市场中的竞争力。在这方面，国家开发银行和工商等主要国有商业银行要把对台商中小企业服务工作纳入议程，制定计划，发挥应有作用。

九是加强辅导台资中小企业取得经营资金。福建、广东、浙江、江苏、上海等东南沿海省市的经济主管部门，要把鼓励台资中小企业发展作为调整产业结构、扩大社会就业的重要方面，协助创新中小企业取得经营资金，健全中小企业财务会计，开办及续办多项低利资金贷款，强化中小企业信用保证基金信用保证功能，推动本地银行加强办理中小企业放款方案等。

十是放宽小额信贷政策。推动建立小额贷款公司，减少相关政策限制。目前在浙江、福建等台商聚集的地方普遍存在小额贷款，针对农户或中小企业，额度从几千元到几十万元，甚至几百万元不等，但均属于地下金融。而这些地下钱庄服务到位，解决问题及时灵活，顺应了市场的需要。在一定程度上促进了中小企业的发展。可考虑在彻底整顿和规范的基础上使地下金融合法化，开放新注册的小额贷款公司，承认已有的地下钱庄。地下钱庄操作灵活，利率随市场波动，风险管理较好，且多经营时间较长，对中小企业贷款有相当的经验。要在规范金融秩序、打击非法集资融资活动的同时，借鉴地下钱庄的一些做法，切实加强管理、妥善引导，做好对台商的金融服务。

第三节　结论

台湾的产业（实体经济层面）与金融（货币经济层面）均面临转型升级，ECFA签署后的两岸经济发展形势及经济发展政策有利于台湾产业与金融突破制约自身发展的瓶颈。

台湾产业主要存在以下三方面结构性问题：一是产业结构中服务业竞争力欠缺。服务业产值虽占台GDP比重近3/4，但竞争力不强，具有低实质成长、低投资比例、低劳动投入、低研发投入、低国际竞争力、低产业关联度等特点，无法真正充当扩大内需的主导产业。二是产品结构过于集中。台湾经济过度依赖半导体、面板等少数高科技电子制造业，这些产业易受产品景气周期及国际市场变动的影响，尤其是国际金融危机席卷全球时台湾因出口高度集中而受到严重冲击。三是产值结构中附加价值较低的制造环节仍占主流。虽然总体上台湾产业结构已经进入知识密集型产业为主导的阶段，其产业政策也由产业结构导向转为产业创新导向，但在产品价值链生产的“微笑曲线”中，台湾企业仍多集中在利润较低的加工制造环节，即使在近年来台湾企业在研发部分有较大提升的形势下，台湾制造业缺乏自有品牌、核心技术与销售渠道的代工生产模式弊端仍暴露无遗。

台湾金融则主要存在以下三方面问题：一是效益低。台湾由于银行多市场小，信贷供过于求，银行业间竞争激烈，利差小，利润薄，加之大量台湾企业外移，银行在岛内存贷比低，更降低了银行效益。台湾保险业也存在利差低的问题。二是风险高。台湾产品结构高度集中于高科技产业，银行信贷也高度集中在这些产业和企业，公股银行尤其如此，致使台湾银行业信贷集中度在亚洲数一数二，加之消费金融方面信用卡泛滥，呆账比率过高，银行业信用风险因此较高。三是规模小。在台湾产业结构变化中，大型企业日益居于主导地位；主导产业则向技术、知识密集型产业转变。与此相对应的，台湾金融结构出现了银行大型化和向直接金融结构转变的趋势，其主要原因是大银行更适合大企业，而直接金融结构更适于克服知识密集型企业普遍存在的技术与产品创新风险。然而无论是银行还是资本市场，在向大型化转型的过程中，受市场容量和开放程度的限制，始终无法达到足够大的有效规模，影响了金融机构功能的发挥和金融业务的发展创新。

近30年来世界经济潮流的发展趋势，是以中国大陆为中心的亚洲经济的崛起，尤其是国际金融危机后，大陆已成为全球经济发展的主要引擎，2009年大陆对世界经济成长的贡献率高达50%。在大陆市场蓬勃发展、台湾当局大陆政策日益开放的有利条件下，通过ECFA的签署，台湾产业与金融未来发展趋势将是顺应时代潮流、把握历史契机，通过两岸经济合作的不断深化转型升级，加速台湾经济增长，并在世界经济结构调整的历史进程中抢占先机。

两岸签署经济合作框架协议（ECFA）既是两岸顺应经济全球化和区域经济一体化两大世界经济发展潮流的产物，也是两岸经济关系发展30年后的客观要求和时代特征。ECFA的签署，不但为两岸经济交流与合作提供了制度性保障，确保两岸经济关系沿着正常化、制度化、机制化、自由化的正确方向前进，还为台湾经济迎来经济“二次腾飞”的新的历史机遇。2008年以来，台湾当局的总体经济发展目标是壮大台湾、结合亚太、布局全球。第一，壮大台湾，重点是要将台湾建设成为台商营运总部。以“双航圈”和“双中心”推动台湾成为企业创造价值和支持全球活动的营运总部，以推动台商“全球布局，根留台湾”。其中，“黄金双航圈”是以台北为中心的东北亚与东南亚航圈，“营运双中心”是台商的全球营运中心、外商的区域营运中心。为此，台湾当局于2010年4月通过“产业创新条例”，营造出在亚洲仅次于香港、与新加坡相仿的低税投资环境，并将创新导向阶段的台湾产业结构的演进方向交给市场，再通过ECFA将大陆市场对全球外商的吸引力转移到台湾，为推动成为外商的区域营运中心创造条件。第二，结合亚太，重点是通过ECFA与大陆市场进行制度性连接，借助大陆市场与世界市场的经济交流，建设台湾成为亚太营运管理、金融服务、产业集资、仓储转运的平台及跨国企业的亚太营运中心，扩展台湾服务业与制造业，成为带动经济成长的双引擎。第三，布局全球，重点是ECFA签署后通过与世界各地签订相关的贸易投资安排，加速推动台湾与世界经济的交流与合作，并建设全球科技与产品的创新中心，以提升台湾生产力、竞争力，创造更多投资机会，促进新兴产业发展。在以上三点总体经济发展方向的框架内，台湾当局特别将追求创新、节能减碳和高就业成长作为经济发展的具体目标，并在两岸签署了ECFA的基础上，强调台湾经济要“转骨”变身，进行转型与升级，开创台湾经济发展的“黄金十年”。战后台湾经济依次经历高、中、低速成长，“黄金十年”计划的提出，有可能使台湾经济把握ECFA后的发展契机，扭转近十年来经济表现在“亚洲四小龙”中垫底的颓势，重现早期高居“四小龙”榜首的“二次经济腾飞”，平均经济发展速度恢复到中速增长。

两岸签署ECFA后，两岸经济交流与合作由此前的民间自发为主演进为有政府规划指导、有制度保障支撑的新型合作，不断成长变化的大陆市场为台资企业提供更多机会。大陆在“十一五”期间成长为世界第二大经济体，2011年3月将讨论的“十二五规划建议”将为大陆未来五年经济社会发展确定基本方向和架构。扩大内需、调整结构和包容增长仍将是“十二五规划”的基调和重点，这也为台资企业和台湾经济提供了新的机遇。第一，扩大内需。中国大陆在国际金融危机后正面临30年来的经济大转型，在美欧国际市场骤然萎缩的不利条件下，单一的出口导向发展模式将向出口导向与内需导向并重的经济发展模式过渡，而消费需求将取代投资需求成为主要的经济增长引擎。为此，“十二五”期间大陆将重点提高居民收入，大陆消费市场也蕴涵着巨大商机。第二，调整结构。扩大内需是从国际和宏观经济角度要转变经济增长方式和调整总体经济结构，而调整结构则从国内和中微观角度强调产业结构和企业经营的转型升级。大陆需要加快发展第三产业，使服务业占GDP比重由目前的50%上升到发达经济体普遍的70%左右，降低经济运行的交易成本，同时大力推动以节能环保、高端装备、生物技术、新资讯技术、新能源、新材料、新能源汽车等七大战略性新兴产业为重点的新兴制造业发展，台湾具有独特优势的服务业和制造业企业可以利用ECFA提供的有利条件加入进来。但大陆台资企业也要顺应大陆经济发展潮流，在节能减排、自主创新、提高附加价值、建设营销通路、空间梯度转移等方面加快转型升级。第三，包容增长。“包容性增长”是从均衡发展的角度缩小不同地区、不同阶层、不同领域的贫富差距。为使经济保持平稳快速发展，必须缩小城乡差距、贫富差距、沿海与内地差距，避免出现M型社会结构，为此政府将在“十二五”期间扩大对农村、基层民众及偏远地区的公共工程基础建设，大陆台资企业也可参与各项投标。

在ECFA签署后的两岸经济发展形势背景下，台湾产业与金融的转型发展迎来历史性契机。首先ECFA有利于台湾服务业发展。服务业是内需型产业，鉴于台湾对外投资的70%以上在大陆，其中绝大部分是制造业企业，台湾服务业也需要跟随服务对象拓展经营地域，增强自身实力。大陆市场对台湾服务业开放解决了其市场规模不足的问题，规模经济所带来的利润将提升台湾服务业的研发投入，增强其国际竞争力，成为能够带动台湾经济发展的引擎。其次ECFA有利于台湾制造业转型升级。台湾近年来提出并重点推动的“六大新兴产业”在岛内产业结构的产值比重都不大，其中一半多是制造业。ECFA的签订不仅解决了新兴产业发展初期所必需的规模问题，还可借助两岸产业合作加强研发设计、自有品牌与营销通路的发展，改变出口产品结构过于集中、产品附加价值过低的不利局面。第三是有利于台湾金融业的结构转型。ECFA的签署将逐步解决台湾金融业市场容量不足和两岸间开放限制过多的问题，使台湾金融业有机会借助大陆市场规模提高收益率，降低信贷集中度，扩大银行规模，增加间接金融中的大银行比重，并通过两岸资本市场合作、放宽资金在两岸间流动的限制等措施，加强台湾资本市场建设，促使台湾向“亚太资产管理中心”、“亚太筹资中心”及“亚太金融服务中心”等目标迈进。台湾金融业进入大陆市场所具备的自身优势主要有三：一是大陆各类银行的获利来源主要仍以企业金融业务为主，台湾的银行在消费金融业务方面起步较早，经验更丰富；二是大陆银行的企业金融业务基于风险等因素考虑多重视中大型企业，台湾的银行则因台湾经济一直是以中小企业为主的经济发展模式而对中小企业融资具有独特优势；三是大陆台商众多，很多台商更适应台资银行的贷款模式，使台资银行在这一客户群体比大陆银行拥有更强的吸引力。总之，由于ECFA将带来两岸间的贸易自由化和投资便利化，以及更紧密的经济合作，台湾产业与金融将迎来转型升级的历史性机遇，台湾经济有可能因此获得新的增长动力，开创经济发展的“黄金十年”。

参考文献

英文论著部分

1. Anthony.Bende-Nabende, 1999, *FDI,Regionalism,Government Policy and Endogenous Growth*, Ashgate Publishing Company, USA.
2. Aliber, Robert.Z,1970, "A Theory of Direct Foreign Investment", in *The International Corporation: A Symposium, ed. By Charles P.Kindleberger*, Cambridge: MIT Press.
3. Bluestone,B., 1984, "De-industrialization and Unemployment in America", in *New Brunswick, N.T.:Transaction Books*,27-42. Drache,A,1989, "The De-industrialization of Canada and Its Implications for Labor ," York University.
4. Chi.Schive, 1990, *The Foreign Factor* , Hoover Institution Press.
5. Gunther.G.Schulze, 2000, *The Political Economy of Capital Controls*, Cambridge University Press, UK.
6. Hymer, S.,1960, *The International Operation of National Firms: A Study of Direct Foreign Investment*, Ph.D. Thesis, MIT Press, Cambridge , MA , 1976.
7. John.H.Dunning, 2000, *Regions,Globalization,and the Knowledge-based Economy*, Oxford University Press,UK.
8. Kaldor, N. 1966, *Causes of the Slow Rate of Economic Growth of the UK*, Cambridge: Cambridge University Press.
9. Klaus.Meyer, 1998, "Direct Investment in Economics in Transition", MPG Books Ltd, Bodmin,Cornwall.
10. Richard.Jankowski, 1998, *Profits,Taxes and the State*, Greenwood Publishing Group, Inc.
11. Robert.L.A.Morsink, 1998, *Foreign Direct Investment and Corporate Networking*, Edward Elgar Publishing Limited,UK.

12. Showkat.Ali, 1998, *Capital flows, Saving, and Investment in the World Economy*, Garland Publishing Inc.
13. Stefano.Manzocchi, 1999, *Foreing Capital in Developing Economies Perspectives from the theory of economic growth*, St.Martin' s Press, Inc.
14. Theodore.H.Moran, 1999, *Foreign Direct Investment and Development: the New Policy Agenda for Developing Countries and Economies in Transition*, Kirby Lithographic Inc.

英文论文部分

1. Andrew.Delios and Paul.W.Beamish, *Geographic scope, product diversification and the corporate performance of Japanese firms*, http://www.fba.nus.edu.sg/depart/bp/bizakd/smj_2.pdf.
2. Abe,k, 1988, "De-industrialization, Hollowing-Out and US-Japan Interdependence," The CHIBA/University of Alabama, Economic, Industrial, And Managerial Coordination between Japan and USA Comparative Analysis: discussion papers presented at the First Joint Conference, pp.24-26.
3. Alan M.Rugman, 1981, *Inside the Multinationals: The Economics of Internal Markets*, Croom Helm, London.
4. Alan M.Rugman, 1979, *International Diversification and the multinational Enterprise*, Lexington: D.C. Heath.
5. Alan M.Rugman, Alain Verbeke, 2005, *Towards a Theory of Regional Multinationals: A Transaction Cost Economics Approach, Management International Review*, Wiesbaden, 2005-3, pp.5-18.
6. A.Singh, 1977, *UK Industry and the World Economy: A Case of De-industrialization?*, *Cambrideg Journal of Economics*, 1, pp.113-116.
7. A. Singh, 1988, *Manufacturing and De-industrialization,* in *the New Palgrave*, A Dictionary of Economics, ed. by J.Eatwell et al, pp.301-308.
8. A. P. Thirlwall, 1982, *De-industrialization in the UK*, *Lloyds Bank Review*, 134, 22-37.

9. Belloc Marianna, 2006, *Institutions and International Trade: A Reconsideration of Comparative Advantage*, *Journal of Economic Surveys*, Feb2006,Vol.20 Issue 1, pp3–26.

10. C.Lee, 1984, *On Japanese Macroeconomic Theories of Direct Foreign Investment*, *Economic Development and Cultural change*, 32, pp.713–723.

11. C.Schive, 1990, *The Foreign Factor: The Multinational Corporation's Contribution to the modernization of the Republic of China*, Hoover Institution Press: Stanford University.

12. Chen–Min Hsu, Wan–Chun Liu, 2002, *The Role of Taiwanese Foreign Direct Investment in China: Economic Integration or Hollowing–Out*, NDF Research Report,December 23,2002 .

13. Chennai, 2006, *Inter–company Deals Cross–country*, Business Line,2006–1,pp.1–7.

14. Chingcheng Chang, Yirhueih Luh, 2000, *Efficiency change and growth in productivity: the Asian growth experience, Journal of Asian economics*, 10 (2000) ,pp.551–570.

15. David.Bailey, 2004, *explaining Japan's hollowing out: a case of government and strategic failure*? http://www.business.bham.ac.uk/bbs/static/ images/cme_resources/Users/Bailey/Japan.pdf.

16. D.H.Brooks, E.X.Fan, L.R.Sumulong, 2003, *Foreign Direct Investment in developing Asia: trends, effects and likely issues for the forthcoming WTO negotiations*, ADB (Asian development bank) working paper series No.38.

17. Frank.Barry, Holger.Gorg and Dndrew.Mcdowell, 2002, *Outward FDI and the investment Development path of a late–industrialising economy: evidence from Ireland*, http://www.ucd.ie/economic/staff/barry/papers/rsrev.pdf.

18. F. Root, and A. A. Ahmed 1979, "Empirical Determinants of Manufacturing Direct Foreign Investment in Developing Countries", *Economic Development and Cultural Changed* , 27 , 751 –767.

19. G. Matsumoto, 1993, "An Inquiry into De–industrialization in the UK: The Transition to a Serviced–Oriented Economy", *Warwick Economic Research*

Workshop, January.

20. Gerard.Jackson, 2004, *Is outsourcing hollowing out the US economy*, http://www.BrookesNews.com , Sept.6,2004.
21. Government of Japan, 2002, *annual report on the Japanese economy and public finance 2001–2002*, http://www5.cao.go.jp/keizai3/2003/1024wp-keizai/summary.html – 2k.
22. Haruo Horaguchi, 2004, *hollowing-out of Japanese industries and creation of knowledge-intensive clusters*, http://www.jil.go.jp/english/events_and_information/ documents/keynote_report.pdf.
23. Henry.Loewendahl, 2001, *A framework for FDI promotion*, *Transnational Corporations*, vol.10, No.1,April 2001.
24. Hwang Jenn-Tai,2001, *Examining Taiwan-Mainland China Cross-Strait Relations in the Context of Globalization*, *NDF Research Report*, June 30, 2001.
25. L.Nachum, G.G.Jones, J.H.Dunning, 2001, *the international competitiveness of the UK and its multinational enterprises, Structural change and economic dynamics*,12（2001）, pp.277–294.
26. J.F. Hennart, 1982, *A Theory of Multinational Enterprise*, University of Michigan Press , Ann Arbor.
27. J.H.Dunning, 1980, *Toward an Eclectic Theory of International Production: Some Empirical Tests*, *Journal of International Business Studies*,11,9–31.
28. John.H.Dunning and Rajneesh Narula, 1996, *Developing countries versus multinationals in a globalising world: the dangers of falling behind*, http://netec.mcc.ac.uk/WoPEc/data/Papers/dgrumamer1996013.html.
29. John.H.Dunning, 1997, *Explaining the"new" wave of outward FDI from developing countries: the case of Taiwan and Korea*, http://www-edocs.unimaas.nl/files/mer96013.pdf.
30. John.H.Dunning，2001，*The Eclectic（PLI）Paradigm of International Production：Past，Present and Future*，Int.f.of the Economics of Business，Vol.8，No2,2001，pp.173—190.
31. John Cantwell and Elena Kosmopoulou, 2001, *Determinants of Internationalisation*

of Corporate Technology, *DRUID Working Paper* No. 01–08.

32. Keith.Cowling & Philip.R.Tomlinson, 2001, *Warwick economic research papers*, http://www2.warwick.ac.uk/fac/soc/ economics/research/papers/twerp625.pdf.
33. Kiyoshi.Kojima, 2000, *the "flying geese"model of Asian economic development: origin, theoretical extensions, and reginal policy implications*, *Journal of Asian Economics* 11.
34. Kiyoshi.Matsubara, 2004, *FDI with reverse imports and hollowing out*, http://gemini.econ.umd.edu/cgi-bin/conference/ download.cgi?db_name=mwetit2005&paperid=80.
35. K.Fukao, and K. Hamada,1994 , "International Trade and Investment under Different Rates of Time Preference", *Journal of the Japanese and International Economies*, 8, 22–52.
36. K.Kojima, 1973, "A Macroeconomic approach to Foreign Direct Investment", *Hitotsubashi Journal of Economic*, 14, 1–21.
37. K.Kojima, 1978, *Direct Foreign Investment: A Japanese of Multinational Business Operation*, Croom Helm, London.
38. Marian.Beise, 2005, *Lead Markets, Innovation Differentials and Growth, International Economics and Economic Policy*, Heidelberg, 2005–2, pp.305–330.
39. Minoru.Ito, *hollowing-out of the Japanese manufacturing industry and regional employment development*, http:// www.jil.go.jp/english/events_ and_information/documents/session_1.pdf.
40. N.S.Siddharthan & M.L.Lakhera, 2005, *Foreign Direct Investment and Location Advantage:Japanese Perceptions of India Compared to China and ASEAN. Journal of International and Area Studies*, 2005–6, pp.99–110.
41. Lawrence, R.Z. 1983 , "The Myth of U.S. De-industrialization", *Challenge* , 32, 27–42.
42. Oh yul Kwon, 2003, *Foreign Direct Investment in Korea: a foreign perspective, Korea economic research institute, major research paper*, 2003–14.
43. Pan-long Tsai, 1995, *Foreign Direct Investment and Income Inequality:Further*

Evidence, World Development, vol.23, No.3, pp.469–483.

44. P.J.Buckley, andCasson,M.,1976,*The Future of Multinational Enterprise*, Macmillan, London.

45. R.A.Mundell, 1957, "International Trade and Factor Mobility", *American Economic Review*, 47, 321–335.

46. R. E. Rowthorn, and J. R. Wells 1987, *De–industrialization and foreign Trade*, Cambridge University Press.

47. R. E.Rowthorn, and R. Ramaswamy, 1997, "De–industrialization: Causes and Implications", *IMF Working Paper*.

48. R.E.Cave, 1974, "Causes of Direct Investment: Foreign Firm's shares in Canadian and United Kingdom Manufacturing Industries", Review of Economics and Statistics,56,279–293.

49. R.Vernon, 1966, "International Investment and International Trade in the Product Cycle", *Quarterly Journal of Economics*, 80 , 190 – 207.

50. R.Narula and John.H.Dunning, 1997, *Explaining international R&D alliances and the role of governments*, http://ideas.repec.org/p/dgr/umamer/1997007.html.

51. R.Narula and John.H.Dunning, 1998, *Globlisation and new realities for multinational enterprise–developing host country interaction*, http://www-edocs.unimaas.nl/files/mer98015.pdf.

52. Rashmi Banga, 2003, *The export–diversifying impact of Japanese and U.S. foreign direct investments in Indian manufacturing sector,* ICRIER (Indian council for research on international economic relations) working paper No.110.

53. Robert E.Lipsey, 2001, *Foreign Direct Investment and The Operations of Multinational Firms: Concepts, History, and Data*, http://www.nber.org/papers/w8665.

54. Robert E.Lipsey, 1994, *Outward Direct Investment and The U.S. Economy*, http://www.nber.org/papers/w4691.

55. Sharon.Jackson and Stefan. Markowski, 1996, *Australian Journal of Management*, Vol.21, No.2, December 1996.

56. Shih–Fen.S.Chen, 2005, *Extending Internalization Theory: A New Perspective on International Technology Transfer and Its Generalization*, *Journal of International Business Studies*, Washington, 2005–5, pp.231–238.

57. Steve Ellner,2006, *Globalizaion,Macroeconomic Policies, and Latin American Democracy*, *Latin American Politics and Society*, Coral Gables, 2006–1, pp.175–189.

58. Tain–Jy Chen, Yinghua Ku, 2000, *the effect of foreign direct investment on form growth: the case of Taiwan's manufacturers*, *Japan and the world economy*, 12（2000）, pp.153–172.

59. T.J.Chen, and Y.H Ku,.（2000）, "The Effect of Foreign Direct Investment on Firm Growth: The Case of Taiwan's Manufacturers", *Japan and The World Economy*,12,153–172.

60. T. Horst, 1972, "Firms and Industry Determinants of the Decision to Invest Abroad: An Empirical Study", *Review of Economics and Statistics*, 54, 258–266.

61. T.Ozawa,1979, "International Investment and Industrial Structure: New Theoretical Implications form the Japanese Experience", *Oxford Economics Paper*, 31 , 72–92.

62. V.R.Fuchs, 1981, "Economic Growth and the Rise of Service Employment", *in Toward an Explanation of Economic Growth: Symposium 1980*, ed.by H.Giersd, Tubingen: J.C.B. Mohr, 221–242.

63. W. H., Greene, 2003, *Econometric Analysis* , 5th , Prentice Hall .

64. Y.Kimura, 1989, "Firm–specific Strategic Advantages and Foreign Direct Investment Behavior of Firms: The Case of Japanese Semiconductor Firms", *Journal of International Business Studies*, 20, 296–314.

65. Yang Li and Jin–Li Hu, 2003, *R&D FDI and efficiencies of small and medium–sized firms*, http://nft01.nuk.edu.tw/econ/workingpaper/yangli/AE–2004–01.pdf.

66. Yuqing Xing, 2003, *exchange rates and Japanese direct investment in China, international development program*, http://www.wider.unu.edu/conference/conference–2003–3/ conference–2003–3–papers/Xing–2407.pdf.

中文论著部分

1. [英] 约翰·伊特韦尔、[美] 墨里·米尔盖特、[美] 彼得·纽曼主编,《新帕尔格雷夫经济学大辞典》, 经济科学出版社, 1996 年版。
2. [美]迈克 · 波特 (Michael E · Porter) 著, 李明轩、邱如美译,《国家竞争优势》, 华夏出版社, 2002 年版。
3. [美] 戴维 · 罗默著, 苏剑、罗涛译,《高级宏观经济学》, 商务印书馆, 2003 年版。
4. [美] 安德鲁 · 马斯 – 科莱尔、迈克尔 · D · 温斯顿、杰里 · R · 格林著, 刘文忻、李绍荣主译,《微观经济学》, 中国社会科学出版社, 2001 年版。
5. [美]保罗 · 克鲁格曼、茅瑞斯 · 奥伯斯法尔德著, 海闻、蔡荣、郭海秋等译,《国际经济学 (第五版)》, 中国人民大学出版社, 2002 年版。
6. [美] 罗纳德 · I. 麦金农,《经济市场化的次序》, 上海三联书店及上海人民出版社, 1997 年版。
7. [美] W.A. 刘易斯,《经济增长理论》, 上海三联书店及上海人民出版社, 1997 年版。
8. [美] H.M. 马柯维茨,《资产组合选择和资本市场的均值——方差分析》, 上海三联书店及上海人民出版社, 1999 年版。
9. [美] 弗朗西斯·X. 迪博尔德, 张涛译,《经济预测》(第 2 版), 中信出版社, 2003 年版。
10. [美]杰里米 · 阿塔克, 彼得 · 帕塞尔, 罗涛译,《新美国经济史》, 中国社会科学出版社, 2000 年版。
11. [英]安格斯·麦迪森 (Angus·Maddison) 著, 伍晓鹰、许宪春、叶燕斐、施发启译,《世界经济千年史》, 北京大学出版社, 2003 年版。
12. [英] 马歇尔,《经济学原理》, 商务印书馆, 1997 年版。
13. [英] 凯恩斯,《就业、利息与货币通论》, 商务印书馆, 1997 年版。
14. [日] 青木昌彦、奥野正宽,《经济体制的比较制度分析》, 中国发展出版社, 2005 年版。
15. [日] 今井贤一、小宫隆太郎主编, 1995 年译本,《现代日本企业制度》, 经济科学出版社。

16. [以]阿萨夫·拉辛、埃夫拉伊姆·沙卡著，康以同译,《劳动力、资本和金融要素的国际流动》，中国金融出版社，2003年版。
17. (港)段樵等编,《中小企业之经营与政府政策》，香港中文大学出版社。
18. (港)段樵、伍凤仪、刘常勇,《中小企业之经营与政府政策》，中文大学出版社，2003。
19. (台)陈介玄,《班底与老板—台湾企业组织能力之发展》，联经出版事业股份有限公司，2001。
20. (台)丁锡镛主编,《台湾企业永续成长的竞争策略》，岚德出版社，1994。
21. (台)刘仁杰,《重建台湾产业竞争力》，远流出版事业股份有限公司，1997。
22. (台)赖英照,《台湾金融版图之回顾与前瞻》，联经出版事业公司，1997。
23. (台)李纪珠主编，2004,《台湾金融改革之路》，财团法人国家政策研究基金会，2004。
24. (台)金融统计月报，台湾"中央银行经济研究处"编。
25. (台)林建山,《台湾企业原理观念、经验与现实》，环球经济社商略印书馆，1991。
26. (台)彭光治,《股戏——走过半世纪的台湾证券市场》，早安财经文化有限公司，2003。
27. (台)邱毅,《金融风暴中的台湾》，独家出版社，1999。
28. (台)瞿宛文、安士敦,《超越后进发展：台湾的产业升级策略》，联经出版事业股份有限公司，2003。
29. (台)商业周刊编辑部,《旧产业、新舞台》，商智文化事业股份有限公司，2004。
30. (台)沈中华,《金融市场：全球的观点》3版，新陆书局股份有限公司，2009。
31. (台)沈中华、王俪容、吕青桦、吴孟纹,《金融机构在中国的机会与挑战》，智胜文化事业有限公司，2010。
32. (台)谭淑珍,《核心竞争力：台湾企业迈向成功的典范》，时报国际广告股份有限公司，2004。
33. (台)王鹤松,《当前金融问题与政策》，台湾商务印书馆股份有限公司，2007。

34. （台）王喜义,《台湾股市及证券交易所》，中信出版社，1992。
35. （台）王伟霖,《两岸经贸新契机——金融与智慧财产篇》，财团法人新台湾人文教基金会，2010。
36. （台）吴美慧,《再造东隆五金——转危为安浴火重生重整实例》，财讯出版社，2007。
37. （台）谢国兴,《台南帮：一个台湾本土企业集团的兴起》，远流出版事业股份有限公司，1999。
38. （台）许龙君,《台湾世界级企业家领导风范》，智库股份有限公司，2004。
39. （台）许嘉栋等,《台湾金融体制之研究》，财团法人中华经济研究院经济专论，1985。
40. （台）许庆修,《两岸股市论》，五南图书出版股份有限公司，2003。
41. （台）叶银华,《蒸发的股王——领先发现地雷危机》，商智文化事业股份有限公司，2005。
42. （台）于宗先、王金利,《台湾金融体制之演变》，联经出版事业股份有限公司，2005。
43. （台）于宗先、王金利,《台湾中小企业的成长》，联经出版事业股份有限公司，2000。
44. （台）于宗先，王金利等著,《两岸股市面面观》，喜玛拉雅研究发展基金会，2004。
45. （台）翟本瑞,《十字路口的台湾经济》，文笙国际金融出版公司，2006。
46. （台）张绍台等,《台湾金融发展史话》，台湾金融研训院，2005。
47. （台）张维安编,《台湾的企业组织结构与竞争力》，联经出版事业股份有限公司，2001。
48. （台）赵文衡,《台湾崛起——从停滞到高飞的经济跃升》，御书房出版有限公司，2003。
49. （台）中华征信所,《台湾地区集团企业研究》，1992–1993 年版。
50. （台）中华征信所,《2005 年台湾地区大型企业排名 TOP5000》，中华征信所企业股份有限公司。
51. （台）周添城、林志诚,《台湾中小企业的发展机制》，联经出版事业股份有限公司，1999。

52. （台）朱延智，《产业分析》，五南图书出版股份有限公司，2003。
53. 刘震涛等，《台资企业个案研究》，清华大学出版社，2005。
54. 茅家琦主编，《80年代的台湾》，河南人民出版社，1991。
55. 李家泉主编，《台湾经济总览》，中国财政经济出版社，1995。
56. 韩清海主编3，《中国企业史·台湾卷》，企业管理出版社，200。
57. 杨瑞龙，《现代企业产权制度》，中国人民大学出版社，1996。
58. 江小涓，《中国的外资经济——对增长、结构升级和竞争力的贡献》，中国人民大学出版社，2002。
59. 易纲，《中国的货币、银行和金融市场:1984–1993》，上海人民出版社，1996。
60. 陈雨露，《现代金融理论》，中国金融出版社，2000。
61. 陈雨露，《国际资本流动的经济分析》，中国金融出版社，1997。
62. 梁琦，《产业集群论》，商务印书馆，2004。
63. 周业安，《金融市场的制度与结构》，中国人民大学出版社，2005。
64. 王军生，《金融市场结构研究：国际经验和中国选择》，经济科学出版社，2007。
65. 谢清河，《金融结构与金融效率》，经济管理出版社，2008。
66. 张振兴，《金融稳定的微观治理基础：国际比较与中国现实》，上海财经大学出版社，2008。
67. 殷剑峰，《金融结构与经济增长》，人民出版社，2006。
68. 陈守明，《现代企业网络》，上海人民出版社，2002。
69. 李辉文，《现代比较优势理论研究》，中国人民大学出版社，2006。
60. 杨柳勇，《国际收支结构研究》，中国金融出版社，2003。
71. 鲁明泓，《对外直接投资区位决定因素》，南京大学出版社，2000。
72. 傅梦孜，《世界直接投资——发展、理论与现实》，时事出版社，1999。
73. 杨先明，《发展阶段与对外直接投资》，商务印书馆，2000。
74. 刘红忠，《中国对外直接投资的实证研究及国际比较》，复旦大学出版社，2001。
75. 刘洪钟，《东亚跨国直接投资轨迹研究》，辽宁大学出版社，2001。
76. 邢建国，《对外直接投资战略抉择》，经济科学出版社，2003。

77. 张金杰,《经济全球化过程中的国际资本流动》，经济科学出版社，2000。
78. 白树强,《全球竞争论：经济全球化国际竞争理论与政策研究》，中国社会科学出版社，2000。
79. 田素华,《东道国国际资本流入结构的成因与管理》，经济科学出版社，2003。
80. 桑百川、郑建明等,《国际资本流动：新趋势与对策》，对外经济贸易大学出版社，2002。
81. 李东阳,《当代西方国际投资学》，东北财经大学出版社，1994。
82. 郁义鸿,《多元产业结构转变与经济发展》，复旦大学出版社，2000。
83. 龚仰军,《产业结构研究》，上海财经大学出版社，2002。
84. 杨建龙,《关于外商投资与投资政策的博弈分析》，经济科学出版社，2000。
85. 王宁,《企业融资研究》，东北财经大学出版社，2002。
86. 郭树华,《企业融资结构理论研究》，中国社会科学出版社，1999。
87. 郭元稀,《资本经营》，西南财经大学出版社，1997。
88. 郭元稀,《资本扩张》，西南财经大学出版社，1998。
89. 罗珉,《资本运作理论模式与实践操作》，西南财经大学出版社，2002。
90. 张先治,《企业资本经营论——现代企业财务管理新探》，中国财政经济出版社，2001。
91. 陈恩,《台湾地区经济结构分析——从产业结构角度切入》，经济科学出版社，2003。
92. 李悦，李平主编,《产业经济学》，东北财经大学出版社，2002。
93. 李京文，郑友敬主编,《技术进步与产业结构模型》，经济科学出版社，1989。
94. 王键,《日本企业集团的形成与发展》，中国社会科学出版社，2001。
95. 毛蕴诗、李新家、彭清华,《企业集团——扩展动因、模式与案例》，广东人民出版社，2001。
96. 席酉民主编,《企业集团发展模式与运行机制比较》，机械工业出版社，2003。

97. 昝廷全,《系统经济学探索》，科学出版社，2004。
98. 昝廷全,《系统经济学》(第二卷)，中国经济出版社，1997。
99. 昝廷全,《系统经济学》(第一卷)，(香港)经济与法律出版社，1995。
100. 李非,《企业集团理论—日本的企业集团》，天津人民出版社，1994。
101. 刘仁杰主编,《日系企业在台湾》，远流(香港)出版公司，2001。
102. 席酉民主编,《企业集团治理》，机械工业出版社，2002。
103. 朱善利,《微观经济学》，北京大学出版社，1995。
104. 朱磊,《台湾财力》，鹭江出版社，2000。

中文论文部分

1. 郭克莎,《对中国外贸战略与贸易政策的评论》,《国际经济评论》，2003年9–10期。
2. 林毅夫、孙希芳,《经济发展的比较优势战略理论——兼评对中国外贸战略与贸易政策的评论》,《国际经济评论》，2003年11–12期。
3. 林毅夫,《林毅夫：技术创新、发展阶段与战略选择》,《山东经济战略研究》，2003–09。
4. 林毅夫、李永军,《比较优势、竞争优势与发展中国家的经济发展》，林毅夫发展论坛，No. C2003002。
5. 林毅夫、李永军,《出口与中国的经济增长：需求导向的分析》，林毅夫发展论坛，No. C2002008。
6. 林毅夫,《后发优势与后发劣势——与杨小凯教授商榷》，林毅夫发展论坛，No・C2002010。
7. 林毅夫、刘培林,《经济发展战略对劳均资本积累和技术进步的影响——基于中国经验的实证研究》，林毅夫发展论坛，No. C2003001。
8. 林毅夫,《自生能力、经济转型与新古典经济学的反思》,林毅夫发展论坛，No. C2002012。
9. 郎永清,《国际分工格局的形成及其意义——兼评林毅夫教授的比较优势战略理论》,《国际贸易问题》，2004–08。
10. 杨小凯、张永生,《新贸易理论及内生与外生比较利益理论的新发展：

文献综述》,《经济学季刊》,2001-01。
11. 杨小凯、张永生,《对梁琦批评的回应》,《东部经济评论》,2004-03。
12. 吴亮等,《重建信用中国》,《新华文摘》,2002 年第三期。
13. 梁琦,《比较优势说之反例的批评》,《东部经济评论》,2004-03。
14. 梁琦,《什么是"一般比较利益说"?——兼论学术研究规范问题》,《东部经济评论》,2004-03。
15. 尹翔硕、尹翔康,《资本积累、模仿与创新——从美国和日本的经济发展看落后国家如何赶超》,《复旦学报》,2001-04。
16. 杨森林,《关于对比较优势理论诘难的若干思考》,《商业经济与管理》,2003-08。
17. 刘向丽、车维汉,《日本对外贸易结构的调整与雁行模式的前景》,《辽宁大学学报》,2003-02。
18. 张远鹏,《论国际分工的新发展》,《世界经济与政治论坛》,2003 年第 5 期。
19. 李辉文,《现代比较优势理论的动态性质——兼评"比较优势陷阱"》,《经济评论》,2004-01。
20. 石奇,《集成经济原理与产业转移》,《中国工业经济》,2004-10。
21. 李新春等,《企业家精神、企业家能力与企业成长》,《经济研究》,1998 年第 4 期。
22. 卢福财、刘满芝,《信任扩展与家族企业创新发展》,《中国工业经济》,2002 年第 9 期。
23. 储小平、李怀祖,《信任与家族企业的成长》,《管理世界》,2003 年第 6 期。
24. 李新春,2002,《信任、忠诚与家族主义困境》,《管理世界》,2002 年第 6 期。
25. 储小平、李怀祖,《家族企业成长与社会资本的融合》,经济理论与经济管理》,2003 年第 6 期。
26. 刘绵勇,2006,《中国家族企业治理模式研究》,《求索》,2006 年第 2 期。
27. 莫长炜,《经济全球化条件下东亚雁行模式的发展趋势》,《福建行政学院福建经济管理干部学院学报》,2004-03。
28. 丁建宁,《1870-1914 年英国经济结构的调整与社会生活的变化》,《南都学坛》,2000-03。
29. 郭波、施小蕾,《中英工业化道路比较与中国产业结构调整的走向》,《大连大学学报》，2000-06。
30. 刘厚俊，《美国经济现代化的世纪回顾及其启示》，《南京社会科学》，2000-07。
31. 鲁明泓，《外国直接投资区域分布与中国投资环境评估》，《经济研究》，1997 年 12 期。
32. 梁志成，《中国对外直接投资的最优规模与内生增长研究》，《世界经济》，2000 年 7 期。
33. 赵曙东，《日本首雁效应的衰落——对雁行模式的再反思》，《南京大学学报》，1999 年第 3 期。
34. 张帆、郑京平，《跨国公司对中国经济结构和效率的影响》，提交给华盛顿中国研究中心报告。
35. 刘明霞、徐珊，《跨国子公司对企业特定优势形成模式的影响分析》，《中国软科学》，2002 年第 9 期。
36. 魏浩，《贸易投资一体化与当代国际贸易理论的创新》，《首都经济贸易大学学报》，2003 年 3 期。
37. 朱玉杰、周楠，《不同因素对吸收对外直接投资的影响研究》，《国际经济合作》，第 11 期。
38. 金仁淑，《日本对东亚直接投资“雁行模式”再思考》，《日本学论坛》，2002 年第 10 期。
39. 金仁淑，《美日对外直接投资理论及效用分析》，《日本问题研究》，2001 年第 4 期。
40. 苗迎春，《美国跨国公司在华直接投资的政治功能》，《中国经济时报》，2003 年 10 月 27 日。
41. 谭力文、夏清华，《企业生命周期的比较分析》，《财贸经济》，2001 年第 7 期。
42. 赵蓓文，《外国直接投资激励政策的国内效应》，《经济世界》，2003 年第 7 期。
43. 冯梅，《外商直接投资过程中的技术转移与扩散》，《中国工业经济》，1997 年 11 期。
44. 韩继云，《关于完善中国利用外资战略的思考》，《中国工业经济》，1997 年 5 期。
45. 裴长洪，《吸收外资对国际收支的影响》，《中国工业经济》，1999 年 4 期。

46. 刘彤,《从垂直到水平:中国台商在内地投资信息产业的分工模式变化》,《经济师》,2004-10。
47. 翁成受,《台湾投资大陆的现况和远景》,《台湾研究》,1995 年第 1 期。
48. 吴能远,《台湾投资祖国大陆与两岸关系》,《台湾研究集刊》,2000 年第 1 期。
49. 郑竹园,《两岸经济关系现势及前景》,《台湾研究》,2001 年第 3 期。
50. 朱少颜,《对台湾高科技产业“西移”的思考》,《台湾研究集刊》,2003 年第 3 期。
51. 张传国,《大陆台资企业本土化经营的动因、方式与影响》,《台湾研究》,2003 年第 4 期。
52. 单玉丽,《台湾在大陆投资的区域分布及未来走势》,《台湾研究》,2003 年第 4 期。
53. 张冠华,《亚太经济整合过程中台湾角色的转变》,《台湾研究》,1997 年第 3 期。
54. 张冠华,《台湾大陆投资对两岸贸易影响探析》,《台湾研究》,2003 年第 4 期。
55. 张冠华,《台湾 IT 产业祖国大陆投资格局与两岸产业分工》,《台湾研究》,2003 年第 1 期。
56. 殷存毅,《台湾对外投资现状及特点》,《台湾研究》,1996 年第 2 期。
57. 朱磊,《台湾对外经贸地区结构的动态分析》,《台湾研究》,2000 年第 3 期。
58. 朱磊,《新经济对台美经济关系的影响》,《台湾研究》,2001 年第 1 期。
59. 朱磊,《台湾金融市场与“亚太金融中心计划”发展简析》,《台湾研究》,2002 年第 3 期。
60. 朱磊,《国际资本流动对台湾资本形成的影响》,《台湾研究》,2003 年第 4 期。
61. 朱磊,《台湾资本形成的理论与实证分析》,《现代台湾研究》,2004 年第 2 期。
62. 朱磊,《海峡两岸及与美国之间的经济比较》,《中国国情国力》,2004 年第 6 期。
63. 朱磊,《台商对外直接投资动因实证分析》,《台湾研究》,2004 年第 5 期。
64. 朱磊,《解析台商在祖国大陆投资方式的转变——一个跨境直接投资方式的选择模型》,《亚太经济》,2004 年第 6 期。
65. 朱磊,《台湾半导体产业发展现状与趋势》,《海峡科技与产业》,2005 年第 2 期。

66. 朱磊，《台湾液晶面板产业发展现状与趋势》，《海峡科技与产业》，2005年第4期。
67. 朱磊，《台湾股票市场波动研究》，《台湾研究》，2005年第4期。
68. 朱磊，《台商对外投资的效率分析》，《台湾研究》，2005年第6期。
69. 朱磊，《台湾产业结构演进及对两岸经济关系的影响》，《台湾研究》，2006年第4期。
70. 朱磊，《两岸经贸往来对台湾产业结构的影响——基于比较利益视角的分析》，《台湾研究》，2007年第4期
71. 朱磊，《台商对外直接投资的特点成因与趋势——技术升级替代型FDI假说》，《台湾研究》，2008年第1期
72. 朱磊，《台湾证券市场信用交易制度的新发展》，《台湾研究》，2008年第4期
73. 朱磊，《台湾金融监管的现状与启示》，《台湾研究》，2009年第3期。
74. 朱磊，《当前台湾股票市场的特点分析》，《台湾研究》，2010年第2期。
75. （台）王佳煌，《雁行理论与东亚雁行模式的兴衰：以资讯产业日商为例》，网上论文。
76. [日]小岛清，《亚洲的外资直接投资主导型经济发展战略评价》，日本《世界经济评论》，1998年1期。

数据资料来源

1. 中国统计年鉴，中国统计出版社。
2. 中国经济年鉴，中国经济年鉴社。
3. （台）Taiwan statistical data book，台“经建会”编印。
4. （台）台湾“统计月报”，台“行政院主计处”编印。
5. （台）进出口贸易统计月报，台“财政部统计处”编印。
6. （台）两岸经济统计月报，台湾经济研究院、台“行政院陆委会”编印。
7. （台）金融统计月报，台“中央银行经济研究处”编印。
8. （台）国民经济动向统计季报，台“行政院主计处”编印。
9. （台）薪资与生产力统计月报，台“行政院主计处”编印。

10. （台）人力资源统计月报，台“行政院主计处”编印。
11. （台）物价统计月报，台“行政院主计处”编印。
12. （台）《资讯工业年鉴》，台“经济部技术处”委托“财团法人资讯工业策进会”编印。
13. 国际货币基金组织：http://www.imf.org/external/country/CHN/index.htm。
14. 世界贸易组织：http://www.wto.org/english/res_e/res_e.htm。
15. 世界银行：http://www.worldbank.org/。
16. 世界竞争力年报：http://www02.imd.ch/wcy/。
17. 中国国家统计局：http://www.stats.gov.cn/。
18. 中国商务部：http://www.mofcom.gov.cn/。
19. 大陆台湾经贸网：http://www.chinabiz.org.tw/。
20. 集团企业法人国家政策研究基金会：http://www.npf.org.tw/。
21. 台湾证券交易所：http://www.tse.com.tw/statistics/essayF.htm。
22. 台湾“金管会”：http://www.banking.gov.tw/Layout/main_ch/index.aspx?frame=3。
23. 集团企业法人资讯工业策进会：http://www.iii.org.tw/index1.htm。
24. 美国劳工部劳动统计局（Bureau of Labor Statistics，U.S. Department of Labor）网站：http://www.bls.gov/lpc/home.htm。
25. 美国商务部经济分析局（Bureau of Economic Analysis，U.S. Department of Commerce）网站：http://www.bea.gov/。